압둘라 외잘란의 정치 사상

쿠르드의 여성 혁명과 민주적 연합체주의

일러두기
이 책에서 각주로 달린 주석은 역자의 주석이다.
본문 중 사진은 한국어판 편집자가 넣었고 사진의 해설은 역자가 붙였다.

훗 Huud Books
훗은 아랍/중동/이슬람이라는 넓은 범위 속에서 공간적, 시간적, 정서적인 여러 경계들을 보여줄
수 있는 책을 만듭니다. 고정적이고 단일한 것처럼 보이는 아랍/중동/이슬람이라는 이미지를 벗겨
내고, 그 안에 들어 있는 수많은 이야기들과 상황을 전달함으로써 세계에 대한 우리나라의 사회
적 독해력을 높이는 데 기여하고자 합니다.

훗은 아랍의 정겨운 민중 새 훗훗(هدهد)에서 따온 이름입니다. 지금은 '훗' 한 글자이지만 저쪽의
'훗'을 만나서 한 마리 새가 되어 날아갈 것입니다.

압둘라 외잘란의 정치 사상
쿠르드의 여성 혁명과 민주적 연합체주의

The Political Thought of Abdullah Öcalan:
Kurdistan, Woman's Revolution and Democratic Confederalism

압둘라 외잘란 지음 ㅣ 정호영 옮김

훗　　International Initiative Edition

차례

민주적 연합체주의

Democratic Confederalism

~~~~~~~~~~

삶을 해방시키기: 여성 혁명

Liberating Life: Woman's Revolution

~~~~~~~~~~

민주적 민족

Democratic Nation

〰〰〰〰

터키의 민주화와
쿠르드 문제 해법을 위한 로드맵

Abdullah Öcalan The Road Map to Democratization of Turkey and Solution to the Kurdish Question

로자바 사회 협약 379
The Social Contract

옮긴이 해제 터키 시민인 외잘란의 정치 사상:
쿠르드의 독립이 아닌 민주적 연합체 추구 405

서문[1]

1993년 3월 20일 저명한 쿠르드당 지도자들은 특별한 이유 때문에 레바논의 바르 엘리아스(Bar Elias, 레바논 제2의 도시로 베이루트와 다마스쿠스의 중간에 놓인 교통 요지)에 왔다. 쿠르드노동자당 Partiya Karkerên Kurdistan, PKK이 첫 번째 정전을 선언했던 것이다.

쿠르드노동자당은 1978년에 창당됐고 쿠르드 인민people의 권리를 위해서는 무장 투쟁 이외의 방법은 없다고 보았다. 특히 1980년 터키의 군사 쿠데타[2] 이후에 더 그러했다. 그래서 PKK는

---

1 이 번역서의 1~4장은 각각 별도로 나온 소책자였다. 인터내셔널 이니시어티브에서는 2017년 이 4권의 소책자를 전면 개정한 후 하나로 묶어 Abdullah Öcalan(2017), *Political Thought of Adullah Öcalan*으로 내었다. 이 서문은 이 책의 서문이다.

2 1980년 9월 12일 일어난 터키 군사 쿠데타는 1960년과 1971년에 이어 터키에서 세 번째 일어난 군사 쿠데타로 1970년대 소련과 미국의 대리전이라 부를 정도로 극심했던 좌우 대립을 중단하는 것을 명분으로 했다. 50명이 사형을 당했고 50만 명이 체포됐고 이들 중 몇 백 명이 옥사했다. 이 쿠데

창당 후 6년, 쿠데타 후 4년이 지난 1984년에 총을 들었다. 그리고 8년 반이 지난 후, PKK의 압둘라 외잘란은 PKK가 현재의 터키 국경 내에서 정치적 해결책을 받아들일 준비가 되어 있다고 발표함으로써 동료와 적들을 모두 놀라게 했다. 터키 언론의 TV 카메라 앞에서 외잘란은 모두가 예상했던 바를 꺾고 발상의 전환이 가능하다는 것을 처음으로 보여준 것이었다. PKK는 광범위하게 민족 해방 운동 조직으로 간주됐지만 일부의 전통적인 사회주의 저자들이 제시한 어떤 조직 모델을 무턱대고 교조적으로 따라가는 것은 원하지 않았다. PKK는 해법을 탐색하는 운동이었고 그 탐색의 중심에는 압둘라 외잘란이 있었다.

동지와 적들을 포함한 많은 사람들이 외잘란의 발언을 진지하게 받아들이지 않았다. 그들은 그를 그저 또 다른 민족주의 게릴라 지도자로 분류했고 그의 제안을 단순히 전술로 치부해버렸다. 쿠르드 문제 해결을 위해 긍정적인 신호를 보내던 당시 대통령 투르구트 외잘Turgut Özal의 의문스러운 죽음[3] 이후, 정전은 곧 끝이 났다. 그러나 쿠르드 운동 내에서는 새로운 개념들에 대한 탐색

타에는 미국이 깊숙이 개입을 했다. 1979년 이란 혁명으로 미국은 중동 지역에서 중요한 하위 파트너였던 이란을 잃고, 중동에서의 영향력을 잃지 않으려고 터키에 경제 원조와 군사 원조를 하면서 이 군사 쿠데타도 지원했다. 당시 CIA의 앙카라 지국장인 폴 헨즈Paul Henze는 정부가 전복되고 난 후 워싱턴에 우리 애들이 해냈다. 'Our boys did it'이란 전신을 보냈다.(Birand, Mehmet Ali. *12 Eylül, Saat:04.00*, 1984, pg. 1.(https://en.wikipedia.org/wiki/1980_Turkish_coup_d´état에서 재인용)

3 쿠르드인 출신으로 1993년 4월 17일 심장마비로 급사했다. 제8대(1989.11~1993.4) 터키 대통령을 지냈다.

2003년, 런던에서 발생한 압둘라 외잘란과 PKK를 지지하는 대중 집회

이 계속되고 있었다.

 PKK는 마르크스주의 이념으로 형성됐고 레닌주의 당 모델에
기반을 두고 있었지만 소련이나 동유럽 등 기존의 현실 사회주
의 모델에는 매우 비판적이었다. 당 모델, 관료주의, 프롤레타리
아 독재, 여성의 자유에 대해서는 특히 더 그러했다. 1991년에 소
비에트 블록은 붕괴했으며 똑같은 운명이 사회주의자를 자처하
던 많은 운동들을 기다리고 있었다. 바르 엘리아스에서의 그날

이후, PKK의 패러다임에는 많은 혁명적인 변화들이 있었다.[4] 특히 다마스쿠스 근처 인민 학교에서의 토론에서 그 싹이 터 올랐다. 이 토론은 1993년부터 1998년 가을, 즉 압둘라 외잘란이 터

---

4 케빈 매키어란Kevin Mckieranan의 다큐멘터리 〈착한 쿠르드, 나쁜 쿠르드. 친구는 없고 산만 있네 Good Kurds, Bad Kurds; No friends but the Mountains〉에 이 인터뷰가 담겨 있다. 이 필름을 보면 사담 후세인에 반대해 미국 편에 서서 싸우는 이라크 쿠르드는 착한 쿠르드로 부르고, 터키 쿠르드는 나토에 속한 터키에 관련된 나쁜 소식을 전하므로 무시하는 미국 정책이 나온다. 미국은 이라크의 쿠르드가 터키의 쿠르드와 싸우도록 지원했다

키뿐 아니라 미국에 의해 시리아에서 나갈 것을 강요받던 그날까지, 외잘란과 많은 혁명가들, 평범한 인민들 사이에서 진행됐다. 이 학교에서 있었던 그의 연설과 토론을 기반으로 여러 쟁점들이 형성됐고, 철학적이고 정치적인 분석들을 담은 책이 출판됐다. 또한 1999년에 외잘란이 납치되어 억류되기 전, 성과 젠더에 관한 그의 연설에 기초를 둔 여러 책이 출판됐다. 이 중 3권으로 된 『나실 야샬말리Nasıl yaşamalı?(어떻게 살 것인가?)』는 1995년 이후에 출판됐고, 그와의 인터뷰를 담은 책인 『에르께 외두르메크Erkeği öldürmek(남성 죽이기)』는 쿠르드인(또는 쿠르드족) 사이에 널리 쓰이는 표현이 됐다.

외잘란은 "여성이 자유롭지 않고서는 나라가 자유로울 수 없다"와 같은 여러 개의 구호를 고안했는데 이후 "나에게 여성의 자유는 고국[5]의 자유보다 더 소중하다"고 더욱 강력하게 수정했다. 이를 통해 민족 해방을 우선시 하고 여성의 자유를 차후로 두는 것을 재규정하기에 이른다. 그는 옥중 수고에서 역사와 현대 사회, 정치 활동에 대해 논하며 여성의 자유가 이의 본질적인 부분임을 지속적으로 제기했다. 실재하는 사회주의 나라들의 관행을 예의주시하며 1970년대부터 그 자신이 주창한 이론적 노력과 실

---

5 이 책에서 homeland는 문맥에 따라 '고국', '국토', '고향'으로 번역했다.

행을 거듭한 끝에 외잘란은 여성의 노예화가 모든 형태의 노예화의 기원이라는 결론에 도달했다. 그의 결론에 따르면, 여성의 노예화는 모든 인간의 종속이라는 결과를 낳았으며 이는 여성이 남성과 생물학적으로 다르기 때문이 아니라 여성이 신석기 모계제의 설립자이자 지도자였기 때문이다.

1999년 2월 2일 팔콘 제트기 1대가 케냐 나이로비에 있는 조모 케냐타 국제공항에 착륙했다. 비행기 안에는 압둘라 외잘란이 있었다. 그리스에서 출발한 그는 망명을 허가한 만델라 정부의 남아프리카로 가는 길에 잠시 나이로비에서 체류했다. 당시에 그리스 정부가 왜 외잘란을 위해서 나이로비를 선택했는지는 지금도 알 수 없다. 나이로비와 다르에스살람(Dar es Salaam, 탄자니아 전 수도로 탄자니아에서 가장 큰 도시이자 산업 중심지)의 미 대사관에 폭탄 테러[6]가 있은 지 몇 달 되지 않았던 때라서 CIA와 모사드 요원들이 나이로비에 가득했었기 때문이다. 다마스쿠스, 아테네, 모스크바, 로마를 거치며 3개 대륙을 경유한 외잘란의 몇 주간의 여정이 곧 끝날 예정이었다.

1999년 2월 14일 다른 팔콘 제트기가 나이로비의 윌슨 공항에 착륙했다. 조종사는 사업가들을 데리러 왔다고 했지만, 이 제트기는 다음날 PKK 지도자, 즉 외잘란을 터키에 '인도'할 계획이었

---

6 1998년 8월 케냐와 탄자니아의 미 대사관에 동시에 일어난 테러로 그 배후로 알 카에다의 오사마 빈 라덴이 현상 수배됐다.

다. CIA, MIT(터키 정보기관) 모사드가 관여한 국제적 공모에 케냐 당국의 협조가 더해져 외잘란은 납치됐고 터키 군부에 넘겨졌다. 이 과정에는 러시아와 그리스, 다른 유럽 나라들의 지원 역시 있었다.

이렇듯 영화로 만들어질 법한 압둘라 외잘란과 쿠르드 인민에 대한 계략, 사기, 오디세이의 이야기가 끝이 났다. 동시에 이는 자주 무시되는 지점이기도 하지만 9·11이 있기 2년 반 전에 이미 CIA의 비밀 납치와 범죄자 인도가 시작됐음을 알려주며, 한편으로는 이 세계를 3차 대전의 위기에 몰아넣은, 중동 지역에 대한 일련의 개입의 출발점이기도 했다. 외잘란의 납치와 인도는 이에 관계한 모든 나라들의 외교사에 오점으로 남아 있다. 앞서 1998년 10월, 외잘란은 유럽으로 향했다. 오랫동안 피로 얼룩진 터키-쿠르드 분쟁을 평화적으로 해결하기 위한 지원을 받기 위해서였다. 외잘란이 내민 평화의 손길은 거부당했다. 어떤 나라도 쿠르드 지도자를 받아들이거나 분쟁 당사자들 간의 협상 중재를 위한 어떠한 의견도 내려 하지 않았다. 그럼에도 주사위는 던져졌다. 그리고 쿠르드는 중동에 대한 주도권을 가진 세력들의 지리전략적·경제적 이득을 막는 눈엣가시로 여겨졌다. 이 세력들은 정치적 이윤을 얻기 위해 터키에서 전쟁이 점점 불어나는 것을 의도적으로 용납했다. 압둘라 외잘란의 납치는 다만 그 시작이었을 뿐이었다.

1999년에서 2009년까지 근 11년간 압둘라 외잘란은 터키 마르마라해에 위치한 임랄리İmralı섬 감옥[7]의 유일한 죄수였다. 임랄리 감옥은 유럽의 숨겨진 관타나모Guantanamo[8]다. 이곳은 군사지역으로 선포되어 1000명의 군인들이 지키고 있다. 18년이 넘는 외잘란의 구금 기간 동안 임랄리 감옥은 고립된 하나의 체제가 됐다. 그 체제는 독단적이고 지속적인 방식으로 악화되어갔다. 2009년에 몇 명의 죄수들이 더 들어왔지만 이 고립 체제가 없어지진 않았다. 오히려 악화되는 그 체제에 굴복하는 사람들의 수만 늘었을 뿐이다. 이 체제는 적절한 정치적 과정이 개입됐을 때만 다소 완화됐다. 어떠한 정치적 행위도 없을 때면 임랄리섬의 죄수들은 자신들의 소식을 외부로 전할 수 없었고 변호사 상담이나 가족 면회, 편지나 통화도 금지당한 채 완벽한 고립 상태에 놓였다(외잘란에게, 전화할 권리는 언제나 없었다). 2011년 7월 이후 외잘란은 변호사를 보지 못했고 2014년 10월 이후에는 보호자

---

7 영화 〈욜Yol〉에 나오는 감옥이 이 감옥이다. 쿠르드인 이을마즈 귀네이Yılmaz Güney 감독이 터키 교도소를 탈옥해 스위스에서 만들어 1982년 칸 영화제 황금종려상을 받은 영화 〈욜〉에는 터키 내 쿠르드의 실상이 잘 나온다. 이 영화를 보는 것은 터키의 보수적인 이슬람 문화와 쿠르드의 실상을 이해하는 데 도움이 된다.

8 쿠바에 있는 미군 기지. 미국은 9·11테러 이후 알 카에다와 아프가니스탄의 전 탈레반 정권에 연루됐다고 의심되는 외국인들을 쿠바 관타나모 기지에 구금하고 있다. 이는 재판과 같은 적법한 절차도, 구체적 증거도 없이 대통령의 행정 명령만으로 이루어지고 있으며, 수용 가능 인원보다 훨씬 많은 수의 사람들을 구금하고 방치하며 고문을 일삼는 등 인권 유린이 심각해 문제가 되고 있다. 마이클 윈터버텀Michael Winterbottom, 맷 화이트크로스Mat Whitecross 감독의 다큐멘터리 〈관타나모로 가는 길The Road To Guantanamo〉(2006), 뤽 코떼Luc COTÉ 감독의 다큐멘터리 〈진실-관타나모에서의 4일You Don't Like the Truth-4 Days inside Guantanamo〉(2010) 등이 만들어지면서 그나마 알려지게 됐다.

나 가족들이 이 섬을 방문하는 것이 금지됐다. 에르도안이 외잘란 및 PKK와의 대화를 멈춘 이후, 2015년 4월부터는 HDP인민민주당[9]의 국회의원들로 구성된 정치적 사절단 역시 외잘란과 어떠한 협의도 할 수 없게 됐다. 이 섬에 있는 다른 5명의 수감자들 또한 똑같이 통제당했다.[10] 2014년 이후부터는 임랄리섬으로부터 어떠한 정보도 나오지 않고 있다. 유럽회의Council of Europe의 고문방지위원회Committee for the prevention of Torture, CPT가 임랄리에 반복적으로 대표단을 보내어 외부와 단절된 외잘란의 감금 상태를 끝낼 것을 요구했고 유럽인권재판소European Court for Human Rights가 이 같은 고립 상태와 불공정 재판 및 다른 사안들에 대한 판결을 전달했지만 터키는 그 권고 사항들을 무시하고 있다. 외잘란 문제에 관해서는 유럽회의의 장관급 위원회와 의회 위원회, 심지어 유럽인권재판소조차도 터키의 인권 침해에 눈감아주고 있다. 터키의 공범자와 다름없다.

현재 임랄리섬의 감옥은 그 전체가 완전한 고립 상태에 놓여 있으며, 이 같은 고립 방식이 다른 감옥에도 번져가고 있다. 이

---

9 터키의 쿠르드 계열 정당으로 2015년 선거에서 550석 의회에서 59석을 확보한 터키의 제3야당이다. 에르도안 정부는 선거 시기에도 PKK와 연계 혐의를 씌워서 HDP를 공격했었고 2016년 11월 4일 공동 대표인 셸라하틴 데미타쉬와 피겐 유섹다으를 가택 구금했다. 유섹다으가 터키 남부에서 다에쉬IS와 싸우는 쿠르드 민병대를 칭찬한 발언을 문제삼아 가택 구금했는데 국회의원 면책특권을 완전히 무시한 것이었다.
10 이 5명도 PKK의 정치 지도자들이기 때문이다. 이들은 외잘란을 돕는 일을 맡고 있다. 2015년 3월에 기존의 5명의 죄수들은 다른 감옥들로 이송되고 5명이 새로 들어왔다.

는 터키 역사에서 전례가 없는 방식일 뿐 아니라 유럽인권조약 European Convention on Human Rights, ECHR을 심각하게 위반하는 형태다. 이는 터키 정부와 터키 내 쿠르드 간의 분쟁이 앞으로도 계속 고조될 것임을 암시한다.

외잘란은 13제곱미터의 독방에서 살고 있다. 독방과 산책 터에서 그가 볼 수 있는 것은 벽과 하늘뿐이다. 그조차도 철망을 통해서만 볼 수 있다. 그의 책들은 이러한 어처구니없는 조건들 속에서 쓰여졌다. 때로 그는 외부 세계와 완전히 단절된 채 몇 달간을 감옥에서 혼자 지낸다. 또 어떤 때는 그에게 펜과 종이조차 주어지지 않으며 한 번에 단 1권의 책만 가질 수 있다. 1999년부터 2010년까지 외잘란이 감옥에서 쓴 13권의 책은 손으로 쓴 것들이다. 그는 초고를 다시 보지 못했고 그 글들이 책으로 만들어진 것 또한 볼 수 없었다. 그는 자신의 사상을 종이에 쓰는 것 외에 다른 사람과의 논의는 불가능했다. 이렇게 가혹한 고립이 지속되는 와중에도 그는 쿠르드 쟁점에 대한 해법을 제시하는 것에 책임감을 느꼈다. 그래서 쿠르드가 직면한 수많은 심각하고 복잡한 쟁점들과 분쟁들에 대한 해법을 내놓기에 이르렀다. 그리고 이는 쿠르드뿐 아니라 궁극적으로 만인을 위한 것이다.

외잘란은 여성의 자유, 권력 현상과 국가에 대한 쟁점을 살펴보고 이 모든 것이 어떻게 상호 관계를 맺고 있는지 검토했다. 이 과정에서 그는 반복적으로 역사 분석으로 돌아가야 했으며, 민족, 국가, 국민 국가가 등장할 때마다 가로막혔다. 이것들은 어떤 운동에도 해로우며 가장 혁명적인 개인들조차도 단순한 자본주의의 시행자로 변화시킨다. 압둘라 외잘란에게, 비평과 자기비판의 생성에만 머무르는 것은 충분치 않은 것이었다. 그는 사회에 특정한 삶의 방식이 강요되고 있다고 보았으며, 그에 대한 대안을 구성하기 위한 윤곽을 잡아야 한다고 느꼈다. 그래서 그는 역사 속에서 억압받고 착취당하는 모든 이들의 삶과 투쟁을 체계화하려고 했다. 그리고 자본주의 근대성, 즉 전통적인 문명 밖에 있는 대안적 모델과 삶의 방식을 제시했다.

이 저작들은 쿠르디스탄뿐 아니라 이 지역의 발전 양상에 비춰 보아도 더욱 중요해졌다. 여성에 대한 전쟁이 세계 도처에서 일어났을 때, 그의 분석은 국가가 이러한 남성성의 정점을 얼마나 잘 대변하는가를 드러낸다. 국가는 헤게모니를 가진 지배적인 남성을 제도화한 것이다. 덧붙이면, 오늘날 세계 도처에서 종파주의와 민족주의자의 분쟁이 부활하고 있으며, 자본주의의 공격이 일어나고 있다. 외잘란의 제안은 이러한 상황에 따른 자연스러운 결과이며, 그 제안들을 로자바(Rojava, 시리아 쿠르디스탄)와 바쿠르(Bakur, 터키 쿠르디스탄)에서 시행하고자 하는 뚜렷한 노력만이 전쟁에 시달리는 이 지역을 위한 올바른 처방이 될 수 있을 것이다.

압둘라 외잘란은 민족 자결권을 국가 건립을 위한 권리로 보지 않으며 오히려 민족 자결권의 목표는 국가 없는 민주주의라고 해

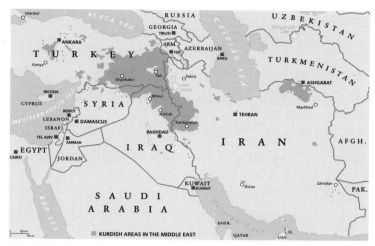

쿠르드 인구는 약 3300만 명으로 터키 전체 인구(7700만 명)의 약 20%인 1500만 명의 쿠르드인이 터키 동부를 중심으로 거주하고 있고, 이란에서는 전체 인구(7800만 명)의 약 10%인 800만 명, 이라크에서는 전체 인구(3600만 명)의 약 17%인 600만 명으로, 시리아에서는 전체 인구(2300만 명)의 약 9%인 200만 명이 거주하고 있다. 이 4개국 외에도 약 200만 명의 쿠르드인이 있는데, 약 150만 명이 서유럽에 거주하고 그중 절반인 80만 명이 독일에 거주하고 있다.

출처: https://ko.wikipedia.org/wiki/쿠르드인

석한다. 국가 없는 민주주의란 그가 민주적 연합체주의democratic confederalism와 민주적 민족democratic nation이라고 부르는 비국가 자치non-state self-governance로서, 민족nation은 국가state나 종족ethnic 집단에 따라 규정되지 않는다.

국민 국가, 여성, 지식인, 지역 등 다양한 쟁점에 대한 토론은 쿠르드 인민에게는 새로운 것이 아니다. 새로운 것은 모든 종류의 가부장적 사고방식과의 결렬이다. 1999년 그의 납치와 이후의 여론 조작용 재판이 있은 직후에야 그의 저술이 서구의 언어로 번

역됐다. 그래서 이러한 저술들이 외잘란의 사상을 총괄하고 있다는 오해가 생겼다. 이를 바꾼 것들 중 하나가 바로 소통 수단이었다. 그의 마지막 공식적 연설, 즉 1999년 임랄리 법정에서 행해진 그의 변론은 터키 당국에 의해서 철저하게 검열당했고, 대중들은 이를 인쇄물로만 접할 수 있었다. 이 지점에서 책은 그의 가장 중요한 소통 매개체가 됐다. 그는 수백 권의 책을 읽고 열 몇 권의 책을 썼다.

1999년 임랄리섬의 여론 조작용 재판에서 앙카라 국가 안보 법정은 외잘란이 헌정 질서를 전복하려는 시도를 했다는 이유로 유죄를 선언하고 사형을 구형했다. 국제적 압력이 커지고 쿠르드 인민의 저항이 들끓으면서 결국 사형은 집행되지 않았고, 2002년 터키는 사형제를 폐지시켰다. 하지만 외잘란을 겨냥한 새로운 법이 제정되어 시행됐다. 바로 죽을 때까지 가석방이 불가능한 무기징역이었다. 외잘란은 스트라스부르에 있는 유럽인권재판소에 3~4번의 고소를 제기했다. 그가 쓴 책들은 여러 법정에 제출하기 위한 것들로 터키어로는 사분말라(savumalar, 변론들)이면서 동시에 쿠르드 쟁점에 대한 논의이기도 하다. 외잘란은 유럽인권재판소의 고소 체계를 비판하고 항소하면서, 그의 사건이 개인적으로 것으로 다루어져서는 안 된다고 주장했다. 그가 일으켰던 봉기들은 터키가 쿠르드 인민들에게 가했던 지속적인 억압의 결과였다. 마찬가지로 그가 감옥에서 당하고 있는 인권 침해는 한 개인의 일로만 치부할 수 없다. 이는 자유를 위한 투쟁의 상징으로서의 외잘란, 그에 대한 침해로 보아야 마땅하다. 그러므로 그의 '변론들' 중 하나는 '인민의 변론'이라고까지 불린다. 이것들은 개인적 방어를 위한 것이 아니며 최근 분쟁들의 뿌리를 드러내고 해법을 토론하기 위한 역사적, 정치적, 철학적 저술이다. 답을 찾으려는 깊은 탐색은 외잘란을 가부장제, 계급, 국가가 생기기 이전의 과거로 돌아가게 했다.

외잘란의 납치와 인도 직후 '인터내셔널 이니시어티브 압둘라 외잘란 석방-쿠르디스탄의 평화International Initiative "Freedom for Abdullah Öcalan-Peace in Kurdistan"'가 설립됐다. 이 단체는 전 세계적으로 100만 명의 서명을 모은 '터키의 압둘라 외잘란과 정치범 석방' 서명 캠페인을 포함한 많은 캠페인에 참가하거나 이를 주도했다. 외잘란의 책을 출판하는 것은 수년간 이니시어티브의 중요한 역할이었다. 우리는 그의 책을 다양한 언어로 출판하는 것에 그치지 않고 특별한 주제에 집중해 각기 다른 그의 책들에서 발췌한 소책자들도 발간하려고 애쓰고 있다. 이 소책자들은 책 몇 권에 걸쳐 있는, 특정한 주제에 관한 그의 연쇄적인 주장들을 한데 묶은 것이다. 소책자 발간 작업은 그의 저작들 중 일부가 여전히 번역되지 않았기에 필요한 일이기도 하다.

4개의 소책자는(새로이 편집되어서 이 책의 각 장으로 구성된다) 각기 다른 시간대에 적은 외잘란의 방대한 분량의 옥중 수고에서

압둘라 외잘란, PKK의 창당자

발췌해 편집한 것이다. 첫 번째 책은 『쿠르디스탄에서의 전쟁과 평화War and Peace in Kurdistan』로 2008년에 처음 출판됐다. 당시 그의 저작들 중 대부분은 영어로 번역되거나 출판되지 않은 상태였다. 쿠르드 자유 운동의 논의가 전통적인 민족해방 접근을 넘어섰다는 것을 알고 나서(예를 들면, PKK는 1995년에 그들의 강령에서 이미 분리 국가라는 목표를 지워버렸다) 우리는 이에 관한 대부분이 일반 사람들에게 알려지지 않았다는 것을 깨달았다. 그래서 우리는 가장 중요한 사상가의 언어로 된 이 운동의 최근 패러다임을 명확히 할 필요를 느꼈다. 이 장에서는 쿠르드 문제에 대한 짧은 서술과 분쟁에 관한 간략한 역사를 PKK의 형성과 PKK가 겪어온 변형 과정에 대한 배경을 한데 모았다.

『민주적 연합체주의』(2011)는 2005년 뉴로즈(쿠르드의 신년 행사로 쿠르드 최대 명절)에서 전달된 외잘란의 메시지를 바탕으로 한다. 이 책이 중요한 이유는 많은 사람들이 민족 자결권을 그저 국가 설립 권리의 형태로만 해석하는 것으로는 많이 부족하다고 느꼈기 때문이다. 이러한 변화는 터키 국가Turkish state가 외잘란를 투옥시킨 것에서 촉발됐다. 그와 반대로 우리는 이 소책자를 통해 민주적 연합체주의는 가부장제로부터 완벽하게 결렬할 것을 요구하는 야심 찬 개념이라는 것을 보여주고자 했다. 이 책에 이어서 『삶을 해방시키기: 여성 혁명』(2013)이 출판됐으며, 이 책은 '여성의 자유가 상실됐다'는 관점에서 출발한 외잘란의 역사관을 제시했다. 그는 여성 혁명이 여성뿐 아니라 모든 삶의 해방이 될 것이라고 선언한다. 이는 외잘란이 제시한 *진jin*, *지얀jiyan*, *아자디 azadi*, 즉 여성, 삶, 자유라는 구호에서 한껏 드러난다.[11]

『민주적 민족』(2016)은 민족에 관해 새롭게 규정하고 이를 공식화한다. 이 민족 개념은 종족성과 다양한 문화들을 인정하지만 국가와는 병행하지 않는다. 또한 이 책은 권력 독점체들이 낙후된 방식으로 그들만의 헤게모니를 다시 이루려 한다고 지적한다. 민족에 대한 외잘란의 이 같은 접근 방식은 그런 권력 독점체들이 사용하는 극단적으로 정치화된 정체성 규정을 치료하는 과정이기도 하다.

이 소책자들은 중앙 집중화된 문명에 대한 외잘란의 온전한 비판이 아니고 친여성, 친사회, 친개인적이며 철학적이고 정치적인 삶의 방식을 건설하기 위한 제안도 아니다. 한편 역사와 지난 혁명, 종교에 대한 외잘란의 생각 역시 중요하고 독창적이다. 우리는 가까운 시간 내에 이를 소책자로 준비하고자 한다. 대신에 그의 책들은 이미 전부 번역이 됐고, 그의 사상들은 이 책들을 통해서 추적할 수 있다. 추적이라고 표현한 이유는, 최소한의 저작만 보더라도 수많은 사상들이 양립하며 흘러가고 있음을 알 수 있고,

---

11 이는 쿠르드인들에게는 가장 중요한 구호가 됐다. 쿠르드인들은 시위를 하면 이를 연이어 외치면서 행진한다. 쿠르드 게릴라들 또한 전투 시에도, 전투를 평가하고 다시 준비하는 모임과 학습 모임에서도 이 구호를 반복해서 외친다.

비범한 그의 사상들을 놓치지 않고 쫓아가야 하기 때문이다.

압둘라 외잘란은 단지 이론가만은 아니다. 그는 운동의 지도자로서 쿠르드 인민의 해방만이 아니라 어떻게 의미 있게 살 것인가라는 질문에 대한 답을 찾으려 노력하고 있다. 이것이 그의 저술이 수많은 사람들의 삶에 영향을 끼치는 이유다. 그는 평생 여성의 자유라는 쟁점에 관여해왔고, 투쟁 중에는 특히 더욱 그러했다. 그는 남성 지배에 맞서는 투쟁의 장에서 여성들을 강하게 고무했고, 가부장제를 비판하며 그 여성들에게 영감을 불러일으켰다. 이렇게 영향력 있는 지도자의 접근법과 지도 방식은 정치적이고 사회적인 주요 발전에 기여했다. 수년간 그는 여성과 남성에게 주어진 역할을 뛰어넘는 것의 중요성을 말했을 뿐 아니라, 여성들이 자신과 자신의 삶, 남성과 사회에 대해 질문하고 이를 재형성할 수 있도록 여성 운동의 설립과 제도를 고무했다. 때문에 쿠르디스탄에서는 쿠르드 해방 운동과 함께 삶의 전 영역에서 여성들의 대단히 강력한 참여가 일어났다. 사실 가부장적이라고 여겨지는 이 지역에서 여성의 두드러지는 역동성과 활동은 이를 전혀 기대하지 않던 관찰자들을 자주 놀라게 한다.

여성 참여와 관련해, 시리아 북부의 로자바 혁명이 많은 주목을 받았다. 이 혁명에 큰 영감을 준 것은 외잘란의 저술들이다. 그는 지속적으로 모든 이들이 지적인 작업에 매진할 것을 격려했으며 이를 위해 자신의 저작을 포함한 모든 것에 대해 질문하고 토

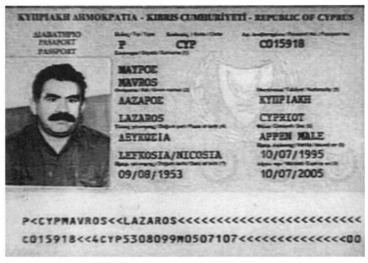

PKK 지도자 외잘란이 케냐에서 납치당했을 때 가지고 있던 사이프러스 여권.

론할 것을 독려해왔다. 쿠르드 반란군과 활동가들은 이 저술들을 집중적으로 학습하고 심도 깊게 토론했으며, 이 과정에서 실천적인 개념들이 생성됐다. 그러므로 지금 우리가 가진 것은 전세계 어디에서도 쉽게 찾을 수 없는 수준에 이른, 이론과 실천의 결합이다.

이제 외잘란이 납치된 지 18년이 흘렀다. 쿠르드 인민은 완전히 다른 입장에 서 있다. 그들은 무너진 돌무더기 속에 묻혀 있는 자신들의 운명을 바꿔냈다. 그뿐 아니라 자본주의의 근대성을 포함한 모든 종류의 가부장제 체제와의 결렬을 능동적으로 결정할 수 있는 세력으로 자리잡았다.

외잘란의 목소리는 평화와 이성의 목소리라는 아주 중요한 가치를 지니고 있지만, 임랄리 감옥에서의 고립된 감금으로 인해서 너무나 자주 묻힌다. 그의 자유는 쿠르드만이 아니라 중동의 모든 인민의 이익을 위한 것이다. 이 책의 저술들은 쿠르드만을 다루고 있지 않다. 여기에는 종족 중심주의도 없고 민족주의자의 관점조차도 담겨 있지 않다. 모두가 이 저술들로부터 영감을 받을 수 있고 혜택을 받을 수 있다. 로자바 혁명은 중동에서의, 그리고 중동을 넘어선 변화의 물결에 불을 당긴 것일지도 모른다. 이 책의 독자인 당신의 지지를 통해 이 물결이 압둘라 외잘란을 감방에서 꺼내줄 것이다. 그리고 그를 자유의 길로 인도할 것이다.

다시 한 번 더 강조하자면 이 책에 실린 글들은 불완전한 틀로 간주되어야 하며, 그의 저작 전체에 대한 정독을 대체할 수 없다. 그러니 부디 이 편집물에 만족하지 말기를 바란다. 우리는 이 책을 읽은 당신이 그의 다른 저작들 속으로 스며들 수 있기를 간절히 바란다.

인터내셔널 이니시어티브
'압둘라 외잘란 석방-쿠르디스탄의 평화'

쿠르디스탄의 전쟁과 평화:
쿠르드 문제의 정치적 해법을 위한 전망

War and Peace in Kurdistan:
Perspectives on a Political Solution to the Kurdish Question

서론

　수많은 분쟁이 중동의 일상을 지배한다. 이 분쟁들은 이성과 의미에 근거한 서구의 이해를 벗어나는 까닭에 서구의 시각으로는 대개 기이해 보인다. 쿠르드 문제 역시 마찬가지다. 쿠르드 문제는 중동에서 가장 복잡하고 피 튀기는 분쟁 현장으로, 지금까지도 해결되지 않고 있다. 그러나 이 분쟁의 모든 측면이 동일한 수준으로 논의되지 않는다면, 쿠르드 문제는 지속되고 심지어 더 악화될 것이다. 앞으로 새롭고 어려운 문제들을 만들어낼 것이다. 아랍-이스라엘 분쟁은 쿠르드 문제와 달리 국제 사회의 주목을 받고 있다. 그러나 쿠르드 문제는 역사적·경제적·정치적으로 이보다 훨씬 더 중요하다. 쿠르드 분쟁에 대해서는 알려진 것이 많지 않다. 그러나 쿠르드 문제는 인구통계학적 측면과 지정학적·

전략적 측면의 중요성을 고려할 때 중동의 핵심 지역에서 일어나는 일이다. 그럼에도 쿠르드 분쟁에 대한 제한적인 지식 때문에 이 복잡한 문제에 대한 분석이 일방적이고 표면적인 수준에 그치고 있다.

쿠르드인이 정착하고 있는 지역의 범위가 현재의 아랍, 페르시아, 터키 영토에 걸쳐 있어서 쿠르드 문제는 이 지역 대부분에 필연적으로 영향을 끼칠 수밖에 없다. 또한 쿠르디스탄 내 한 지역에서의 해법은 쿠르디스탄의 다른 지역과 인접 국가에 영향을 끼친다. 반대로 어떤 한 나라의 정책 결정권자가 쿠르드 문제에 대해 파괴적인 접근법을 선택한다면, 이는 쿠르드 문제에 대한 해법을 찾는 다른 나라들에 부정적인 영향을 끼칠 수 있다. 험난한 쿠르드 지역의 지형은 무장 투쟁에 적합했고, 쿠르드인들은 아주 오래전부터 외세의 식민화와 침략에 맞서 싸워오고 있다.

모든 해법 과정을 진행할 때는 먼저 해당 분쟁을 인정하고 규정해야 한다. 그래서 쿠르드 문제에서는 쿠르드 현상이란 것을 현실적으로 규정하는 것이 중요하다. 그러나 문제는 많은 지점이 이 부분에서 일치하지 않는다. 아랍인들은 쿠르드를 '예멘에서 온 아랍인들'로 부르고, 터키인들은 '산악 터키인'이라 부르며, 페르시아인은 자신들 종족의 일부로 간주하고 있다. 따라서 쿠르드의 규정에 관한 이러한 논쟁들에 따라 그들의 정치적 태도가 구별되는 것은 놀라운 일이 아니다.

쿠르드 문제는 갑자기 생긴 것이 아니다. 이는 오랜 역사적 과정의 산물이며 전 세계 다른 곳에서 일어나는 유사한 성격의 쟁점들과 거의 공통점이 없다. 사실 쿠르드 문제에는 상당수의 근본적인 특수성과 차별성이 있다. 이 특수성과 차별성은 둘 다 해법 과정에서 규정되어야 한다. 눈에 띄는 공통의 근거만을 바탕으로 하는 정책 결정은 결국 해결할 수 없는 문제들만을 낳을 뿐이다. 해법을 목표로 하는 정책은 현실적으로 현상을 분석하고 민족적·정치적·사회적 배경과 분쟁의 모든 당사자들을 포함해야 한다. 그러므로 쿠르드 현상의 존재를 인정하는 것은 필수적이다. 그러나 이것은 역사적 배경에 대한 정보 없이는 불가능하다.

단어 쿠르드와
쿠르디스탄의 어원

쿠르디스탄이라는 이름은 수메르어인 쿠르*kur*에 기원을 두고 있으며, 이 단어는 지금으로부터 5000여 년 전에 '산'을 뜻했다. 접미사인 디*ti*는 연합을 가리킨다. 쿠르디*kurti*란 말은 산악 부족, 산악 사람들이란 의미다. 약 3000년 전에 서부 아나톨리에 정착한 루비안*Luwians*은 쿠르디스탄을 곤드와나*Gondwana*라 불렀는데 그들 말로는 마을들의 땅이었다. 쿠르드어로 곤드*gond*는 지금도 마을을 의미한다. 아수르 통치 시기(청동기 중기부터 철기 말까지)에는 쿠르드는 나이리*Nairi*로 불렸으며 강가의 사람들 정도의 의미였다.

중세 아랍 술탄들의 통치 시기에 쿠르드 지역은 벨레드 에크라드*beled ekrad*로 불렸다. 페르시아어를 사용하는 셀주크 술탄들이 쿠르디스탄kurdistan, 즉 쿠르드의 땅이란 말을 공식적인 고시告示에서 최초로 사용했다. 오토만 술탄들 또한 쿠르드 정착 지역을 쿠르디스탄이라고 불렀으며, 쿠르디스탄은 1920년대에는 일반적으로 사용되는 이름이 됐다. 하지만 1925년 이후 터키에서 쿠르드의 존재가 부정되기 시작했다.

쿠르드 정착 지역과
쿠르드어

하지만 쿠르드는 존재한다. 쿠르디스탄은 페르시아, 아제르바이잔, 아랍, 아나톨리아의 터키에 둘러싸여 있는 45만 제곱킬로미터의 영역에 걸쳐 있다. 이곳은 중동에서 산, 숲, 물이 가장 풍부한 지역이며 비옥한 평야가 골고루 펼쳐져 있다. 이곳에서는 수천 년간 농업이 행해졌다. 바로 이 지역에서 수렵-채집인들이 정착해서 땅을 일구기 시작하는 신석기 혁명이 시작됐다. 또한 이 지역은 *문명의 요람*으로도 불린다. 지리적 위치 덕분에 쿠르드는 오늘날까지 종족 공동체로서의 자신들의 존재를 지킬 수 있었다. 반면에 쿠르드 정착 지역 중에서 외부에 노출된 부분은 외세의 군침을 돌게 했고, 그들이 이 지역에 대한 침입과 정복 사업에 뛰어들도록 부추겼다. 쿠르드어는 신석기 혁명의 영향을 반영하고 있

이라크의 쿠르드 지역 국기

으며 자그로스(Zagros, 메소포타미아의 지붕, 페르시아의 관문으로 불

리며 이란 남서부에 위치)와 타우루스(Taurus, 터키 남부에 위치) 산지

에서 시작된 것으로 알려져 있다. 쿠르드어는 인도 유럽어족에

속해 있다.

쿠르드 역사의
짧은 개요

쿠르드어와 쿠르드 문화는 4기 빙하 시대(서기 20000~15000)에 발전되기 시작한 것으로 추정된다. 쿠르드는 중동 지역의 가장 오랜 원주민들에 속한다. 서기 6000년경 쿠르드 문화는 다른 문화와 구별되기 시작했다. 이때 후르리인(Hurrians, 서기 3000~2000)과 관련되어, 하나의 종족 집단으로 쿠르드가 처음 언급됐다. 그러므로 쿠르드인들의 선조, 즉 후르리인과 그 후손들인 *미탄니Mittanis*, *나이리Nairis*, *우라르투Urarteans*, *메대Medes*인들은 모두 당시 부족 연합tribal confederation과 왕국의 형태로 살았던 것으로 추정된다. 당시 쿠르드 사회는 계급 사회와 국가 구조로 이행되고 있었고 강력한 가부장제를 발전시키고 있었다. 하지만 신석기 농법 시기 동안에는 여성이 사회 내에서 중요한 기능을 담당했었다. 이는 쿠르드 사회 내에서 여성의 역할이 두드러졌기 때문이다. 아마도 농업 혁명을 통해 드러난 여성의 역할적 강점에 쿠르드 사회가 오랜 기간 의존했었기 때문일 것이다.

조로아스터교는 기원전 700년에서 500년 사이에 쿠르드의 사고방식에 지속적인 영향을 주었다. 조로아스터교가 개척한 삶의 양식의 특징은 여성과 남성이 서로 동등하게, 들판에서 함께 일하는 것이다. 동물에 대한 사랑은 아주 중요한 역할을 했고 자유는 높은 도덕적 선이었다. 조로아스터 문화는 동방 문명과 서방 문명에 영향을 주어서 페르시아인과 헬라인 둘 다 이러한 문화적 영향에서 많은 것을 차용했다. 그렇지만 페르시아 문명은 쿠르드의 선조라고 하는 메대인들에 의해 설립됐다. 헤르도투스의 역사서들에는 페르시아 제국 내에 메대와 페르시아 종족 집단들 사이에 권력 분립이 있었다는 증거가 많이 있다. 이것은 그 뒤를 잇는 사산 제국에서도 마찬가지다.

고대의 헬라 시대는 서반구에 깊은 궤적들을 남겼다. 아드야만-삼삿(Adiyaman-Samsa, 우르파에서 위쪽으로 200km 거리) 근처를 중심으로 하는 우르파(Urfa, 시리아에 가까운 터키 남동쪽 유프라테스강 동쪽 도시)와 코마게네(Komagene, 아르메니아에 가까운 터키 아나톨리아 동남부)의 아브가르Abgar 공국들과 시리아의 팔미라Palmyra 왕국(시리아 중부의 고대 도시)은 그리스로부터 깊은 영향을 받았다. 동양과 서양의 문화가 처음 결합된 곳이라고 말할 수도 있을

2017년 9월 25일, 이라크 아르빌. 쿠르드인들이 독립 국민 투표를 축하하고 있다.

것이다. 이 특별한 문화적 조우는 팔미라가 서기 269년 로마에 의해 정복될 때까지 계속됐다. 로마의 지배는 이 지역 전체의 발전에 있어서 장기간의 부정적인 결과를 가져왔다. 사산 제국의 등장 역시 쿠르드의 영향력을 멈출 수는 없었다. 이 기간 동안(서기 215~652) 쿠르디스탄에 봉건적 구조가 형성된 것으로 추측된다. 봉건제의 발전은 종족 구조 내의 분기分岐를 반영한다. 쿠르드 사회 내에서 봉건제의 속박이 점점 강화됐고, 이 시기에 이슬람 혁명이 일어났다. 도시화를 토대로 생성된 노예제와 종족적 속박

사이의 엄격한 관계가 봉건제의 발전을 저해하고 있을 때 이슬람이 등장했고, 이 같은 관계에 변화가 생겼다. 동시에 봉건 사회의 이념적 기반과 관련된 정신적 혁명의 개발이 시작됐다.

사산 왕조의 몰락(서기 650)은 이슬람이 봉건적 쿠르드 귀족제를 만드는 데 영향을 끼쳤고, 이 귀족제는 아랍화에 의해 더욱 강하게 영향을 받았다. 봉건적 귀족제는 그 시대의 가장 강력한 사회적, 정치적 형태가 됐다. 쿠르드의 *아유비드* 왕조(서기 1175~1250)는 중동에서 가장 유력한 왕조가 됐고, 쿠르드인들에게 지대한 영향을 끼쳤다.

한편, 쿠르드는 압바스 왕조로부터 1055년에 통치권을 가져온 셀주크 술탄 왕조와 긴밀한 관계를 가졌다. 쉐다드조Sheddadis,[1] 부와이드조Buyidis,[2] 마르와니드조Marwanides[3](서기 990~1090) 등처럼 쿠르드 후손이 세운 왕조들은 봉건 소국들로 발전해갔고 다른 공국들도 그 뒤를 이었다. 오스만 제국 치하에서는 쿠르드의 지배 계급들이 상당한 자치를 누렸다.

19세기가 시작되면서 쿠르드의 역사와 사회는 새로운 단계에 들어섰다. 오스만 제국과의 관계가 나빠지면서 여러 번의 쿠르드

---

1 951년에서 1174년까지 현재의 아제르바이잔과 아르메니아 영역을 다스렸다.
2 10세기 말, 아프리카 북부에는 파티마조, 아랄해 하부 지역과 아프가니스탄 지역에는 사만조, 스페인 지역에는 후기 우마이야조가 유럽에는 비잔틴 제국이 있었으며 쿠르디스탄과 이란 지역에는 부와이드조(932~1062)가 있었다. 시아파 이란사에서 이 왕조는 이란의 역사에 들어 있는데 이란에서 쿠르드를 자신들의 하부 종족으로 보는 근거는 여기에 있다.
3 938년에서 11085년까지 유프라테스와 우르미아 호수 사이의 영역을 다스렸다

봉기가 일어났다. 영국과 프랑스의 선교사들은 아르메니아와 아람의 교회 안에 분리주의를 가져왔으며 결과적으로 혼란스러운 상황을 만드는 데 일조했다. 게다가 아르메니아인들(아시리아인들)과 쿠르드인들의 관계는 눈에 띄게 악화됐다. 이러한 중대한 변화 과정은 1차 세계 대전이 끝나는 1918년, 수천 년의 문화의 담지자들인 아르메니아인들과 아람인들이 물리적·문화적으로 전멸[4]하면서 끝이 났다.

비록 쿠르드와 투르크의 관계는 심각하게 손상됐지만, 아르메니아인들이나 아람인들과의 관계와 같은 완전한 결렬은 아니었다. 이 때문에 쿠르드의 물리적인 존재가 지속되는 것이 가능했다.

---

4 19세기 러시아가 오스만 지역으로 진출하면서 갈등이 시작됐다. 1차 아르메니아인 집단 대학살은 1894~1895년에 일어났다. 1894년 비틀리스주에서 무슬림과 아르메니아인의 충돌이 있자 오스만 군대가 진압했고 2만 명의 희생자가 발생했다. 1896년에는 아르메니아 혁명 조직이 이스탄불의 오스만 은행을 습격, 점령하자 이 두 집단 간의 충돌이 다시 시작됐다. 이후 1차 세계 대전 시기인 1915~1916년에 청년 투르크당에 의해 실시된 강제 이주 정책과 함께 100만 명 이상이 살해됐다. 이 두 번째 집단 대학살을 주로 아르메니아 집단 학살로 부르며 매년 4월 24일에 두 번째 학살을 기념하고 있다. 터키는 이 학살에 대해서는 무고한 희생은 없었고, 전시 상황의 혼란이며 당시 러시아와 내통하던 아르메니아 전투원과 러시아 스파이들만 살해됐을 뿐이라고 주장하고 있다. 이러한 터키의 책임 부정으로 국제적 비판 여론이 높다.

쿠르디스탄에서 자원,
물을 둘러싼 투쟁과 국가 폭력

쿠르디스탄은 과거에는 지리적 위치로 인해 자원 분배 투쟁, 전쟁, 국가 폭력의 볼모가 됐다. 오늘날에도 여전히 사실이며 초기 역사로 거슬러 올라가도 그렇다. 쿠르디스탄은 역사 전체에 걸쳐서 외세의 공격과 습격에 노출돼왔다. 기원전 1000년과 1300년 사이에 있었던 아시리아와 스키타이 제국의 공포 정권과 알렉산더 대왕의 정복은 잘 알려진 예다. 이슬람이 시작된 후에 이어진 아랍의 정복은 쿠르디스탄의 이슬람화를 촉발시켰다. 이슬람이라는 단어는 평화를 상징하지만, 실제 이슬람은 아랍 민족 전쟁의 효율적인 이데올로기였으며 쿠르디스탄에 급속하게 전파됐다. 이슬람은 타우루스와 자그로스산맥의 작은 구릉까지 파고들었다. 저항한 부족들은 몰살됐다.

2015년 11월, 터키 디야르바키르주 실반. PKK에 대한 보안군의 수색, 진압, 체포는 중무장한 상태로 진행된다.

서기 1000년에 쿠르디스탄에서 이슬람은 절정에 이르렀다. 그러다가 13세기와 14세기에 몽골이 쿠르디스탄을 침략했다. 도망과 추방이 이어졌다. 1514년 찰드란 전투[5] 이후에 오스만은 승리자로 등극했고 제국의 자연 국경은 동쪽으로 더 이동됐다. 까스르 쉬린Qasr-e Shirin 조약으로 인해 이란과 터키의 국경이 공식 결정됐고 쿠르디스탄은 분리되어 지금까지 이어지고 있다. 메소포타미아와 쿠르드는 대부분 오스만 제국 내에 포함되게 됐다. 1800년까지 오스만과 쿠르드 공국들 사이는 비교적 평화로웠다. 이는 이슬람의 수니 지배라는 그들의 공통점 때문이다. 그럼에도 알레비 쿠르드[6]와 조로아스터 쿠르드[7]는 반항적이었고 산악 지역에서 저항을 이어갔다.

1800년이 지나 오스만 제국이 쇠퇴할 때까지 쿠르디스탄은 수많은 봉기로 인해 흔들렸으며 이 봉기들은 대개 피를 흘리며 좌

5 1514년 페르시아의 투르크 왕조인 사파비 왕조가 터키의 아나톨리아로 진격해 들어가면서 흑해와 카스피해의 중간, 현재 터키와 이라크, 이란이 접경한 부근에 있는 찰드란에서 전투가 있었다. 이 전투의 결과로 오스만 제국의 우위가 결정 났다.

6 알레비파는 열두 이맘을 따르고 있기에 이슬람에서는 시아에 가깝다고 할 수 있지만 고대로부터 내려오는 천신 사상, 애니미즘, 샤머니즘을 이슬람에 융합시킨 교리혼합주의적 성격을 가지고 있다. 라마단 단식을 지키지 않고 여성과 남성이 함께 기도를 드릴 정도로 파격적이라서 이슬람 세계에서는 이단 취급을 받고 있다. 역사적으로는 사파비 왕조의 후원 아래 오스만에 저항을 했고, 세속주의 국가인 터키 공화국에 종교의 정치 개입을 억제할 목적으로 1924년 수상실 산하에 설립된 종교청을 따르지 않고 있다. 쿠르드라 알레비파 문제는 쿠르드족 문제와 거의 동일시된다. 그러나 터키의 아르메니아 대학살 당시 터키 지도자들은 쿠르드를 이 학살에 참여시켰지만 알레비파는 학살당했다.

7 쿠르디스탄에 이슬람이 들어오기 전에 조로아스터는 지배적인 종교였고, 이슬람이 들어온 후에도 지리적인 고립성으로 명맥은 유지됐다. 현재는 다에쉬로 인해 조로아스터교가 쿠르드 원래의 종교라는 명분으로 재부흥의 시기를 맞이하고 있다.

절됐다. 오스만 제국의 종말 이후에 쿠르드 분리는 더 심해졌고 폭력적 분위기는 더해졌다. 떠오르는 제국주의 세력인 영국과 프랑스는 중동의 경계를 새로 그리면서 쿠르드를 터키 공화국, 이란의 공작옥좌[8] 이라크 군주정, 그리고 시리아-프랑스 정권의 지배 아래 두었다.

이전 영토의 많은 부분을 잃은 터키는 엄격한 동화 정책으로 방향을 전환했다.[9] 이전 제국에서 남아 있는 부분들의 단결을 강화하기 위한 의도였다. 터키 외의 다른 문화가 존재한다는 징표들은 멸절되어야 했다. 그들은 쿠르드어 사용조차 금지했다.

이란의 팔라비 왕조도 방식은 같았다. 우르미아Urmiye의 쿠르드 부족 지도자인 심코 쉬칵Simko Shikak의 반란[10]과 마하바드 쿠르드 공화국의 해방 투쟁[11]은 분쇄됐다. 20세기 초, 샤(이란의 왕)

---

8 페르시아와 이란 왕조의 상징인 황금 옥좌로, 본래 인도 무굴 제국의 황제를 위해 만들어졌으나 이란의 정복자인 나디르 샤에 의해 노획됐다. 이란의 왕좌를 상징한다.
9 오스만 제국에서는 술탄의 다섯 손가락은 투르크인, 아르메니아인, 아랍인, 그리스인, 유대인이라고 했고 이 비유를 통해서 제국 내 다민족끼리의 형제애를 강조했다. 각 민족과 종족이 가진 종교의 자유 또한 보장이 됐다. 이 때문에 19세기의 사회주의자들은 사회주의 연방 공화국의 모델로서 오스만 제국을 상정했다. 투르크인들이 최대 다수인인 아나톨리아반도에 세워진 터키 공화국은 터키인들의 주장과는 다르게 오스만 제국의 계승이 아니라 오스만 제국의 분열의 한 결과일 뿐이다.
10 1918년에서 1922년에 있었던 반란이다. 지도자 심코 쉬칵은 오스만의 지원을 받는 8만 5000명의 병력으로 당시 페르시아 지역의 까자르 왕조에 대항해 봉기했으나 진압됐다. 이 봉기로 5000명가량이 학살됐는데 서아제르바이잔 지역의 기독교인인 아시리아인들도 포함되며 이들은 심코의 병력에 의해 무자비하게 학살됐다. 심지어 심코는 동족인 쿠르드까지도 약탈하고 학살했다. 이 봉기는 쿠르드 민족을 위한 것이 아니라 특정 부족 중심의 군벌의 이익을 위해서 일어난 것이기 때문이다.
11 1945년 당시 소련은 페르시아 지역 북부에 아제르바이잔 공화국과 쿠르드 마하바드 공화국 건국을 지원했고 이란 내에서는 좌파 정당인 투데당을 지원하고 있었다. 아제르바이잔 공화국이 먼저 건국됐고, 마하바드 공화국은 소련과 영국의 완충 지역이던 이란 서부 이란령의 쿠르디스탄에

2005년 12월. 이라크 아르빌 지역의 쿠르드 군인들은 페쉬메르가peshmerga로 불리는데 '가장 먼저 죽는 자'라는 의미다. 사진처럼 페쉬메르가는 게릴라가 아니라 정규군으로 보인다. 이라크 쿠르드는 군벌이 주도하고 있고, 이라크 쿠르드 군벌들의 권력은 페쉬메르가로부터 나온다.

는 민족주의-파시스트 시대의 정신에 따른 공포 정권을 세웠다. 쿠르디스탄의 이라크 지역과 시리아 지역에서는 영국과 프랑스가 아랍 대리인들의 도움을 받아서 쿠르드의 해방 노력을 억눌렀으며, 이곳 또한 피의 식민지 체제가 세워졌다.

서 소련의 지원을 받아서 쿠르드인이 1945년 12월에 정부를 구성하고 1946년 1월에 독립을 선포했다. 수도는 마하바드(이란 서아제르바이잔주)에 있었다. 그러나 이란이 북부 유전 지대 석유 이권의 51%를 소련에 양여할 것이라 발표하고 유엔과 미국을 통한 대내외적인 양면 외교를 효과적으로 수행해 소련은 1946년 5월, 이란 북부 지역에서 철수했다. 소련군 철수 이후 12월, 이란은 아제르바이잔 공화국과 마하바드 공화국을 붕괴시켰다. 소련 또한 석유 이권을 얻지도 못했다. 붕괴 이후에도 무스타파 바르자니와 이라크에서 온 쿠르드는 싸웠고 이후에 이라크령 쿠르드에 돌아간 후에도 여전히 이 마하바드 공화국의 깃발을 사용했다. 마수드 바르자니 이라크 쿠르디스탄 대통령은 그의 아버지 무스타파 바르자니가 이 마하바드 공화국의 국방 장관을 하던 때에 마하바드에서 태어났다.

유럽 식민주의와
쿠르드 딜레마

지리전략적 우위와 끝없는 야망을 가진 유럽이 중동에서 행한 간섭 정책은 19세기 초에 점점 식민주의화돼갔다. 우선 목표는 중동의 복종과 통제였다. 이것은 이미 쿠르드가 수메르 시대부터 경험해온 침략의 역사에 새로운 형태의 식민화를 더했다. 그러나 서구 자본주의는 이를 상상할 수 없는 방식으로 바꾸었다. 쿠르드에게는 또다시 새로운 식민주의 행위자와 대면하는 것이었으며 쿠르드 문제의 해결이 더 어려워졌다는 것을 의미했다.

신제국주의 세력들은 오스만 제국의 붕괴가 예측할 수 없는 결과를 낳을 수 있음을 우려했다. 따라서 오스만 제국의 붕괴보다는 자신들의 이해에 따라 오스만 제국의 술탄이나 관료의 협력을 구해 동맹을 얻는 것이 더 이득이 된다고 보았다. 이런 식의 접근

2009년 9월, 이스탄불의 세계 평화의 날World Peace Day 행사. 터키 국기와 쿠르드기를 뒤로한 채 어느 참가자가 압둘라 외잘란의 얼굴 사진을 들고 있디.

은 지역에 대한 직접 통제를 촉진하고, 반발하는 인민들을 길들이는 것을 의미한다. 이는 영국 제국 내에서 널리 퍼져 있던 방법으로, 역사책에서 '분열시켜 통치하라'는 전략으로 기록된다. 이로 인해 오스만의 지배는 또다시 100년을 더 지속하게 됐다. 프랑스와 독일도 유사한 전략을 가지고 있었지만 그들 간의 알력은 중동에서의 세력 균형에 영향을 끼치지 않았다.

　제국 세력 보존의 또 다른 초점은 기독교를 믿는 종족 집단들에게 맞춰져 있었다. 서구 식민주의는 아나톨리 그리스인, 아르메니아인, 아랍인을 보호하는 척하면서 다른 한편에서는 이들이 오스만 제국의 중앙 권력에 대해서 반란을 일으키도록 부추겼으며, 오스만 제국은 이에 억압적인 조처로 응답했다. 서구는 이어지는 절멸 조치들을 무심하게 지켜보았다. 결국 이 정책은 중동 지역에 있는 민족들을 오스만의 적으로 만들었다. 다시 한 번, 쿠르드는 외국의 이해 게임에서 볼모가 됐을 뿐이다. 과거에 쿠르드 귀족정은 아랍과 투르크의 왕조와 협력했었지만, 이제 그들은 외세가 그들을 식민주의 음모의 한 부분으로 이용하게 내버려두었다. 쿠르드의 부역으로 영국은 불안한 투르크와 아랍의 지배자들을 성공적으로 자신들의 이해관계에 엮어두었다. 그런 후 다시 쿠르드 봉건 부역자에 의해 곤경에 처해 있던 아르메니아인들과 아랍인들을 식민주의 세력에 묶어둘 수 있었다. 그러나 투르크 술탄, 페르시아 샤, 그리고 아랍의 지배자들이 단지 정책의 희생물인 것만은 아니었다. 그들은 그들의 권력을 유지하고 서구 세력의 탐욕을 억제하기 위해서 이들과 같은 유사한 게임을 했다. 고통받는 것은 인민들이었다.

쿠르디스탄에서의 식민주의 억압의
이념적 기반과 권력 정치학

쿠르디스탄의 분리와 아랍, 페르시아, 투르크 정권이 지배하는 방법, 이 2가지 모두는 쿠르디스탄의 각 지역에 사는 쿠르드인에게는 사회적 후퇴와 다름없었다. 여전히 봉건적 구조하에 있는 오늘날 쿠르드의 사회적 낙후성은 이러한 권력 관계의 산물이다. 쿠르드는 대부분 배제된 채로 자본주의 구조가 도래함에 따라, 쿠르드와 여타 아랍, 투르크, 페르시아의 패권적 사회hegemonic societies 사이의 개발은 분리됐고, 이는 점점 커져갔다. 봉건 통치의 권력 구조가 부르주아-자본주의 권력 구조와 섞였고, 이는 그 각각에 대응하는 민족들의 지배가 각 지역에서 지속되는데 일조했다. 비록 이 구조들은 제국주의에 기대고 있었지만 그들은 자체적인 국민 경제를 건설하고, 고유의 문화를 발전시켜 자체적인 정부 구조를 조직해 안정화시켰다. 과학 기술 영역에서는 민족 엘리트들이 성숙해져갔다. 민족 엘리트들은 자신들의 나라에서 다른 종족 그룹들에게 공식 언어를 사용하도록 강제했다. 공식 언어를 사용하는 언론은 그 자체로 세력이 됐다. 국내외 민족주의 정책의 도움으로 그들은 토착 지배 계급national ruling class을 만들었는데, 이들은 다른 종족 집단ethnic groups에 대한 패권적 권력hegemonic power을 자처했다. 경찰과 군대는 인민의 저항을 분쇄하기 위해서 확장되고 강해졌다. 쿠르드는 이에 대해 대응할 수가 없었다. 쿠르드는 여전히 그들에게 놓인 제국주의의 영향으로 고통받고 있었다. 쿠르드는 쿠르디스탄 안에서 권력을 가진 각 국가들의 공격적이며 민족주의적인 배외주의에 직면해 있었다. 이 국가들은 상상의 이념적 구조를 통해 그들 권력의 정당성을 설명하고 있었다.

부정과 자기 부정

패권적 권력들(즉 터키, 이라크, 이란, 시리아)은 종족으로서의 쿠르드의 존재를 부정한다. 이러한 상황에서 쿠르드는 자신들의 뿌리를 말할 때 큰 위험을 감수해야 했다. 이는 식민화보다 더 심한 것이다. 이를 무시하고 쿠르드의 뿌리를 언급하는 사람들은 그들 자신의 종족에게서조차 지지를 받을 수 없었다. 자신들의 기원과 문화에 대해 공개 발언한 많은 쿠르드인들이 모든 경제적·사회적 관계에서 배제당했다. 그러므로 많은 쿠르드인은 쿠르드의 종족적 후손을 부정하거나 입을 다물고 있다. 이는 관련된 정권들이 체계적 방식으로 권장하는 바다. 이러한 부정 전략은 너무나 많은 부조리를 낳았다. 그 논증의 고리는 다음과 같다. 쿠르드라는 것은 존재하지 않고, 설사 존재하더라도 중요한 것이 아니었으며, 설사 중요하더라도 그것을 말하는 것은 위험하다는 것이다. 아랍 정권들은 이슬람 정복이 자신들에게 그러한 권리를 주었다고 생각한다. 신의 이름으로 정복하는 것보다 더 위대한 권리가 있을 수 있는가? 이것이 전제이고 여전히 이를 강력하게 밀어붙이고 있다.

페르시아인들은 한 걸음 더 나아가 쿠르드를 페르시아의 하위 종족 집단이라고 선언했다. 이런 방식으로 쿠르드는 자연스럽게 그들의 권리를 누릴 수 있었다. 그럼에도 권리를 요구하고 종족적 정체성에 집착하는 쿠르드인이 있다면, 그들은 자신의 민족에게 진흙을 던지는 것으로 간주되어 그에 알맞은 조치가 취해졌다.

터키 정권은 쿠르드에 대한 주권 주장을 1000년 전, 소위 아나톨리아의 정복 출정에서 이끌어낸다. 그곳에 다른 민족들은 없었다. 그러므로 *쿠르드*와 *쿠르디스탄*은 공식 이념에 따라서는 없는 단어이며, 없는 존재이고, 존재를 허락할 수도 없는 것이다. 이러한 단어들은 중요하지 않으며 위험하고, 이 단어들을 사용하는 것은 곧 공포 정치의 실행으로 이어지며 상응하는 처벌을 받아야 한다.

동화

패권적 권력은 저항하는 종족 집단에 대응하는 도구로써 동화를 자주 사용한다. 언어와 문화 또한 잠재적인 저항의 전달자며, 이 또한 동화로 인해 고갈될 수 있다. 토착어를 금지시키고 이방의 언어를 강제하는 것은 효율적인 도구다. 더는 그들의 언어로 말할 수 없는 인민들은 종족적·지리적 문화적 요소들 내에 뿌리내린 그들만의 특징을 보존할 수 없다. 언어의 통합적인 요소 없이는 집단적 사고의 통일된 특성 또한 사라져버린다. 그리고 이러한 공통 기반이 없어지면 종족 내의 집단적 유대는 깨지고 상실되고 만다. 결과적으로 정복된 종족과 언어 환경 안에서 지배자의 언어와 문화가 자리잡게 된다. 지배자의 언어를 강제적으로 사용하게 되면 토착어가 쇠락하게 되고, 이는 토착어가 더는 필요하지 않다고 여겨질 때까지 지속된다. 이는 쿠르드의 경우처럼 토착어가 문어가 아닐 때 더 빨리 일어난다.[12] 동화 전략은 언어 사용에 국한되지 않고 국가가 통제하는 모든 공적이고 사회적인 영역에 적용된다.

쿠르디스탄은 자주 이방의 패권적 권력에 의한 문화적 동화가 시도됐던 무대였다. 하지만 지난 몇 백 년간의 역사는 그중에서도

---

12 쿠르드어는 고유 문자가 없기 때문에 터키와 아제르바이잔에서는 라틴 문자와 그 일부 변형을, 이라크와 이란에서는 페르시아어같이 기존 아랍 문자에서 네 글자를 더 추가한 글자를, 아르메니아 등 구소련 지역에서는 키릴어를 사용한다.

2010년 3월 20일, 터키 동부의 도시인 반van에서 전통의상을 입은 쿠르드 사람들이 최대 명절인 뉴로즈를 축하하고 있다. 뉴로즈는 '새날'이라는 의미다.

가장 파괴적인 것이었다. 패권적 나라들에서 근대 국민 국가의 구조가 만들어지고 쿠르디스탄에서 식민 체제의 통치가 만들어짐에 따라, 쿠르드의 언어와 문화에 대한 동화 시도는 더욱 악화됐다.

과거에 페르시아어와 아랍어가 그랬던 것처럼 지금은 터키어가 강제적인 지배 언어hegemonic language가 됐다. 근대성이 터키의 문화와 언어를 보호해주기 전, 과거의 쿠르드 또한 자신들이 좌지우지할 수 있는 근대적 언론과 소통 수단을 가지고 있었다. 그러나 이는 이제 3개의 지배 언어와 문화로 인해 쫓겨났다. 쿠르드 전통 노래와 문학은 금지됐다. 그래서 중세에 많은 문학 작품을 생산해냈던 쿠르드어의 존재가 위협받게 됐다. 쿠르드 문화와 언어는 지배 정권에 대한 전복적인 요소로 선포됐다. 토착어 교육은 금지됐다. 지배 언어만이 교육 체계에서 유일하게 허락된 언어가 되어 근대의 성과를 가르쳤던 것이다.

터키, 페르시아, 아랍의 국민 국가들은 제도적으로도 사회적으로도 다양한 강압적 수단들을 사용해 체계적인 동화 정책을 추구하면서 쿠르드어와 문화의 어떠한 정당성도 부정했다. 오직 지배자의 언어와 문화만이 남아야 했다.

종교와 민족주의
패권적 권력은 또한 자신들의 우월성을 보존하기 위해 종교와 민족주의를 이용했다. 쿠르디스탄의 모든 지역에서 이슬람은 국가 종교로서 인구를 통제하는 도구로 이용된다. 이 정권들이 세속주의를 포용하고 있지만 정치적 제도와 종교적 제도의 사이의 갈등은 명백하다. 이란은 공개적인 신정 정권인 반면에 다른 나라들은 정치적 이해를 위해 종교를 도구화하지만 이를 드러내지 않고 있다. 터키의 종교 당국은 몇 십만 명의 이맘(학식이 뛰어난 이슬람 학자)을 고용하고 있다. 이란조차도 이런 종교 지도자들의 군단을 갖추고 있지 않다. 종교 학교는 정부의 직접적인 통제 아래 놓여 있다. 꾸란 학교와 신학 교육 기관 및 학부에서는 거의 50만 명을 고용하고 있다. 이는 세속주의의 헌법적 원리를 부조리한 것, 겉치레 그 자체로 만든다.

게다가 세속주의와 능동적 정치가 만날 때마다 혼란스러운 상황은 가중된다. 민주당DP, Democracy Party과 정의개발당AP, Justice Party하의 정부들에서 종교는 공개적으로 정치화됐다. 1971년 3월과 1980년 9월 군사 쿠데타는 터키의 이념적 틀을 바꾸었고 종교의 역할을 재규정했다. 이로 인해 터키 공화국은 재이슬람화에 박차를 가했다. 1971년 이란에서 호메이니가 권력을 잡은 직후에 일어난 현상처럼 급진적이지는 않았지만, 거의 유사했다. 2003년에 처음 정의개발당이 이슬람 이념을 내걸고 권력을 잡았다. 이 선거의 승리는 우연이 아니라 터키가 행한 장기간의 종교 정책의 결과였다.

부르주아 민족주의

패권적 권력의 또 다른 이념적 도구는 부르주아의 민족주의다. 이 이념이 가장 중요했던 때는 19세기와 20세기로, 이 시기에 국민 국가의 지배적인 이념이 됐다. 부르주아 민족주의는 노동자들의 이해와 현실 사회주의 경향에 반해 부르주아들이 세력을 얻는 데 있어서 그 기반이 됐다. 결국 종교적인 특징들을 거의 갖춘 국민 국가의 논리적 결과로서 민족주의가 등장했다.[13]

1840년 이후 시작된 터키의 민족주의적 형태는 당시 조짐을 보이기 시작했던 오스만 제국의 몰락을 막으려는 시도에서 형성됐다. 초기의 터키 민족주의자들은 본래 법률주의자들이었다. 이후 그들은 압둘 하미드 2세에 반대하면서 점점 더 급진적으로 변해 갔다. 청년 투르크 운동의 민족주의는 연합진보위원회Committee for Unity and Progress[14]에서 명시된 것으로, 국가의 헌법 개혁을 위해 일

---

13 현실 사회주의라는 개념은 소련, 중국, 쿠바같이 '실제로 존재하는 사회주의'를 구현했던 나라/체제를 가리킨다.

14 1876년 5월 오스만의 군사 쿠데타는 술탄 압둘 아지즈를 폐위시키고 압둘 하미드 2세에게 술탄이 되는 조건으로 의회 제도의 도입과 헌법 제정을 요구했다. 12월 술탄 압둘 하미드 2세 즉위 후 오스만은 이슬람권 최초로 의회와 헌법을 가진 국가가 됐다. 1877년 의회가 열렸으나 압둘 하미드 2세는 자신에 대한 비판이 가해지자 1878년 의회를 해산시켰고 다시 전제 정치로 돌아갔다. 1889년 서구식 교육을 받은 엘리트들과 청년 장교단을 중심으로 결성된 연합진보위원회는 법률주의자들로 의회를 다시 열 것을 요구했다. 초기에 이들은 프랑스 망명자들을 주축으로 개혁을 주장하는 신문, 잡지를 발행해서 압둘 하미드 2세의 전제 정치와 유럽의 내정 간섭을 비판했다. 1908년 아흐메트 니야지 장군이 마케도니아에서 쿠데타를 일으켜 '1878년 이후 정지된 헌법을 부활하고 입헌 정부로 돌아가자'고 주장했다. 압둘 하미드 2세는 진압하려고 했지만 젊은 장교들이 쿠데타에 힘을 보태면서 진압은 실패했다. 그해 11월 입헌 정부가 선거로 들어섰다. 1909년 이슬람 율법을 지키자는 명분으로 일어난 이스탄불 병사들의 쿠데타를 진압하고 난 후 압둘 하미드 2세는 폐위됐고 연합진보위원회가 실제로 오스만을 지배하게 됐다.

하는 것이고 제국 내에서 권력을 잡기 위한 것이었다. 이와는 별개로 그들은 체계적인 근대화를 통해 외부적으로는 약화되고 내부적으로는 몰락의 위협에 처한 제국을 정치적·군사적·경제적으로 다시 강화시키기를 원한다는 것을 분명히 했다. 독일이 중동과 중앙아시아에 대한 외교 정책의 포문을 열면서 터키 민족주의에 인종적인 요소를 더했다. 아르메니아인들, 흑해 그리스인들, 아람인들, 쿠르드인들에 대한 학살이 이어졌다. 갓 생겨난 터키 공화국은 공격적인 민족주의와 아주 협소한 국민 국가에 대한 이해를 특징으로 한다. '하나의 언어, 하나의 국가, 하나의 나라'라는 슬로건은 정치적인 교조가 됐다. 이 슬로건은 특혜를 허용하지 않는 무계급적 국가라는 원칙에서 출발했지만, 이를 실제로 구현하는 도구들은 결여되어 있었다. 이런 추상성은 이념적 종파주의의 위험을 내포하고 있었다. 민족주의는 지배자 집단의 도구로 퇴락했고 대개 그들의 실패를 덮는 데 이용됐다. '우월한 터키 정체성'이라는 깃발 아래 전 사회가 공격적인 민족주의를 맹세해야 했다.

쿠르디스탄에서의 전쟁과 여기에 포함된 국가 폭력은 별도의 권력 블록을 만들었다. 특정 권력 블록이 군사적 잠재력에서 권력을 가져오고 자신들의 존재 기반을 전쟁에 두는 다른 체제와 마찬가지로, 터키 사회 또한 그렇게 형성됐다. 이를 통해 왜 정치 체제가 분쟁을 해결할 수 있는 능력을 잃어버렸는지 설명할 수 있다. 이 정치 체제는 전쟁과 국가 폭력으로 형성된 체제로, 그 안에서는 한 권력 중심이 봉사하는 이해와 목표가 무엇인지 불분명하다. 이는 터키 공동체에도 쿠르드 공동체에도 똑같이 재앙을 가져다주었다.

쿠르드 정체성과
쿠르드의 저항

쿠르드가 민족으로서의 정체성을 확립하는 과정은 비교적 늦게 일어났다. 19세기의 쿠르드 봉기에서 쿠르드임을 서약한 적은 있었지만, 그것이 술탄 체제나 샤의 지배에 대항한 반대 세력으로 발전하지는 못했다. 삶의 대안적 형태에 관한 사상이 없었던 것이다. 쿠르드 정체성에 대한 서약에는 쿠르드 왕국의 설립도 포함되어 있었지만, 정통적인 술탄제로서의 의미였다. 아주 오랫동안 쿠르드는 스스로 민족이라는 정체성을 가지지 않았다. 20세기 전반에서야 쿠드르 정체성이라는 생각이 발전되기 시작했는데 대부분 터키 좌파의 지적인 논쟁 과정에서 나온 것이다. 하지만 전통적 의미의 쿠르드 정체성은 부족 질서와 세이크돔[15]에 갇혀 있었으며, 쿠르드 정체성에 대한 논의의 흐름 안에는 이를 극

2010년 10월 19일, 터키의 디야르바키르. 쿠르드인들을 기반으로 하는 평화민주당BDP이 시위를 하고 있다. BDP는 터키 중앙 정부를 향해 쿠르드의 독립이 아닌 '민주적 자치'를 요구하였다. 이는 압둘라 외잘란이 무장 투쟁과 쿠르드 분리주의를 내려놓고 제시한 '민주적 연합체주의'와 궤를 같이 하는 것이다.

복하기 위한 지적인 잠재력이 부족했다. 현실 사회주의-공산주의

---

15 세이크돔Sheikdom은 세이크가 다스리는 왕국. 세이크sheik는 부족의 원로, 수장을 의미하는데 가문으로부터 받는 칭호다. 지금도 아랍 국가들의 왕족 호칭 앞에서 세이크는 그대로 쓰이고 있다. 여성의 경우에는 세이카sheikha라고 불린다.

당들이나 자유주의적이고 봉건적인 당들 모두 쿠르드 민족이나 종족 집단으로서의 쿠르드에 대한 개념을 이해하려고 고군분투했다. 그리고 오직 1970년대의 좌파 경향의 학생 운동만이 쿠르드 정체성이 존재한다는 자각에 본질적으로 기여할 수 있었다.

종족 정체화 과정은 터키의 배외주의적 민족주의와 쿠르드의 봉건적 민족의 이해 사이의 분쟁 속에서 발전했다. 한편으로는 좌파인 척하는 체제의 이념적 헤게모니와 맞서야 했고, 다른 한편으로는 전통적으로 체제와 협력했던 쿠르드 귀족정과 맞서야 했다. 이러한 사회적·정치적·이념적 세력으로부터 해방되는 것은 쉬운 일이 아니었다. 여기에는 지적인 논쟁과 실천적 조직화 작업이 모두 요구됐다. 그리고 이는 저항으로 직접 귀결됐다. 1970년대에는 쿠르드 해방 노력들이 무르익지 않았다. 그러나 35년이 지난 후 쿠르드는 자신의 정체성에 대해 더욱 더 인식하게 됐으며, 쿠르드 문제 해법에 대한 접근법을 제시했다. 쿠르드와 그들의 해방을 무력으로 장기간 누를 수가 없다는 것 또한 사실이다. 어떠한 체제도 사회적 모순을 강제적으로 이행시키려고 하면서 장기간 살아남을 수는 없다. 또한 쿠르드 해방 노력은 인민들이 사회적 존엄성을 재획득하지 못한다면 그들 자신이 발전할 수 없다는 것을 보여준다.

쿠르드노동자당

쿠르드노동자당PKK 기원의 역사에 대한 짧은 개요

1973년에 6명의 사람들이 독립적인 쿠르드 정치 조직을 만들기 위해서 모였다. 이들이 전제한 가정은 쿠르디스탄이 고전적인 형태의 식민지며 그곳의 주민들의 자결권이 강제로 거부당하고 있다는 것이었다. 그리고 바로 이를 바꾸는 것이 그들의 주된 목표였다. 이 모임을 새로운 쿠르드 운동의 탄생이라고 부를 수도 있을 것이다.

몇 년이 지나자 이 집단에는 새로운 추종자들이 생겼고, 그들은 쿠르디스탄의 농촌 주민들 사이에 이 집단의 믿음을 전파하는 것을 도왔다. 이들은 터키 보안대, 쿠르드 귀족정의 무장한 부족민들, 경쟁자인 정치 집단과 충돌했고, 이 신생 운동은 격렬한 공

2013년 5월 14일. PKK 병력이 국경을 넘어 이라크 쿠르디스탄에 들어왔다 .

격을 받았다. 1978년 11월 27일, 디야르바키르(Diyarbakir, 터키 남동부, 시리아와 이라크 국경 근처에 있어서 군사상 요지로 여겨졌다. 이곳은 과거 로마와 페르시아가 쟁탈을 되풀이했고, 셀주크 페르시아에 넘어갔다가 오스만 튀르크의 지배를 받았다) 근처의 조그만 촌락에서 쿠르드노동자당PKK이 설립됐다. 이 운동을 위한 보다 전문 조직을 만들기 위해 창립식이 열렸을 때에는 22명의 주요 구성원들이 참가했다. 이 운동은 도시에서는 살아남을 수 없었기 때문에, 그들은 쿠르드 농촌 지역에서의 활동에 초점을 맞추었다.

PKK의 선전 노력에 대한 터키 당국의 반응은 가혹했다. 감금과 무장 충돌이 잇따랐고 양측에서 손실이 발생했다. 터키에서의 상황 또한 중대한 국면을 맞고 있었다. 이미 1979년에 군사 쿠데타가 임박했음을 알리는 첫 조짐들이 보이기 시작했다. PKK는 이에 대응해 산악 지역이나 중동 다른 국가들로 철수했고, 소수의 활동가들만이 터키에 남았다. 이 조치는 PKK가 생존하는 데 도움이 됐다. 1980년 9월 12일, 터키 군대는 시민 정부를 몰아내고 권력을 잡았다. 터키에 남아 있던 PKK의 대다수 당원들은 군부에 의해서 체포됐다.

이러한 상황에서 PKK는 망명 조직이 될 것인가, 근대적 민족해방 운동이 될 것인가를 결정해야 했다. 짧은 기간 동안 재조직화를 거친 후, 대부분의 구성원들이 쿠르디스탄으로 돌아왔고 파시스트 정부에 대한 무장 저항을 시작했다. 1984년 8월 15일, 에

루(Eruh, 시리아·이라크에 근접한 터키 남동부 시이르트주의 도시), 쉠딜린(Semdil, 이라크·이란에 근접한 터키 남동부 하카리주의 도시)의 군사 기관에 대한 공격을 선두로 무장 저항이 공식적으로 막을 올렸다. 부족한 점도 있었지만 민족 해방 운동을 향한 발걸음이 시작됐던 것이다. 투르구트 외잘이 터키 총리로 막 선출됐던 상황에서 터키 정부는 이러한 상황을 별것 아닌 것으로 치부하려 했다. 터키 정부는 쿠르드 게릴라들을 '한 줌도 안 되는 산적 떼'라고 선전했는데 이는 당시 책임자들이 무슨 생각을 가지고 있었는지를 드러낸다. 분쟁에 대한 정치적 접근은 찾아볼 수 없었다. 충돌은 커져서 전쟁이 됐고 양측에서 많은 희생자들을 냈다.

1990년대가 되어서야 교착 상태가 풀리기 시작했고 터키 정부는 정치적 접근을 할 준비가 된 듯 했다. 투르구트 외잘과 당시 대통령이던 술레이만 데미렐(Suleyman Demirel, 1993~2000년의 터키 대통령)의 성명이 있었으며, 이로 인해 쿠르드 정체성을 인정할지도 모른다는 여지가 보였다. 그렇게 분쟁을 조기에 끝낼 수 있을 것이라는 희망은 높아져갔다. PKK는 1993년에 정전을 선언함으로써 이러한 과정에 힘을 실어주고자 노력했다. 그러나 이 정치 과정은 투르구트 외잘의 갑작스런 죽음으로 인해 가장 중요한 주창자를 잃게 됐다. 다른 장애물도 있었다. PKK 내 일부 강경파들은 무장 투쟁을 고수했다. 터키 정부 내 지도부의 상황이 어려워지자 상충되는 이해관계가 난무하기 시작했다. 이라크 쿠르드 지도자인 탈라바니와 바르자니의 태도 또한 평화 과정을 진전시키는 데 도움이 되지 않았다.[16] 쿠르드 문제에 대한 평화적 해법을 찾을 수 있는 가장 큰 기회는 그 지점까지였으며, 이후에 그 기회는 사라져버렸다.

계속해서 분쟁은 격화됐고, 양측의 손실은 컸다. 그러나 이런 격화도 교착 상태를 풀지 못했다. 1994년과 1998년 사이의 전쟁은 잃어버린 날들이었다. PKK 측에서 몇 번이나 정전을 시도했으나, 터키 정부는 군사적 해결만 고집했다. 게다가 1988년 PKK의 정전에는 응답조차 하지 않았다. 오히려 터키 정부는 터키와 시리아 사이의 군사적 충돌을 자극했고, 그 결과 이 두 나라는 거의 전쟁의 문턱까지 가게 됐다. 1998년에 나는 정치적 해결을 위해서 PKK의 의장 자격으로 유럽에 갔다. 그다음 이어지는 이야기는 잘 알려져 있다. 나는 케냐에서 납치되어 터키로 돌려보내졌

---

16 잘랄 탈라바니Talabani는 바르자니Barzani 가문의 정당인 쿠르드 민주당이 봉건적이고 보수적인 것을 비판하면서 사회민주주의를 내걸고 1975년 애국동맹을 만들었다. 그러나 현실은 이라크 쿠르디스탄의 서쪽은 쿠르디스탄 민주당이란 이름의 군벌이, 동쪽은 애국동맹이라는 이름의 군벌이 세력을 겨루고 있을 뿐이다. 서쪽과 동쪽으로 대립하게 된 것은 이념과는 거의 관계가 없고, 쿠르드 종족 내 언어·문화가 다른 부족의 차이에 근거를 둔 것이기에 사실상 이들의 대립은 부족에 근거를 둔 군벌의 세력 다툼일 뿐이다. 이라크 북부 쿠르디스탄의 두 군벌 탈라바니의 쿠르드 애국동맹과 마수드 바르자니가 이끄는 쿠르드 민주당은 1994~1998년 주도권 다툼으로 서로 내전을 벌이기도 했다. 이 두 군벌은 이라크 내에서 석유 매장 지역인 쿠르디스탄에 쿠르드 국민 국가를 만드는 것에만 전력을 다 해왔고 다른 나라에 있는 쿠르드와의 연대는 거의 생각하지 않는다. 쿠르드 국민 국가를 만들기 위해서 이들이 중요하게 생각한 것은 다른 나라의 쿠르드와의 연대가 아니라 미국과의 협력이다. 1991년 1차 페르시아 전쟁 때 이라크 쿠르드는 3개의 자치주를 확보했다. 2003년 미국이 이라크를 침략하자 이들은 서로 간의 갈등은 접고 연합해 미국에 적극 협력했다. 그 대가로 2005년 잘랄 탈라바니는 이라크 대통령이 됐고 마수드 바르자니는 쿠르드 자치구의 대통령이 됐다. 외잘란은 이들이 미국과 협력해 이라크 내 쿠르드 민족 국가를 만들려는 것에 반대했다.

2013년 4월 25일. 이라크와 이란
국경 근처에 위치한 이라크 쿠르디
스탄인 깐딜Qandil의 PKK 캠프

는데 이는 국제법을 위반한 것이다. 이 납치는 비밀 정보기관들 간의 동맹이 있었기 때문에 가능했던 것이고, 대중은 이 사건이 분쟁을 더욱 격화시킬 것이라고 여겼다. 그러나 터키령인 임랄리 섬 감옥에서의 재판은 이 분쟁의 정치적 성격을 180도로 전환시키며 정치적 해법에 관한 새로운 시각을 제공했다. 동시에 이 전환으로 인해 PKK는 이념적으로나 정치적으로 방향을 바꾸게 됐다. 나는 납치되기 전부터 이러한 쟁점들에 관한 작업을 하고 있었다. PKK의 방향성 전환은 진실로 이념적이고 정치적인 단절을 의미한다. 그렇다면 이와 관련된 진정한 동기는 무엇인가?

주요비판

의심할 여지없이 내가 납치된 것은 PKK에게 큰 타격이었다. 그럼에도 이것은 PKK가 이념적이고 정치적으로 전환한 이유가 아니다. PKK는 다른 정당들과 마찬가지로 국가적 위계 구조를 가진 당으로 여겨졌다. 그렇지만 이러한 구조는 민주주의, 자유, 평등의 원칙에서 변증법적인 모순을 야기한다. 즉 어떤 철학을 가진 정당이든지 원칙상의 모순을 일으키는 것이다. PKK의 관점은 자유를 지향했지만 우리의 사고는 위계 구조 안에 존재했고 우리 스스로를 자유롭게 할 수 없었다.

제도 정치권력에 대한 PKK의 요구에도 모순은 내재해 있었다. PKK는 이 요구에 부응해 당을 형성하고 정렬했다. 그러나 제도

권력 노선에 맞추어진 구조는 PKK가 지지하고 있었던 사회적 민주화와 갈등을 일으켰다. 그러한 정당의 활동가들은 사회보다는 자신의 상관들을 기준으로 스스로를 정립하고, 자신이 직접 그러한 직위에 오르고자 하는 열망을 보이기 마련이다. 해방을 위한 사회 개념에 바탕을 둔 3가지 이념적 경향인 민주주의, 자유, 평등 모두 이러한 모순에 부딪혀왔다. 민족해방운동과 마찬가지로, 자본주의를 넘어서는 사회적 개념화를 설정하려고 할 때 현실 사회주의와 사회민주주의는 자본주의 체제의 이념적 구속에서 스스로를 자유롭게 할 수 없었다. 일찍이 그들은 사회의 민주화에 집중하는 대신, 오히려 제도적 정치적 권력을 추구하면서 자본주의 체제의 기둥이 됐다.

또 다른 모순은 PKK가 이념적이고 정치적으로 생각하는 전쟁의 가치였다. 전쟁은 또 다른 수단에 의한 정치의 연장으로 이해됐고, 전략적 도구로 낭만화됐다.

이것은 사회 해방을 위해 투쟁하는 운동이라는 자각에 대한 노골적인 모순을 드러냈다. 이에 의하면 무장력의 사용은 오직 자기방어를 위한 목적으로만 정당화될 수 있다. PKK는 사회적 해방에 대한 접근법을 지키고 있다고 여겼으며, 자기방어를 벗어나는 무력 사용은 이 같은 접근법을 위반하는 것이 될 것이었다. 역사 속에서 모든 억압적인 정권들은 전쟁에 기반을 두거나 자신들의 제도를 전쟁이라는 논리에 맞추어왔기 때문이다. PKK는 쿠르드가 부정당했던 권리를 얻기 위해서는 무장 투쟁으로 충분할 것이라고 믿었다. PKK는 민주적인 당임을 자처했으나, 전쟁에 대한 이런 결정론적 사고는 사회주의자나 민주주의자의 것도 아니었다. 진정한 사회주의 당은 국가와 유사한 구조나 위계를 지향하지도 않고, 전쟁을 통해 이익과 권력을 보호하는 것을 토대로 삼고 있는 제도적 정치권력을 추구하지도 않는다.

터키 당국은 나를 납치함으로써 PKK가 패배했다고 여겼다. 그러나 궁극적으로 PKK의 패배는 우리 스스로를 충분히 비판적으로 그리고 공개적으로 들여다보도록 했다. 해방 운동에서 보다 발전적인 진보를 이룰 수 있었음에도 불구하고 이를 실현하지 못하도록 가로막았던 것이 무엇인지 찾는 계기가 됐던 것이다. PKK가 겪은 이념적이고 정치적인 변화는 명백한 패배를 새로운 지평선을 여는 문으로 전환시켰기에 가능한 것이었다.

새로운 전략적,
철학적, 정치적 접근

이 책에서 PKK의 변화 과정을 뒷받침하는 주요 전략, 이념, 철학, 정치적 요소들을 포괄적으로 다룰 수는 없다.

그렇지만 그 주춧돌의 윤곽은 다음처럼 잡을 수 있다.

- 새롭게 정렬한 PKK가 품은 철학적·정치적 그리고 가치와 관련된 접근법들은 '민주적 사회주의'라고 부르는 것이 적합하다는 것을 발견했다.
- PKK는 쿠르드 국민 국가를 민족 자결권에서 끌어내지 않는다. 하지만 우리는 새로운 정치적 차원을 찾는 대신에 민족 자결권을 풀뿌리 민주주의들의 기반으로 간주한다. 민족 자결권에 대한 이 같은 인식을 쿠르드 사회에 확신시키는 것은

PKK에게 달려 있다. 이는 쿠르디스탄에 권력을 행사하는 패권적 나라들과 대화할 때에도 마찬가지다. 민족 자결권은 기존 쟁점에 대한 해법을 만드는 데 기반이 되어야 한다.

- 이 지점에서 현재 존재하는 국가들에게 필요한 것은 민주주의에 대한 단순한 립 서비스를 넘어서는 민주적 체제다. 그렇지만 국가를 즉각적으로 폐지하는 것은 현실적이지 않으며, 그렇다고 해서 우리가 국가를 있는 그대로 받아들여야 한다는 것도 아니다. 우리는 권력에 대한 전제적 태도를 가진 고전적인 국가 조직은 받아들일 수 없다. 제도적인 국가는 민주적 변화에 따라야 한다. 이 과정의 끝에는 그저 정치적 제도로만 남는 작은 국가가 있어야 하며, 이 작은 국가는 대내외의 안보 영역과 사회 안전 지원 분야에서만 기능한다. 국가에 대한 이러한 사상은 고전적인 국가의 권위적 특징과 전혀 공통된 부분이 없으며 오히려 대중의 일반적인 권위라고 간주하면 될 것이다.

- 쿠르드 해방 운동은 연합체confederation[17]로서의 성격을 가지고 쿠르디스탄에서의 민주적 자기 조직화 체제를 위해 일하고 있다. 민주적 연합체주의는 비국가 민주적 민족 조직non-

---

17 역사 속에서 용어의 예를 찾으면 미국, 스위스, 독일 등은 예전에는 연합체confederation였다가 현재는 연방 국가federation, federal state다. 다수의 국가가 조약으로 모인 연합체는 하나의 국가로 연방 헌법을 가진 연방과는 분명히 다르다. 연합체 내 국가들은 각기 주권을 가지고 있기에 각자 대내적 통치권, 외교권, 군사권을 가진다.

2014년 5월 14일. 터키 동남쪽 쿠르드의 도시 시리트Sirit에서 BDP 정치인 퀼탄 키샤나크Gültan Kişanak의 연설을 듣는 쿠르드 군중들. 이 선거의 승리로 퀼탄 키샤나크는 디야르바키르의 첫 여성 시장이 되었다. 그러나 2016년 10월 25일 터키 당국에 의해서 PKK와의 연루 혐의로 체포되었고 230년의 징역을 선고받았다.

state democratic nation organisation으로 이해된다. 민주적 연합체주의는 특히 소수자들, 종교 공동체, 문화 집단, 젠더에 특화된 집단 등의 사회적 집단들이 내부에서 자율적으로 조직될 수 있는 틀을 제공한다. 이 모델은 또한 민주적 민족democratic nation과 문화를 조직하는 방법으로도 간주될 수 있을 것이다. 쿠르디스탄의 민주화 과정은 형태의 문제로만 국한되지 않는다. 오히려 사회의 모든 부문에서 경제적·사회적·정치적 주권을 목표로 하는 광범위한 사회적 프로젝트를 제안한다. 이는 필요한 제도의 건설을 앞당기고 민주적 자치 정부와 통제를 위한 기구들을 창조한다. 이것은 연속적이고 장기적인 과정이다. 그러므로 선거는 유일한 수단이 아니다. 그보다는 주권, 즉 인민이 직접적으로 개입하기를 요구하는 동적인 정치적 과정이다. 인민은 주권적인 경제·사회·정치의 형성 과정에서 이에 대한 제도화, 거버넌스governance 및 감독에 직접 참여하게 될 것이다. 이 프로젝트는 지역 공동체의 자치를 기반으로 하여, 공개적인 평의회, 도시 평의회, 지역 의회, 보다 큰 국회의 형태로 조직화될 것이다. 시민들 스스로 이러한 자치의 주체들로 서게 되며, 국가를 기반으로 하는 권위는 존재하지 않는다. 연방 자치의 원칙에는 제한이 없다. 다국적인 민주적 조직들을 창조하기 위해서 국경을 가로지를 수도 있다. 민주적 연합체주의는 공동체 수준에서의 토론과 결정을 진전시키기 위해 수평적 위계를 선호한다.

- 여기에서 윤곽을 잡은 모델은, 쿠르디스탄 인민의 민주적 자치에 일반적 대중 권위로서의 국가를 더한 것이다. 여기에서는 국가와 관련된 주권만이 제한될 뿐이며, 이러한 모델은 자유와 평화 같은 기본 가치를 구현할 전통적인 행정 모델에 비해 적합하다. 이 모델은 터키에만 한정될 필요가 없으며 쿠르디스탄의 다른 지역(이란, 이라크, 시리아)에도 적용될 수 있을 것이다. 동시에 이 모델은 시리아, 터키, 이라크, 이란의 모든 쿠르드 정착지에 연방 행정 조직들을 건설하는 데도 적합하다. 그러므로 기존의 국경을 문제삼지 않고도 쿠르디스탄의 모든 지역을 가로지르는 연방 조직들을 만드는 것이 가능하다.

- 사회주의 나라들의 대내외적인 권력 사용 방식과 젠더 쟁점의 중요성에 대한 그릇된 인식은 현실 사회주의의 몰락을 가져왔다. 여성과 권력은 모순적으로 보인다. 현실 사회주의에서 여성 권리의 문제는 부차적인 쟁점이었고 경제적인 문제나 다른 사회 문제들이 해결되면 풀릴 문제라고 믿어졌다. 그러나 여성은 억압받는 계급이나 민족 혹은 억압받는 성으로 간주될 수 있다. 우리가 역사적·사회적 맥락에서 여성의 자유와 그들에 대한 동등한 대우를 토론하고 또 적합한 이론을 고안하지 않는 한, 그에 따른 적합한 실천 또한 없을 것이

다. 그러므로 여성 해방은 자유를 위한 쿠르디스탄의 민주적 투쟁에서 핵심 전략으로 자리잡아야 한다.

- 오늘날 정치 민주화는 우리가 직면한 가장 긴급한 과제다. 그렇지만 민주적 정치에는 민주적인 정당들이 필요하다. 국가의 명령을 수행하는 대신에 사회의 이해를 실현하는 정당이나 정당 관련된 기구가 없는 한 정치의 민주화는 불가능할 것이다. 터키에서 정당들은 그저 지대地代 추구 국가의 선전 도구들일 뿐이며, 권력을 잡으면 지대를 분배하는 기구에 지나지 않는다. 이들을 사회의 이익에만 전적으로 헌신하는 정당으로 변형시키고 이를 촉진하기 위해 필요한 법적 기반을 만들어야 한다. 어떠한 정치 개혁에서도 가장 중요한 부분에 해당한다. 쿠르디스탄이라는 단어를 가진 정당들의 설립은 여전히 형법에 저촉된다. 독립적인 정당들의 활동이 온갖 수단으로 저지당한다. 쿠르드와 연관된 정당들이 서로 협력할 수 있다면, 그들이 분리주의나 폭력을 주창하지 않는 한 민주화에 기여할 것이다.

- 개별적·제도적인 굴종의 정신이 광범위하게 퍼져 있으며 이는 민주화를 가로막는 크나큰 장애물이다. 이를 극복하기 위해서는 전 사회 부문에서 민주주의를 창조적으로 자각할 필요가 있다. 시민들은 적극적으로 민주주의에 헌신할 기회를 받아야만 한다. 쿠르드에게 있어서 이것은 쿠르디스탄의 모

든 지역과 쿠르드 공동체가 있는 어느 곳에서나 민주적인 조직들을 건설하는 것을 의미한다. 이는 공동체가 정치적 삶에 능동적으로 참여하는 데 촉진제가 될 것이다. 쿠르디스탄에 살고 있는 소수 집단에게도 역시 참여의 기회가 주어져야한다. 풀뿌리 수준의 민주적 조직들의 발전과 그에 대응하는실천적 접근이 최우선되어야 한다. 설사 중동처럼 기본적인민주적·법적 원칙들이 위반되는 곳일지라도, 이러한 풀뿌리조직들은 필수로 간주되어야 할 것이다.

- 정치는 독립 언론을 필요로 한다. 독립 언론이 없다면 국가조직들은 민주주의 문제에 관한 감수성을 전혀 발전시킬 수없을 것이다. 민주주의를 정치 안으로 가져오는 것 역시 불가능하게 될 것이다. 정보의 자유는 개인이 갖는 권리일 뿐아니라 사회적 측면에서도 허용되어야 한다. 또한 독립 언론은 언제나 사회적 역할을 가지고 있다. 이들이 대중과 소통하는 것은 민주적인 균형을 통해야 한다.

- 봉건적 제도인 부족, 셰이크돔, 아가스(aghas, 오스만과 사파비지배 체제하에서 우두머리 환관 또는 고위 궁전 장교) 및 종파주의는 본질적으로 중세의 유물로, 고전 국민 국가의 제도와 마찬가지로 민주화를 가로막는 장애물이다. 이들은 즉시 민주적 변화의 흐름에 합류해야만 한다. 이 기생적 제도들은 최우선으로 극복되어야 한다.

- 토착어 교육 권리는 존중받아야 한다. 당국은 이러한 교육을 직접 시행하지 않더라도 쿠르드어와 문화 교육을 위한 제도를 만들고자 하는 시민적인 노력들을 방해해서는 안 된다. 의료 체계는 국가와 시민 사회에 의해 보장되어야 한다.

- 사회의 생태적 모델은 본질적으로 사회주의다. 생태 균형은 독재하에 있는 소외된 계급 사회가 사회주의 사회로 이행하는 기간 중에만 이루어질 수 있을 것이다. 자본주의 체제에서의 환경 보존을 바라는 것은 환상일 뿐이다. 이 체제는 여러 지점에서 생태적 파멸을 부추기고 있다. 환경 보호는 사회 변화 과정에서 광범위하게 고려되어야 한다.

- 쿠르디스탄 내의 각 지역에는 패권적 권력을 휘두르는 국가들(이라크, 이란, 터키, 시리아)이 있다. 쿠르드 문제의 해법은 이들 각각의 국가들의 민주화 내에서만 현실화될 것이다. 이 과정은 이 국가들에만 국한되지 않고 전 중동으로 나아가야 한다. 쿠르디스탄의 자유는 중동의 민주화와 연결되어 있다. 자유로운 쿠르디스탄은 민주적 쿠르디스탄일 때만 가능하다.

- 개인적 표현과 결정의 자유는 빼앗을 수 없다. 어떠한 나라나 정부나 사회도 어떠한 이유로든 이 권한을 제한할 권리가 없다. 사회가 자유롭지 못하면 개인의 자유를 누리는 것 또한 불가능하며, 이와 마찬가지로 개인의 자유 없이는 사회의 자유도 없을 것이다.

- 사회 해방에서 특히 중요한 것은 현재 국가 소유하에 있는 경제 자원들을 공정하게 재분배하는 것이다. 경제적 공급이 인민에 대한 억압을 행사하기 위한 국가 소유의 도구가 되어서는 안 된다. 경제 자원은 국가의 재산이 아니라 사회의 것이다.

상품화와 이윤에 기반을 둔 경제만을 배타적으로 추구하는 것은 인민의 경제가 아니다. 인민에게 가까운 경제는 재분배에 기반을 두고 사용 가치를 지향해야 한다. 이윤 기반의 경제는 사회만이 아니라 환경도 파괴한다. 사회를 몰락시킨 주요 원인들 중 하나는 금융 시장의 확장이다. 수요의 인위적 창출, 새로운 판매 시장을 찾기 위한 더 과감한 탐색, 더 많은 이윤을 원하는 끝없는 탐욕으로 인해 부와 빈곤의 거리는 점차적으로 커져갔다. 그리고 수많은 이들이 빈곤선 이하에서 살아가거나 심지어 굶주림으로 죽어가게 됐다. 이러한 경제 정책으로는 인류는 스스로를 유지할 수 없다. 그러므로 상품 지향의 사회에서 사용 가치에 기반을 두고 생산하는 사회, 즉 이윤에 기반을 둔 생산에서 공유에 기반한 생산으로의 진보적 이행이 필요하다. 이는 사회주의자의 정치에서 가장 큰 과제다.

- 쿠르드는 가족의 의미에 큰 가치를 두고 있지만, 쿠르드 가족에게는 여전히 자유가 많지 않다. 재원, 교육, 의료의 부족

2014년 10월 23일, 터키의 도시 수르트Suruç 근처에서 쿠르드 여인들의 평화로운 일상. 터키에 속한 수르트에서 10km 떨어진 거리에는 시리아의 코바니Kobani가 있다. 다에쉬IS들이 코바니를 점령했지만 인민 수비대YPG가 2015년 1월 코바니를 되찾았다. 2015년 6월 이에 대한 다에쉬의 보복으로 수르트 폭발 사건이 있었고 이로 인해 33명이 사망하고 104명이 부상을 입었다.

은 쿠르드 가정의 발전을 더디게 한다. 여성과 아이들의 상황은 재앙적이다. 소위 가족 내 여성에 대한 명예 살인이 바로 이 재앙의 상징이다. 여성들은 명예라는 낡은 개념의 대상이 됐는데 이는 전체 사회의 퇴보를 반영한다. 현존하는 조건들에 대한 남성들의 분노는 사회 내 가장 취약한 구성원, 즉 여성들에게 직접적으로 향한다. 사회 제도로서의 가족은 위기를 겪고 있다. 이에 대한 해법 또한 전면적인 민주화의 맥락에서만 찾을 수 있다.

현재 상황과 해법을 위한
제안들

쿠르드-터키 관계는 쿠르드 문제 해법에 있어서 핵심 역할을 한다. 이라크, 이란, 시리아의 쿠르드만으로는 쿠르드 문제에 대한 전체적인 해법을 가져올 수 없다. 이라크의 쿠르드가 그 좋은 예다. 터키, 미국, 그리고 그 동맹들은 PKK를 테러 조직으로 간주하고 비난하고 있으며, 이런 세계적인 결합은 반‑국가 쿠르드 자치라는 간접적인 결과를 낳았다. 앙카라(Ankara, 터키의 행정 수도)의 동의 없이 이 '해법'은 가능할 수 없었을 것이다. 이 해법이 야기한 혼란은 명백하며 그 결과는 예측할 수 없다. 이라크에서의 봉건-자유주의 쿠르드 민족 자치가 장기적으로 어떤 방향을 취하게 될 것인지, 그것이 이란, 시리아 및 터키에 어떤 영향을 끼치게 될지도 불명확하다. 또한 이스라엘-팔레스타인 분쟁 형태와

터키 쿠르드 기반의 정당으로 터키 제 3당인 인민민주당HDP의 상징.

유사한 지역적 분쟁의 위험이 있다. 쿠르드 민족주의의 격발은 페르시아, 아랍, 투르크 민족주의자들을 더 과격하게 만들어서 문제의 해법을 만드는 것을 더 어렵게 할 수 있다.

이렇듯 문제가 많은 이라크 쿠르드식의 전망은 민족주의자들의 열망에 얽매이지 않는 해법과 대조되어야 할 필요가 있다. 이두 번째 해법은 기존의 국경선을 인정하고 있다. 그 대신 쿠르드의 지위가 각국의 헌법에서 공식 인정되어 쿠르드의 문화, 언어, 정치적 참여에 관한 권리가 보장될 것이다. 이러한 모델은 이 지역의 역사적·사회적 실재와 상당히 들어맞을 수 있다.

이를 볼 때 쿠르드에 평화를 가져오는 것은 필수적이다. 현재 진행되는 전쟁이나 미래의 어떤 전쟁도 그저 상처뿐인 승리만을 낳을 가능성이 크다. 그러므로 이 전쟁은 끝이 나야 한다. 이미 너무 오래 지속됐다. 다른 나라들의 예를 따라 필요한 단계를 밟아야 하며, 이는 관련된 지역 내 모든 나라들의 이해를 위한 것이다. 쿠르드가 요구하는 것은 자신들의 존재를 존중해주는 것뿐이다. 즉 문화의 자유와 전면적인 민주주의 체제를 요구하는 것이다. 보다 인간적이고 온건한 해법이란 불가능하다. 남아프리카, 웨일스, 북아일랜드, 스코틀랜드, 코르시카의 예는 서로 다른 근대 국가들이 역사 과정 속에서 유사한 문제들을 어떻게 해결할 수 있었는지를 보여주고 있다. 또한 이러한 사례들과의 비교는 우리 자신이 문제에 보다 객관적으로 접근할 수 있도록 도와준다.

중요한 사실은 우리가 민주적인 조건을 내걸고 있다는 것이며, 이와 긴밀하게 관련되어 있는 2가지 지점이 있다. 하나는 우리가 쿠르드 문제를 해결하기 위한 수단으로 폭력을 취하지 않는 것이며 또 하나는 쿠르드를 부정하는 억압적인 정책을 최대한 극복하고자 하는 것이다. 쿠르드 언어, 문화, 교육, 방송에 대한 금지는 그 자체가 테러 행위이며 실제적으로 대응 폭력을 부른다. 그럼에도 폭력은 양측에서 자기방어의 정당화를 넘어서는 수준으로 사용됐다.

오늘날의 많은 운동이 보다 극단적인 방법들을 취하고 있다. 하지만 우리는 정전을 여러 번 선언했다. 우리는 터키 국경에서 많은 전사들을 철수시켰고, 테러리즘이라는 비난에 반박했다. 그렇지만 평화를 위한 우리의 노력은 수년간 묵살당했다. 우리는 의견을 냈지만 이에 대한 응답은 결코 돌아오지 않았다. 오히려 평화의 대사로 파견됐던 쿠르드 정치인 집단이 구속되고 장기간 감옥에 갇혔다. 평화를 위한 노력은 우리가 약하다는 것으로 오역됐다. 이러한 오역 외에는 "PKK와 외잘란은 사실상 끝났다" 같은 발언이나 우리의 발의가 오직 전술적 행보라는 말들이 퍼져나가는 것에 대해 달리 설명할 방법이 없다. 그들은 PKK를 박살내기 위해서 좀 더 거칠게 나가는 수밖에 없다고 주장했다. 따라서 그들은 쿠르드 해방 운동에 대한 공격을 증가시켰다. 하지만 누구도 왜 그들이 성공하지 못했는지 묻지 않았다. 폭력이란 수단으로는 쿠르드 문제를 해결하는 것이 불가능하다. 또한 위에 언급된 것과 같은 행위는 2006년 10월 1일 시작된 정전을 실패로 몰아갔다. 나는 PKK에게 이 정전을 제안할 것을 요청했고 일부 지식인들과 NGO들 역시 이러한 조치를 요구했지만, 진지하게 받아들여지지 않았다. 대신에 인종주의와 배외주의가 횡행해 충돌의 분위기를 만들었다. 이외에도 우리는 정의개발당이 이 쟁점을 이용했다는 사실 또한 잊어서는 안 된다. 그들은 케말 엘리트[18]와 자신들 간의 문제들을 축소시키기 위해서 군대와 협상하고 쿠르드 문제를 고조시키고자 했다.

현재 터키의 정의개발당 정부는 성의 없는 몇몇 수단들에만 한정적으로 매달리고 있는데, 이는 EU로부터 억지로 양보를 얻어내기 위한 것들이다. 이들은 EU에 가입하고자 하는 의도로 입법된 화합법들의 도움을 받아 시간을 벌고자 하고 있다. 그러나 사실상 소위 개혁이라 불리는 이러한 것들은 그저 휴지 조각에 불과하다.[19]

---

18 케말 엘리트는 세속주의를 추구하는 엘리트들을 말한다. 세속주의를 터키 건국의 주춧돌로 놓았던 케말을 따른다는 의미에서 이런 용어가 생겼고 터키 내에서는 군부가 언제나 케말 엘리트의 중심이다. 이슬람을 내세우는 정의개발당과 세속주의를 내세우는 군부의 갈등을 쿠르드 문제로 덮어서 축소시켰다.

19 1998년 8월 29일 압둘라 외잘란은 1998년 9월 1일에 정전할 것을 선언했다. 이 발표 몇 주 뒤 외잘란은 시리아 국경에서 강제 추방됐고, 몇 달간 오디세이를 한 후 케냐에서 납치되어 터키 당국에 넘겨졌다. 외잘란은 임랄리섬 감옥의 유일한 죄수였고, 그를 위해 특별히 준비된 그곳에서 평화를 위한 노력을 계속했다. 1999년 8월 2일 외잘란은 정전을 선언하고 터키 국경 밖으로 PKK 세력이 철수할 것을 요청했다. 이 세력들은 즉시 철수했다. 그러나 이 철수 기간에 많은 PKK 세력들이 목숨을 잃었는데, 터키 무장군의 매복 공격 때문이다. 동시에 외잘란은 상징적인 평화단들이 선의

분쟁이 점점 악화되는 것은 염려할 일이다. 그럼에도 나는 정당한 평화를 바라는 희망을 포기하지 않을 것이다. 이는 언제라도 실현될 수 있다.

나는 터키 사회에 단순한 해법을 제안한다. 우리는 민주적 민족democratic nation을 요구한다. 우리는 단일 국가와 공화국을 반대하지 않는다. 우리는 공화국과 그것이 추구하는 단일한 구조 및 속인주의를 받아들인다. 하지만 우리는 이 국가가 사람, 문화 그리고 권리를 존중하는 민주적인 국가로 재규정되어야 한다고 믿는다. 이를 바탕으로 해, 쿠르드는 자신들의 문화와 언어를 재활성화하고 이를 자유롭게 조직할 수 있어야 하며, 이는 경제적·정치적 발전에 기능할 수 있는 방식이어야 한다. 이것이 쿠르드와 터키, 그리고 다른 문화들이 터키에서 민주적 민족이라는 지붕 아래 공존하는 것을 가능하게 한다. 그러나 이는 다른 문화를 보장해주는 민주적 헌법과 진보한 법적 틀이 있어야만 가능하다.

민주적 민족에 대한 우리의 생각은 국가나 국경에 의해 규정되지 않으며, 국가 조직과 종족적 기원이 아닌 민주주의에 기반을 둔 모델이다. 터키는 모든 종족을 포함하는 나라로 스스로를 규정해야 한다. 이는 종교나 인종 대신에 인간에 기반을 둔 모델이

의 표시로 터키에 올 것을 요청했다. 이에 1999년 10월 1일에는 깐딜(Qandil, 이라크 북부 산악 지역으로 PKK가 점령하고 있는 지역)에서 8인으로 구성된 1차 평화단이, 1999년 10월 29일에는 유럽에서 역시 8인으로 구성된 2차 평화단이 터키에 왔다.

될 것이다. 민주적 민족에 대한 우리의 생각은 모든 종족과 문화를 포용한다.

이런 배경을 바탕으로 내가 제안하는 해법을 요약해보겠다.

- 쿠르드 문제는 민주화의 근본 문제로 다루어져야 한다. 쿠르드 정체성은 헌법에 명시되어야 하고 법 체제 속에 통합되어야 한다. 새 헌법은 다음 구절을 포함해야 할 것이다. '터키 공화국의 헌법은 민주적인 방법으로 터키 내 모든 문화의 존재와 표현을 인정한다.' 이로써 충분할 것이다.
- 문화와 언어에 대한 권리는 법에 의해서 보호받아야 한다. 라디오, TV 혹은 언론에 대한 어떠한 제한도 있어서는 안 된다. 쿠르드어 프로그램과 다른 언어 프로그램은 터키어 프로그램과 똑같은 규정과 규제에 의해서 다루어져야 한다. 이는 문화적 활동에 대해서도 마찬가지로 적용된다.
- 초등학교에서 쿠르드어를 가르쳐야 한다. 자녀들에게 쿠르드어 교육을 원하는 인민들은 쿠르드어를 가르치는 학교에 보낼 수 있어야 한다. 고등학교에서는 쿠르드 문화, 언어, 문학을 선택 과목으로 제공해야만 한다. 대학은 쿠르드 언어, 문학, 문화 그리고 역사를 위한 기관들을 설립할 수 있어야 한다.
- 표현과 결사의 자유는 제한되어서는 안 된다. 정치적 활동은 국가에 의해서 제한되거나 규제되어서는 안 된다. 이는 쿠르

2017년 1월 28일, 프랑스 마르세유에서 벌어진 쿠르드 시위.

드 문제에 대해서도 제한 없이 적용되어야 한다.

- 정당과 선거법은 민주적 개혁을 따라야 한다. 법률은 민주적 의사 결정 과정에 쿠르드 인민과 다른 모든 민주적 그룹의 참여를 허락해야 한다.
- 촌락 위병 체제나 국가 조직 내의 불법적 네트워크[20]는 해산 해야 한다.

전쟁 기간 중 촌락에서 쫓겨난 사람들은 어떤 방해도 받지 않고 그 촌락으로 돌아갈 수 있어야 한다. 모든 행정적·법적·경제적·사회적 수단들이 반드시 강구되어야 한다. 나아가 쿠르드 인구가 생계를 꾸리고 삶의 수준을 향상시키기 위한 개발 프로그램이 만들어져야 한다.

평화와 사회 참여를 위한 법이 제정되어야 한다. 이 법은 게릴라 운동의 구성원들, 죄수, 망명 중인 이들이 아무 전제 없이 공적인 삶에 참여할 수 있도록 해줄 것이다.

덧붙이자면, 해법에 도달하기 위한 즉각적인 조치들이 논의되

---

20 촌락 위병은 대부분 쿠르드 주민을 고용한 준군사 조직이다. PKK에 대항해서 싸우도록 터키 국가에 의해서 세워져 자금 지원을 받고 있으며, 무법 살인, 고문, 사람들의 실종에 관여하고 있다. 불법적 네트워크는 Jandarma İstihbarat ve Terörle Mücadele (JITEM), Jandarma İstihbarat Teşkilatı (JIT)(테러리즘에 대응한다는 명분을 가지고 있는 조직들로 무력을 행사하며 수많은 해결되지 않는 살인 사건에 관여했다. 내무부의 허가를 받지 않았으나 앙카라에 버젓이 공식 사무실들이 있다), Ergeneko(터키 군부와 연결된 세속주의를 추구하는 초민족주의 조직으로 비밀 결사체다. 이들에 대한 체포가 정의개발당의 반대파 탄압의 일환이라는 의견도 팽배하다) 같은 조직을 포함한다.

어야 한다. 민주적 행동 방안이 만들어지고 시행되어야 한다. 사회를 화해시키려면 진실과 정의 위원회가 세워질 필요가 있다. 양측에서 무엇을 잘못했는가를 추적하고 이를 공개적으로 토론해야 한다. 이것이 사회의 화해를 달성할 수 있는 유일한 방법이다.

정부나 조직이 어떠한 진전을 이루지 못하고 있을 때 지식인들이 조정자로 기능할 수 있을 것이다. 이와 관련된 긍정적 사례를 남아프리카와 북아일랜드 그리고 시에라리온에서 찾아볼 수 있다. 지식인들은 중재자의 역할을 맡고 양측은 이들의 도움을 받아 올바른 평화의 방향으로 들어설 수 있을 것이다. 위원회에는 지식인, 변호사, 의사나 과학자가 포함될 수 있다. 정의 구현에 대한 이 위원회의 결의가 확고하다면, 총을 내리는 그날, 화해는 이 위원회의 손에 달려 있을 것이다.

왜 우리가 정의에 대한 전망 없이 총을 넘겨주어야 하는가? 앞서 제시한 과정은 좋은 의지와 대화가 있을 때 시작된다. 대화를 하게 된다면 우리는 무기한 정전이나 다름없는 과정을 시작할 수 있을 것이다.

나는 내가 할 수 있는 모든 것을 할 준비가 되어 있다. 하지만 터키 정부는 평화를 원하고 있음을 보여주어야 한다. 그들이 주도해야 한다. 그들이 모든 결과에 대해서 단독으로 책임지기를 원하지 않는다면 그렇게 해야 한다. 평화적 해법을 위한 우리의 노력이 실패하거나 정치, 권력 투쟁 혹은 이윤 추구의 이름으로 이 노력이 희생된다면, 현재의 분쟁은 더 심화될 것이다. 그리고 그 끝은 예측할 수 없을 것이며, 그에 따른 혼란 속에서는 누구도 승자가 될 수 없을 것이다.

마지막으로 터키는 자신이 처한 현실, 즉 쿠르드의 존재 문제와 전 지구적 변화를 인정하기 위해 노력해야 한다. 현실을 부정하는 국가는 결국에는 필연적으로 존립의 문제에 직면하게 될 것이다.

그러므로 터키를 지속적인 평화의 길로 이끌기 위한 조치가 중대할 수밖에 없다.

민주적 연합체주의

Democratic Confederalism

서론

30년 이상 PKK는 쿠르드 인민의 정당한 권리를 위해 투쟁해오고 있다. 우리의 투쟁과 해방을 위한 싸움은 쿠르드 문제를 중동 전체에 영향을 주는 국제적 쟁점으로 만들었으며, 쿠르드 문제의 해법에 다가갈 수 있게 했다.

1970년대 PKK가 결성됐을 때의 국제 이념과 정치적 분위기는 냉전의 양극화된 세계, 즉 사회주의 진영과 자본주의 진영의 분쟁으로 특징지을 수 있다. PKK는 전 세계에서 당시 떠올랐던 탈식민지 운동에 고무됐다. 이 맥락에서 우리 고향의 특수한 상황에 걸맞은 우리 자신의 길을 찾고자 했다. PKK는 쿠르드 문제를 단순히 종족성이나 민족의식[1]의 문제로 치부하지 않았다. 그보다는 이를 민주주의와 혁명의 문제라고 믿었다. 이러한 목표들이

1990년대 이후 점차적으로 우리 행동을 결정해왔다.

우리는 또한 쿠르드 문제와 근대 자본주의 체제의 세계적 지배 사이에 있는 인과 관계를 인정했다. 이 관계에 의문을 던지고 도전하지 않는 한 해법은 불가능했다. 그렇지 않다면 우리는 새로운 보호령의 처지에 놓이게 될 것이다.

쿠르드 문제를 종족성과 민족의식의 쟁점으로 보는 시각은 역사와 사회의 토대들에 깊게 뿌리내리고 있으며, 따라서 유일한 해법 또한 국민 국가의 창조인 것처럼 보이게 한다. 이는 당시 자본주의 근대성의 패러다임이었다.

그렇지만 우리는 어떠한 기존의 정치적 청사진도 중동 인민의 상황들을 지속 가능한 방법으로 개선할 것이라고 믿지 않았다. 민족주의와 국민 국가는 중동에서 너무나 많은 문제를 만들지 않았는가?

그러므로 이 패러다임의 역사적 배경을 주의 깊게 본 후에, 민족주의의 덫에 걸리지 않고 중동 상황에 적합한 해법을 우리가 만들 수 있는지 살펴보자.

---

1 민족의식nationhood은 국민으로서 가지는 국가에 대한 귀속 의식을 뜻한다. PKK가 쿠르드 문제를 민족의식의 문제로 보지 않는다는 것은 쿠르드 문제가 국민 국가를 설립하는 것으로 해결될 수 없다고 보는 것이다. 번역어 설명 참조.

국민 국가

A. 기초

특정한 지역에 정착하면서 인민은 그들이 살던 영역, 그 확장, 경계라는 개념을 형성하기 시작했는데 대부분 자연과 지형적 특색에 의해 결정된 것이었다. 일정한 구역에 정착해서 오래 산 씨족들과 부족들은 공통의 정체성과 고향이라는 관념을 발전시켰다. 부족들이 자신들의 국토라고 보는 경계들은 아직 국경이 아니었다. 상업, 문화, 언어는 경계에 의해서 제한되지 않았다. 영토선들은 장기간 유연하게 남아 있었다. 봉건 구조는 거의 대부분의 지역에 퍼져 있었고 로마 제국, 오스트리아-헝가리 제국, 영국 제국 같은 왕조들 혹은 거대한 다종족 제국들이 계속 변경되는 국경, 수많은 언어들, 종교 공동체들이 수시로 등장했다. 그들은 오랜 기간 살아남으면서 많은 정치적 변화를 견뎌왔다. 이는 그들의 봉건적 토대 덕에 그들의 권력을 광범위하고 좀 더 작은 2차 권력 중심에 유연하게 보급하는 것이 가능했기 때문이다.

a. 국민 국가와 권력

국민 국가nation-state의 등장과 함께 무역, 상업, 금융은 정치적 참여를 추진했고 그 결과 전통적인 국가 조직에 자신들의 권력을 부여했다. 200년 전에 있었던 산업혁명 초기의 국민 국가는 한편으로는 규제받지 않는 자본 축적과 함께, 다른 한편으로는 빠르게 성장하는 인구에 대한 무제한의 착취와 함께 발맞추어 발전했다. 이 혁명으로부터 대두된 신흥 부르주아지는 정치적 결정과 국가 조직에 참여하기를 원했다. 그들의 새로운 경제 체제인 자본주의는 신흥 국민 국가가 가진 고유의 구성 요소가 됐다. 국민 국가가 낡은 봉건 질서와 부족 조직들에 걸쳐 있는 자신의 이념을 민족이라는 뿌리 아래 모든 부족과 씨족을 합치는 새로운 이념으로 교체하기 위해서는 부르주아지와 자본의 권력이 필요했다. 이러한 방식으로 자본주의와 국민 국가는 서로 긴밀하게 연결되어 한쪽 없이 다른 한쪽이 존재한다는 것은 상상할 수 없었다. 이 결과로 착취는 국가의 인가를 받는 것 이상으로 국가에 의해 더 장려되고 촉진됐다.

그러나 무엇보다 국민 국가는 권력의 최대 형태로 간주되어야만 한다. 다른 어떠한 국가 형태도 이 정도의 권력의 허용치를 가지지는 않는다. 이와 관련해 중요한 이유 중 하나는, 점점 늘어가는 독점화 과정에 중간 계급의 상층부가 연관되어왔다는 사실이다. 국민 국가는 가장 발전되고 완결된 독점 그 자체다. 국민 국가는 통상, 산업, 금융, 권력 등의 가장 발전된 독점 단위다. 이념적 독점 또한 권력 독점의 뗄 수 없는 부분으로 간주되어야 한다.

b. 국가와 그 종교적 뿌리들

국가의 종교적 뿌리는 이미 다른 책에서 자세하게 다룬 바 있다(A. Öcalan, *The Roots of Civilisation*, London, 2007). 현대 정치 개념과 관념 중 상당수는 종교나 신학적 개념에 그 기원을 두고 있다. 사실 자세히 들여다보면 종교와 신성한 상상은 역사상 최초의 사회적 정체성을 형성했다는 것을 알 수 있다. 종교와 신성한 상상은 많은 부족 및 기타 전前국가 단계 공동체들의 이념적 아교를 형성했고 그들의 존재를 공동체로 규정해주었다.

이후 국가 조직들이 발전한 후에는 국가와 권력, 사회 사이에 있었던 전통적인 결합이 약해지기 시작했다. 공동체 초기에 있었던 신성하고 성스러운 사상과 관례는 공통의 정체성과 관련해 점차적으로 그 의미를 잃어가기 시작했고, 대신에 군주나 독재자들의 권력 조직으로 이행되어갔다. 국가와 그 권력이 성스러운 의지와 신성한 법으로부터 만들어졌고 통치자는 신의 은혜를 입은 왕

2016년 7월 23일, 이탈리아 밀란. 터키 대통령 에르도안에 항의하며 PKK 지도자 외잘란의 석방을 요구하는 쿠르드 활동가.

이 됐다. 그들은 지상에서 신성한 권력을 대변했다.

오늘날, 대부분의 근대 국가들은 스스로를 세속적이라 부른다. 그리고 종교와 국가 사이의 낡은 결속은 끊어졌으며 종교는 더는 국가의 한 부분이 아니라고 주장한다. 이는 확실히 절반만의 진실이다. 종교 제도와 성직의 대표자들이 정치적·사회적 결정 과정에 더는 참여하지 않는다고 하더라도, 그들은 여전히 이러한 결정에 어느 정도 영향을 끼친다. 마찬가지로 그들 역시 정치적·사회적 사상과 발전에 영향을 받는다. 그러므로 세속주의, 즉 터키에서 속인주의라고 불리는 것은 여전히 종교적인 요소를 포함하고 있다. 국가와 종교의 분리는 정치적 결정에 따른 것이지 자연스러운 결과는 아니다. 결과적으로 오늘날에조차 권력과 국가는 주어진 것으로, 심지어 신으로부터 부여받은 것으로까지 보이는 것이다. *세속적 국가*나 *세속적 권력* 같은 관념은 모호하게 남아 있다.

국민 국가는 과거의 종교적인 뿌리를 가진 상징들을 대체하기 위해 민족, 고국故國, 국기國旗, 국가國歌 같은 다수의 속성들을 정립해왔다. 특히 *국가와 민족의 통일*이라는 관념은 물적 국가 조직을 초월하게 만들었으며, 전前국가 단계에 존재한 *신과의 합일*이라는 해묵은 생각과 유사하다. 이러한 것들이 *신성*을 대체했다.

한 부족이 다른 부족을 정복했던 과거에는 구성원들이 승리자의 신을 숭배해야 했다. 우리는 이 과정을 식민화, 심지어 동화의 과정이라고 명할 수 있을 것이다. 이렇듯 국민 국가는 유사 신성의 속성들을 갖춘 중앙집권화된 국가이며 사회를 완전하게 무장 해제시키고 무력의 사용을 독점한다.

c. 관료주의와 국민 국가

국민 국가는 그 물적 기반, 즉 시민citizen을 초월하기 때문에 당연하게 그 정치적 기관 이상의 존재를 필요로 했다. 즉, 국민 국가는 그 법적·경제적·종교적 조직과 함께 자신의 이념적 기반을 보호하기 위해 추가로 자체 기관들을 필요로 한다. 그 결과물이 계속 확대되는 민과 군의 관료주의인데, 이는 비용이 많이 들고 초월적 국가 자체의 보존에만 기여한다. 이는 결국 관료주의가 인민 위에 올라가게 만든다.

유럽의 근대성 시기에, 국가는 사회의 모든 계층 안으로 관료주의를 확장하기 위한 수단을 가지고 있었고 관료주의는 사회의 모든 생명선을 감염시키는 암처럼 성장했다. 관료주의와 국민 국가는 서로가 없으면 존재할 수 없다. 국민 국가가 자본주의 근대성의 중추라고 한다면, 분명한 것은 국민 국가가 자연적인 사회를 가두는 철창이라는 것이다. 관료주의는 현실 사회주의와 친기업적 국민 국가 모두에서 그 체제의 무난한 기능, 상품 생산의 기반, 관련된 경제 행위자들의 이윤을 보장한다. 국민 국가는 자본주의의 이름으로 사회를 길들이고 그 자연적 기반으로부터 공동체를 소외시킨다. 어떤 분석이 사회 문제들의 지역적 특색을 파악하고 해결하고자 한다면, 이러한 연결 고리들을 유심히 들여다보아야 한다.

d. 국민 국가와 동질성

국민 국가는 본래부터 모든 사회적 과정의 독점화를 목표로 한다. 그래서 다양성과 복수성을 물리쳐야 하는 대상으로 보았는데, 이는 동화 정책과 학살로 이어지는 접근 방식이었다. 국민 국가는 사상과 사회의 노동 잠재력을 착취할 뿐 아니라 자본주의의 이름으로 인민들의 머리를 식민화한다. 국민 국가는 또한 스스로를 존속시키기 위해서 모든 종류의 영적이고 지적인 사상과 문화를 동화시킨다. 이는 단 하나의 민족 문화, 단 하나의 민족 정체성, 단 하나의 통일된 종교적 공동체를 창조하는 것을 목표로 한다. 따라서 동질의 시민 자질citizenship을 강요한다. 시민이라는 개념은 이러한 동질성을 추구한 결과로 창조됐다. 근대의 시민 자질은 사적 노예제에서 국가 노예제로의 이행에 지나지 않는다. 이러한 근대적 노예 군단이 부재하면 자본주의는 이윤을 획득할 수 없다. 동질의 민족 사회는 지금껏 만들어진 것 중 가장 인공적인 사회로서 '사회 공학 프로젝트'의 결과물이다.

이러한 목표들은 일반적으로 무력의 사용과 경제적 유인을 통해 달성됐고, 종종 그 결과로 소수 집단, 문화, 언어의 물리적 절멸 혹은 강제된 동화가 일어났다. 지난 두 세기의 역사는 상상의 실체인 진정한 국민 국가에 상응하는 국가를 창조하려 한 폭력적 시도로 가득 차 있다.

e. 국민 국가와 사회

흔히 국민 국가는 평범한 인민의 운명과 관련 있다고들 한다. 이것은 진실이 아니다. 오히려 국민 국가는 전 세계 자본주의 체제의 국내 통치자일 뿐이다. 그리고 자본주의 근대성으로 가신으로, 우리가 일반적으로 가정하는 것보다 훨씬 더 자본주의의 지배적 조직들에 깊숙이 얽혀 있다. 국민 국가는 자본의 식민지인 것이다. 아무리 국민 국가가 민족주의적으로 보일지라도, 착취라는 자본주의 과정에 똑같은 정도로 봉사한다. 자본주의 근대성의 끔찍한 재분배 전쟁에 대해 다른 설명은 필요하지 않다. 그러므로 국민 국가는 평범한 인민의 편에 있는 것이 아니라 인민의 적이다.

다른 국민 국가들이나 국제적인 독점 기업들과의 관계는 해당 국민 국가의 외교관들에 의해서 조정된다. 다른 국민 국가들의 인정을 받지 않고서는 누구도 살아남을 수 없다. 그 이유는 세계 자본주의 체제의 논리에서 찾아볼 수 있다. 자본주의 체제의 방진方陣에서 이탈한 국민 국가는 이라크의 사담 정권이 겪었던 것 같은 운명으로 전복되거나 경제적 제재로 인해 무릎 꿇게 된다.

이제 터키 공화국의 예로부터 국민 국가의 일부 특징들을 끌어내 보자.

B. 국민 국가의 이념적 기반

과거, 국가의 역사는 곧 지배자의 역사였고 지배자들에게 신성한 특질들을 부여했다. 이 관례는 국민 국가의 등장으로 바뀌었다. 지금은 전체 국가가 이상화되고 신격화된 수준으로 끌어올려졌다.

a. 민족주의

우리가 국민 국가를 살아 있는 신에 비유한다면, 민족주의는 그 신을 섬기는 종교가 될 것이다. 일부 긍정적으로 보이는 요소들이 있긴 하지만, 국민 국가와 민족주의에는 형이상학적 특징들이 뚜렷하다. 이러한 상황에서 자본주의 이윤과 자본 축적은 신비에 싸인 범주들로 나타난다. 이러한 용어들 이면에는 무력과 착취에 기반을 둔 모순적인 관계망이 있다. 권력에 대한 그들의 패권적 열망hegemonic striving은 이윤의 극대화를 낳는다. 이렇게 볼 때 민족주의는 유사 종교적인 그 특성을 인정받은 듯 보인다. 하지만 민족주의의 진정한 사명은 실질적으로 신성하다고 할 수 있는 국민 국가와 전 사회에 퍼져 있는 그 국민 국가의 이념적 전망에 봉사하는 것이다. 예술, 과학, 사회적 의식들 중 어느 것도 그 스스로 독립적이지 않다. 그러므로 진정한 지적 계몽은 근대성의 이러한 요소들에 대한 근본적인 분석을 필요로 한다.

b. 실증 과학

실증주의의 패러다임, 즉 기술 과학記述科學은 국민 국가의 또 다른 이념적 기둥을 형성한다. 이는 민족주의 이념뿐 아니라 새로운 종교의 형태를 취하게 된 속인주의에도 불을 붙인다. 기술 과학은 또한 근대성의 이념적 기반 중 하나이고 그 도그마는 사회 과학 전반에 걸쳐 영향력을 행사해오고 있다.

실증주의는 사물의 현상에 엄격하게 국한된 철학적 접근법이라고 정의할 수 있는데, 사물의 현상을 현실 그 자체와 동일하게 생각한다. 실증주의에서, 현상은 현실이기 때문에 현상이 없는 것은 현실의 일부가 될 수 없다. 양자 물리학, 천문학, 생물학의 일부 분야들과 심지어 사고력 그 자체의 논지를 통해 우리는 현실이 관찰 가능한 사건들을 넘어서는 세계에서도 일어난다는 것을 알고 있다. 보이는 것과 보는 이 사이의 관계에서 진실은 더는 어떠한 물리적 범위와 규정에 들어맞지 않는 수준까지 신비화됐다. 실증주의는 이를 부정하며, 그래서 우상이 현실의 이미지를 구성하던 고대의 우상 숭배와 어느 정도 닮아 있다.

c. 성차별주의

국민 국가의 또 다른 이념적 기둥은 전 사회에 널리 퍼져 있는 성차별이다. 많은 문명화된 체제들은 자신들의 권력을 유지하기 위해서 성차별주의를 이용한다. 그들은 여성의 착취를 강제하며 여성들을 값싼 노동이 비축된 값어치 있는 저장소로 이용한다. 여성은 또한 후손을 낳고 인간의 재생산을 가능케 한다는 면에서 가치 있는 자원으로 간주된다. 그러므로 여성은 성적인 대상인 동시에 상품이다. 여성은 남성 권력을 보존하는 도구이며, 기껏해야 가부장적 남성 사회의 장식물이 되는 것까지 나아갈 수 있을 뿐이다.

국민 국가는 한편으로는 사회의 성차별주의를 통해 남성 권력을 강화하고, 다른 한편으로는 여성 착취를 통해 사회를 식민지화한다. 이 측면에서 여성도 착취 받는 민족으로 간주될 수 있을 것이다.

문명의 역사 과정에서 가부장제는 위계제라는 전통 틀을 공고히 했고, 이는 국민 국가에서는 성차별주의로 인해 촉진됐다. 사회 속에 뿌리내린 성차별주의는 민족주의와 마찬가지로 국민 국가와 권력의 이념적 산물이며, 자본주의만큼이나 위험한 것이다. 그러나 가부장제는 어떻게 해서든지 이러한 사실을 숨기려고 노력한다. 모든 권력 관계와 국가 이념들이 성차별주의적 개념과 행동으로부터 촉진된다는 사실을 고려하면, 이는 놀랍지 않다. 여

성 억압 없이는 전 사회의 억압도 상상할 수 없다. 국민 국가 사회
내의 성차별주의는, 한편으로는 남성에게 최대한의 권력을 주고
다른 한편으로는 여성을 통해서 사회를 최악의 식민지로 만든다.
그러므로 국민 국가 내에서 여성은 최악의 위치에 이른 역사적

2015년 5월 21일, 터키 디야르바키르. 뉴로즈 축제에서 쿠르드인들이 승리의 사인을 보이고 있다.

사회의 식민지 민족이다. 모든 권력과 국가 이념은 성차별주의 태도와 행동에서 비롯된다. 여성의 노예제는 모든 종류의 노예제, 억압, 식민화가 실현되고 있는, 가장 뿌리 깊고 역겨운 사회 영역이다. 자본주의와 국민 국가는 이를 완벽히 인지한 상태에서 돌아간다. 여성의 노예화가 없다면 다른 유형의 노예제는 발달하기는커녕 존재할 수도 없다. 자본주의와 국민 국가는 가장 제도화된 지배적 남성의 또 다른 이름이다. 더 노골적으로 공개해서 말하자면, 자본주의와 국민 국가는 폭력적이고 착취하는 남성의 독점적 형상이다.

d. 종교심

국민 국가는 세속 국가처럼 굴면서도 동시에 민족주의와 종교를 혼합해서 이용하기를 주저하지 않는다. 이유는 단순하다. 종교는 여전히 어떤 사회 전체 혹은 사회 일부에서 중요한 역할을 하고 있기 때문이다. 이슬람은 이 측면에서는 특히 기민하다.

그렇지만 근대성의 시대에 종교는 더는 전통적인 역할을 하지 않는다. 급진적인 신앙이든, 온건한 신앙이든, 국민 국가에서 종교는 사회에 대한 어떠한 사명도 갖고 있지 않다. 종교가 할 수 있는 것은 국민 국가에 의해서 허용된 것뿐이다. 종교가 가진 영향력과 기능은 민족주의의 고취를 위해 오용될 수도 있으며, 그것들이 여전히 존재한다는 것이 국민 국가의 흥미로운 면이다. 어떤 경우에 종교는 민족주의의 역할을 하기까지 한다. 이란의 시아는 이란의 가장 강력한 이념적 무기 중 하나다. 터키에서는 수니 이념이 이와 유사하지만 보다 제한된 역할을 한다.

C. 쿠르드와 국민 국가

지금까지는 국민 국가와 그 기본 이념에 대해 간단히 소개했으며, 이제는 왜 독립적인 쿠르드 국민 국가의 성립이 쿠르드인들에게 받아들여지지 않는지 살펴보자.

지난 수십 년간 쿠르드는 지배 세력의 억압에 맞서왔다. 자신들의 존재를 인정받기 위해서만은 아니었으며 봉건주의의 손아귀에서 사회를 해방시키기 위한 투쟁이었다. 그러므로 낡은 사슬을 단순히 새로운 사슬로 교체하거나 심지어 억압을 가중시키는 형태는 받아들여질 수 없다. 자본주의 근대성의 맥락에서 국민 국가를 성립하는 것이 바로 그러한 형태이다. 자본주의 근대성에 반대하지 않고서 인민 해방이란 있을 수 없으며, 이것이 바로 쿠르드 국민 국가의 건설이 고려 대상이 아닌 이유다.

별도의 쿠르드 국민 국가를 세우겠다는 요구는 지배 계급이나 부르주아지의 이익에서 나온 것으로 인민의 이해를 반영하지 않는다. 국가를 또 하나 세운다는 것은 오직 불의를 더 만들어내는 것으로 이는 자유에 대한 훨씬 더 많은 권리를 박탈하고 말 것이다.

그러므로 쿠르드 문제의 해결은 자본주의 근대성을 약화시키거나 이를 억제하는 데 있어야 한다. 쿠르드 정착지가 4개의 서로 다른 국가에 걸쳐 있다는 사실을 고려함과 더불어 역사적인 이유, 사회적 특수성, 그리고 실제적인 발전 과정을 살펴보면 민주적 해법이 불가피함을 알 수 있게 된다. 더 나아가 중대한 사실이

2015년 3월 21일. 디야바키르의 뉴로즈 축제의 태양을 형상화한 이라크 쿠르드 깃발(왼쪽)과 민주지역당DBP 깃발. DBP는 쿠르드를 기반으로 하는 전국 정당인 HDP와 공조하고 있다. 뉴로즈 기간에는 다양한 정치적 스펙트럼을 평화롭게 선보인다.

또 하나 있다. 중동 전체가 민주주의의 결핍으로 고통받고 있다는 것이다. 쿠르드 정착지의 지정학적 상황을 고려해볼 때, 쿠르드에서 민주적 프로젝트가 성공한다면 중동의 민주주의가 전반적으로 향상될 것이라고 확신한다. 이 민주적 프로젝트를 민주적 연합체주의라고 부르자.

민주적 연합체주의

이러한 통치 혹은 행정은 비국가 정치 행정이나 국가 없는 민주주의라고 부를 수 있을 것이다. 민주주의적 의사 결정 과정은 공적 행정과 혼동되어서는 안 된다. 국가들은 오직 행정만 하지만 민주주의는 통치한다. 국가 설립은 권력을 기반으로 하고, 민주주의는 집단 동의에 기반을 둔다. 국가의 관공서는 부분적으로는 선거에 의해서, 그리고 대부분 법령에 따라 결정된다. 민주주의들은 직접 선거를 사용한다. 국가는 합법적 수단으로 강제력을 사용하고, 민주주의는 자발적 참여에 의지한다.

민주적 연합체주의는 다른 정치 집단과 종파들에게 개방적이다. 민주적 연합체주의는 유연하고 다문화적이고 반독점적이며 합의를 지향한다. 여기에 생태학과 여성주의가 중심적 기둥의 역할을 한다. 이러한 자치의 틀에서 대안적 경제가 필요해질 것이다. 이 경제는 사회 자원을 착취하는 대신에 증대하며 그렇기 때문에 사회의 다양한 필요를 공평히 다루게 된다.

A. 참여와 정치적 전망의 다양성

모순적인 사회의 구성은 수평적인 구조의 정치 집단과 수직적인 구조의 정치 집단 모두를 필요로 한다. 중앙과 지역, 지방의 집단들은 이러한 방식으로 균형을 이루어야 한다. 각자 스스로를 대표하는 이 집단들만이 각자의 특수하며 구체적인 상황을 다룰 수 있고, 광범위한 사회 문제에 적합한 해법을 발전시킬 수 있다. 정치적 연합의 도움으로 문화, 종족, 민족적 정체성을 표현하는 것은 자연권이다. 그렇지만 이 권리는 도덕적이고 정치적인 사회를 필요로 한다. 민주적 연합체주의는 국민 국가든지 공화국이든지 민주주의든지, 국가나 정부 전통과 관련해 협의의 여지를 열어 두고 있다. 이는 평등한 공존을 가능케 한다.

B. 사회의 유산과 역사적 지식의 축적

민주적 연합체주의는 사회가 가진 역사적 경험과 집단적 유산을 기반으로 한다. 이것은 자의적인 근대 정치 체제가 아니고 그보다는 역사와 경험을 축적한 것으로, 사회의 삶의 소산이다.

국가는 권력 독점자들의 이해를 추구하기 위해서 끊임없이 중

앙집권주의를 지향한다. 연합체주의는 정확히 그 반대다. 즉, 독
점자들이 아니라 사회가 정치적 초점의 중심인 것이다. 사회의 잡
다한 구조는 모든 형태의 중앙집권주의와 모순된다. 명확한 중앙
집권주의는 단지 사회적 폭발만을 낳을 뿐이다.

현존하는 사람들의 기억 내에서, 인민들은 언제나 연방적 특성
을 가진 씨족, 부족이나 여타 공동체와 비슷한 집단을 형성해왔
다. 이런 방식으로 그들의 내부 자율성을 보존할 수 있었다. 제국
의 내부에 있는 정부조차도 서로 다른 지역들에 맞는 다양한 자
치 방법들을 차용했는데, 여기에는 종교적 권위, 부족 평의회, 왕
국 심지어 공화국도 포함됐다. 그러므로 중앙집권주의로 보이는
제국들조차도 연합적 조직 구조를 따랐음을 이해하는 것이 중요
하다. 중앙집권주의 모델은 사회가 원하는 행정 모델이 아니라,
독점자들에 의해 요구된 행정 모델인 것이다.

C. 도덕적 정치적 사회

자본주의 독점자들은 사회를 특정한 유형에 따른 범주화와 용
어들로 분류했다. 이는 인위적인 작업으로, 그렇게 분류된 사회
들은 사실상 존재하지 않는다. 그저 독점자들의 선전이 존재할
뿐이다. 그러나 사회들은 필연적으로 정치적이고 도덕적이다. 경
제적·정치적·이념적·군사적 독점자들은 단지 잉여의 축적을 추
구함으로써 사회의 본성과는 모순되는 구조들을 낳는다. 독점자

2017년 2월 11일, 이탈리아 밀란. 쿠르드 활동가들이 "살인자 에르도안(katil Erdogan)"이라는 터키어 구호를 들고 행진하고 있다. 시위대 선두에 선 사람은 압둘라 외잘란의 초상을 들었다.

들은 가치를 창조하지 않는다. 혁명 또한 새로운 사회를 창조하지 못한다. 혁명은 오직 쇠퇴한 사회의 도덕적이고 정치적인 결을 회복하는 데 있어서 긍정적인 역할을 할 뿐이다. 나머지는 도덕적·정치적 사회의 자유 의지에 의해서 결정된다.

나는 이미 자본주의 근대성이 국가의 중앙 집중화를 강제했다고 언급했다. 사회 내의 정치적·군사적 권력 중심은 그 영향으로 탄생한 것이다. 군주정의 근대적 대체물로서의 국민 국가는 약하고 무방비한 사회를 만들어냈다. 이 측면에서 법적 질서와 공적 평화는 부르주아 계급의 지배를 의미할 뿐이다. 권력은 중앙 정부 안에 자리를 잡고서 근대성의 근본적인 행정 패러다임으로 자리잡는다. 이것은 국민 국가가 민주주의와 공화주의에 반해 존재한다는 것을 의미한다.

우리는 현재 우리가 알고 있는 근대성이란 것에 대안을 제시하고자 하고, 우리의 '민주적 근대성' 프로젝트가 이의 밑그림이 되길 바란다. 이 프로젝트는 근본적인 정치 패러다임으로 민주적 연합체주의에 기반을 두고 있다. 민주적 근대성은 정치적·도덕적 사회의 지붕이다. 사회가 동일한 성격을 지닌 하나의 통일체가 되어야 한다고 믿는 오류를 범한다면, 연합체주의를 이해하기 힘들 것이다. 근대성의 역사는 상상 속의 단일한 사회라는 이름으로 문화적·물리적 학살을 행했던 400년의 역사이기도 하다. 반면 민주적 연합체주의는 이러한 역사에 대항한 자기방어이자 다종족, 다문화, 서로 다른 정치적 형태들을 주장하는 역사다.

금융 체제의 위기는 자본주의 국민 국가의 본질적 결과다. 그렇지만 국민 국가를 바꾸려는 신자유주의의 모든 노력들은 성공하지 못했다. 중동이 이에 대한 교훈적인 사례다.

D. 민주적 연합체주의와 민주적 정치

민주적 연합체주의가 제기하는 정치 구성체의 유형은 국민 국가와의 그것과는 다르다. 국민 국가가 중앙 집중적이고 직선적이며 관료적인 사고를 바탕으로 행정을 운영하고 권력을 행사한다면, 민주적 연합체주의에서는 사회가 스스로를 운영하고 모든 사회적 집단과 문화적 정체성들이 지역 회의, 일반 협약, 평의회에서 목소리를 낸다. 중요한 것은 협의회와 토론을 통해 결정을 내릴 수 있는 능력이다. 어떤 엘리트 행정부라도 이러한 사회 활동에 근거를 두지 않는다면 그 행정부는 쓸모없는 것으로 여겨진다. 사회적 업무에 대한 민주적인 거버넌스와 감독은 다차원적인 평의회들을 통해서 이루어진다. 이 다차원적인 평의회들은 다양한 구조로 나타나며(민회, 위원회, 혹은 대회 등), 일반 중앙 조정 평의회든 지역 협의회든 그 다양성 속에서 통일을 이루기 위해 노력한다.

민주 사회는 민주적 연합체주의를 건설하는 길이다. 바로 여기에서 민주주의성이 뻗어 나온다. 자본주의 근대성은 정치 공간을 파괴한다. 더욱 집중적으로 사회 곳곳에 퍼져가는 권력과 국

2017년 1월 28일, 프랑스 마르세유. 유럽 쿠르드 여성운동TJK-E이 2013년 1월 파리에서 머리를 총으로 맞고 살해된 PKK의 창당자인 사키네 잔시즈(Sakine Cansiz, 애칭 Sara)와 동료 여성 활동가들을 추모하는 시위를 하고 있다. 프랑스어 문구인 "자유로운 여성이 자유로운 사회를 만든다les femmes libres créent une société libre!"는 압둘라 외잘란의 말이다.

가 기구를 통해 스스로를 유지하려고 시도하기 때문이다. 따라서 민주적 정치는 사회 내의 다양한 부문들과 정체성들이 목소리를 내고 정치 세력이 될 수 있는 기회를 부여하며, 동시에 이를 통해 정치 사회를 개혁한다. 정치는 다시 한 번 사회생활의 일부가 된다. 정치가 없다면 국가의 위기는 해결될 수 없다. 정치적 사회를 부인하는 것이 국가 위기의 불씨가 되기 때문이다.

민주적 연합체주의는 국민 국가 체제에서 비롯된 문제들을 극복할 잠재력을 가졌으며, 그뿐 아니라 사회를 정치화하는 데 가장 적합한 도구이기도 하다. 민주적 연합체주의는 간단하고 구현이 가능하다. 각 공동체, 종족성, 문화, 종교 공동체, 지적 운동, 경제 단위 등이 정치 단위로서 자율적으로 구성되고 목소리를 낼 수 있다.

연방적이든 자율적이든 상관없이, 이 틀과 범위에서 자아 개념이 드러나야 한다. 각각의 자아는 지역적인 것에서 세계적인 것까지 다양한 연합체를 형성할 기회를 가진다. 지역 연합체의 가장 근본 요소는 자유롭게 토론하고 스스로 결정을 내릴 권리이다. 각각의 자아 즉 연방 단위가 고유한 이유는 그것이 직접 민주주의를 구현할 기회를 가지기 때문이며, 이는 참여 민주주의라고도 부를 수 있다. 그 힘은 직접 민주주의의 실행 가능성에서 비롯된다. 이는 민주적 연합체주의가 근본 역할을 하는 또 다른 이유다. 국민 국가는 직접 민주주의와는 대조적이며 심지어 직접 민주주의를 부정하기까지 하는 반면에 민주적 연합체주의는 직접 민주주의가 구성되고 그 기능을 발휘할 수 있는 형태다.

따라서 국민 국가는 사회를 억압하고 동질화하고 민주주의로부터 멀어지게 하지만, 민주적 연합체주의 모델은 사회를 해방시키고 다양화하며 민주화시킨다.

연방 단위는 직접적이고 참여적인 민주주의의 줄기 세포로서, 필요하다면 연합체 단위로 변형될 수 있는 유연성을 지닌다는 점에서 고유하고 이상적이다. 어떠한 정치적 단위라도 그것이 직접적이고 참여적인 민주주의에 기반을 둔 단위를 토대로 하고 있다면 그 단위는 민주적이다. 따라서 지역 단위나 세계적 형태로 발전된 이 정치적 기능성을 민주적 정치라고 부를 수 있다. 진정한 민주주의 체제는 이러한 모든 과정들에 대한 경험을 조직화하는 것이다. 따라서 연합체 단위는 심지어 작은 마을이나 어느 도시의 길거리에서도 필요하다는 점을 이해해야 한다. 예를 들어, 생태 단위나 마을의 연합체 같은 직접 민주주의의 단위는 자유 여성 단위, 자기방어, 청년, 교육, 예술, 연대, 경제적 단위와 함께 결합해야만 한다. 이 새로운 단위는 연합 단위나 조합으로 쉽게 칭할 수 있을 것이다. 이 체제를 지방, 지역, 국가 및 세계 차원에 적용해보면, 민주적 연합체주의가 대단히 포괄적인 체제라는 것을 쉽게 알 수 있을 것이다.

E. 민주적 연합체주의와 자기방어

본질적으로 국민 국가는 군사 구조로 이루어진 실체다. 국민 국가는 결국 국내외의 모든 전쟁의 산물인 것이다. 현존하는 어떤 국민 국가도 아무 도움 없이 스스로 등장하지 않았다. 국민 국가들은 반드시 전쟁의 기록을 가지고 있다. 이 과정은 그들의 건국 시기에만 국한된 것이 아니며 오히려 국민 국가 자체가 전 사회의 군사화 위에 세워져 있다고 할 수 있다. 국가의 민간 지도력은 군사 기구의 부속물에 불과하다. 자유 민주주의는 여기서 더 나아가 그 군사적 구조를 민주주의와 자유주의 색채로 덧칠한다. 하지만 그렇다고 해서 체제 자체가 위기를 야기할 때 전제적 해법을 찾는 데 주저하는 것도 아니다. 권력의 파쇼적인 행사는 국민 국가의 본성이고, 파시즘은 국민 국가의 가장 순수한 형태다.

군사화는 자기방어를 통해서만 물리칠 수 있다. 자기방어 장치가 없는 사회는 정체성, 민주적 의사 결정의 능력, 정치적 본성을 잃게 된다. 그러므로 사회의 자기방어는 군사적 측면에만 국한되는 것이 아니라 정체성의 보존, 정치적 자각, 민주화 과정 또한 전제로 한다. 그 모든 게 갖추어졌을 때라야 우리는 자기방어에 대해서 말할 수 있다.

이런 배경으로 민주적 연합체주의는 사회의 자기방어 체제라고 부를 수 있다. 자기방어가 민주적 정치에 토대를 두고 그 체제가 연합체 네트워크에 기반을 두고 있다면 자기방어는 헤게모니에게만 대응한다. 많은 헤게모니의 네트워크와 갱들(상업, 금융, 산업, 권력, 국민 국가, 이념의 독점들)이 존재하는 만큼 많은 연합, 자기 방어, 민주적 정치의 네트워크가 개발되어야만 한다.

이것은 특히 연합체주의라는 사회적 패러다임이 단 하나의 과업만을 가진 무력, 즉 대내외 안보를 보장한다는 군사적 독점에 관여하지 않는다는 것을 의미한다. 연합체주의는 민주적 제도의 직접적인 통제하에 있다. 사회는 자신의 의무를 스스로 결정할 수 있어야 한다. 과업 중 하나는 대내외 간섭으로부터 사회의 자유 의지를 방어하는 것이 될 것이다. 단위의 지휘 조직은 민주적 정치 기구와 각 단위 구성원들의 이중적인 감독하에 있어야 한다. 제안을 하고 수락할 필요가 생기면 변화는 쉽게 이루어질 것이다.

F. 민주적 연합체주의 대 헤게모니 추구

민주적 연합체주의에서는 헤게모니를 추구할 수 없다. 이는 특히 이념적 측면에서 그렇다. 헤게모니라는 원칙 뒤에는 대개 문명의 고전적인 형태가 존재한다. 반면 민주적 문명은 헤게모니 권력과 이념을 거부한다. 민주적 자치에 반하는 어떤 표현 방식이 자치와 표현의 자유를 가져다주리라는 것은 말이 되지 않는다. 사회 문제를 집단적으로 관리하려면 다른 의견에 대한 이해와 존중 및 의사 결정 체계에 민주적 방식이 적용될 필요가 있다. 이것은

2005년 12월 5일, 이라크 아르빌의 쿠르디스탄 의회.

자본주의 근대성에서의 거버넌스에 대한 이해와 대조된다. 자본주의 근대성에서 가버넌스란 국민 국가의 특징이라고 할 수 있는 자의적 관료제 의사 결정을 말한다. 반면에 민주적 문명과 민주주의 근대성에서 거버넌스는 이와는 정반대로, 도덕적 기반들과 함께 움직이는 형태다. 민주적 연합체주의에서 통솔 기관들은 이념적 정당화를 필요로 하지 않는다. 그러므로 그들은 헤게모니를 추구할 필요가 없다.

G. 세계 민주적 연합체

민주적 연합체주의는 그 초점을 지역 수준에 두고 있지만, 세계적으로 연합체주의를 조직화하는 것 또한 배제하지 않는다. 오히려 우리는 헤게모니 초강대국들의 통솔하에 놓여 있는 국민 국가의 결합인 국제연합에 반대한다. 그리고 민족적 시민 사회들의 플랫폼을 세계 민주적 연합체World Democratic Confederal Union라는 이름으로 건설할 필요가 있다고 본다. 우리가 보다 안전하고 평화롭고 생태적인 세계, 공정하고 생산적인 세계를 원한다면, 세계 민주적 연합체 내에 광범위한 공동체를 불러들일 필요가 있다.

H. 결론

민주적 연합체주의는 국민 국가의 행정과 대비해 자치의 한 종류로 기술될 수 있다. 민주적 연합체와 국민 국가 간의 관계는 지속적인 전쟁이 되어서도, 또한 국민 국가로의 동화가 되어서도 안된다. 그것은 원칙의 관계이며 이는 공존을 인정하는 2개의 분리된 실체를 수용하는 것에 달려 있다. 국민 국가에 의한 개입과 공격뿐 아니라. 일반적으로 자본주의 근대성에서 나오는 개입과 공격에 대비해, 민주적인 연합체는 항상 자기 방위력을 가져야 한다.

민주적 연합체주의는 어떠한 국민 국가와도 전쟁을 하지 않지만, 그렇다고 해서 동화 노력에 대해서 방관하지는 않을 것이다. 혁명적인 전복이나 새로운 국가의 건국으로는 지속 가능한 변화를 창조할 수 없다. 장기적으로, 자유와 정의는 오직 민주적이며 연합적인 동적 과정 안에서만 달성될 수 있다.

국가를 전적으로 거부하거나 완전히 인정하는 것은 시민 사회의 민주적인 노력에 유용하지 않다. 국가의 극복, 특히 국민 국가의 극복은 장기적인 과정이다.

민주적 연합체주의가 사회적 쟁점에 대한 문제 해결의 능력을 증명해 보일 때 국가는 극복될 수 있을 것이다. 그렇다고 해서 국민 국가의 공격을 받아들이라는 것은 아니다. 민주적 연합체들은 항상 자기방어력을 유지할 것이며, 단일 영토 내에서 조직하는 일에만 멈춰 있지 않을 것이다. 관련된 사회들이 원할 때, 민주적 연합체들은 국경을 넘어서는 연합체가 될 것이다.

민주적 연합체주의의
원칙들

1. 민족 자결권은 인민이 자신의 국가에 대해 갖는 권리를 포함한다. 그렇지만 국가의 설립은 인민의 자유를 향상시키지 못한다. 국민 국가에 기반을 둔 UN 체제는 비효율적이다. 그러는 동안 국민 국가는 사회 발전에 심각한 장애물이 되어왔다. 민주적 연합체주의는 억압받는 인민과 대조되는 패러다임이다.

2. 민주적 연합체주의는 비국가 사회 패러다임이며 국가에 의해 통제되지 않는다. 동시에 민주적 연합체주의는 민주주의와 문화의 조직이다.

3. 민주적 연합체는 풀뿌리 참여에 기반을 둔다. 그 의사 결정 과정은 공동체에 달려 있다. 공동체들은 자신의 대표를 일반 민회에 보내며, 상위 단계들은 그저 그 공동체들의 의지를 조정하

고 구현하는 기능을 할 뿐이다. 그들은 1년간 대변자인 동시에 행정 부처가 된다. 그렇지만 기본 의사 결정권은 지방의 풀뿌리 제도에 놓여 있다.

4. 자본주의 체제와 그 제국 권력이 중동의 민주주의를 강요해서는 안 된다. 그것들은 민주주의를 파괴하기만 할 뿐이다. 풀뿌리 민주주의를 전파하는 것은 기본적이며 다양한 종족, 종교, 계급 차이를 해소할 수 있는 유일한 접근법이다. 이는 전통 사회의 연합체 구조와도 잘 어울린다.

5. 쿠르디스탄의 민주적 연합체는 반국가주의 운동이기도 하다. 그 목표는 기존의 정치적 국경에 문제를 제기하지 않으면서 쿠르디스탄의 모든 지역에서 민주주의를 향상시키고, 이를 통해 인민의 자기방어권을 실현하는 것이다. 이 운동은 쿠르디스탄의 네 지역인 이란, 터키, 시리아, 이라크의 모든 쿠르드에게 열려 있는 연방 구조를 설립하는 동시에 쿠르디스탄의 네 지역 모두를 위한 상위 연합체를 형성하고자 한다.

중동에서 인민의 문제와
해법을 위해 가능한 방법들

민족 문제는 자본주의 근대성의 환영이 아니다. 그렇지만 민족 문제를 사회에 던진 것은 자본주의 근대성이다. 민족 사회는 종교 공동체를 대체했다. 그렇지만 민족이 억압적인 독점자들을 위한 위장술로 남지 않으려면 민족 사회로의 이행은 자본주의 근대성을 극복하고 이루어져야 한다. 중동에서 민족을 과하게 강조한 것은 부정적인 효과를 가져왔지만, 사회의 민족적 측면을 등한시하는 것 또한 문제를 악화시킬 것이다. 그러므로 이 쟁점을 다룰 시에는 이념적 방법보다는 과학적 방법이 필요하며, 국민 국가주의가 아니라 민주적 민족과 민주적 공동체주의communalism의 개념에 토대를 두어야 한다. 이러한 접근 방식은 민주적 실체들의 근본 요소들을 그 내용으로 한다.

중동 사회에서는 지난 두 세기 넘게 민족주의와 국민 국가를 지향하는 경향이 가열되어왔다. 민족적 쟁점들은 해결되기보다는 사회의 모든 영역에서 더 악화됐다. 자본은 생산적인 경쟁을 장려하는 대신 국민 국가의 이름으로 국내외의 전쟁을 강요했다.

사회주의적 공동체주의 이론은 자본주의의 대안이 될 것이다. 사회주의적 공동체주의는 피투성이 전쟁과 학살의 장이었던 이 지역에 평화를 가져다줄 것이며, 이는 권력 독점을 추구하지 않는 민주적 민족의 틀 안에서 진행되어야 한다.

이러한 맥락에서 우리는 4개의 주요 민족들인 아랍, 페르시아, 투르크, 쿠르드에 대해 말할 수 있다. 민족들을 다수나 소수로 나누는 것은 적절하지 않다고 여기므로 그렇게 구분하고 싶지 않다. 하지만 지정학적 고려에 따라 어쩔 수 없이, 나는 다수 민족들에 대해 말하게 될 것이다. 같은 맥락에서 소수 민족이라는 용어 역시 쓰게 될 것이다.

1. 20개가 넘는 아랍 국민 국가들이 아랍 공동체를 분리하고 전쟁으로 사회를 망가뜨리고 있다. 이들로 인해 문화적 가치가 소외되고 아랍 민족 문제는 명백히 절망적인 상황에 처했다. 그리고 그 결과 아랍 공동체들은 지속적으로 파괴되고 자신들의 가치로부터 소외되고 있으며, 전쟁으로 스스로를 소진시키거나 물질적 부를 갉아먹고 있다. 이 아랍 국민 국가들은 그들끼리 연합체주

의를 형성하지 못했다. 아랍 민족의 문제적 상황이 야기된 데는 주요한 이유가 있다. 종교에서 기인한 부족적 민족주의와 그와 병행하는 성차별적 가부장 사회가 사회의 모든 영역에 퍼져 있고, 그 결과로 뚜렷한 보수주의와 노예적 복종이 생겨났다. 이 상황은 아랍의 이름으로 해결해야 할 국내외의 어떠한 질문에도 답을 할 수 없게 만든다. 그렇지만 민주적 민족과 사회주의적 공동체성에 토대를 둔 모델은 해법을 제공해줄 수 있다. 아랍 국민 국가들이 경쟁자로 여기고 있는 이스라엘의 힘은 패권적 세력들의 국제적 지원만으로 이루어진 것이 아니다. 여기에는 이스라엘 내부의 민주적이고 공동체주의적인 제도가 중요한 역할을 맡고 있다. 20세기에 아랍 사회는 급진적 민족주의와 이슬람주의로 인해 쇠약해졌다. 아랍이 자신들에게 낯설지 않은 공동체주의적 사회주의를 민주적 민족에 대한 이해와 함께 묶어낼 수 있다면, 그들은 안전하고 장기적인 해법을 찾을 수 있을 것이다.

2. 투르크와 투르크멘[2]도 또 다른 다수자 민족을 형성한다. 그들은 권력과 이념에 대해서 아랍과 유사하게 이해하고 있다. 이들은 엄격한 국민 국가주의자들로, 내부에 뿌리 깊이 각인된 종교

---

2 투르크와 투르크멘은 오구즈족Oghuz tribes을 기원으로 하는 같은 종족이었다. 언어도 기원은 같기에 터키어와 투르크멘어의 유사성이 있고 이 유사성은 독일어와 네덜란드어의 유사성 정도로 보면 된다고 한다. 셀주크 제국이 붕괴한 후 아나톨리에 정착한 분파는 투르크가 됐고 현재의 투르크메니스탄에서 이란 방향 쪽으로 걸쳐진 분파는 투르크멘이 됐다.

적이며 인종적인 민족주의를 가지고 있다. 사회학적 시각에서 투르크와 투르크멘은 꽤 다르다. 투르크멘과 투르크 귀족정의 관계는 베두인과 아랍 귀족정의 팽팽한 관계와 닮아 있다. 이들이 형성하고 있는 계층의 이해관계는 민주주의 및 공동체주의와 양립한다. 투르크의 민족적 문제는 꽤 복잡하다. 국민 국가의 권력 추구, 과도한 종교적 종족적 민족주의와 성차별주의적 가부장 사회가 만연해 보수적 사회를 만들어낸다. 마치 사회, 민주주의, 공동체적 경향이 극단적인 국가주의와 패권적 이념의 독점 안에서 붕괴된 것과 같다. 가족은 사회가 아닌 국가의 가장 작은 세포로 간주된다. 개인과 제도 모두 국가를 흉내 낸다. 이러한 역사적 경향들로 인해 투르크와 투르크멘 공동체들 사이에는 권력을 차지하기 위한 가혹한 투쟁이 일어났다. 이런 정복의 정치학 때문에 사회들 내부에서도 유사한 권력 투쟁들이 존재했다. 터키 국민 국가의 중앙 집중적인 권력 구조와 그 완고한 공식 이념은 투르크 민족 문제가 민주적이고 공동체적인 방향으로 해결되는 것을 막고 있다. 국가 없이 사는 것이 불가능하다는 메시지가 사회에 던져진다. 사회 및 개인과 국가 사이에 균형이란 없으며, 복종은 가장 위대한 덕목으로 간주된다.

이와는 대조적으로 민주적 근대성 이론은 투르크 민족 공동체들에게 민족 문제 해결을 위한 적합한 틀을 제공한다. 민주적 투르크 연합체라는 공동체 기반 프로젝트는 내부적 단결을 강화하

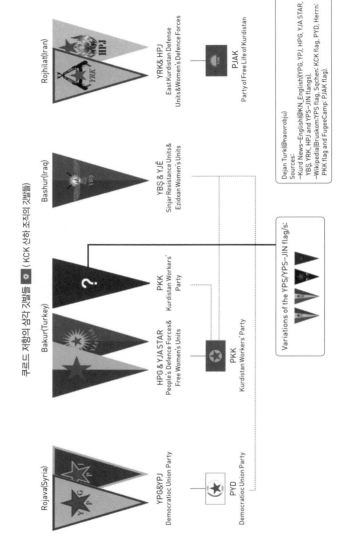

쿠르드 저항의 상징 깃발들 ⚙ (KCK 산하 조직의 깃발들)

Rojava(Syria)

YPG&YPJ
Democratioc Union Party

PYD
Democratioc Union Party

Bakur(Turkey)

HPG & YJA STAR
People's Defence Forces&
Free Women's Units

PKK
Kurdistan Workers' Party

PKK
Kurdistan Workers'
Party

Bashur(Iraq)

YBŞ & YJÊ
Sinjar Resistance Units&
Ezidxan Women's Units

Rojhilat(Iran)

YRK& HPJ
East Kurdistan Defense
Units&Women's Defence Forces

PJAK
Party of Free Life of Kurdistan

Variations of the YPS/YPS–JIN flag/s:

Dejan Turk(@naovrobju)
Sources:
-Kurd News–English(@KN_English)(YPG, YPJ, HPG, YJA STAR,
YBŞ, YRK, HPJ and YPS–JIN flangs).
-Wikipedia(Bruskom:YPS flag, Sqchen: KCK flag, PYD, Herrn:
PKK flag and FugeeCamp: PJAK flag).

고 함께 살아가는 이웃들과 평화롭게 공존할 수 있는 조건들을 만들어낼 것이다. 사회적 통일이 오면 국경은 기존에 가지고 있던 의미를 잃을 것이다. 지정학적 경계는 여전하더라도, 오늘날 존재하는 근대의 커뮤니케이션 도구들은 개인과 공동체가 어디에 있든지 상관없이 그들을 실질적으로 통합한다. 투르크 민족 공동체들의 민주적 연합체는 세계 평화와 민주적 근대성 체제에 기여할 수 있을 것이다.

3. 쿠르드 민족 사회는 새롭게 발전하고 있는 쿠르드 민족의 풍부한 잠재력에서 기인하며, 이는 쿠르드의 투쟁의 결과다. 쿠르드는 전 세계에서 국민 국가가 없으면서 가장 그 수가 많은 인민이다. 쿠르드는 신석기 시대부터 현재까지 지금의 그 전략적 정착 지역에서 살아왔다. 산이 많은 국토의 지정학적 장점은 방어에 용이했을 뿐 아니라 농업과 목축 또한 가능했다. 따라서 쿠르드는 토착민으로 그 명맥을 이을 수 있었다. 쿠르드 민족 문제는 쿠르드 민족의식의 권리가 부정당하면서 시작됐다. 타자들은 그들을 동화시키거나 멸절시키려고 했으며 결국에는 간단히 쿠르드의 존재를 부정해버렸다. 쿠르드가 국가를 가지지 못한 것에는 유리한 점과 불리한 점이 있다. 국가를 기반으로 한 몇몇 문명의 파생물이 제한적인 형태로 받아들여졌다. 하지만 이것은 자본주의 근대성을 넘어서는 대안적 사회라는 개념을 실현하는 데 이익

이 될 수 있다. 쿠르드 정착 지역은 4개국의 국경선으로 나누어져 있고 지정학적으로 중요한 위치에 놓여 있기 때문에 쿠르드는 전략적으로 유리한 면을 가지고 있다. 그러나 쿠르드에게는 국가 권력을 사용해서 민족 사회를 형성할 선택권이 없다. 이 점에서 자본주의 근대성이 줄 수 있는 것은 많지 않다. 비록 오늘날 이라크 쿠르디스탄 지역에 쿠르드의 정치적 실체가 있지만 이는 국민 국가가 아닌 준#국가다.

쿠르디스탄은 근래까지도 아르메니아와 아람 소수 민족들 및 다른 민족들의 본거지였다. 또한 이 지역에는 아랍, 페르시아, 투르크의 소규모 집단 또한 정착해 있다. 오늘날에도 이곳에는 다양한 종교와 믿음이 공존하고 있다. 비록 도시 문화는 많이 개발되지 못했지만 씨족과 부족 문화의 흔적들도 강하게 남아 있다.

이 모든 자산들이 새로운 민주적 정치 구성을 위해서는 축복이다. 공동체 단위는 농업에서뿐 아니라 물과 에너지 분야에서도 이상적이며 필수적이기 때문이다. 상황은 도덕적·정치적 사회의 발전을 위해서도 긍정적이다. 가부장제 이념조차도 주변 사회들보다는 그 뿌리가 덜 깊으며, 이는 여성의 자유와 평등을 주요 기둥으로 삼고 있는 민주 사회의 설립에도 유리하기 때문이다. 쿠르드의 상황은 또한 민주적 근대성의 패러다임에 걸맞은 조건들, 즉 민주적 민족과 생태적이며 경제적인 사회를 창조하기 위한 조건들을 제공한다. 쿠르디스탄 민주적 연합체 프로젝트는 구현될 기회를 이미 가지고 있는 것이다. 다민족 정체성에 기반을 둔 민주적 민족의 건설은 국민 국가가 막다른 길에 직면했을 때 이상적인 해법이 될 수 있다. 떠오르는 이 실체는 전 중동의 청사진이 될 수 있으며 역동적으로 이웃 나라들로 확장될 것이다. 이 모델을 통해 이웃 국가들에게 확신을 줄 수 있으며, 이를 통해 중동의 운명을 바꾸고 대안을 창조하는 민주적 근대성의 기회를 강화할 수 있다. 이런 의미에서 쿠르드와 쿠르디스탄의 자유, 평등, 민주적 발전은 이 지역의 자유, 평등, 민주적 발전과 동의어가 될 것이다.

4. 페르시아, 즉 이란 국가가 가지고 있는 오늘날의 문제는 역사적 문명들과 자본주의 근대성의 개입에서 그 이유를 찾을 수 있다. 그들의 근원적 정체성은 조로아스터와 미트라교의 전통에 있지만 이것들은 이슬람의 파생물에 의해 폐지됐다. 유대교, 기독교, 이슬람이 그리스 철학과 통합되어서 나온 마니교는 공식적인 문명의 이념을 거슬렀고 파급되는 것이 불가능했다. 실제로 마니교는 더는 나가지 못하고 대신 반역의 전통을 길렀다. 따라서 그들은 이슬람 전통에서 시아 종파로 개종했고 가장 최근까지도 이를 자신들의 문명 이념으로 받아들이고 있다. 최근에는 시아의 여과기로 자본주의 근대성의 요소들을 걸러내면서 자체적으로 근대화하려는 노력들을 기울이고 있다.

이란 사회는 다종족이자 다종교이며 풍부한 문화라는 축복을 받았다. 중동의 모든 민족적·종교적 정체성이 그곳에서 발견된다. 이러한 다양성은 종교적·종족적 민족주의를 교묘히 장려한 신정神政의 패권적 주장과 대비된다. 지배 계급은 자본주의 근대성을 시행하고 있지만, 자신들의 이해에 도움이 되는 한 반反근대주의 선전을 주저하지 않는 것이다. 혁명적이고 민주적인 경향들은 전통 문명에 통합됐고, 전제 정권이 능숙하게 나라를 다스리고 있다. 그래서 이란은 가장 긴장된 상태에 있으며, 가장 많은 모순을 품은 국가와 사회의 선두에 서 있다. 석유 수입원이 부분적으로 이 긴장을 풀어주지만, 이란의 국민 국가주의는 여전히 가장 취약한 붕괴 지점에 서 있다. 이란과 미국-유럽의 패권 세력들 사이의 마찰은 이러한 긴장에 영향을 끼쳐왔다.

이란은 강력한 중앙집권주의를 유지하려는 노력을 하고 있지만, 풀뿌리 수준으로 이란 연방으로 불릴 만한 것이 존재하는 것처럼 보인다. 민주적 문명의 요소들과 아제르바이잔, 쿠르드, 발루치, 아랍, 투르크멘을 포함하는 연방이 서로 교차할 때, '이란 민주적 연합체' 프로젝트가 등장할 수 있고 또한 매력적으로 발전할 수 있다.

여성 운동과 공동체주의 전통이 여기에서 특별한 역할을 할 것이다.

5. 아르메니아 민족 문제는 중동에 자본주의 근대성이 도입되

며 야기된 주요한 비극이다. 아르메니아인은 지역에서 가장 오래된 민족들 중 하나로 그들 정착지의 상당 부분이 쿠르드 정착지와 겹쳤다. 쿠르드가 주로 농업과 낙농으로 살아갈 때, 아르메니아인들은 도시에서 예술과 공예를 바탕으로 한 경제를 발달시켰고 이를 통해 번영했다. 그들은 쿠르드와 유사한 저항을 벌였지만 영속적인 국가 제도를 가지지 못했다. 아르메니아인들은 기독교를 받아들인 최초의 민족이다. 여기에서 정체성과 구속救贖에의 믿음은 중요한 역할을 한다. 자본주의 근대성의 욕망은 중동으로 진출하는 것이었고, 이를 위해 아르메니아인들을 도구화했지만 이는 전략적 오류였다. 그들의 기독교 신앙은 무슬림이 다수인 사회라는 덫에 걸렸고, 이것은 결국 국민 국가의 민족주의가 야기한 비극이 됐다. 자본주의 근대성이 계획한 음모는 끔찍한 재앙을 일으켰고, 중동 문화에 큰 기여를 했던 아르메니아인들은 이 재앙의 희생물이 됐다.

유대인의 뒤를 이어서, 아르메니아는 디아스포라로 살아가고 있는 두 번째로 큰 민족이다. 그렇지만 아제르바이잔 서부에서의 아르메니아 국가를 건설한다고 해서 아르메니아 민족 문제가 해결될 것 같지는 않다. 학살의 결과들은 거의 치유될 수 없다. 그들은 항상 잃어버린 고향을 계속 찾을 것이며, 따라서 잃어버린 고향을 찾으려는 그들의 노력이 최근의 아르메니아 문제의 성격을 규정한다. 그들이 찾으려는 고향에는 다른 민족들이 살고 있

2017년 7월 8일, 독일의 함부르크. G20 정상회담에 반대하는 평화 시위가 열리고 있다. 트럼프의 사진 뒤로 압둘라 외잘란의 초상이 그려진 깃발이 보인다.

다. 국민 국가에 기반을 둔 어떠한 개념도 해법을 제공할 수 없다. 자본주의 근대성이 요구하는 어떠한 동질의 인구 구조도, 어떠한 분명한 국경도 없기 때문이다. 그들과 반대되는 사고를 하는 이들은 파시스트일 것이다. 하지만 아르메니아 민족의 문제가 발생한 이유를 탐색하는 것만으로는 충분하지 않다. 그들이 이 상황에서 벗어날 수 있게 하는 새로운 방법에 중점을 두는 것 또한 중요하다. 그리고 연합체 구조가 아르메니아인들에게 대안이 될 수 있을 것이다. 그들이 아르메니아의 민주적 민족 아래에서 스스로를 새롭게 할 때, 그들은 중동 문화 내에서 역사적 역할을 지속할 수 있고, 해방으로 가는 올바른 경로를 발견하게 될 것이다.

6. 근대의 기독교 아람인들(아시리아인들) 역시 아르메니아 같은 운명으로 고통받았다. 이는 중동 문화에서 크나큰 손실이라고 할 수 있다. 그들 역시 중동에서 가장 오래된 민족들 중 하나다. 그들은 기독교의 초기 창조자들이면서 또한 중동 문명 내 무역도 독점했었다. 자본주의 근대성으로 인한 아람인들의 도구화는 아르메니아인들이 겪었던 것과 유사한 운명을 초래할 것이다. 이들의 정착 영역은 쿠르드뿐 아니라 다른 민족들과도 겹쳤다. 기독교로 인한 고립이 심해지고 이와 더불어 자본주의 근대성이 심화되면서 그들의 슬픈 결말은 준비된 것이었다. 아람인들과 아르메니아인들, 이 두 민족 모두에게 닥쳤던 재앙의 원인은 터키의 연합진보위원회의 파시스트적인 대량 학살 행위뿐만이 아니었다. 부역자 쿠르드인들도 여기에서 중요한 역할을 했다. 아람 민족 사회 문제는 가부장제 문명에 그 뿌리를 두고 있으나 기독교와 근대성의 이념으로 인해 심화돼왔다. 해법이 존재하려면 아람인들의 급진적인 변형이 필요하다. 그들을 현실적으로 구원하려면, 고전 문명과 자본주의 근대성의 감성을 떨쳐버려야 한다. 그 대신 민주적 문명을 받아들이면서, 민주적 근대성의 요소를 통해 풍부한 문화적 기억을 새롭게 해 '아람 민주적 민족'으로 스스로를 재건해야 할 것이다.

7. 유대인 문제는 중동 사회의 문제인 동시에 세계적 문제다. 유대 민족의 역사 또한 문제시되는 중동의 문화적 역사를 드러낸다. 추방, 포그롬(pogrom, 조직적 학살이라는 의미나 주로 유대인 학살을 일컫는다), 대학살의 배경을 탐색하다 보면 문명들을 판단하게 되는 순간에 이른다. 유대 공동체는 지역적 부족 문화에 더해 과거의 수메르와 이집트 문화의 영향을 받았다. 유대 공동체들은 이러한 문화적 자원들을 능숙하게 개혁해 유대 부족 문화로 변형시켰고, 이는 중동 문화에 많은 기여를 했다. 아랍인들과 마찬가지로 유대인들은 그들이 창조를 도왔던 문명의 전통과 자본주의 근대성의 희생양이 됐다. 그들 역시 내가 개발하려고 애써온 민주적 근대성의 요소에서 자신들을 위한 해법을 찾도록 노력해야 한다. 분명히 유대 후손 지식인들은 이 방향에서 진보적 견해를 가지고 있다. 그렇지만 그것만으로는 전혀 충분하지 못하다. 오늘날 존재하는 문제들의 해법을 위해 중동 역사를 민주적 기반 위에서 새롭게 전유할 필요가 있다. 국민 국가주의가 지배하는 중동에서 이스라엘은 필연적으로 지속적인 전쟁에 놓일 것이다. 그 구호는 '눈에는 눈으로'다. 그러나 불은 불로써 끌 수 없다. 이스라엘이 자본주의 근대성의 패권적 권력을 찾아 자신들의 배후에 두며 자신감을 가질 수는 있겠지만, 이는 뿌리 깊은 문제에 대한 해법으로는 충분하지 않다.

이스라엘-팔레스타인 분쟁은 국민 국가 패러다임이 해법을 제공하는 데 도움이 되지 않으며, 오히려 문제를 악화시킨다는 것을 명확하게 드러낸다. 너무나 많은 피와 돈이 소모됐다. 남은 것이라고는 풀 수 없는 것처럼 보이는 문제의 대물림뿐이다. 이스라엘-팔레스타인의 사례는 자본주의 근대성과 국민 국가의 완전한 실패를 보여준다.

유대인은 중동 문화의 문화적 담지자들에 속해 있다. 유대인을 부인하고 학살하는 것은 모두에게 있어서 큰 손실이다. 아르메니아인들이나 아랍인들과 마찬가지로 유대인들이 민주적 민족으로 변화한다면, 그들이 중동의 민주적 연합체에 참여하는 것도 용이해질 것이다. '동에게해 민주 연합체East-Aegean Democratic Confederation' 프로젝트가 긍정적인 출발이 될 것이다. 이 프로젝트 하에서 엄격하고 배타적인 민족적·종교적 정체성들은 유연하고 열린 정체성으로 진화할 것이다. 이스라엘 역시 더 용납되고 더 열려 있는 민주 국가로 발전할 수 있다. 하지만 당연히 주변국들도 이러한 변형을 거쳐야 한다.

중동에서의 긴장과 무력 분쟁은 근대성 패러다임의 변형을 불가피하게 만든다. 이러한 변형 없이 어려운 사회 문제와 민족 문제에 대한 해법이 제시되는 것은 불가능하다. 이 난해한 문제를 풀수 없는 체제의 대안을 제공하는 것이 민주적 근대성이다.

8. 아나톨리아[3]에서 헬라 문화가 절멸한 것은 보상받을 수 없는 손실이다.[4] 20세기의 4분의 1분기에 터키와 그리스 국민 국가에 의한 상호 간의 강제 이주는 대량 학살만큼 고통스러운 영향을 끼쳤다. 어떤 국가도 선조 문화가 있는 지역에서 민족을 몰아낼 권리는 없다. 그렇지만 국민 국가는 이러한 쟁점들에 대해서 거듭 비인간적인 접근을 보여주었다. 헬라, 유대, 아람, 아르메니아 문화에 대한 공격은 이슬람이 전 중동에 전파되는 동안 강화됐다. 결국 이것은 중동 문명의 쇠퇴를 가져왔다. 이슬람 문화는 이렇게 생겨난 공백을 결코 메우지 못했다. 19세기에 중동에 진출한 자본주의 근대성은 문화적 황무지만을 발견했으며, 이는 중동이 자청한 문화적 침식 작용에 의한 것이었다. 문화적 다양성은 또한 사회의 방어 체제를 강화시킨다. 단일 분화는 더 취약하다. 그래서 중동의 정복은 어렵지 않았다. 국민 국가가 선전한 동질의 국가 프로젝트는 문화적 대학살에 대해 가장 큰 책임을 지고 있다.

9. 코카서스 종족들의 사회 문제 역시 가볍게 볼 수 없다. 거듭

---

3 오늘날에는 터키 영토에 해당되는 반도로 고대 그리스에서는 아시아로 불렸다. 과거에 아시아는 소아시아를 지칭하면서 터키 지역만을 가리키는 말이었고, 소아시아는 점점 넓어져서 이후에 유라시아에서 유럽을 뺀 지역을 가리키는 말로 바뀌었다.

4 이를 생생히 볼 수 있는 것이 타소스 볼메티스Tasso Boulmetis 감독의 영화, 〈터치 오브 스파이스 Touch of Spice〉(2003)다. 터키가 건국되면서 이스탄불에 살던 그리스 계열 사람들을 강제 추방한 역사적 배경을 담은 영화로, 터키가 국민 국가 건설을 위해 그리스 문화를 어떻게 멸절시켰는가를 잘 그리고 있다. 추방 명령이 떨어진 후 그리스 계열은 이슬람 신자가 아니라면 남지 못했고 남은 이후에는 터키어만을 사용해야 했다.

2016년 3월 21일. 터키 디야르바키르 축제에서 HDP 공동 의장인 셀라하틴 데미르타쉬Selahattin Demirtaş가 연설대에 올랐다. HDP는 터키의 쿠르드 계열 정당으로 2015년 선거에서 550석 중 59석을 확보한 터키의 제3야당이다. 에르도안 정부는 선거 시기에도 PKK와 연계 혐의를 씌워서 HDP를 공격했고 2016년 11월 4일 공동대표인 셀라하틴 데미타쉬와 피겐 유섹다으를 가택 구금했다.

해서 그들은 중동으로 이주해왔고 중동 문화에 자극을 주었다. 그들은 의심할 여지없이 중동의 문화적 부유함에 기여했다. 그러나 근대성이 도래하면서 이 소수 문화는 거의 사라지게 됐다. 연합체 구조가 건설될 수 있다면 코카서스인들 또한 그 안에서 만족스러운 위치를 찾을 수 있을 것이다.

마지막으로 중동의 근본 문제는 계급적이고 국가적인 문명에 깊숙이 뿌리내려 있다는 것을 다시 한 번 강조하고자 한다. 중동의 이러한 근본적인 사회 문제는 세계의 구조적인 위기와 함께 더욱 악화됐다. 지배적인 근대성의 지역 대리인들은 질문과 해결책이 무엇인지 정의하지도 못하고, 자신이 무엇을 대표하는지조차 알지 못한다. 내가 정의하려고 하는 민주주의 근대성의 요소들은 대량 학살을 막고 생명을 지킬 수 있는 이론적, 실천적 세력을 지니고 있다. 민주적·경제적·생태적인 사회를 토대로 이 세력들이 민주적 민족들의 시대를 열 때, 중동 문화의 삶이 과거의 환희를 되찾게 될 것이다.

삶을 해방시키기: 여성 혁명

Liberating Life: Woman's Revolution

인터내셔널 이니시어티브의
서론[1]

여러분이 보고 있는 이 소책자는 인터내셔널 이니시어티브 International Initiative에서 준비한 세 번째 소책자다. 이 소책자는 특정 주제에 대한 압둘라 외잘란의 견해를 여러분에게 간추려 전달하기 위해서 만들어졌으며, 그가 쓴 여러 책들에서 발췌해 편집한 것이다.

1999년 외잘란이 납치, 감금되기 이전에 성과 젠더에 관한 그의 연설들에 기반을 둔 여러 책들이 출판됐고, 3권으로 된『Nasıl yaşamalı?어떻게 살 것인가?』가 그중 하나다. 또한 외잘란의 인터뷰로 구성된『Erkeği öldürmek남성 죽이기』라는 책의 제목은 쿠르드 사이

---

1 2013년 이 소책자가 처음 나올 때 인터내셔널 이니시어티브에서 쓴 것이다. 2017년 이 소책자를 개정하면서 삭제했으나, 역자는 그 나름의 가치가 있다고 판단해 이 서론을 삽입했다.

에 널리 쓰이는 표현이 됐다. 외잘란은 "나라는 자유로울 수 없다. 여성들이 자유롭지 못하다면" 같은 구호를 고안했다. 이로써 가장 중요한 첫 민족 해방을 여성 해방이라고 재규정한 것이다. 외잘란은 옥중 수고에서 역사, 현대 사회, 정치적 활동에 대한 논의의 일부로 여성 해방을 여러 번 언급했다. 이 소책자는 외잘란의 저술, 특히 아직 번역되지 않은 그의 가장 최근 저술들 중에서 이 주제에 관한 내용을 발췌해 편집한 것이다.

외잘란은 현실 사회주의 나라들의 실천을 지켜보고 1970년대 이후 자신의 이론적 노력과 실천을 펼친 결과 여성의 예속은 모든 예속 형태의 시작이라는 결론에 도달했다. 그의 결론에 따르면, 이러한 예속은 여성이 남성과 생물학적으로 다르기 때문이 아니라 여성이 신석기 모계제의 설립자이자 지도자였기 때문에 발생했다.

압둘라 외잘란은 단지 이론가에 그치지 않는다. 그는 쿠르드 인민의 해방을 추구하는 것을 넘어서 어떻게 의미 있는 삶을 살 것인지에 대한 질문에 응답하는 운동가다. 바로 이 부분이, 그토록 많은 사람들에게 그의 저술이 영향을 끼치는 이유다.

그는 평생 동안, 특히 투쟁 속에서 여성 해방이라는 쟁점에 관심을 기울여왔다. 외잘란은 가부장제에 대한 비판을 통해서 여성들에게 영감을 주었고, 운동 속에 남성 지배에 저항하는 투쟁을 세우라고 여성들을 강하게 격려했다. 이 영향력 있는 지도자의 이러한 접근법과 실천은 주요한 발전에 기여했다.

수년간 그는 여성과 남성 각자에게 주어진 역할을 뛰어넘는 것이 중요하다고 강조했다. 이에 더해 여성 운동과 제도의 설립을 촉구해 여성이 그들 스스로와 남성, 그리고 사회에 대해 의문을 제기하고 그들 자신을 재형성할 수 있도록 했다. 따라서 쿠르디스탄에서는 쿠르드 해방 운동과 함께 삶의 모든 영역에서 여성의 참여가 강력하게 일어났으며 이는 전형적인 것이 아니었다. 실제로 쿠르디스탄에서는 동적인 여성 운동의 생명력이 돋보이는데, 이는 가부장적이라고 간주되는 이 지역에서 기대하기 힘든 것이며 놀라운 일이다.

수년간 압둘라 외잘란은 여성이 누리는 자유의 정도가 그 사회가 가진 자유의 정도를 결정한다고 주장했다. 그는 최근 PDPPeace and Democracy Party[2]와의 만남에서도 이를 거듭해서 밝혔다. "내게 여성의 자유는 고국의 자유보다 더 소중한 것입니다."

이것이 여성의 자유라는 문제에 관한 이 소책자를 출판하겠다고 생각한 이유다.

---

2 터키의 쿠르드 정당으로 대표의 3분의 1이 알레비였다. 2008년부터 2014년까지 존속한 후 이름을 DRPDemocratic Regions Party로 바꾸었다.

압둘라 외잘란의
서론

　여성의 자유에 대한 질문은 평생 동안 나를 곤혹스럽게 했다. 처음에 나는 중동 지역과 전 세계에서 보이는 여성의 노예 상태를 봉건적 낙후성의 결과로 보았다. 그러나 혁명적 실천과 학습의 세월들이 흐른 후 나는 문제가 훨씬 심각하다는 결론에 도달했다. 이 문명의 5000년간의 역사는 본질적으로 여성의 노예화의 역사였다. 그러므로 여성의 자유는 이 지배 체제의 근원에 맞서 투쟁함으로써만 달성될 것이다.

　자유라는 문제에 관해 주류 문명을 분석하면 노예제가 강화되면서 문명이 억눌려왔다는 것을 명확하게 알 수 있다. 이 '주류 문명'은 수메르에서 아카드로, 바빌론에서 아시리아로, 페르시아에서 그리스, 로마, 비잔티움, 유럽, 마지막에 미국으로 전해지면서 서로 영향을 주고받았다. 이 문명의 오랜 역사에 걸쳐서 노예제는 세 단계로 영구화됐다. 첫째는 이념적 노예제의 건설(당연한 일이지만, 무시무시한 지배 신들이 신화로부터 나왔다는 것이 명백하다), 그다음은 무력의 사용, 마지막은 경제 장악이다.

이 3가지 층으로 구성된 사회의 속박은 수메르의 사제-국가에서 설립된 사원인 지구라트ziggurat에 훌륭히 묘사되어 있다. 지구라트의 최상위층은 마음을 통제하는 신이 사는 곳이며 중간층은 사제들의 정치적 본거지이자 행정 본부다. 마지막으로 맨 밑층은 장인과 농업 노동자들이 모든 종류의 생산을 담당하는 곳이다. 본질적으로 이 모델은 오늘날까지도 바뀌지 않고 있다. 그러므로 지구라트의 분석은 사실상은 연속적인 주류 문명 체계에 대한 분석이며, 이 세 층위에 대한 인식을 바탕으로 최근의 자본주의 세계 체제의 진정한 기반을 분석할 수 있을 것이다. 계속해서 축적되는 자본과 권력의 개발은 동전의 한 측면일 뿐이고, 그 이면에는 끔찍한 노예제, 굶주림, 빈곤, 압제가 도사리고 있는 짐승들의 사회가 있는 것이다.

중앙 문명central civilization[3]은 사회의 자유를 박탈하고 사회를 양

---

3 '중앙 문명' 또는 '주류 문명'의 개념은 데이비드 윌킨슨David Wilkinson이 창안한 세계 체제 분석의 용어다. 그것은 수메르와 이집트 문명이 통합으로 형성된 중앙 문명은 이후 다른 모든 기존 문명을 흡수했으며 오늘날에는 하나의 단일 세계 문명이 됐다는 것을 의미한다.
David Wilkinson(Fall 1987). "Central Civilization". Comparative Civilizations Review (17). pp. 31–59.

2017년 2월 11일, 이탈리아 밀란. 압둘라 외잘란의 조카인 딜렉 외잘란Dilek Öcalan이 에르도안과 그의 정책에 반대하는 시위에 참가하고 있다. 2015년 그녀는 HDP 소속의 국회의원이었고 터키 배외주의자들의 격렬한 공격을 받은 적이 있다.

떼처럼 관리할 수 있어야만 그 존재를 유지하고 보존할 수 있다. 그러한 본성을 가진 체제에 적절하게 기능하기 때문이다. 이는 더 많은 자본과 권력 도구를 창출함으로써 일어난 것으로, 그 결과 점점 깊어져가는 빈곤과 가축 같은 정신 상태를 유발했다. 이렇게 자유가 모든 시대의 핵심 쟁점이 되는 이유는 바로 체제 그 자체의 본성 때문이다.

자유를 상실한 역사는 동시에 여성이 그 지위를 잃어버리고 역사 속에서 자취를 감추게 된 과정의 역사다. 또한 이것은 지배하는 남성이 그의 신들과 충복들, 지배자들과 피지배자들, 그의 경제, 과학, 예술과 함께 권력을 얻은 과정에 대한 역사다. 그러므로 여성의 추락과 상실은 결과적으로 전체 문명의 추락이자 상실이며, 그 결과로 성차별적인 사회가 도래했다. 성차별적인 남성은 여성에 대한 자신의 사회적 우위를 세우는 데 열심인 나머지 여성과의 모든 접촉을 우위의 과시로 바꾸어버린다.

그러므로 여성이 노예 상태에 놓였다는 사실과 그 상태의 깊이를 의도적으로 감추는 것은 사회 내에서 위계적이고 국가 통제적인 권력이 상승한 것과 긴밀하게 연결되어 있다. 여성이 노예제에 길들여지면서 위계(그리스어인 ἱεραρχία 즉 hierarkhia는 '고위 사제에 의한 지배'를 의미)가 세워졌고, 그래서 사회의 다른 부문 역시 노예제로 가는 길을 닦게 됐다. 남성의 노예화는 여성의 노예화 이후에 일어났다. 어떤 점에서 젠더의 노예화는 계급과 민족의 노예화와는 다르다. 노예화는 감정에 호소하는 거짓말에 세련되고 강화된 억압을 더한 것을 통해 정당화된다. 여성의 생물학적 차이는 여성의 노예화를 정당화하는 데 사용됐다. 여성이 하는 모든 일은 당연시되면서 평가절하됐고 가치 없는 '여자나 하는 일'로 불렸다. 공적인 공간에서 여성의 존재는 도덕적으로 수치스러운 것으로 간주되어 종교는 이를 금지해야 한다고 주장했다. 결국 여성은 점차 모든 중요한 사회적 활동에서 배제됐다. 정치적·사회적·경제적 활동에서 지배 권력은 남성에게 넘어갔고 여성의 약함은 더욱 제도화됐다. 그러므로 여성은 '약한 성'이라는 개념이 널리 믿어지게 됐다.

사실 사회는 여성을 생물학적으로 별개의 성으로만 다룰 뿐 아니라 별개의 인종이나 민족, 계급으로 취급하고 있다. 여성은 가장 억압받는 인종이며 민족, 계급이다. 어떤 인종이나 민족, 계급도 이렇게 가정주부화를 통해 체계적인 노예화에 종속된 적이 없다.

자유나 평등을 위한 투쟁이든 민주적·도덕적·정치적 혹은 계급 투쟁이든 간에 투쟁에서의 실패는 실망을 낳는다. 그리고 이 실망에는 남성과 여성 사이의 관계 속에 존재하는 권력 투쟁의 원형의 상흔이 담겨 있다. 남성과 여성의 관계로부터 불평등, 노예제, 전제주의, 파시즘, 군사주의를 촉진하는 모든 관계의 형태가 파생된다. 우리가 자주 사용하는 평등, *자유, 민주주의, 사회주의* 같은 용어들의 진정한 의미를 해석하고자 한다면 여성을 감싸고 있는 고대의 관계망을 분석하고 박살내야 한다. 진정한 (다양성을 당연히 허락하는) 평등, 자유, 민주주의, 도덕을 얻으려면 다른 방도가 없다.

그러나 여성의 지위를 명료하게 하는 것은 이 쟁점이 가진 한 측면일 뿐이다. 더 중요한 것은 해방 문제다. 즉 문제를 드러내고 분석하는 것보다 문제의 해법이 더 중요하다는 의미다. 현재 자본주의 체제의 혼돈에서 가장 가능성이 높은 해법은 (비록 한계는 있지만) 여성의 지위를 노출하는 것이다. 20세기의 마지막 4분기에 페미니즘은 (충분하지는 않았지만) 여성에 관한 진실을 폭로했다. 혼돈의 시대에는 진보 및 명료화의 수준이 높아지면서 어떤 현상에 대한 변화의 가능성이 증가한다. 그래서 그러한 시대에야 비로소 자유를 위한 작은 발걸음들이 모여 큰 도약을 이루어낼 수도 있다. 최근의 위기 속에서 여성의 자유가 승리자로 등장할 수 있다. 인간의 손에 의해 만들어진 것은 그것이 무엇이든지 인간의 손에 의해 파괴될 수 있다. 여성의 노예화는 자연법칙도 아니고 운명도 아니다. 우리에게 필요한 것은 필요한 이론, 프로그램과 조직, 그리고 그것들을 구현할 수 있는 체계다.

여성 혁명:
신석기 시대

가부장제가 언제나 존재한 것은 아니다. 국가주의 문명이 부상하기 이전의 1000년간(대략 기원전 3000년) 사회 내 여성 지위가 오늘날과는 매우 달랐다는 확실한 증거가 있다. 진실로 그 사회는 여성을 중심으로 건설된 모계제 사회였다.

자그로스-타우르스 체제 내에서 중석기와 그 뒤를 이은 신석기 사회는 네 번째 빙하기의 끝인 20000여 년 전쯤부터 발전했다. 이 위대한 사회는 잘 개발된 도구와 정교한 정착 체제를 갖추고 있었고 이전의 씨족 사회보다 훨씬 더 앞서 있었다. 이 시기는 우리의 사회성 역사에서 놀라운 시대로 간주된다. 현재도 우리에게 익숙한 많은 발전물들, 즉 농업 혁명, 촌락의 건설, 교역의 뿌리들, 부족과 부족적 조직 및 모계 중심의 가족 등이 이 역사적 단계로 거슬러 올라갈 수 있다.

다양한 농작물의 응용, 짐승의 가축화, 농작물 경작, 주거지의 건설, 어린이 양육의 원칙들, 괭이와 손맷돌, 우마차 등 오늘날에도 우리가 여전히 사용하는 많은 방법들, 도구들, 장비가 이 시대의 여성들에 의해서 대부분 발명되고 발견된 것이다.

내가 보기에 이 시대의 모신 숭배는 이러한 거대한 진전을 이룬 여성의 역할에 대한 숭배다. 나는 모신 숭배를 추상적인 다산성의 신격화로 보지 않는다. 동시에, 어머니-여성에 기반을 둔 위계가 어머니 개념의 역사적 뿌리다. 이 개념에 의해 지금까지도 모든 사회의 권위로서 어머니를 존경하고 인정하고 있는 것이다. 이 권위가 요구되는 이유는 출산을 하고 가장 어려운 조건에서도 보육을 통해서 삶을 이어가게 하는 제1의 삶의 요소가 어머니이기 때문이다. 진실로 이 인식 위에 기반을 둔 문화나 위계라면 여성을 존경하지 않을 수 없다. 어머니 개념이 오래된 진정한 이유는 어머니가 사회적 존재, 즉 인간의 기초를 구체적으로 형성한다는 사실 때문이지, 생명을 낳는다는 추상적인 능력 때문이 아니다.

신석기 시대에는 완전한 공동체적 사회 질서인 소위 '원시 사회주의'가 여성을 중심으로 창조됐다. 이 사회 질서에서는 국가 질서의 강제적 관습은 전혀 볼 수 없었으며 그렇게 수천 년간 이 질서는 지속됐다. 인간의 집단적 사회의식을 형성한 것이 바로 오래 지속된 질서다. 이것이 평등과 자유를 통해 천국 건설로 이끄는

2014년 10월 13일, 터키 북동부에 위치한 카르스Kars의 쿠르드 여성. 오스만 제국 시대 당시 카르스 지역에는 아르메니아, 터키, 그루지아, 쿠르드, 러시아 문화가 혼재되어 있었다. 카르스는 셀주크 투르크, 러시아 제국, 오스만 제국, 아르메니아의 지배를 차례로 받으면서 무슬림과 아르메니아인들 사이에 학살이 일어났다.

이 사회적 질서를 다시 획득하고 영속시키고자 하는 우리의 끝없는 갈망을 반영한다.

평등과 자유로 특징지어지는 원초적 사회주의가 가능했던 이유는 모계 질서의 사회적 도덕이 소유권을 허락하지 않았기 때문이다. 소유권은 사회적 분리를 점점 심화시키는 주요 요소다. 이러한 분리와 관련된 또 다른 쟁점인 성별 분업은 당시에는 아직 소유권과 권력 관계에 기반을 두지 않았다. 집단 내의 사적인 관계는 아직 발달되지 않았다. 채집하거나 수렵한 음식들은 모두의 것이었고, 아이들은 씨족에 속해 있었다. 어떤 남자나 여자도 특정한 누군가의 사적 자산이 아니었다. 이 모든 면을 볼 때, 여전히 규모가 작았으며 거대한 생산 능력을 갖추고 있지 않았던 공동체는 견고한 이념적·물질적 문화를 공유하고 있었다. 사회를 유지시키는 근본 원칙들은 공유와 연대였다. 삶을 위협하는 소유권과 무력이 침범했었더라면 이 문화는 붕괴했을 것이다.

주류 사회와는 달리, 신석기 사회가 자연과 가졌던 관계는 생태학적 원칙들을 고수하면서 이념적 문화와 물질적 문화라는 양측면에서 유지됐다. 자연은 인간과 마찬가지로 살아 있으면서 생동하는 것으로 여겨졌다. 자연 속의 수많은 고귀함과 신성함을 받아들이는 심성을 촉진한 것은 바로 자연에 대한 이러한 자각이었다. 이것이 어머니 여성에 대한 경외로부터 나온 고귀함과 신성함의 형이상학에 기반을 둔 것이라는 것을 인지한다면, 우리는 집단적 삶의 정수에 대해서 보다 더 이해할 수 있게 될 것이다.

우리는 바로 이 신석기 모계 체제가 어떻게 왜 자리를 내주게 됐는지 알아야 한다.

초기의 사회적 집단화 이후에 여성의 채집과 남성의 수렵 사이에 긴장 관계가 형성됐고, 그 결과로 2개의 서로 다른 문화적 진화가 사회 내에서 발전하게 됐다.

모계 사회에서 잉여 생산물은 제한적으로나마 축적돼갔다(이것이 단지 개념으로서가 아니라 그 본질적인 면에서 경제학의 출발이다. 그리고 바로 이 지점에서 자본주의와 선물 경제 등 경제학의 다양한 유형들의 뿌리를 발견할 수 있다). 이 잉여를 관리하는 이는 여성, 양육자였다. 그러나 남자는 (아마도 보다 더 성공적인 사냥 기술을 개발함으로써) 자신의 위치를 향상시켰고, 높은 지위를 성취했으며, 주변에 무리를 모았다. 이전에는 힘센 남자의 무리가 아니었던 '나이 많은 현자'와 무당이 이제는 남성에게 붙어 남성 지배의 이념을 만드는 것을 도왔다. 이들은 여성에 대항해 매우 체계적인 운동을 개발하고자 했다.

신석기 모계제에는 없었던 제도화된 위계가 이제는 천천히 도입되기 시작했다. 이 지점에서 무당과 노인, 경험 많은 남자의 동맹은 중요한 발전이었다. 남성들은 자신들의 무리에 끌어들인 젊은이들을 이념적으로 장악함으로써 공동체 내에서 지위를 강화하게 됐다. 중요한 것은 남성들이 얻은 권력의 본질이다. 사냥과 외부의 위험으로부터 씨족을 보호하는 일은 둘 다 살해와 상해에 의존하는 것으로 군사적인 특징을 가지고 있다. 이것이 전쟁 문화의 시작이었다. 삶과 죽음의 상황에서는 권위와 위계에 따라야 하는 것이다.

공동체성communality은 위계와 국가 권력이 건설되는 기초다. 원래 '위계hierarchy'라는 말은 사제에 의한 정부, 현명한 연장자들의 권위를 의미한다. 처음에는 긍정적인 기능이 있었다. 우리는 자연 사회 내에서 나타나는 유익한 위계를 민주주의의 원형으로 볼 수도 있다. 어머니-여성과 현명한 연장자들은 공동체의 안전과 사회의 거버넌스를 책임졌다. 축적과 소유권에 기반을 두지 않는 사회에서는 어머니-여성과 현명한 연장자들이 필요하고 유용하며 근본 요소들에 해당했다. 사회는 자발적으로 그들에게 존경을 보냈다. 그러나 자발적 의존이 권위로 바뀌고 유용함이 사욕 추구로 변형되자, 불필요한 무력의 도구들이 등장했다. 무력의 도구는 공통의 안전과 집단 생산이라는 가면을 쓰고 나타나며, 모든 착취와 억압 체제의 핵심을 구성한다. 무력의 도구는 지금까지 생겨난 가장 사악한 창조물로, 모든 형태의 노예제, 모든 형태의 신화와 종교, 모든 체계적인 전멸과 약탈을 가져왔다.

분명히 신석기 사회가 분열한 데는 외부적 이유들이 있었다. 그러나 주된 요소는 바로 사제들의 신성한 국가 사회였다. 메소포타미아 하류와 나일강 주변의 초기 문명의 전설들은 이를 잘 보여준다. 발달된 신석기 사회 문화가 새로운 인공 관개 기술과 결합해 이러한 사회를 설립하는 데 필요한 잉여 생산물을 제공했던 것이다. 잉여 생산물을 둘러싸고 형성된 도시 사회가 국가 형태로 조직화된 것은 바로 새로 획득된 남성의 지위와 권력을 통해서였다.

도시화는 상품화를 의미했고, 그 결과 교역이 등장했다. 교역은 식민지의 형태로 신석기 사회의 혈관 속으로 스며들었다. 상품화, 교환 가치, 소유권이 기하급수적으로 늘었고 결과적으로 신석기 사회의 분열을 가속화시켰다.

첫 번째
주요 성적 결렬

사적 유물론의 *혁명/반혁명* 구도라는 맥락 안에서, 나는 성들 간 관계의 역사에서 주목할 만한 전환점을 *성적 결렬*sexual rupture 이라고 명명할 것을 제안한다. 이러한 결렬은 역사 속에서 2번 등장하는데, 예측하건대 우리는 앞으로 또 1번의 결렬을 보게 될 것이다.

문명 이전의 사회적 시대에 '힘센 남성'의 조직화된 무력은 동물을 잡을 덫을 놓거나 외부의 위험으로부터 방어라는 목적만을 위해 존재했다. 여성이 감성 노동의 산물로 설립한 가족-씨족 단위를 탐냈던 것이 바로 이 조직화된 무력이었다. 남성의 무력이 이 가족-씨족을 장악한 것이 첫 번째로 등장한 것은 심각한 조직적 폭력이었다. 이 과정에서 여성 자신, 여성의 아이들, 친족, 모성적·도덕적·문화적 축적이 강탈됐다. 이것은 초기 경제, 즉 가정 경제에 대한 약탈이었다. 사제의 원형原形(무당), 경험 많은 연장자, 힘센 남성의 조직화된 무력이 뭉쳐서 최초이자 가장 오래 지속된 가부장제 위계 권력, 즉 거룩한 거버넌스의 권력을 구성했다. 이는 유사한 단계를 거친 모든 사회에서 나타난다. 계급, 도시와 국가 단계까지 이 위계는 사회적·경제적 삶에서 지배적이다.

수메르 사회에서는 비록 균형이 점점 더 여성에 반해서 전환됐기는 하지만 기원전 2000년경까지는 양성이 어느 정도 평등했다. 이 시기의 많은 여신 사원과 신화의 원문들을 보면 문명의 중심을 형성했던 수메르인들이 기원전 4000년에서 기원전 2000년 사이에 남성의 문화와 똑같이 여성-어머니 문화의 영향을 받았음을 알 수 있다. 여성을 둘러싼 수치羞恥의 문화는 아직 개발되지 않았다.

그러므로 우리는 여기에서 어머니-여성 문화를 누르고 그 우월성을 발전시킨 새로운 문화가 출발한 것을 볼 수 있다. 계급 사회가 시작되기 이전에 등장했던 이 권위와 위계의 발전은 역사에서 가장 중요한 전환점들 중 하나를 구성했다. 이 문화는 질적으로 어머니-여성 문화와 다르다. 채집과 그 이후의 경작은 어머니-여성 문화의 지배적인 요소이며 전쟁을 요구하지 않는 평화로운 활동들이다. 반면 남성들이 주로 맡았던 사냥은 전쟁 문화와 엄격한 위계를 바탕으로 하고 있다.

2015년 5월 12일, 터키 디야르바키르. 쿠르드 여인이 아이와 함께 진흙 탄두리 오븐을 만들고 있다.

본질적인 역할이 사냥이었던 힘센 남성이 모계 질서의 축적을 탐냈던 것은 이해할 수 있다. 그가 지배를 하게 되면 많은 장점들을 낳을 것이었다. 사냥을 통해 획득한 권력 조직을 통해 남성은 이제 통치하면서 최초의 사회 위계를 설립할 기회를 갖게 됐다. 이 발전은 악의를 가진 분석적 지성의 첫 관습법을 만들어내고 그 결과 스스로 체계적인 성격을 갖추었다. 더 나아가 신성한 어머니 숭배에서 신성한 아버지 숭배로의 이행은 분석적 지성이 신성 뒤에 숨을 수 있게 해주었다.

그러므로 우리의 심각한 사회 문제들은 그 기원을 힘센 남자를 둘러싸며 숭배되고 종교화된 부계 사회들에서 찾을 수 있다. 여성의 노예화와 더불어 어린이의 노예화만이 아니라 남성의 노예화의 근거도 마련됐다. 남성이 노예 노동의 사용을 통한 가치 축적(특히 잉여 생산의 축적)에서 경험을 쌓아감에 따라 노예에 대한 남성의 지배와 통제는 점점 커져갔다. 권력과 권위는 점점 중요해져갔다. 힘센 남자, 경험 있는 연장자, 무당 간의 협업은 특권층을 형성했고 결과적으로 저항하기 힘든 권력 중심을 낳았다. 이 중심에서 분석적 이성은 전 주민의 정신을 지배하기 위해서 비범한 신화적 내러티브를 개발했다. 수메르 사회를 위해 구성된 (그리고 시간을 거쳐 조금씩 응용되면서 전래된) 신화의 세계에서 남자는 고귀해져서 하늘과 땅의 창조자로서 신격화되는 데 이르렀다. 여성의 신성과 거룩함은 처음에는 천하게 된 후 나중에는 지워졌고, 반면에 통치자이자 절대 권력으로서의 남성이라는 사상이 사회에 각인됐다. 그래서 문화의 모든 측면은 신화적 내러티브의 거대한 망을 통해 지배자와 피지배자, 창조자와 창조물의 관계 속으로 감추어졌다. 사회는 이런 신화적 세계에 현혹되어 이를 내면화하게 됐고, 그래서 이것은 점점 더 선호하는 판본이 됐다. 그런 후에 이러한 신화적 세계는 종교가 됐는데, 이 종교 안에서 인민들을 엄격하게 구별하는 개념이 세워졌다. 예를 들면 사회의 계급 구분은 아담과 이브의 낙원에서의 추방과 노역에 대한 저주에 반영되어 있다. 이 전설은 수메르 지배자-신들에게 창조적인 권력을 부여했고, 그들의 신민은 종으로 재창조됐다.

수메르 신화는 의인화된 신의 갈비뼈에서 나온 창조물 이야기를 알고 있었다. 차이점이라고는 남성 신인 엔키Enki[4]를 지키기 위해서 창조 행위[5]를 수행한 것이 여성신인 닌후르사그Ninhursag[6]라는 것뿐이었다. 시간이 지나면서 내러티브는 남성에게 유리하게 변형됐다. 엔키와 닌후르사그-이난나Inanna[7] 신화에 나오는 경쟁과 창조력이라는 반복되는 요소는 2가지 중의적 기능이 있다. 하나의 기능은 여성을 천하게 만들고 과거 여성이 가졌던 창조력의 중요성을 줄이는 것이고 다른 하나는 노예와 종으로서의 인간을 빚는 것을 상징화한다. (나는 수메르 사제들의 이 마지막 개념이

---

4 수메르의 담수신淡水神으로 지혜와 주법의 신, 창조의 신으로 수메르의 우주와 사회 여러 규칙의 관리자이기도 했는데 이는 바빌로니아의 에아Ea에 해당된다. 그 아내는 닌후르사그/담가르눈나. 엔키는 바빌로니아의 홍수 신화의 주인공으로 구약 성서의 노아에 해당하는 우투나피슈팀에게 몰래 홍수를 경고했다.

5 수메르 신화의 낙원인 딜문 동산Dilmun은 구약 성서의 에덴에 해당한다. 물의 신인 엔키는 딜문 동산에 태양신 우투Utu에게 명해서 땅의 물을 딜문에 채웠다. 태모신인 닌후르그사그는 8그루의 나무를 딜문에 심었고 나무를 키우는 데 성공한다. 그러나 엔키가 나무 열매를 먹고 싶어 해 하인인 두 얼굴의 이시무드isimud가 과일을 따주면서 엔키에게 일이 생긴다. 이에 분노한 닌후르사그가 죽음의 저주를 내려서 엔키가 과일을 먹자 닌키의 오장육부가 썩게 했다. 엔키가 병들어 죽어가자 수메르의 신들은 모두 진흙에 주저앉게 됐다. 신들은 닌후르사그를 만나 엔키를 고쳐줄 것을 간청했다. 닌후르사그는 엔티의 오장육부를 어디가 아픈가를 듣고 그 장기를 관장하는 신들을 하나씩 불러서 치료하게 했다. 병이 난 곳 중 하나가 갈비뼈였는데 이 갈비뼈 치료를 위해 닌후르사그는 닌티Ninti 즉 갈비의 여인을 창조했다. 구약의 에덴의 신은 남성으로 묘사되지만 수메르 딜문의 신은 여신인 닌후르그사그다.

6 '산의 여신'의 의미를 가지고 있으며 흙을 주관하는 여신으로 점토를 반죽해 최초의 인간을 만들었다.

7 수메르 시대의 이난나란 이름은 하늘의 여주인이란 뜻이다. 이난나는 사랑과 성적 매력 그리고 전쟁의 여신으로 고정된 남편을 가지지 않고 일시적인 남편이나 애인을 차례차례 버리는 여신으로, 수메르의 한 텍스트에서 120명의 연인들조차 지치게 할 수 있는 존재로 묘사되고 있다. 바빌로니아에서는 대표 여신인 이슈타르Ishtar가 된다.

그 이후에 따라 나오는 그 모든 신-종의 딜레마들을 낳았다고 믿는다. 이것에 관한 진리를 규정하는 것은 아주 중요하다. 그럼에도 종교 문헌들은 이를 자제하거나 이 관념을 거부한다. 이것은 신학자들이 이 문제에 관한 진리와 자신들의 관심을 숨길 필요가 있기 때문일까?)

수메르 사회에서 만들어진 신성한 인물들은 자연과 새로운 사회 세력들에 대한 이전과 다른 접근법을 보여준다. 아니 더 나아가 정신을 새롭게 개량하는 목적으로 도입된 것이다. 자연적 차원의 영향이 줄어들면서 이에 따라 사회적 차원이 중요해져갔다. 여성의 영향력은 점차 줄어들었다. 그리고 인간을 신민, 즉 종으로 규정하는 데 있어서 두드러지게 발전한 부분이 있다. 사회 내 정치적 권력의 성장으로 인해 신들 중 일부가 부각됐고, 다시 그 결과로 어떤 성격의 일부가 상실됐으며 또 다른 성격으로 그 형태가 심각하게 변화됐다. 그러므로 바빌론 시대 군주의 절대 권력은 마르둑Marduk[8] 신이 부상한 것에 반영되어 있다. 수메르 신화의 이 마지막 단계는 유일신 종교의 탄생에 드디어 도달했음을 가리킨다.

---

8 바빌로니아의 주신主神으로서 태양의 아들이란 뜻으로 이후 수메르 판테온의 주신인 벨 엔릴과 합쳐져서 벨 마르둑이라고도 불리며 주신으로 숭배됐다. 〈예레미야〉(50장 2절)에 이와 관련된 구절이 나온다. "깃발을 올려 만방에 소식을 전해라. 바빌론이 함락되리라. 벨 신은 고개를 들지 못하고, 마르둑 신은 파랗게 질리리라. 그 신상들도 고개를 들지 못하고 우상들도 파랗게 질리리라." 다신교가 유일신교로 바뀌는 장면이다.

2011년 9월 17일, 터키 아드야만Adiyaman. 쿠르드 여성이 전통 옷을 만들기 위해 양모를 다듬고 있다.

이처럼 남성이 자녀를 소유하는 사회 질서 안에서는 아버지가 권력을 가지기 위해서 가능한 많은 자녀(특히 남자아이들)를 갖기 원했을 것이다. 아이들을 좌지우지함으로써 그는 어머니-여성의 축적을 탈취할 수 있게 됐다. 소유 체계가 만들어진 것이다. 사제-국가의 집단 소유권과 함께 왕정의 사적 소유권이 설립됐다. 사적 소유권 또한 부의식父意識의 확립을 필요로 했다. 부권은 유산을 (주로) 남자아이들에게 전해주기 위해서 필요했다.

기원전 2000년부터 이 문화는 넓게 보급됐다. 여성의 사회적 지위는 근본적으로 바뀌었다. 부권 사회는 그 지배를 전설로 만들 힘을 획득했다. 남성의 세계는 고귀한 것으로 영웅시됐고, 여성적인 모든 것은 하찮고 천하게 됐으며 뒷말의 대상이 됐다.

이 성적 결렬은 아주 근본적인 것으로 사회적 삶에서 역사상 가장 중요한 변화를 낳았다. 중동 문화 속 여성의 가치와 관련된 이 변화를 우리는 첫 번째 성적 결렬 혹은 반혁명으로 부를 수 있을 것이다. 나는 이를 반혁명이라고 부르는데 사회의 긍정적인 발전에 공헌한 바가 전무하기 때문이다. 오히려 이 성적 결렬 혹은 반혁명으로 인해 부권이 사회를 완강하게 지배하고 여성들을 배제함으로써 비정상적인 빈곤을 낳았다. 중동 문명에서 분열은 점차 악화돼가는 상황에 첫발을 내딛는 것과 마찬가지였다. 이 결렬의 부정적인 결과가 시간이 가면서 배가될 뿐이었기 때문이다. 두 목소리가 공존하는 사회가 아닌, 오직 하나의 목소리만 존재하는 남성의 사회를 만들었던 것이다. 1차원적이며 극단적인 남성 사회 문화로의 이행이 이루어졌다. 경이를 창조했던, 자비로웠고 자연과 사회에 헌신적이었던 여성의 감성적 지성은 사라져버렸다. 그리고 그 자리에 교조주의에 굴복하고 자연으로부터 스스로 떨어져 나간, 잔인한 문화의 저주받은 분석적 지성이 태어났다. 이 분석적 지성은 전쟁을 가장 고귀한 가치로 간주하고 인간의 피 흘림을 즐긴다. 이 분석적 지성은 여성을 전횡적으로 취급하고 남자를 노예화하는 것을 자신의 권리로 본다. 여성의 평등주의적 지성이 인도주의적 생산과 살아 있는 자연에 초점을 두었다면, 이 지성은 정반대의 유형이다.

어머니는 고대의 신들이 됐다. 어머니는 이제 집에 머무는, 순종적이고 정숙한 여성이 됐다. 신들과 동등한 것은 고사하고, 어머니는 목소리를 내거나 얼굴을 드러낼 수도 없다. 천천히 베일에 싸였고 강한 남성의 하렘 안에 머무르는 포로가 됐다.

아라비아에서 여성의 노예화의 깊이는 (모세에 의해 아브라함 전통 속에서 강화됐으며) 이러한 역사적 발전과 연결되어 있다.

어떻게 가부장제 권력이 깊게 뿌리내리게 됐는가

계급적이고 권위적인 구조는 가부장제 사회를 위해서 필수적이다. 권위주의 통치는 무당의 신성한 권위와 결합해 위계라는 개념을 낳았다. 권위적인 제도가 사회에서 점차 부각됐고 계급 구분이 강화되면서 국가 권위로 이행됐다. 당시에 위계적 권위는 개인적인 것이었으며 아직 제도화되지 않은 상태였다. 때문에 제도화된 국가에서처럼 사회에 대해 많은 지배력을 가지지 못했다. 당시 위계적 권위는 사회의 이익에 따라 결정된 책임으로 어느 정도는 자발적으로 준수됐다.

그러나 그러면서 촉발된 과정은 위계적 국가의 탄생에 도움이 됐다. 원시 공동 체계는 오랫동안 이 과정에 저항했다. 집단의 권위자에 대한 존경과 충성은 축적된 생산물을 사회의 다른 구성원들과 나눌 때만 드러났다. 사실 잉여 생산물의 축적은 잘못된 것으로 여겨졌다. 자신의 축적을 나누어주는 사람이 가장 존경받았다. (관대함이 존경을 받는 전통은 부족 사회에서는 여전히 광범위하게 퍼져 있으며, 강력한 역사적 전통 속에 그 뿌리가 있다.) 처음부터 공동체는 잉여 생산물의 축적을 가장 심각한 위협으로 보았고, 공동체의 도덕과 종교는 이 위협에 대한 저항에 바탕을 두었다. 그러나 결국 남성의 축적 문화와 위계적 권위는 여성의 문화와 권위를 패배시켰다. 우리가 분명히 해야 할 것은 이 승리는 피할 수 없는 역사적인 필연성이 아니라는 것이다. 자연적인 사회가 위계적으로 발전하고 그 후에는 국가주의 사회가 되어야 한다는 필연적인 법칙은 없다. 이러한 발전의 경향이 있을 수도 있지만, 이러한 경향이 불가피하고 연속적인 과정, 즉 전체적인 순서에 따라 실행되어야 하는 그 과정과 동일하다고 생각하는 것은 억측이 될 것이다. 계급의 존재를 운명으로 보는 것은 그저 계급 신봉자들을 위한 도구에 지나지 않는다.

이 패배 이후 여성의 공동체 사회에 해로운 분열이 나타났다. 위계적 사회로의 전환 과정은 쉽지 않았다. 이것은 원시 공동체 사회가 국가로 이행하는 단계였다. 결국 위계적 사회는 붕괴되거나 국가 지위를 가지게 됐다. 비록 이것이 사회 발전에 있어 일부 긍정적인 역할을 했을지라도, 사회화의 형태, 즉 남성 권력들 사이의 동맹은 위계적 가부장제가 국가로서의 지위로 발전해가는

2014년 8월 13일, 이라크 쿠르디스탄의 라레쉬Lalesh 난민 캠프. 다에쉬IS로부터 피해온 야즈디 사람들.

데 힘을 주었다. 이것은 진실로 위계적이고 가부장적인 사회로, 여성, 젊은이, 그리고 다른 종족 구성원들을 그 지배 아래 두었다. 이 단계가 국가의 발전 이전에 이루어졌다. 가장 중요한 것은 어떻게 이러한 정복이 성취됐는가다. 이를 행한 권위는 법을 통해서 얻어진 것이 아니며, 신성함을 대체한 세속적인 요구에 바탕을 둔 새로운 도덕을 통해서 얻어졌다.

추상적인 유일신의 종교적 개념이 가부장제 사회의 가치를 반영하며 점차 뚜렷해질 때, 무수히 많은 여신을 섬기던 자연적 사회의 모계제 권위가 이에 저항한다. 모계제 질서에서는 인민들을 살게 하기 위해 노동하고 생산하고 제공하는 것이 기본 규칙이다. 가부장제 도덕이 축적을 정당화하고 소유권의 발달을 용이하게 하는 반면에, 공동체 사회의 도덕은 잉여의 축적을 모든 악의 근원으로 비난하며 나눔을 장려한다. 그러나 이러한 공동체 사회 내부의 조화로움은 점차 악화됐고 긴장은 높아져갔다.

이 갈등에 대한 해법은 과거의 모계제 가치로 돌아가거나 공동체 안팎에서 가부장제 권력을 증가시키는 것, 둘 중에 하나였다. 가부장제 파벌에게 선택은 단 하나였다. 억압과 착취에 토대를 둔 폭력적이고 호전적인 사회의 기초가 세워지게 된 것이다.

이 갈등의 과정을 통해 국가 단계, 즉 영속적인 권력에 토대를 둔 제도화된 권위의 단계가 시작됐다.

위계적 체제 내 여성의 지위와 여성들을 노예로 만든 조건들에 대한 분석 없이는 국가도, 계급 기반의 체제도 이해하는 것이 불가능할 것이다. 여성은 성별로써의 여성이 아닌 모계제 사회의 설립자로서 공격의 대상이 되는 것이다. 여성의 노예화에 대한 철저한 분석과 이를 극복할 조건을 세우지 않고서는 다른 어떤 노예제를 분석하거나 극복하는 것도 가능하지 않다. 이러한 분석 없이는 근본적인 오류들을 피할 수 없을 것이다.

모든 노예제는 가정주부화에
토대를 둔다

위계적 질서의 거대한 약진이 시작된 이래 성차별주의는 권력의 기본 이념이 되어왔다. 이는 계급 분화 및 권력 행사에 긴밀하게 연결되어 있다. 여성의 권위는 잉여 생산물을 바탕에 두지 않으며, 반대로 수태와 생산성에서 나오는 권위를 통해 자신의 사회적 존재를 강화시킨다. 감성적 지성에 강하게 영향을 받는 여성은 공동체의 존재에 긴밀하게 연결되어 있다. 잉여 생산물에 토대를 둔 권력 전쟁에서 여성이 가시적인 자리를 차지하지 않는 이유는 사회적 존재 내 여성의 이러한 위치 때문이다.

우리는 문명화된 사회 내에서 제도화된 특징, 즉 사회가 권력 관계에 치우치는 면을 지적해야 한다. 여성을 재창조하기 위해서 가정주부화housewifisation가 필요했던 것처럼, 권력이 그 존재를 보장하려면 사회가 준비되어야 했다. 가정주부화는 노예제의 가장 오래된 형태다. 길고 포괄적인 투쟁을 통해서 강한 남성과 그의 측근들은 어머니-여성과 여성 문화의 모든 측면에 도전해 승리했다. 성차별주의 사회가 지배하게 되자 가정주부화는 제도로 자리잡았다. 성차별은 여자와 남자 사이의 권력 관계에만 한정된 개념이 아니다. 이것은 모든 사회적 단계들에 퍼져 있는 권력 관계들을 규정하는 것으로, 근대성 내에서 최대치에 다다른 국가 권력을 의미한다.

성차별은 사회에 대해 이중으로 파괴적인 영향을 끼쳤다. 첫째, 성차별은 사회에 노예제를 도입했다. 둘째, 노예화의 모든 형태들은 가정주부화를 토대로 구현됐다. 가정주부화는 개인을 섹스 대상으로 재창조하는 데만 목적이 있는 것이 아니며 생물학적 특징에 따른 결과도 아니다. 가정주부화는 본질적으로 사회적 과정이며 사회 전체를 대상으로 한다. 노예제, 종속, 모욕에 대한 복종, 울음, 습관적 거짓말, 내성적인 성향 및 자기 과시는 모두 널리 받아들여진 가정주부화의 측면들로써 자유 도덕에 의해서 거부되어야 하는 것들이다. 가정주부화는 타락한 사회의 기초며 노예제의 진정한 기초다. 제도화된 가정주부화를 토대로, 오래된 모든 형태의 노예제와 비도덕이 구현됐다. 문명화된 사회는 모든 사회적 범주에서 이 토대를 반영한다. 체제가 운영되려면 사회 전체에서 가정주부화가 일어나야 한다. 권력은 남성성과 동의어다. 그러므로 사회가 가정주부화되는 것은 피할 수 없으며, 이는 권력이 자유와 평등의 원칙을 인정할 수 없기 때문이다. 자유와 평등을 인정한다면 권력은 존재할 수 없었을 것이다. 사회에서 권력과 성차별은 같은 본질을 공유하고 있다.

언급해야 할 또 다른 중요한 점은 젊은이에 대한 종속과 억압이다. 이는 위계적 사회에서 경험 있는 연장자들에 의해 설립된 것이다. 경험은 연장자를 강하게 해주지만, 나이는 그를 약하고 힘없는 존재로 만든다. 따라서 연장자는 젊은이의 도움을 받게 되는데, 이는 젊은이의 마음을 얻음으로써 이루어진다. 가부장제는 이 방식을 통해 어마어마하게 강화된다. 젊은이들의 물리적 힘은 원하는 것은 무엇이든 할 수 있게 한다. 젊은이들의 의존은 지속적으로 영속화되고 심화됐다. 경험과 이념의 우월성은 쉽게 훼손될 수 없는 것이다. 젊은이들은 (그리고 아이들조차도) 여성이 당하는 것과 동일한 전략 전술, 이념적 정치적 선전, 억압 체제에 굴복하고 있다. 여성성과 마찬가지로 청소년기란 물리적인 사실이 아니라 사회적인 사실이다.

이는 명확하게 이해되어야 한다. 첫 번째로 설립된 힘 있는 권위가 여성에 대한 권위인 것은 우연이 아니다. 여성은 억압과 착취 관계를 경험하지 않았던 유기적이고 자연적이고 평등한 사회 권력을 대표한다. 여성이 패배하지 않았다면 가부장제는 승리하지 못했을 것이며, 더 나아가 국가 제도로의 이행도 이루어질 수

2015년 8월 20일, 터키 남동부의 샨리우르파Sanliurfa시에 있는 쿠르드 전사의 어머니들.

없었을 것이다. 그러므로 어머니-여성의 권력을 분쇄하는 것은 전략적으로 중요했다. 그것이 그렇게 험난한 과정이었던 것도 당연하다.

여성이 사회적으로 패배한 과정을 분석하지 않고서는 그 뒤에 이어진 남성 지배 문화의 근본 특징을 적절하게 이해할 수 없다. 남성성의 사회적 형성에 대한 인식조차도 불가능할 것이다. 남성성이 사회적으로 어떻게 형성됐는가에 대한 이해 없이는 국가 제도를 분석할 수 없다. 이뿐 아니라 국가 성립과 관련된 전쟁과 권력 문화도 정확하게 정의할 수 없다. 내가 이 쟁점을 강조하는 이유는 후기 계급 분화의 결과인 섬뜩한 신적 인물들과 그들이 저지른 온갖 형태의 착취와 살인을 폭로할 필요가 있기 때문이다. 여성의 사회적 정복은 지금까지 수행된 것들 중 가장 비열한 반혁명이다.

권력은 국민 국가의 형태에서 최고조에 달한다. 그 힘은 주로 민족주의나 군사주의에서 비롯되지만, 여성을 노동력으로 통합함으로써 보급되고 강화된 성차별주의로부터도 나온다. 민족주의처럼 성차별주의 역시 권력이 형성되고 민족 국가가 건설되는 바탕에 놓인 이념이다. 성차별주의는 생물학적 차이의 기능이 아니다. 지배적인 남성에게 여성은 자신의 야욕 실현을 위해 쓰이는 대상일 뿐이다. 마찬가지로, 여성의 가정주부화가 이루어졌을 때 남성은 남성을 노예로 만드는 과정을 시작했다. 결과적으로 여성의 가정주부화와 남성의 노예화라는, 노예제의 두 형태가 얽히게 됐다.

요약하자면, 여성을 배제하는 운동과 정복자인 전사 남성에 대한 경의를 꾸며내는 운동은 긴밀하게 얽혀 있었다. 제도로서의 국가는 남성에 의해 발명됐고, 약탈과 강탈의 전쟁은 국가가 가진 거의 유일한 생산 양식이다. 생산에 토대를 둔 여성의 사회적 영향력은 전쟁과 강탈에 토대를 둔 남성의 사회적 영향력으로 대체됐다. 여성의 감금과 전사戰士의 사회적 문화는 밀접한 연관이 있다. 전쟁은 생산하지 않는다. 탈취하고 약탈한다. 비록 일정한 특수한 조건에서는 무력이 사회 발전에 결정적일 수 있지만 (예를 들면 자유를 찾는 길은 점령, 침략, 식민주의에 대한 저항을 거쳐서 얻어진다) 대부분은 그렇지 않고 파괴적이고 부정적이다.

사회 안에 체화된 폭력의 문화는 전쟁에 의해 길러진다. 국가 간에 휘두르는 전쟁의 칼과 가정 내에서 휘둘러지는 남자의 손은 모두 헤게모니의 상징이다. 완전한 계급 사회에서는 맨 위층부터 가장 낮은 층까지, 모든 계급이 칼과 손 사이에 놓여 있다.

내가 항상 이해하려고 애써왔던 것은 이것이다. 어떻게 여성이 가졌던 권력이 생산적이지도 않고 창조적이지도 않은 남성의 손아귀에 떨어지는 것이 가능했는가? 그 답은 당연히 무력의 역할이다. 경제가 여성으로부터 빼앗겨졌을 때, 끔찍한 속박은 불가피했다.

두 번째
주요 성적 결렬

가부장제 설립 이후의 1000년(나는 이를 '첫 번째 성적 결렬'이라고 부른다) 만에 여성은 다시 한 번 치명타를 입었고 지금까지도 그로부터 회복하기 위해 분투하고 있다. 즉 일신교를 통한 가부장제의 강화에 대해 말하고 있는 것이다.

자연 사회를 거부하는 정신은 봉건 사회 체제에서 심화됐다. 종교적·철학적 사고가 새로운 사회의 지배적 사고방식을 구성했다. 수메르 사회가 신석기 시대 사회의 가치를 새로운 체제로 종합해낸 것과 마찬가지로, 봉건 사회는 구체제의 억압된 계급 및 벽지에서 저항하던 종족 집단의 도덕적 가치를 자체의 내부 구조로 합성했다. 다신교가 일신교로 발전한 것은 이 과정에서 중요한 역할을 했다.

다신교적 사고의 신화적 특징은 종교적·철학적 개념으로 새롭게 됐다. 새롭게 떠오르는 제국의 힘은 무력한 다수의 신들이 하나의 전능한 보편적 신으로 진화되는 과정에 반영됐다.

일신교에 의해 개발된 여성에 관한 문화가 두 번째 주요한 성적 결렬을 초래했다. 신화시대의 성적 결렬이 문화적 요구 사항이었다면, 유일신 시기의 결렬은 '하느님이 명령하신 율법'이었다. 여성을 열등한 존재로 취급하는 것은 이제 하느님의 거룩한 명령이 됐다. 새로운 종교에서 남성이 갖는 우월성은 예언자 아브라함이 여성인 사라 및 하가와 갖는 관계에 의해 설명된다. 그 시점에 가부장제는 이미 자리가 잡혀 있었다. 축첩은 제도화됐고 일부다처제가 승인됐다. 예언자 모세와 누나인 미리암의 격렬한 관계가 지적하듯이 문화적 유산에서 여성의 몫은 뿌리째 뽑혔다.[9] 선지자 모세의 사회는 여성에게는 어떠한 과업도 주지 않는 그야말로 총체적인 남성 사회였다. 이것이 바로 미리암과의 싸움에 대한 내용이다.

---

9 성서 〈민수기〉 12장의 내용이다. 모세가 광야에서 아내 십보라가 죽고 나서 이디오피아(구스) 여인과 재혼을 하자 누나인 미리암과 형인 아론은 모세를 비방했다. 여호와께서는 모세와 미리암과 아론을 불러서 예언자에게도 위계가 있다는 것을 가르치면서 모세를 비난한 미리암에게 문둥병을 내리셨다. 모세가 여호와께 기도를 드려 미리암의 문둥병이 낫게 됐다. 미리암은 히브리 신생아를 다 죽이라는 애굽의 왕 파라오의 명령을 어기고 갈대 상자에 모세를 넣어서 나일강에 띄운 후 파라오의 딸이 모세를 건질 때까지 지켜본 모세의 생명의 은인이다.(〈출애굽기〉 2장 4절) 또 미리암은 성서의 최초의 여성 선지자다.(〈출애굽기〉 15장 20절) 여호와께서 바다에 파라오의 기병들을 바다에 빠뜨릴 때 미리암이 소구를 들고 나서자 찬양하며 춤을 출 때 여자들이 모든 소구를 들고 나와 미리암을 따라 나와 춤을 추었다.

기원전 1000년이 끝나기 직전에 일어난 히브리 왕국 시대에 우리는 다윗, 솔로몬과 함께 광범위한 가정주부화 문화로의 전환을 보게 된다. 가부장 문화와 종교 국가 문화라는 이중 지배하에서 여성은 아무런 공적 역할을 하지 못한다. 남성이나 가부장제에 가장 잘 따르는 여성이 최고의 여성이 됐다. 종교는 여자를 비방하는 도구가 된다. 근본적으로 여자-이브는 아담을 유혹하고 결과적으로 아담이 낙원에서 추방되는 것을 초래한 최초의 죄 많은 여자였던 것이다. 릴리트는 아담의 신(가부장적 형상)에 순종하지 않고 악령의 수장(종이 되기를 거부하며 아담에게 순종하지 않는 인간적 형상)과 친구가 됐다.[10] 게다가 남성의 갈비뼈로부터 여자가 창조됐다는 수메르인들의 주장이 성서에 들어가게 됐다. 이미 지적했지만 이것은 원본과는 완전히 반대다. 창조자인 여성이 창조된 여성으로 바뀐 것이다. 종교적 전통에서는 여성이 예언자로서 거의 언급되지 않는다. 여성의 섹슈얼리티는 가장 견딜 수 없는 악으로 간주됐고 지속적으로 비방과 모독을 받았다. 수메르와 이집트 사회에서 여성은 여전히 존중 받았지만 이제 여성은 불명예, 죄, 유혹의 표상이 됐다.

---

10 유대 신화에 등장하는 아담의 첫 아내인 릴리트는 성서의 아담의 아내인 이브와 다르다. 이브처럼 아담의 갈비뼈에서 나온 것이 아니라 흙으로 빚어졌다. 히브리어로 릴리트는 '밤의 괴물'을 뜻하며 신은 순종하지 않는 릴리트로부터 아담을 보호하려고 악마로 변하게 한 뒤 낙원에서 추방시켰다. 릴리트는 아담과 낳은 아이를 잡아먹고 회춘했고 홍해에서는 사탄과 관계해 많은 악마들을 낳았다. 이 유대 신화에서 뱀과 사랑을 나누는 요부의 이미지들이 나왔는데 이 중 존 콜리어의 그림 「릴리트Lilith」(1887)가 대표적이다.

예언자 예수의 시대가 오면서 성모 마리아 상이 나타났다. 비록 성모 마리아는 신의 아들의 어머니였지만 이전의 여신성의 흔적은 남아 있지 않았다. (여신이라는 지위도 없이!) 극단적으로 조용하고 흐느끼는 어머니가 어머니-여신의 자리를 대체한 것이다. 추락은 계속된다. 평범한 한 여성이 신에 의해 수태됐다는 것은 아주 역설적이다. 사실은 성부, 성자, 성령의 삼위일체는 다신론과 유일신의 합을 나타낸다. 마리아 또한 신으로 간주되어야 했지만 실상 마리아는 성령의 도구에 불과한 것으로 여겨진다. 이는 신성이 배타적으로 남성적 성격을 지니게 됐음을 가리킨다. 수메르와 이집트의 시기에 신과 여신은 거의 동등했다. 바빌로니아 시기조차도 여신의 목소리는 분명하고 우렁차게 들렸다.

이제 여성은 자신의 집의 안주인이 되는 것을 제외하고는 더는 어떤 사회적 역할도 가지고 있지 않다. 여성이 가진 우선적인 의무는 신화의 시대 이후 그 가치가 크게 증대한 그녀의 남성 자녀들, 즉 '아들-신들'을 돌보는 것이다. 공론장은 여성에게 닫혔다. 기독교의 성스러운 동정녀 마리아의 역할은 죄로부터 구원을 찾기 위해서 은둔 상태로 물러나는 것이다. 최소한 이 성스러운 수도원의 삶에서는 성차별과 비난으로부터 어느 정도 해방될 수 있었다. 지옥 같은 가정이 아닌 이러한 수도원의 삶을 선택하는 데는 그럴 만한 물질적이고 정신적인 이유가 있다. 수도원은 첫 빈민 여성 모임으로 불러도 과하지 않을 것이다. 유대교에서 잘 확립된 일부일처제는 기독교로 넘어가면서 신성화됐다. 이 관행은 유럽 문명의 역사에서 중요한 위치를 차지한다. 부정적인 측면은 여성이 유럽 문명에서 성적 대상으로 취급받는 것인데 이는 가톨릭이 이혼을 허락하지 않기 때문이다.

예언자 무함마드와 이슬람이 도래하자 사막 부족들의 가부장적 문화에서 여성의 지위가 어느 정도 향상됐다. 그러나 본질적으로 이슬람은 아브라함의 문화에 토대를 두고 있었다. 따라서 예언자 무함마드 시대에도 여성은 다윗과 솔로몬의 시대에 가졌던 것과 똑같은 지위를 가질 수밖에 없었다. 그리고 정치적 이유에 따라 여러 번의 결혼과 수많은 첩이 합법화됐다. 비록 이슬람에서 결혼은 4명의 여성으로 제한되어 있더라도, 하렘과 첩들을 소유하는 것이 제도화됐기 때문에 본질적으로 바뀐 것은 없다.

기독교 문화와 무슬림 문화는 모두 성차별 사회를 극복하는 데 정체되어 있다. 여성과 섹슈얼리티 전반에 대한 기독교의 정책들은 근대적 일부일처의 삶이 드러내는 위기 그 이면을 보여준다. 이것이 서구 사회에서 성차별 문화의 위기 뒤에 놓인 실재다.

이 역시 사제들과 수녀들이 요구하는 금욕으로 해결될 수 없다. 여성과 첩의 자리에 있는 많은 여성이 우선적으로 남성에게 성적 만족을 주는 이슬람의 해법도 성공적이지 못했다. 본질적으로 하렘은 특권을 가진 개인의 단독 사용을 위한 사적인 매춘굴이다. 하렘의 성차별적인 사회적 관습과 일부다처제는 중동 사회가 서구보다 뒤처지는 데 결정적인 역할을 했다. 기독교의 성생활 제한은 근대성으로 이끈 요소인 반면, 과다한 성적 충족의 장려는 이슬람을 과거의 부족 사회보다 후퇴시키고 서구의 근대성에 의해 추월당하게 했다.

사회 발전에서 성차별의 영향은 우리가 생각하는 것보다 훨씬 크다. 서구와 동구에의 사회 발전에서 커져가는 차이를 분석하려면 성차별의 역할에 초점을 두어야 한다. 여성의 심각한 노예화와 남성 지배라는 면에서, 이슬람의 성차별에 대한 인식은 서구에서보다 훨씬 더 부정적인 결과를 낳았다.

사회적 노예 상태는 단지 계급적 현상이 아니다. 여기에는 노예를 소유하는 체제 자체보다 더 깊숙하게 숨겨진 굴종의 질서가 있다. 이러한 진실을 완곡하게 하는 것은 그 체제를 심화시키는 데 기여한다. 사회의 근본 패러다임은 시작도 끝도 없는 노예 상태의 체제다.

가족,
왕실 그리고 국가

나는 가부장적 가정과 국가 내 권력 관계들 사이의 치열한 관계에 대해 언급했다. 이것은 더 자세히 살펴봐야 할 부분이다.

왕조 이데올로기의 초석은 가부장제 가족, 부의식父意識 그리고 다산이다. 이는 가부장제에서 정치권력의 이해로 거슬러 가볼 수 있다. 사제는 소위 의미를 부여하고 해석하는 능력을 통해 권력을 수립하는 반면, 강한 남성은 정치권력을 사용함으로써 지도력을 수립했다. 정치력은 지도력이 준수되지 않을 때 무력 사용이 가능하다. 제사장의 힘은 그것을 지키지 않을 때 내려지는 '신의 진노'에 의존하고 있으며, 이는 영적인 힘이기 때문에 자극의 효과가 있다. 반면에 정치권력의 진정한 원천은 강한 남성의 측근인 군사다.

이념으로서의 왕조뿐 아니라 실제상의 왕조 역시 이 체제를 전복시킨 결과로 발전했다. 가부장제 거버넌스는 가부장제 질서 안에 깊게 뿌리를 내리게 됐는데 이는 '경험 많은 노인', 군사 측근을 거느린 '강인한 남성', 그리고 신성한 지도자로서 성직자의 전단계인 샤먼의 동맹이 만들어낸 결과였다.

왕조 체제는 이념과 구조가 분리될 수 없는 통합된 전체로서 이해되어야 한다. 왕조는 부족 체제 내에서 발전됐지만 상류층 관리 가문의 핵심으로 자리매김했고, 그 때문에 부족 제도를 부인했다. 왕조 체제는 매우 엄격한 위계를 가지고 있다. 또한 최초의 지배 계급이며, 권력과 국가의 원형이다. 왕조 체제는 남성과 남성 자녀들에게 의존하기 때문에, 많은 아들을 소유하는 것이 권력을 얻는 데 중요하다. 그 결과가 일부다처제, 하렘 및 축첩 제도다. 권력과 국가의 창조는 왕조의 첫 우선순위다. 더 중요한 것은, 왕조는 자체의 씨족과 부족을 보장하는 최초의 기관이었으며 다른 부족 체제와 마찬가지로 계급 분화와 노예제에 익숙해졌다는 사실이다. 왕조 체제는 중동 문명에서 그 뿌리가 깊어서, 모든 권력과 국가를 왕조 체제로 보아도 무방하다. 권력과 국가가 성장할 기반을 구성하기 때문에, 왕조 체제는 지속적으로 영속화됐고 그것을 극복하는 것은 매우 어렵다.

가족에서 모든 남성은 자신을 작은 왕국의 소유자라고 인식한다. 이 왕조 이념은 가족이 왜 그렇게나 중요한 쟁점인지를 보여준다. 가족에 속하는 여성과 아이들의 수가 많을수록 남성이 얻는 안전과 존엄성이 높아진다. 또한 현재의 가족을 이념적 제도로 분석하는 것 또한 중요하다. 우리가 여성과 가족을 문명 체제, 그 권력과 국가로부터 지워본다면, 그 질서를 구성할 여력은 거의 남아나지 않을 것이다. 그러나 이것의 대가는 강도 낮은 끝없는 전쟁 상태에서, 고통스럽고 가난에 시달리며 무시당하고 패배당한 여성의 존재뿐일 것이다. 역사 내내 여성의 삶과 세계를 밟고 유지되어온 남성 독점은 자본이 사회의 피를 빨아 유지하는 독점 체인과 다르지 않다. 더 중요한 것은, 이것이 가장 오래된 강력한 독점이라는 부분이다. 여성의 존재를 가장 오래된 식민지 현상이라고 평가하면 더 현실적인 결론을 도출할 수 있다. 국가를 형성한 적이 없는 가장 오래된 식민지 인민들, 여성을 이렇게 부르는 것이 더 정확할 것이다.

이러한 사회적 맥락에서 가족은 남성 소유의 작은 국가로 발전했다. 문명의 역사 내내, 제도로서의 가족은 권력과 국가 기구에 인원을 충당하는 것만으로 계속 완성되어갔다. 첫째, 가족은 남성의 이름으로 가족에게 권력을 줌으로써 국가 사회의 줄기 세포가 됐다. 둘째, 여성의 무제한 및 무급 노동이 보장된다. 셋째, 여성은 인구에 대한 요구를 충족시키기 위해 자녀를 양육한다. 넷째, 여성은 사회 전체에 노예제와 부도덕을 퍼뜨리는 본보기가 됐다. 이처럼 구성된 가족은 왕조 이념이 기능을 발휘하는 곳이 된다.

2009년 8월 26일, 터키 반Van. 쿠르드 여성이 능숙하게 전통적인 수공예 카펫을 짜고 있다. 카펫 하나를 완성하는 데는 몇 달이 걸린다.

그러므로 사회적 맥락에서 자유에 대한 가장 중요한 문제는 가족과 결혼이다. 결혼할 때 여성은 실제로 노예가 된다. 결혼만큼 노예화를 현실화하는 다른 기관을 상상하기란 불가능하다. 가장 심각한 노예제들은 결혼 제도에 의해 확립되고 가족 안에서 더욱 굳혀진 것들이다. 여기서 말하고 있는 것은 뿌리 깊은 고전적 결혼과 가족으로, 자유와 평등에 대한 인식에 따라 의미 있는 삶이나 파트너 관계를 공유하는 것과는 다르다. 여성을 절대적으로 소유한다는 것은 여성이 모든 정치적·지적·사회적·경제적 영역들에서 물러나는 것을 의미한다. 이것은 쉽게 회복될 수 없다. 따라서 가정과 결혼을 근본적으로 검토하고 민주주의, 자유 및 성평등을 목표로 삼는 공통 지침을 개발할 필요가 있다. 개인적·성적 요구와 전통적인 가족 개념에서 비롯된 결혼이나 관계는 자유로운 생활로 가는 길에서 가장 위험한 일탈을 유발할 수 있다. 우리가 필요로 하는 것은 이러한 결합이 아니라, 사회 전반에 걸쳐 성 평등과 민주주의를 달성하고 적절한 공동의 삶을 형성하려는 의지다. 이는 그러한 파괴적인 결합을 키우는 사고방식과 정치 환경을 분석하는 것으로만 가능하다.

오늘날의 중동 사회에서 매우 강력하게 남아 있는 왕조와 가족 문화는 중동이 가진 문제들의 주요 원인 중 하나다. 국가 권력 내 권력과 야심을 차지하기 위해 과도한 인구 증가를 초래했기 때문이다. 여성의 격하, 불평등, 교육받지 않은 어린이, 가족 간의 충돌 및 명예 문제는 모두 가족 쟁점과 관련된다. 마치 권력과 국가가 가지고 있는 총체적 문제들이 가족 안에서 작은 모델을 가지고 있는 것과 같다. 따라서 권력, 국가, 계급 및 사회를 분석하려면 가족을 분석하는 것이 필수다.

국가 및 권력의 중심은 가족 내 아버지-남성에게 그 권위의 사본을 주었고 그 역할을 하게 만들었다. 따라서 가족은 독점을 정당화하기 위한 가장 중요한 도구가 됐다. 그리고 노예, 농노, 노동자, 군인 그리고 지배와 자본주의의 고리가 요구하는 다른 모든 봉사의 제공자를 낳는 원천이 됐다. 이것이 가족을 그토록 중요하게 여기고 신성화한 이유다. 여성의 노동은 자본주의의 고리를 위한 가장 중요한 수익원이지만, 가족에게 더 많은 부담을 줌으로써 이 사실을 숨겼다. 가족은 체제의 보험으로 바뀌었고 따라서 필연적으로 영속될 것이다.

가족에 대한 비판은 절대적으로 필요하다. 과거의 가부장제와 국가 사회에서 나온 잔존물과 현대 서구 문명의 양상은 중동에서 종합이 아닌 교착 상태를 낳았다. 가족 내에서 만들어지는 병목 현상은 국가 내에서 발생하는 병목보다 훨씬 더 얽혀 있다. 빠르게 분해돼가는 다른 사회적 연대와 달리 가족이 계속 그 힘을 유지하는 이유는, 유일하게 이용할 수 있는 사회적 보호소가 가족이기 때문이다. 우리는 가족을 평가절하해서는 안 된다. 올바르게 분석되기만 한다면 가족은 민주 사회의 대들보가 될 수 있다. 여성뿐 아니라 온 가족이 권력의 줄기 세포로 분석되어야 한다. 그렇지 않다면 민주적 문명의 이상과 구현에서 가장 중요한 요소를 빠뜨린 채 남겨지게 될 것이다.

가족은 전복되어야 하는 사회 기관이 아니다. 그러나 가족은 변형되어야 한다. 위계적 사회로부터 물려받은 여성과 어린이에 대한 소유권 주장은 버려야 한다. 부부 관계에서 (모든 형태의) 자본과 권력 관계는 사라져야 한다. 이 제도를 유지하기 위한 동기 부여로써의 아동 양육은 폐지되어야 한다. 남성과 여성의 결합에 대한 이상적인 접근 방식은 자유 철학에 토대를 둔 것으로 도덕적·정치적 사회에 기여한다. 이런 틀 내에서 변형된 가족은 민주주의 문명에 대한 가장 강한 확신과 그 질서 안의 근본 관계 중 하나가 될 것이다. 자연적 교우 관계가 공식적인 파트너 관계보다 중요하다. 파트너는 항상 상대방이 혼자 살 권리를 받아들여야 한다. 누구도 관계에서 노예적이거나 분별없는 방식으로 행동해서는 안 된다.

분명히, 가족은 민주 문명 동안 가장 의미 있는 변형을 경험하게 될 것이다. 권력과 존경을 상당 부분 빼앗긴 여성이 이를 다시 회복하지 못한다면 가족의 화합은 의미 있게 발전할 수 없다. 무지로 이루어진 가족은 존중받을 수 없다. 민주 문명의 건설에서 가족의 역할은 절대적으로 필요하다.

쿠르드 사회에서
여성의 상황

지금까지, 나는 성차별주의 사회의 일반적인 특징을 몇 가지 설명했다. 이 분석을 쿠르드 여성의 특수한 조건에 대한 몇 가지 소견을 덧붙여 결론짓겠다.

(기원전 2000년 중) 수메르에서 히타이트 문명으로의 이행은 최초의 쿠르드인들이 부족적 존재로서의 정체성을 강화하게 만들었다. 덜 성숙된 국가 의식으로는 절멸할 수도 있었기에 그들이 반유목민, 반게릴라 생활 방식을 선호한 것으로 보인다. 주변에 점점 더 많은 국가들이 세워지면서, 그들은 부족 구조를 강화해야 할 필요성을 느꼈다. 쿠르드 부족주의는 게릴라 그룹의 생활 방식과 닮아 있다. 부족 조직 내의 가족을 면밀히 살펴보면 탁월한 모계제와 자유가 발견된다. 여성들은 매우 영향력 있고 자유

2013년 6월 2일, 이라크 쿠르디스탄 내 깐딜 산악 지대의 PKK 병사들.

롭게 생활한다. 오늘날의 쿠르드 여성들의 각성, 힘 그리고 용기
는 아주 오래된 이 역사적 전통에서 시작된다. 하지만 부족 생활
의 부정적 측면이라면 보다 발전된 사회로 전환될 기회가 제한된
다는 것이다.

중동 사람들 중에서 쿠르드가 가장 잘 발달된 자유의 감각을
가지고 있다는 것은 우연이 아니다. 이는 쿠르드의 역사 발전 과
정에서 찾아볼 수 있다. 쿠르드는 지배와 착취 계급이 장기간 부
재했고, 있어도 지역 사회에 대한 긍정적인 가치를 창출하는 것에
무능력했던 데다가, 역사 내내 쿠르드 지역의 자연과 외국의 침입

에 맞서 싸워야 했다는 사실 모두가 이러한 특성을 발전시키는데 기여했다. 이 같은 역사적 현실 덕에 쿠르드 사회에서는 여성이 다른 중동 사회보다 더 두드러지게 된 것이다.

하지만 현재 쿠르드 사회에서 여성의 상황은 철저히 분석해봐야 한다. 전 세계 여성들의 상황도 나쁘지만, 쿠르드 여성들의 상황은 끔찍한 노예제와 다를 바 없으며 여러 면에서 독특하다. 여성과 어린이의 상태는 둘 다 소름이 돋을 정도로 좋지 않다.

쿠르디스탄에서 가족은 신성한 것으로 여겨지지만 부족한 자유, 경제적 무능력, 교육의 결여와 건강 문제로 인해 파괴돼왔다. 이른바 명예 살인이라고 하는 현상은 사회 일반에 일어난 일에 대한 상징적인 보복과 다를 바 없다. 사회적 명예 훼손에 대한 대가를 여성들이 치러야 하는 것이다. 남성성의 상실은 여성의 탓으로 돌려진다. 도덕적·정치적 힘을 모두 잃은 쿠르드 남성에게 자신의 힘이나 무력감을 증명할 곳이 여성의 명예를 제외하고는 없다.

현 상황에서는 사회의 일반 민주주의가 존재한다면 가정 위기를 해결하는 것이 가능할 수도 있다. 모국어로 교육을 하고 방송한다면 정체성 장애의 일부는 해소할 수 있다. 자본주의가 무자비하게 포위해 들어오면서 삶을 완전한 감옥으로 만들었을 때 결혼과 남편, 아내, 자녀들 간의 관계는 예전의 봉건 관계를 넘어서지 못했다.

쿠르드 민족의 자유를 위한 투쟁에서 PKK는 식민주의의 치명적인 영향에 맞서 싸우는 데 그치지 않는다. 오히려 다른 무엇보다 여성의 지위를 변화시키고 사회 전반의 노예화를 끝내기 위해 내부의 봉건제에 맞서 싸웠다. 여성들은 식민주의에 대한 저항뿐 아니라 내부 봉건제를 끝내고 자유를 요구하기 위한 수많은 투쟁에 매료됐다. 그 결과 1980년대 이래로 쿠르드 여성들은 조직 안 팎에서 여성 운동을 조직하고, 여성으로서의 자신들뿐 아니라 사회 전반에 관련된 결정을 받아들이고 실행하는 주체로 서게 됐다. 나는 이론적으로나 실천적으로나 할 수 있는 어떤 방식으로든 그들을 지원하려고 노력해왔다.

자본주의

자본주의에 대해 현실적인 정의를 내릴 때는 자본주의를 일방적인 생각과 행동에서 나오는 상수로 제시해서는 안 된다. 자본주의는 본질적으로 기회주의적 개인들과 집단의 행동이 만들어낸 결과다. 이들은 잉여 생산의 가능성이 발전하는 과정에 사회 내 구멍과 균열에 자리매김했으며, 이들의 행동은 그들이 사회적 잉여를 조금씩 갉아먹으면서 체계화됐다.

이러한 개인과 집단은 사회의 1~2%를 넘지 않는다. 그들의 힘은 기회주의와 조직화 기술에 있으며, 그들의 승리는 조직화의 기술뿐 아니라 필수품에 대한 통제와 수요, 공급이 교차하는 지점에서의 가격 변동 등에도 달려 있다. 공적인 사회 세력은 그들을 억압하는 대신에 그들의 이익을 빌리고 그 대가로 그들을 지속적으로 지원한다. 공적 사회 세력이 그들을 억압하지 않는다면 모든 사회의 주변부에 존재하는 이 집단은 사회의 새로운 주인으로 합법화될 수 있다. 문명의 역사를 통틀어, 특히 중동 사회에서 이 중개 폭리자라는 주변 집단은 항상 존재해왔다. 그러나 그들에 대한 사회의 증오 때문에 그들은 자신들이 살았던 틈새를 벗어나 양지로 나올 용기가 결코 없었다. 가장 독재적인 행정관조차 이 집단을 합법화할 정도의 용기는 없다. 그들은 경멸당했을 뿐 아니라 가장 위험한 부패 권력으로 여겨졌고, 그들의 윤리는 모든 악의 근원으로 간주됐다. 실제로 400년간 서유럽에서 비롯된 유례없는 전쟁, 약탈, 학살 및 착취의 물결은 대부분 자본주의 체제 헤게모니의 결과다. (하지만 가장 큰 반대 투쟁 역시 서유럽에서 일어났으므로 인류에 대한 완전한 손실로 간주될 수는 없다.)

자본주의와 국민 국가는 지배적인 남성을 가장 제도화된 형태로 대표한다. 자본주의 사회는 착취적인 구舊사회들 모두의 지속적 형태이자 절정 그 자체다. 자본주의 사회는 사회와 여성에 대한 지속적인 전쟁이다. 간결하게 말하자면, 자본주의와 국민 국가는 폭군이며 착취하는 남성의 독점이다.

이 독점주의를 무너뜨리는 것은 아마도 원자를 분해하는 것보다 더 어려울 것이다. 자본주의 근대성의 이념적 헤게모니가 갖고 있는 주요 목표는 그 개념과 본질에 관한 역사적·사회적 사실의 흔적을 모두 지우는 것이다. 이것은 자본주의 경제 및 사회 형태가 사회적·역사적인 필요로 만들어진 것이 아니라 복잡한 과정을 통해 구축되고 주조된 것이기 때문이다. 종교와 철학은 국가주의의 신성神性인 민족주의로 변형됐다. 이념 전쟁의 궁극적인 목표는 생각을 독점하는 것이다. 이를 달성하기 위한 주요 무기가 바로 광신, 성차별, 실증주의 종교로서의 과학주의다. 이념적 헤게모니가 없으면 정치적·군사적 억압만으로는 근대성을 유지하는 것이 불가능할 것이다. 자본주의는 사회 인식을 통제하고자 할 때는 광신을 이용하고, 자본주의를 중심으로 일어난 현상인 계급들과 시민 자질을 통제하고자 할 때는 민족주의를 이용한다. 성차별의 목적은 변화에 대한 여성의 희망을 거부하는 것이다. 성차별주의 이념이 가장 효과적으로 기능을 발휘하는 방법은 남성을 권력 관계의 함정에 빠져들게 하는 것이며, 여성을 끊임없는 강간으로 무능력하게 하는 것이다. 또한 자본주의는 실증주의적 과학주의를 통해 학계와 젊은이들을 무력화시킨다. 그들에게 체제와 통합하는 수밖에 다른 방법은 없다는 것을 확신시키고, 양보의 대가로 이 통합이 보장된다.

모든 억압적이고 착취적인 사회 체제와 마찬가지로, 자본주의는 국가 설립 없이는 도래할 수 없었다. 봉건 제도의 교조주의는 종교적 성격을 지녔지만, 낡은 노예제 사회의 교조주의는 신화적 성격을 지녔다. 왕과 왕조에서는 하나의 신이 구현됐지만, 오늘날 신은 고귀한 존재인 국가 안에 있는 보이지 않는 힘으로 제시된다.

2015년 3월 8일, 프랑스 마르세유. 세계 여성의 날에 쿠르드 여성이 시위를 하고 있다.

　체제로 자리매김할 수 있는 기회가 보이자 자본주의는 어머니-여성 문화에 토대를 둔 모든 사회를 제거함으로써 체제화 과정을 시작했다. 초기 근대성의 시기에는 여전히 스스로를 유지하려고 노력하던 여성 사회성의 힘은 마녀 사냥꾼에 의해 화형에 처해졌다. 이 화형식은 여성을 철저히 노예화함으로써 여성에 대한 헤게모니를 확립하는 데 매우 유용한 도구였다. 이처럼 자본주의가 시작될 때 여성들을 화형시킨 것은 오늘날 체제가 여성을 마음대로 할 수 있는 부분적인 이유이기도 하다. 불길에 대한 공포는 유럽의 여성들을 총체적으로 남성의 노예 상태에 놓이게 했다.

　여성들을 제거한 후, 체제는 농민 마을 사회를 무자비하게 파괴했다. 사회에 공동체 민주주의적 성격이 존재하는 한 자본주의는 최대 권력과 이익을 얻을 수 없었다. 따라서 이런 종류의 사회성은 필연적으로 표적이 됐다. 이런 식으로, 가장 오래된 노예인 여성에 대한 완전한 덫은 다른 모든 노예 생활 즉 아이들과 남성의 노예 생활의 표본이 됐다.

자본주의 체제의 헤게모니를 유지하는 데 중요한 역할을 하는 것은 정치 및 군사력이다. 그러나 더 결정적인 역할은 문화 산업이 담당하는데 사회를 소유한 후 마비시키는 것이다. 체계의 영향하에 있는 공동체는 그 심적 상태가 약해지고 그 구성원들을 속이는 것 또한 쉽다. 많은 철학자들이 이 사회가 동물원처럼 구경거리가 가득한 사회로 전락했다고 말하고 있다. 섹스, 스포츠, 예술 및 문화 산업은 서로 결합한 후 다양한 광고를 이용해 정서적이고 분석적인 지성을 끊임없이 폭격한다. 결과적으로 정서적·분석적 지성이 그 기능을 완전히 상실하게 됐다. 사회의 정신 능력에 대한 정복이 완료된 것이다.

자본주의의 체제의 중대한 관심사는 이렇게 결합된 문화 및 성산업에 의한 포로 생활을 자발적으로 수용하게 하는 것이며, 이에 더해 이를 자유의 분출이라고 인식하게 만드는 것이다. 이것은 지배자가 가지고 있는 가장 강력한 기반이자 정당화의 도구다. 문화 산업의 도움이 있어야만 자본주의는 제국 단계에 도달할 수 있다. 그러므로 문화적 헤게모니와의 투쟁은 가장 어려운 투쟁,

즉 정신 투쟁을 요구한다. 자본주의 체제는 침략, 동화 및 산업화를 통해 문화 전쟁을 수행하고 있으며 우리는 이에 대항하는 반대 투쟁의 본질과 형태를 개발하고 조직해야 한다. 이 같은 활동 전에는 자유와 평등과 민주주의를 위한 단 하나의 투쟁도 성공할 기회조차 가질 수 없다.

자본주의 근대성은 사랑에 대한 부정을 토대로 하는 체제다. 자본주의는 사회를 부정하고, 제한되지 않은 개인주의를 장려하며, 모든 영역에서 성차별을 벌인다. 그리고 돈을 신성화하며 신을 국민 국가로 대체하고, 여성을 임금을 전혀 또는 거의 받지 않는 자동인형으로 바꾼다. 이는 바로 자본주의에 사랑에 대한 물적 근거 또한 없음을 의미한다.

경제

경제는 일반 사람들은 이해할 수 없는 주제가 됐다. 평이한 현실을 위장하기 위해서 의도적으로 복잡하게 만들어진 것이다. 경제는 이데올로기와 폭력의 뒤를 잇는 세 번째 힘으로서, 이를 통해 여성이, 그리고 결과적으로 사회 전체가 포로의 처지가 되어 경제에 의존하는 상황을 받아들이게 됐다. *경제*란 '집안'을 의미하며, 내가 추후 논의하려고 하는 사회의 다른 근본 분야들과 함께 본래 여성의 영역이다.

여성의 질서에도 축적이 있었지만 그것은 상인이나 시장을 위한 것이 아니라 가족을 위한 것이었다. 이것이 인도주의적 실물경제의 내용이다. 선물 문화가 광범위하게 퍼져 있었기 때문에 축적이 위험이 될 가능성은 적었다. 선물 문화는 경제적 활동의 중요한 형태며, 인간 발달의 과정과도 박자를 맞춘다.

여성이 일반적으로는 문명의 역사에서, 특히 자본주의 근대성으로부터 축출되면서 권력을 가진 남성은 경제의 기능을 왜곡해 이를 문제덩어리로 만들 기회를 잡았다. 이를 수행한 것은 경제와 유기적인 연관이 없는 사람들인데 이들이 이윤과 권력에 대한 과도한 욕구를 가지고 있었기 때문이다. 그래서 그들은 모든 경제 세력, 특히 여성을 자신의 통제하에 두었다. 그 결과 권력과 국가의 힘은 사회에서 종양처럼 지나치게 성장했으며 더는 지속되거나 유지될 수 없는 지경에 이르렀다.

경제 문제는 여성이 경제에서 축출되면서 시작된다. 본질적으로, 경제는 양육과 관련된 모든 것이다. 이상하게 들릴 수도 있겠으나, 여성을 황폐화시키고 식민지화하려는 모든 시도에도 불구하고 나는 여성이 경제의 진정한 창조자라고 여전히 믿는다. 경제에 대해서 철저하게 분석한다면, 여성이 경제적으로 가장 근본적인 힘이라는 것을 보게 될 것이다. 이것은 농업 혁명에서 여성의 역할, 그리고 여성이 수백만 년간 식물을 채집해온 것을 고려해보면 명확해진다. 오늘날, 여자는 가정 내에서뿐 아니라 경제생활의 많은 분야에서도 일하고 있다. 바로 여성이 사회가 굴러가도록 유지해주는 존재인 것이다. 경제의 창조자를 뽑는 줄이 있다면 노예, 농노 및 노동자로 분류될 수 있는 사람들은 여성의 뒤를 이어 두 번째에 서게 될 것이다. 그들은 문명화 세력이 잉여 생산물과 가치를 취할 수 있도록, 지속적이고 잔인한 통제하에 놓여 있다. 그리고 경제의 창조자의 이름을 받을 세 번째 줄에 있는 무리는 모든 장인들, 소상인-소매상, 소규모 지주-소농들이다. 이들은 일반적으로 조금 더 자유롭다. 이 범주에는 예술가, 건축가, 엔지니어, 의사 및 기타 모든 자영업자를 더할 수 있다. 이로써 경제를 창조하고 구성하는 사람들의 그림이 어느 정도 완성된다.

여성에게 가장 잔인한 시기는 자본주의 문명의 과정에서 경제로부터 축출됐을 때였다. 이로 인해 여성은 경제권을 빼앗긴 상태가 됐으며, 이는 가장 두드러지고 심오한 사회적 역설이 됐다. 전체 여성 인구가 '실업' 상태가 된 것이다. 가사 노동은 가장 힘든 일이라고 할 수 있음에도 가치 없는 일로 간주된다. 출산과 육아는 가장 혹독한 일이지만 가치 있게 여겨지지 않을 때가 많으며 오히려 종종 귀찮은 것으로 간주된다. 여성은 구매하기에 값이 싸고 운용하기에 비용이 들지 않는 무직자이며, 출산 및 육아 기계일 뿐이다. 또한 잘못된 모든 것에 대한 죄책감을 짊어지는 희생양으로도 이용된다. 문명의 역사를 통틀어, 여자는 사회의 가장 밑바닥에 배치된 채 무급으로 가사 노동을 하고, 아이들을 기르고, 가족을 유지시킨다. 이 같은 의무들은 자본주의적 축적의 실제 토대를 형성한다. 실제로 다른 어떤 사회도 자본주의가 가지고 있는 정도까지 여성에 대한 착취를 개발하고 체계화할 수 있는 권한을 갖고 있지 않다.

자본주의 시기 동안 여성은 자유와 민주주의를 빼앗긴 채, 기본 수준을 넘어선 모든 수준에서 불평등의 표적이었다. 더욱이, 성차별주의가 사회의 권력으로 너무도 깊이 구현되어 여성은 성 산업의 객체이자 주체가 되어버렸다. 남성 지배 사회는 자본주의 문명에서 절정에 이르렀다.

여성과 경제는 서로 얽혀 있는 구성 요소다. 여자는 근본적인 필요에 의해서만 경제를 창출한다. 그렇기 때문에 여성이 주도하는 경제는 절대로 불경기를 경험하지 않고 환경 오염을 일으키지 않으며 기후에 위협을 가하지도 않는다. 이익을 위한 생산을 멈춘다면 우리는 세상의 해방을 이룰 것이다. 그리고 이것은 뒤이어 인류와 삶 자체의 해방이 될 것이다.

지배적인 남성 죽이기:
지배적인 남성에 대항하는
세 번째 성적 결렬의 설립

남성의 지배는 잘 제도화됐지만 남성 또한 노예가 됐다. 이 체제는 개별 남성과 여성 그리고 그들의 관계 안에서 스스로를 재생산한다. 그러므로 우리가 이 체제를 무너뜨리고자 한다면 여성, 남성 그리고 그들의 관계에 대한 급진적이고 새로운 접근이 필요하다.

어떤 면에서 역사는 계급화된 사회의 부상과 함께 권력을 얻은 지배적인 남성의 역사다. 지배 계급의 성격은 지배적인 남성의 성격과 동시에 형성된다. 다시 한 번, 지배는 신화적인 거짓과 신성한 형벌을 통해 정당화된다. 이 가면 바로 뒤에는 민낯의 권력과 거친 착취라는 현실이 있다. 남성은 명예라는 이름하에 가장 교활하고 배반적이고 독재적인 방식으로 여성의 지위와 권리를 강탈했다. 역사 내내 여성이 남성의 손아귀에서 (영원한 포로로서) 정체성과 인격을 빼앗겼다는 사실은 계급 분열보다 훨씬 더 많은 피해를 초래했다. 여성의 유수幽囚는 사회 전반의 노예화 및 쇠퇴에 대한 척도이자 거짓말, 도둑질 및 폭압의 척도다. 그런 만큼 사회의 지배적 남성 인물은 여성과 관련된 현상에 대한 과학적 분석을 현재까지도 허용하지 않고 있다.

여자와 관련해서 남성은 왜 그렇게 질투하고, 지배적이며, 비열한 것일까? 이것이 근본 질문이다. 왜 남자는 계속 강간자의 역할을 하는가? 의심할 여지없이 강간과 지배는 사회적 착취와 관련된 현상으로 계급, 가부장제 및 권력에 의한 사회의 강간을 반영한다. 조금 더 깊게 보면 우리는 이 행위들이 삶의 배반을 표현한다는 것을 알게 된다. 삶에 대한 여성의 다면적 헌신을 보면 남성의 사회적으로 성차별적인 입장이 분명하게 드러난다. 사회적 성차별주의는 삶의 부유함이 성차별의 맹목적이고 소모적인 영향 하에서 상실되고 그에 따라 분노, 강간 그리고 지배적인 태도가 부상했음을 의미한다.

이것이 남성의 문제를 의제에 두는 것이 중요한 이유다. 남성 문제는 여성 문제보다 훨씬 심각하다. 지배와 권력의 개념, 즉 남자와 관련된 개념들을 분석하는 것이 아마 더 어려울 것이다. 변하기를 꺼리는 것은 여성이 아니라 남성이다. 남성은 지배적인 남성 인물의 역할을 포기하면 국가를 잃은 군주의 처지가 될까 봐 두려

위한다. 그들은 지배의 공허한 형태가 그에게서 자유를 빼앗을 뿐 아니라 더 나쁘게는 개혁을 방해한다는 사실을 알아야만 한다.

의미 있는 삶을 살려면 사회적 삶에서의 여성과 그들의 역할을 정의해야 한다. 이것은 여성의 생물학적 속성과 사회적 지위에 대한 설명이 아니라 존재로서의 여성이라는 그 중요한 개념에 대한 분석이어야 한다. 여성을 정의할 수 있다면 남성 또한 정의할 수 있을 것이다. 여성이나 삶을 정의할 때 남성을 출발점으로 삼는다면 그 해석은 무효가 될 것이다. 이는 여성의 자연적 존재가 남성보다 더 중심이 되기 때문이다. 남성 지배 사회에 의해 여성의 지위가 손상되고 그 중요성을 박탈당했으나, 이것이 여성을 올바르게 이해하는 데 방해가 되어서는 안 된다.

여성의 체격이 빈약하거나 열등하지 않다는 것은 분명하다. 오히려 여성의 몸은 남성의 몸보다 더 중심이 된다. 이것이 남자의 극단적이고 무의미한 질투의 근원이다.

서로 다른 신체의 자연스러운 결과로, 여성의 감성 지능은 남성의 감성 지능보다 훨씬 강해졌다. 감성 지능은 삶과 연결되어 있는 것으로, 공감과 동정심을 다스리는 지능이다. 여성의 분석적 지능이 발달할 때도 여성의 정서적 지능은 유지된다. 그리고 이 지능이 여성에게 균형 잡힌 삶을 살고 삶에 헌신하며 파괴적이지 않게 하는 재능을 부여한다.

이 짧은 논의에서도 볼 수 있듯이, 인간은 하나의 체계다. 남성

2014년 5월 14일. 터키 시이트Siirt에서 BDP의 귈탄 키샤나크가 선거 유세를 하고 있다. 이 선거의 승리로 귈탄 키샤나크는 디야르바키르의 첫 여성 시장이 되었으나, 2016년 10월 25일 터키 당국에 의해서 PKK와의 연루 혐의로 체포되었고 230년의 징역을 선고받았다.

은 국가가 됐고 이를 지배적인 문화로 만들었다. 계급과 성적 억압은 함께 발전하며 남성성은 지배하는 성, 지배 계급 및 지배 국가를 창출했다. 이런 맥락에서 남성을 분석해보면 남성성은 반드시 죽어야 한다는 것이 분명해진다.

실제로 지배적인 남성을 죽이는 것이 사회주의의 기본 원칙이다. 이것은 바로 권력을 죽인다는 것을 의미한다. 일방적인 지배, 불평등, 편협, 더 나아가 파시즘, 독재 및 전제 정치를 죽이는 것이다. 우리는 지배적인 남성을 죽인다는 개념을 확장해 앞서 언급한 모든 측면을 포함해야 한다.

남성의 정신력과 삶을 변화시킬 급진적인 여성의 혁명 없이는 삶을 자유롭게 할 수 없다. 우리가 남성과 삶, 삶과 여성 사이에 평화를 이룰 수 없다면 행복은 그저 헛된 희망이 되고 만다. 젠더 혁명은 단지 여성에 관한 것만이 아니라 여성보다 남성을 더 악화시킨, 계급 기반 사회의 5000년 된 문명에 관한 것이다. 따라서 이 젠더 혁명은 동시에 인간의 해방을 의미할 것이다.

나는 종종 '완전한 이혼', 즉 5000년 된 남성 지배의 문화와 이혼할 수 있는 능력에 관해 썼다. 오늘날 우리가 알고 있는 여성과 남성의 성 정체성은 생물학적 여성 및 남성보다 훨씬 더 늦게 형성된 구조물이다. 이렇게 구성된 성 정체성에 따라 여성은 수천년간 착취당했으며 노동에 대한 인정도 결코 받지 못했다. 남성은 여성을 언제나 아내, 자매 또는 연인으로 보는 것을 극복해야 한다. 이것은 전통과 근대성에 의해 위조된 고정 관념이다.

국가 문제를 먼저 다룬 후에 가족 문제를 다뤄야 한다는 주장은 옳지 않다. 어떠한 심각한 사회 문제라도 고립되어 다뤄지면 이해될 수 없다. 훨씬 더 효과적인 방법은 전체 안에서 모든 것을 보고 다른 질문과의 관계 내에서 각각의 질문에 의미를 부여하는 것이다. 이 방법은 우리가 문제를 해결하고자 할 때도 유효하다. 국가에 대한 분석 없이 사회의 심적 상태를 분석하고, 가족을 분석하지 않고 국가를 분석하고, 남성을 분석하지 않고 여성을 분석하는 것은 충분한 결과를 낼 수 없다. 우리는 이러한 사회적 현상을 통합된 전체로 분석할 필요가 있다. 그렇지 않다면 우리는 부적절한 해법에 도달할 것이다.

중동의 모든 사회 문제에 대한 해법은 여성의 지위를 그 중심에 두어야 한다. 우리 앞에 놓인 시기는 세 번째로 큰 성적인 결렬을 현실화시키는 것을 근본 목표로 삼는다. 이번에는 남성에 대항하는 성적 결렬이 될 것이다. 성 평등이 없는 자유와 평등에 대한 요구는 의미가 있을 수 없다.

성 평등을 달성하지 않으면 자유와 평등 또한 실현될 수 없다. 민주화의 가장 영속적이고 포괄적인 요소는 여성의 자유다. 사회 체제는 해결되지 않은 여성 문제 때문에 가장 취약한 상황에 놓여 있다. 처음에는 자산이 됐다가 오늘날에는 완전히, 몸과 혼까지도 상품이 돼버린 여성이라는 문제 말이다. 노동 계급이 한때 맡았던 역할을 이제는 여성의 자매가 맡아야 한다. 그래서 계급을 분석하기에 앞서 우리는 여성의 자매결연을 분석할 수 있어야 한다. 이는 우리가 계급 및 국적 문제에 대해 보다 명확하게 이해할 수 있도록 할 것이다. 남편, 아버지, 애인, 형제, 친구 및 아들에게 존재하는 노예화의 감정, 필요, 욕망이 모두 제거되는 경우에만 여성의 진정한 자유는 실현될 것이다. 가장 깊은 사랑은 소유, 즉 가장 위험한 유대를 구성한다. 남성 지배적인 세계에 의해 생성된 여성 관련 사상, 종교 및 예술 형태에 대한 엄격한 비판을 수행할 수 없다면, 자유로운 여성이 갖는 특성들이 무엇인지 분별할 수 없을 것이다.

어떤 사회가 일반적인 자유와 평등을 얻었다고 해서 여성의 자유가 당연해지는 것은 아니다. 별도의 분명한 조직이 필수적으로 있어야 하며, 여성의 자유는 하나의 현상으로 인정되고 그 개념의 정의定義와 동등한 규모로 취급 받아야 한다. 물론 일반 민주화 운동이 여성들을 위한 기회를 제시할 수도 있다. 그러나 그로 인해 저절로 민주주의가 일어나지는 않을 것이다. 여성들은 스스로의 민주적 목표를 결정하고 그것을 실현하기 위한 조직과 노력을 시작해야 한다. 이를 달성하려면, 여성이 자기 안에 각인된 노예제에서 벗어나기 위한, 자유에 대한 특별한 정의定義가 필수적이다.

여성학,
지니올로지

학문의 주체와 대상에서 여성들이 배제된 것은 우리에게 근본 대안을 찾을 것을 요구한다.

가장 우선해야 하는 것은, 남성의 권력에 굶주린 횡포한 사고방식에 맞서서 어떻게 이념 분야에서 승리를 쟁취하고, 자유주의적이고 자연스러운 사고방식을 창조할 것인지를 아는 것이다. 전통적인 여성의 종속은 물리적인 것이 아니라 사회적이라는 것을 항상 명심해야 한다. 이는 뿌리 깊은 노예제 때문이다. 그러므로 가장 긴급하게 필요한 것은 이념적 영역 내에서 종속적 사고와 종속적 감정을 정복하는 것이다.

여성의 자유를 위한 싸움이 정치적 영역으로 나아가고 있다. 여성은 정치적 영역이 투쟁에서 가장 어려운 부분이라는 것을 알아야 한다. 정치적 성공 없이는 다른 성취들도 영속화될 수 없다. 여성의 정치적 성공은 여성의 국가 운동 착수를 필요로 하지 않는다.

오히려, 그것은 국가주의와 위계적 구조와의 투쟁을 필요로 한다. 또한 민주적이며 성 평등적이고 환경 친화적인 사회, 국가가 중추적인 요소를 차지하지 않는 사회를 성취하기 위한 정치적 구성을 만들 것을 요구한다. 위계적 구조와 국가주의는 여성의 본성과 쉽게 호환되지 않기 때문에 여성의 자유를 위한 운동은 반위계적이고 비정치적인 정치를 구성하기 위해 노력해야만 한다. 정치적 영역의 조직 개혁이 성공적으로 달성될 수 있을 때만 이 영역에서 노예제가 붕괴될 수 있다. 정치적 투쟁은 포괄적이고 민주적인 여성 조직과 투쟁을 필요로 한다. 시민 사회의 모든 구성 요소, 인권, 지방 거버넌스 및 민주적 투쟁이 조직되고 발전되어야 한다. 여성의 자유와 평등은 사회주의와 함께 포괄적이고 성공적인 민주적 투쟁을 진행해야만 성취될 수 있다. 민주주의가 성취되지 않는다면 자유와 평등 또한 성취되지 못한다.

경제적·사회적 평등과 관련된 문제들 역시 정치권력에 대한 분석과 이의 민주화를 통해 성공적으로 해결될 수 있다. 말뿐인 법적 평등은 민주적인 정치가 없는 한 아무 의미도 없으며, 자유를 성취하는 데도 아무런 기여를 하지 못한다. 여성을 지배하고 정복하는 소유와 권력 관계가 전복되지 않으면 여성과 남성 간의

2013년 4월 25일, 이라크 깐딜의 PKK 캠프

자유로운 관계도 성취될 수 없다.

페미니스트 투쟁에는 중요한 측면들이 많이 있다. 하지만 서구가 정한 민주주의의 한계를 깨기까지 페미니스트 투쟁이 나아가야 할 길은 여전히 멀기만 하다. 또한 이 투쟁은 자본주의적 삶의 방식이 무엇을 필요로 하는지에 대해서도 명확하게 이해하지 못한다. 이러한 상황은 레닌이 사회주의 혁명을 어떻게 이해했는지를 떠올리게 한다.

대대적인 노력을 기울였고, 지위를 선점하기 위해 수많은 전투를 벌여 승리했음에도, 레닌주의는 결국 자본주의에 대해 가장 귀중한 좌익적 공헌을 하게 됐던 것이다.

비슷한 결과가 페미니즘에서도 일어날 수 있다. 페미니즘의 주장을 약화시키는 것은 강한 조직적 기반의 부재, 해당 철학을 온전히 발전시킬 능력의 부재, 그리고 전투적 여성 운동과 관련된 어려움 등이다. 페미니즘을 '여성 전선의 현실 사회주의'라고 부르는 것조차도 옳지 않을 수 있지만, 우리가 이 운동을 분석할 때는 이 운동이 여성의 자유에 대한 관심을 유도하기 위한 지금까지의 조처 중 가장 심각한 것이었다는 것을 인정해야 한다. 페미니즘 운동은 여성이 지배적인 남성의 억압받는 여자일 뿐임을 강조한다. 그러나 여성의 현실은 단지 별개의 성性이라는 차원에 머무르지 않는다. 훨씬 더 포괄적인 경제적·사회적·정치적 차원의 것과 관계가 있다. 식민지주의를 민족과 나라뿐 아니라 사람들의 집단이라는 관점으로도 본다면, 우리는 여성을 가장 오래된 피식민 집단으로 정의할 수 있을 것이다. 영혼과 육체 모두가 이러한 식민지주의를 경험한 경우는 여성 외에 찾을 수 없다. 즉 여성은 그 경계를 쉽게 식별할 수 없는 식민지에 갇혀 있다는 사실을 잘 이해해야 한다.

위처럼 생각하면, 우리 사회의 문제를 해결하는 열쇠는 여성의 자유, 평등 및 민주주의를 위한 운동, 즉 여성학, 쿠르드어로 *지니올로지jineoloji*라고 부르는 것에 기반한 운동이 될 것이라고 나는 믿는다. 최근 여성 운동에 대한 비판은 여성을 그저 사라지게 했을 뿐인 문명과 근대성의 역사를 분석하고 평가하는 데 적절하지 않다. 사회 과학 내에서 여성에 관한 주제, 질문 그리고 운동들이 거의 없다면 그것은 문명과 근대성이 가지고 있는 패권적 사고방식 및 물질문화의 구조 때문이다.

또한 여성은 도덕적이고 정치적 사회를 구성하는 주요 요소로서 자유, 평등 및 민주화를 반영하는 윤리적이고 심미적인 삶을 형성하는 데 중요한 역할을 한다. 윤리적이며 미적인 학문은 *지니올로지*의 필수 부분이다. 여성은 삶에 대해 무거운 책임감을 지니고 있다. 따라서 여성은 개발과 기회의 이면에서 지력智力이 되고, 이를 구현하게 될 것이 분명하다. 여성은 남성보다 훨씬 포괄적으로 삶과 관계를 맺고 있으며 이것이 여성이 가진 감성적 지성의 발전을 보장한다. 그러므로 삶을 더 아름답게 만든다는 의미에서, 미학은 여성에게 실존적 문제다. 윤리인 면에서 여성은 남성보다 훨씬 더 책임감이 있다. 따라서 도덕과 정치 사회에 관한 여성의 행동은 남성보다 더 현실적일 것이며, 그 행동에 대한 책임감이 있을 것이다. 그러므로 여성은 교육의 좋고 나쁜 측면, 삶과 평화의 중요성, 전쟁의 악의와 공포 그리고 적절성과 정의의 척도를 분석하고 결정하고 규정하는 데 아주 적합하다. 따라서 *지니올로지*에 경제 또한 포함시키는 것이 적절할 것이다.

여성 혁명의 시대

새로운 문명 형성의 과정에서 여성의 자유는 새 문명의 안정화와 평등화를 담당하게 될 것이며, 여성은 존경을 받고 자유롭고 평등한 조건 아래에서 자리를 잡게 될 것이다. 이를 달성하려면 필요한 이론적·강령적·조직적·구현적 작업을 수행해야 한다. 여성의 현실은 '프롤레타리아트'나 '억압받는 민족' 같은 개념보다 더 구체적이고 분석이 가능하다. 사회의 완전한 변형의 정도는 여성이 달성한 변화의 정도가 어느 정도인지에 따라 결정된다. 마찬가지로 여성의 자유와 평등의 수준은 사회의 모든 부문의 자유와 평등을 결정한다. 따라서 여성의 민주화는 민주주의와 세속주의를 영속적으로 수립하는 데 결정적이다. 민주적인 국가의 경우 해방된 여성이 해방된 사회를 구성하기 때문에 여성의 자유도 매

2015년 7월 7일, 터키 반. 16세기 오스만 제국에 의해 세워진 호사 성Hosap castle 앞에서 웃고 있는 쿠르드 소녀들.

우 중요하다. 해방된 사회는 민주 국가를 구성한다. 더욱이 남성의 역할을 전복해야 할 필요성은 혁명적인 중요성을 지니고 있다.

민주적인 문명 시대의 도래는 인민들의 재탄생을 의미하지만, 이에 더해 여성 상승의 의미가 더 두드러질 것이다. 신석기 시대에 그 사회의 창조적 여신이던 여성은 계급 사회의 역사에서 지속적인 손실을 내내 경험해왔다. 이 역사가 거꾸러진다면 필연적

으로 가장 심오한 결과가 도출될 것이다. 자유로운 존재로 거듭
난 여성은 결과적으로 사회의 모든 상위, 하위 제도를 보편적 해
방과 계몽, 정의에 도달하게 할 것이다. 이것은 전쟁이 아니라 평
화가 더 가치 있고 고귀하다는 것을 모두에게 확신시킬 것이다.
여성의 성공은 모든 면에서 사회와 개인의 성공이다. 21세기는 각
성의 시대, 해방되고 자유로운 여성의 시대여야 한다. 이것은 계
급 또는 민족 해방보다 더 중요하다. 민주적 문명의 시대는 여성
이 온전히 일어나고 성공하는 시대가 될 것이다.

현실적으로, 우리의 세기는 자유로운 여성의 의지가 실현될 세
기로 간주되어야 한다. 따라서 여성을 위한 영속적인 제도가 설
립되어 한 세기 정도는 유지될 필요가 있다. 여성 자유 정당들이
필요하다. 또한 여성의 자유에 토대를 둔 이념적·정치적·경제적
공동체가 형성되는 것도 필수적이다.

일반적으로 여성, 특히 중동 여성은 위에서 설명한 특성 때문
에 민주 사회에서 가장 활발하고 활동적인 세력이다. 민주 사회
의 궁극적인 승리는 여성과 함께해야지만 가능하다. 신석기 시대
이래 민족들과 여성은 계급 사회에 의해 황폐해졌다. 그들은 이제
민주적 약진의 중추적인 행위 주체로서 역사에 복수하고, 떠오르
는 민주주의 문명의 좌파로 자리매김함으로써 오늘날 필요한 반
정립을 형성할 것이다. 여성은 진정으로 동등하고 자유주의적인
사회로 나아가는 데 가장 신뢰할 수 있는 사회적 행위 주체다. 중

동에서 사회 민주화에 필요한 반정립을 보장하는 것은 여성과 청소년의 몫이다. 진정한 반정립의 가치는 여성이 각성하고, 이 역사적인 순간을 선도하는 세력이 되는 것에 있다. 문명의 계급적 특성으로 인해, 문명의 발전은 남성의 지배를 기반으로 해왔다. 이것이 바로 여성을 반정립의 위치에 두는 이유다. 사실 계급 분화와 남성 우위의 극복이라는 측면에서, 여성의 위치는 새로운 종합이라는 가치를 획득한다. 따라서 중동 사회의 민주화에서 여성 운동이 주도적 위치에 선다면, 이 운동은 (중동에 있기 때문에 나오는) 반정립이자 (세계적인) 종합으로 만드는 역사적인 특징을 가지게 되는 것이다. 이것은 내가 수행한 작업 중 가장 중요한 영역이었다. 여성 운동이 주도적인 위치를 점하는 것은 고국과 노동의 해방보다 우선시되어야 한다고 생각한다. 내가 자유 투사라면 나는 바로 이것, 여성 혁명은 혁명 안의 혁명이라는 것을 무시해서는 안 될 것이다.

지성의 힘을 제공하는 것은 새로운 지도력의 근본 사명이다. 그리고 민주적 근대 체제를 실현하기 위한 3가지의 중요한 측면, 즉 경제적으로나 생태적으로 도덕적일 뿐 아니라 민주적이기도 한 사회를 달성하는 데 필요한 것이다. 이를 위해서는 양질의 학문 구조들을 충분히 구축해야 한다. 근대성의 학문적 세계를 그저 비판하는 것만으로는 충분하지 않다. 대안을 개발해야 한다. 이러한 대안 학문 단위는 경제 및 기술, 생태 및 농업, 민주적 정치,

안보 및 국방, 문화, 역사, 과학 및 철학, 종교 및 예술 같은 모든 사회 영역의 우선순위 및 필요에 따라 구성되어야 한다. 강력한 학술 간부들이 없다면 민주적 근대성의 요소를 구축할 수 없다. 학술 간부들 그룹 및 민주적 근대성의 요소는 성공을 달성하는 데 똑같이 중요하다. 이들의 상호 관계는 의미와 성공을 달성하기 위한 필수 요소다.

(여성뿐 아니라 모든 종족과 공동체의 다른 부문들의) 자유를 위한 투쟁은 인류의 노예화와 착취 역사만큼이나 오래됐다. 자유에 대한 갈망은 인간 본성에 내재해 있다. 우리는 40년간 수행해 온 이 투쟁들과 전투로부터 많은 것을 배웠다. 민주 사회는 주류 문명의 다른 체제와 함께 존재해왔다. 민주적 근대성은 자본주의 근대성에 대한 대안적 체제로, 우리의 정신이 근본적으로 변화하고 그에 상응하는 물질적 현실이 급진적이고 적절하게 변화할 때 이뤄질 수 있다.

마지막으로, 나는 여성의 자유를 위한 투쟁이 여성 자신의 정당 설립, 대중적인 여성 운동의 획득, 여성 자신의 비정부 기구 및 민주 정치 구조의 구축을 통해 이루어져야 함을 지적하고자 한다. 이 모든 것은 동시에 처리되어야 한다. 여성들이 남성 지배와 사회의 속박에서 더 잘 벗어날 수 있다면 그들은 독립적인 제안에 따라 더 잘 행동하고 생활할 수 있게 될 것이다. 여성이 더 많은 힘을 갖게 될수록 자유로운 성격과 정체성을 더 많이 되찾을

2017년 1월 28일. 프랑스 마르세유. 원 안에 별이 있는 PKK 깃발과 압둘라 외잘란의 얼굴이 담긴 깃발들이 보인다.

수 있다.

따라서 여성의 분노, 지식 그리고 운동의 자유를 지원하는 것은 동지애와 인류의 가치를 가장 잘 드러낸다. 나는 서로 다른 문화와 종족성에 상관없이, 체제에서 배제됐던 여성들이 성공할 것이라고 전적으로 확신한다. 21세기는 여성 해방의 세기가 될 것이다.

나는 이 문제에 대해 글을 쓰는 것뿐 아니라 변화를 현실로 만드는 데 도움을 줌으로써 나 역시 그 변화에 기여하고자 한다.

민주적 민족

Democratic Nation

서론

지금까지 PKK의 투쟁은 본질적으로 쿠르드 문제를 가시적으로 만드는 데 맞춰져 있었다. 쿠르드 형성 시기에 쿠르드 현실을 부정하는 것은 당연히 존재의 문제를 가져왔다. 따라서 PKK는 처음에는 이념적 논증을 통해 문제가 되는 존재의 부분을 증명하려고 노력했다. 좌파에 의해서 더 세련된 방법을 통해 이러한 쿠르드에 대한 부정이 지속되자 별도의 정체성을 바탕으로 한 조직화와 행동이 의제에 올라갔다.

전통적인 부정 및 전멸 정책을 주장한 터키 국민 국가는 이 기간 동안 정치적 해법의 가능성에 대한 고려를 거부했다. 오히려 9월 12일 쿠데타에 이르는 파시스트 테러의 캠페인을 가지고 PKK의 발의에 맞섰다. 혁명적인 인민 전쟁이라는 PKK의 선언만

2009년 3월 21일, 터키 이스탄불. 쿠르드인들이 압둘라 외잘란의 캐리커처 깃발을 들고 뉴로즈 축제를 즐기고 있다.

이 실행 가능한 유일한 선택으로 나타났다. 이런 상황에서 PKK 는 터키의 다른 민주주의 좌파 집단들처럼 쇠퇴하거나 저항하거나 둘 중의 하나를 결정해야 했다. 쿠르드 문제를 이념적 정체성 문제에서 전쟁 문제로 전환시킨 결정적인 요인은 터키의 정책이었다. 터키 국민 국가는 1980년 9월 12일의 테러를 통해 이전에는 은폐돼왔던 부정 및 전멸 정책을 유지하겠다는 고집을 공공연히 드러낸 것이다. 이러한 틀 내에서 1984년 8월 15일의 공격을 분석 하는 것이 더 현실적일 것이다. 이러한 움직임은 해방 운동이라기 보다는 쿠르드의 존재를 증명하고 그 존재를 보호하려는 목적에

훨씬 더 가깝다. 그리고 그 점에서는 유의미한 성공을 거두었다
는 것을 지적해야 할 것이다.

의심할 여지없이 PKK는 쿠르드의 존재를 증명할 수는 있었으
나 그 과정에서 국민 국가주의에 갇히게 됐다. 그 이후 이어지는
자기비판의 시기는 국민 국가주의의 반사회주의적이고 반민주주
의적인 본질을 드러냈다. 1990년대 현실 사회주의가 빠르게 해체
되면서 이 위기의 이면에 존재하는 근본 요소를 더 깊게 이해하
게 됐다. 현실 사회주의의 해체는 권력과 현실 사회주의 민족 국
가의 문제들이 원인이었다. 보다 정확하게 말하자면, 사회주의의
위기는 권력과 국가의 문제에 대한 부적절한 이해의 결과였다. 쿠
르드 문제로 인해 뚜렷하게 드러난 국가와 권력의 모순이 보다 넓
은 현실 사회주의의 세계적인 위기와 맞물렸을 때 국가와 권력에
대한 포괄적인 분석은 불가피하게 됐다.

이를 위해 나는 내 변호의 상당 부분을 문명사를 통해 국가와
권력을 분석하는 데 할애했다. 나는 오늘날의 헤게모니 문명인
자본주의 근대성의 맥락에서 국가와 권력 현상의 변형을 제시하
는 데 집중했다. 구체적으로 나는 자본주의의 기본은 국민 국가
로 권력이 변형한 데 있다고 주장했다. 이것은 중요한 테제였다.
나는 국민 국가 모델을 통해, 조직된 권력이 없었다면 자본주의
가 새로운 헤게모니 체제가 될 수 없었을 것임을 입증하려고 노
력했다. 국민 국가는 자본주의적 헤게모니를 가능하게 하는 근본

도구였다. 그러므로 내가 '역사적 사회historical-society'라고 부르는 반자본주의로서의 사회주의가 동일한 국가 모델, 즉 현실 사회주의 국민 국가로 자리매김할 수 없었다는 것을 증명하려고 했다. 즉 사회주의가 오직 중앙 집중적 국민 국가를 통해서만 건설될 수 있다는 마르크스Karl Heinrich Marx와 엥겔스Friedrich Engels의 생각이 실제로 과학 사회주의의 근본적 결함이라는 내 관점을 보여주고자 했다. 더 나아가 사회주의가 국가, 특히 국민 국가를 통해 건설될 수 없으며, 특히 기존 러시아와 중국의 사회주의를 통해 경험한 바대로, 많은 경우 가장 퇴보한 형태의 자본주의를 낳는다는 테제를 발표했다. 이 테제에 필요한 전조로써 나는 역사 전반에 걸친 중앙 문명의 체계, 권력의 개념, 널리 퍼져 있는 우리 시대 특유의 구조인 자본주의 근대성의 국가와 권력의 구조를 분석했다. 내가 내린 주요 결론은, 사회주의자는 국민 국가 원칙을 가질 수 없고 오히려 민족 문제에 대한 해법은 민주적 민족의 원칙을 토대로 해야 한다는 것이다. 이것의 실천적인 표현으로 내가 보여주려고 노력할 것이 KCK(Union of Democratic Communities in Kurdistan, 쿠르디스탄 민주 사회 연합)[1]의 경험이다.

---

1 쿠르드 공동체 연합Kurdistan Communities Union이라고 부르기도 한다. 압둘라 외잘란의 이념을 따르는 정치 조직으로 터키 PKKKurdistan Workers' Party, 시리아의 PYDDemocratic Union Party, 이란의 PJAKKurdistan Free Life Party, 이라크의 PÇDKKurdistan Democratic Solution Party의 상부 기구로 알려져 있다. 세간의 오해와 다르게 PYD는 PKK의 하부 정당이 아니고 PKK는 자매 조직이다. 상부기구인 KCK도 이들에게 명령을 하달할 수 없다. 민주적 연합체주의의 운영원칙(본문 pp. 134~135)에 의해 운영되기 때문이다. 시리아 PYD의 지도자인 살리 무슬림이 PYD가 터키의 터

쿠르디스탄은 이미 어느 정도는 21세기 혁명과 반혁명의 중심이 됐다. 그것은 자본주의 근대성의 가장 약한 고리다. 쿠르디스탄 인민의 민족적·사회적 문제는 악화된 나머지 자유주의적 처방이나 개인 또는 문화적 권리의 데마고기[2]를 통해서 은폐할 수 없는 지경에 이르렀다. 문화적 대량 학살을 포함한 여러 수법들을 낳아온 국민 국가주의는 쿠르드 문제의 해결사가 될 수 없다. 오히려 국민 국가주의는 오랫동안 억압자와 피억압자 모두에게 문제의 근원이었다. 국민 국가주의는 해체 중이고 자본주의 근대성에도 문제가 됐다. 보다 유연한 민주 국가의 발전이 우리 시대의 발전을 주도할 것이다. 민주적 근대성은 이러한 진전의 이론적 표현과 실천적 단계를 의미한다. KCK는 쿠르디스탄에서 민주적인 국가 변형의 구체적인 표현으로써, 중동에서의 민주적 근대성이라는 해법의 길을 밝혀준다.

키 PKK는 관계가 없다고 주장하는 근거는 여기에 있다.
2 데마고기demagoggy는 정치적 목적을 가지고 어떤 개인, 조직에 대한 거짓 정보를 흘려서 진짜처럼 조작, 선동하는 것을 말한다. 사실에 기반을 둔 논리성은 아예 무시하고 우중愚衆을 동원할 수 있는 정서성을 중요시한다.

자본주의
근대성과 민족

민족은 혈연관계를 바탕으로 인민과 민족체의 형태로 있는 씨족이나 부족 같은 실체들 이후에 등장하는 개념으로, 대개 언어나 문화적 유사성으로 특징지어지는 사회 형태다. 민족 공동체는 씨족과 인민의 공동체보다 더 포괄적이며 더 큰 역량을 가지고 있으며, 그렇기 때문에 서로가 더 느슨한 관계에 있는 인간 공동체다. 민족 사회는 우리 시대에 더해진 현상이다. 일반 정의를 제시하자면, 민족 사회는 공통의 사고방식을 공유하는 사람들의 공동체다. 다시 말해서 그것은 정신적으로 존재하는 현상이며, 그래서 추상적이고 상상적인 현상을 의미한다. 또한 우리 민족 사회는 문화적으로 정의된 민족이라고 불릴 수 있다. 사회학적으로 말하자면 이것이 올바른 정의일 것이다. 계급, 성별, 피부색, 종족,

246

심지어는 민족적 배경이 다르더라도 공통된 사고방식과 문화를 가지고 있다면 그 구성체를 가장 일반적 의미의 민족으로 분류하기에 충분하다.

민족에 대한 이런 일반 정의를 정교화하기 위해서 국가 민족, 법적 민족, 경제적 민족, 군사적 민족 같은 개념들이 파생됐다. 그리고 민족주의의 서로 다른 범주인 이 같은 개념들이 민족의 일반 정의를 이해하는 데 뒷받침되고 있다. 민족은 또한 '권력 민족'이라고 부를 수도 있다. 이것은 힘센 민족이 되고자 하는 자본주의 근대성의 근본적 열망이다. 힘센 민족은 자본 특권, 포괄적인 시장, 식민화 기회와 제국주의를 생산하기 때문이다. 그러므로 이러한 강경한 판본만을 민족의 유일한 모델이라고 받아들이지 않는 것이 중요하다. 사실, 이러한 권력 민족들을 자본에 봉사하는 민족으로 여기는 태도가 중요하다. 이것들이 바로 국민 국가를 문제의 근원으로 만드는 성질들로 내가 여기에서 관심을 가지고 있는 이유다.

근대성 시대의 주된 문제는 권력 및 국가state가 민족nation과 결합하는 데서 나온다. 이 시대의 문제를 독재나 왕조 국가들의 문제와 비교해보면, 근대성의 시대가 가진 문제가 '국가 민족'에서 파생된다는 것을 알 수 있다. 이것이 시대들 간의 가장 큰 차이다. 국민 국가는 사회 과학 안에서 가장 엉켜 있는 복잡한 주제 중 하나이지만 마술 지팡이처럼 근대성이 직면한 모든 문제를 해결해

줄 도구로써 제시된다. 본질적으로 국민 국가는 사회 문제를 배가시킬 뿐인데, 이는 국민 국가가 사회의 모세 혈관 산하에 권력 기구를 퍼뜨리기 때문이다. 문제를 야기하는 것은 권력 그 자체다. 무력에 의해 조직된 자본의 잠재적인 성격 때문에 사회적 문제들이 야기되며, 그 결과 억압과 착취가 일어나는 것이다. 국민 국가가 지향하는 단일 민족 사회가 만들어낸 시민이란 권력에 의해 절단됐고 그 결과 폭력성을 띠게 됐으며 (이론상으로는 합법적인) 인위적으로 평등한 시민일 뿐이다. 이 시민들은 법률상으로는 동등할지 모르지만, 개인으로서 또한 집단적 실체로서는 모든 면에서 최대의 불평등을 겪게 된다.

민족의 신성화와 신격화는 민족 이론을 분석할 때 비판적 평가가 필요한 또 다른 측면이다. 자본주의적 근대성은 전통 종교와 신을 대신해 신격화한 국민 국가를 건설했다. 민족주의를 국민 국가의 종교로 해석한다면, 국민 국가 자체는 이 종교의 신으로 볼 수 있다. 국가는 근대성의 시대에 신성의 중세적이고 심지어 고대적이기까지 한 개념화들의 본질을 통합하기 위해 구축됐다. '세속 국가'라고 불리는 현상은 전체적으로나 본질적으로나 중세적이고 고대적인 신성들을 국가로 세운 것을 말한다. 여기에는 논란의 여지가 없다. 일단 세속적 국민 국가 혹은 근대 국민 국가의 얇은 판을 벗겨내면 고대와 중세 시대의 신성한 국가가 나타난다. 국가와 신성 사이에는 강한 상관관계가 있다. 마찬가지로 고대와 중세 시대에 떠오르는 군주와 유일신의 개념 사이에도 매우 강한 관계가 존재한다. 중세 시대 이후 군주는 개인으로서나 군주제의 측면에서나 그 중요성을 잃었고, 제도화된 민족적 국가로 변모하기 시작했다. 즉, 신神-군주君主는 국민 국가라는 신으로 대체됐다. 그러므로 최대 이윤의 획득을 가능케 하는 자본주의 근대의 이념적 헤게모니는 국토, 국가 및 시장 같은 개념들의 신격화를 뒷받침했으며, 국민 국가 제도들 또한 유사한 신성화와 함께 이루어진다. 국가와 관련된 개념들이 이념적 헤게모니에 의해 종교화되고 그 결과 힘을 얻게 되면서 최대 이윤의 법칙도 정당화됐다.

'하나의 깃발', '하나의 언어', '하나의 국토', '하나의 국가', '단일 국가' 같은 국민 국가적 상징 및 근본 구호, 민족 배외주의의 표현이 우리 시대에 쇄도하고 있다. 특히 스포츠 행사나 예술 활동에서 기회가 있을 때마다 이러한 표현들이 의식 중에 쓰이고 있는데 이는 민족주의라는 종교를 숭배하는 수단으로 해석되어야 한다. 이전 시대의 숭배 의식 역시 같은 목적을 가지고 있었다. 이같은 의식의 주요 목표는 권력과 착취의 독점자들을 은폐하거나 합법화함으로써 그들의 이익을 인정하는 것이다. 이 기본 패러다임하에서 국민 국가와 관련된 것을 숨기거나 과장하는 모든 관습과 접근법을 해석하고 나면, 우리는 사회 현실의 진실을 더 잘 이해할 수 있을 것이다.

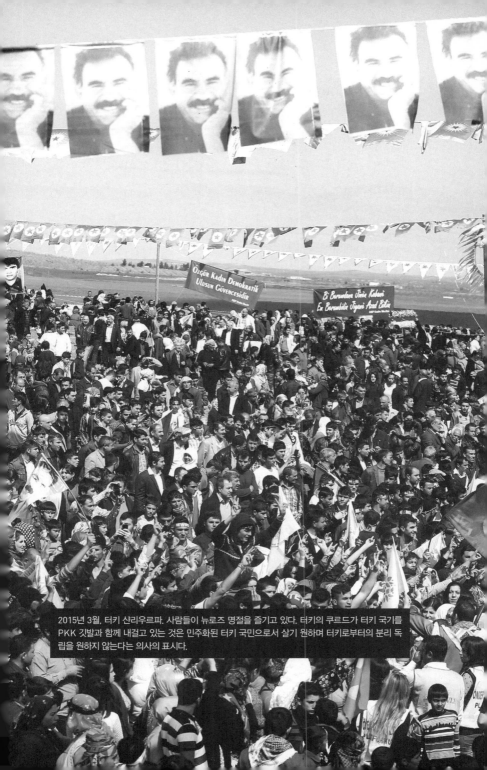

2015년 3월, 터키 샨리우르파. 사람들이 뉴로즈 명절을 즐기고 있다. 터키의 쿠르드가 터키 국기를 PKK 깃발과 함께 내걸고 있는 것은 민주화된 터키 국민으로서 살기 원하며 터키로부터의 분리 독립을 원하지 않는다는 의사의 표시.

자본주의 근대성이 국민 국가로 조직되면 경제적 독점으로 기능할 때 훨씬 더 억압적이고 착취적이다. 마르크스주의와 사회학 전반이 국민 국가가 억압 및 착취와 관계가 있다는 사실을 보지 못하고 국민 국가를 상부 구조의 일반 기관으로서 설명하고 있다. 이는 국민 국가의 이해에 대한 왜곡이며, 그들의 이해에 근본 결함이 있음을 드러낸다. 계급 및 물적 자본에 대한 분석이 국민 국가와 관계없이 이루어질 때 도출되는 것은 단지 진부하고 추상적인 일반화로, 이를 통해서는 유용한 사회적 결과를 창출할 수 없다. 이러한 추상화와 그에 따른 결과가 바로 현실 사회주의 실패의 밑바탕을 이룬다.

모든 국가적·사회적 문제에 대한 해법이 국민 국가와 관련되어 있다는 것은 근대성의 가장 폭압적인 측면을 반영한다. 그 자체로 문제의 원인이 되는 도구로부터 해법을 기대하는 것은 그저 더 많은 문제와 사회적 혼란만을 낳을 뿐이다. 자본주의 자체가 문명의 최대 위기 단계다. 국민 국가는 이 단계에 배치된 도구로서 사회 역사상 가장 발달된 폭력 조직이다. 즉 국민 국가는 권력의 폭력으로 포위된 사회이며, 산업주의와 자본주의의 최대 이윤 법칙을 통해 분산된 사회와 환경을 묶어주기 위해 강제로 배치한 도구다. 국민 국가가 과도한 폭력을 띠는 이유는 최대의 이윤과 중단 없는 축적이라는 자본주의 체제의 경향 때문이다. 국민 국가 같은 폭력 조직이 없다면 자본주의 축적의 법칙은 작동할 수 없고 산업주의는 유지될 수 없을 것이다. 현재 세계 금융 자본주의 시대에 사회와 환경은 완전히 붕괴될 위기에 처해 있다. 처음에는 순환적이던 위기가 이제 구조적이고 영속적인 성격을 갖게 됐다. 이런 상황에서 국민 국가는 그 자체가 시스템을 완전히 멈추게 만드는 장애물이 됐다. 심지어 위기에 처한 체제 자체인 자본주의조차 국민 국가라는 장애물을 제거하는 것을 최우선 과제로 삼을 정도였다. 국민 국가의 주권은 사회 문제의 원인일 뿐 아니라 그 해법을 찾는 데 주요 장애물이다.

다른 한편으로 민주적 근대성 이론은 자본주의의 정치적 경제뿐 아니라 체제 전체에 대해 비판적이다. 민주적 근대성은 헤게모니 체제로서의 자본주의와 문명사의 관계를 비판한다. 즉 도시, 계급 및 국가에서 자본주의가 유발한 변화 및 그 현실을 드러내기 위해 자본주의 근대성을 구성할 때 밑받침이 되는 요소들을 비판하는 것이다. 자본주의적 근대성은 과학, 철학 및 예술 위에 세운 이념적 헤게모니를 통해 끊임없이 스스로를 정당화한다. 이러한 기본 사고 영역을 도구화하고 그 안의 내용은 비워버림으로써 사회의 파괴를 심화시킨다.

민주적 근대성

민주적 민족이 가질 수 있는 대안적 근대성은 민주적 근대성이다. 독점 없는 경제, 환경과의 조화를 표방하는 생태학, 자연과 인류에 우호적인 기술 등이 민주적 근대성의 제도적 토대이며, 따라서 민주적 민족이다. 민주적 근대성은 내가 발견하거나 발명한 것이 아니다. 공식적인 문명의 형성 이후 민주적인 근대성은 항상 그에 대한 대응체로서 이분법으로 존재해왔다. 공식적인 문명이 존재하는 곳이라면 언제 어디서나 존재했다. 비록 대략적인 개요일지라도, 나는 공식적인 문명과 함께 각각의 위치와 시대에 존재하는 이 근대성의 다른 형태에 합당한 인정을 부여하고 그것의 주된 차원의 관점에서 설명하고자 한다. 나는 또한 이 대안적 근대성이 가진 사고방식, 구조 및 기존 사회를 이해하고 또 정의하려고 노력한다. 하나의 것으로 주장되어온 문명에 상응하는 대응물이 그 문명이 있었던 모든 장소와 시간에 존재해왔다는 생각은, 변증법에 따르면 전혀 당황스러운 것이 아니다. 오히려 당황스러운 것은 왜 이런 변증법의 가장 자연스러운 등가물이 체계적으로 연결되지 않았는가, 하는 부분이다.

민주적 근대성은 여러 시대에 따라 그 형태가 변하긴 했어도 항상 존재해왔으며 문명 역사를 통틀어 항상 자체적인 반反역사를 지닌 실재였다. 그것은 폭압과 착취의 밖에 있는 보편적 역사 체계를 의미한다. 쿠르드의 현실은 문명의 무력에 의해 가장 혹독한 타격을 받은 문화이고 자신의 존재를 근절하려는 무력에 의해서 공격을 받아온 문화다. 따라서 전통적으로 분류된 문명 외의 문명을 통해서, 즉 민주적 사회주의 문명으로서만 자신의 존재를 실현할 수 있는 것이다. 의미 있는 쿠르드의 역사가 쓰여진다면 이 틀 내에서만 가능할 것이다. 이것을 현재의 언어로 표현한 것이 바로 민주적 근대성이다.

근대 국민 국가는 사회의 균일화와 군집화를 달성하기 위해 보편주의적, 선형적, 진보주의적, 결정론적 방법론(개연성들과 대안들에는 닫혀 있는 방법론적 접근)을 전개했다. 민주적 근대성은 이 같은 방법론에 대해, 다원주의적이고 개연적이며 대안들을 통한 개방적인 방법론으로 대응해 민주적인 사회를 가시화할 수 있다.

민주적 근대성은 사회의 근본적인 요구를 충족시키고 공동체의 처분에 따르는 경제 구조를 만든다. 그리고 서로 다른 정치적 형태들에 개방되어 있고, 다원주의적이며 독점을 거부하고 생태 적이자 페미니즘적이라는 자산을 통해 자신의 대안을 발전시킨 다. 민주적인 연합체주의는 자본주의 근대성의 국민 국가와는 반 대로 민주적 근대성의 정치적 대안이다.

민주적 연합체주의는 민주적 근대성의 기본적인 정치적 형식 으로, 재건 사업에서 중요한 역할을 한다. 그리고 민주적인 정치 가 해법을 창출하는 데 가장 적합한 도구다. 민주적 연합체주의 는 근대성의 국민 국가에 의해 구현된 단일적 사회, 동종의 사회, 단색의 파시스트적 사회 모델로 인한 종족적·종교적·도시적·지 역적·민족적 문제들을 해결하는 근본 도구이며 민주적 민족의 선택을 제시한다. 민주적 민족 내에서는 모든 종족, 종교적 이해 및 도시, 지방, 지역 그리고 민족적 실체가 자신의 정체성과 민주 적 연방 구조를 가지고 참여할 권리가 있다.

민주적 해법

국민 국가주의와 민족주의적인 사고방식 및 패러다임에 의한
자본주의 근대성이 야기해온 민족적 문제를 해결하려는 시도는
항상 있어왔다. 그리고 국민 국가 자체가 해법을 제공하는 주요
요인으로 제시됐다. 국민 국가를 진정으로 이해하려면 헤게모니
체제가 자본주의 및 산업주의와의 사이에서 가지고 있는 관련성
을 이해해야 한다. 사회주의 이데올로기를 가지고 국가 문제에 대
해 부적절하게 분석하는 것은 문제를 더욱 흐리게 할 뿐이다. 하
지만 이 문제를 더욱 악화시키는 근본은 바로 '민족의 자결권'에
서 언급하는, 그러한 국가가 되고자 하는 모든 민족의 전망이다.

내 변론의 핵심은 문명과 근대와 관련해 쿠르드의 현실과 쿠
르드의 존재를 연구하는 것이다. 그 목표는 쿠르드 문제의 부상

에 우선적으로 책임이 있는 것은 자본주의임을 설명하고, 처음으로 그 해법의 민주주의적 본질을 국민 국가주의와 분리시키는 것이다. 이 접근법이 PKK 내에서 일어난 변화의 본질이다. 이 변론은 PKK가 집단이었던 시기 이래로 명확히 밝혀지지 않은 국가주의적 해법들과 민주적 해법들의 형태들 간의 차이를 설명한다. 그 점에서 이 접근법이 현실 사회주의나 그 이면에 있는 고전적인 마르크스-레닌주의적 교리와는 다른 것이다. 사회주의는 민족들이 주변 민족들로부터 자기 결정권을 가질 권리를 부르주아적 권리로 간주하며 그것을 사회적 민주주의의 범위 안에 포함시킨다. 다시 말해서, 쿠르드 문제는 국가주의에 오염되지 않고, 국민 국가주의 추구에 끌리지 않고, 이러한 범주들하에서 해법을 강요당하지 않고서 사회의 민주적 거버넌스 모델 안에서 해결될 수 있다. 이것이 PKK의 변형의 본질이다.

민주적 해법 모델은 단순한 선택지가 아니라 해법을 이루기 위한 1차적인 방법이다. 민주적 해법은 국민 국가 밖에서 사회의 민주화를 추구한다는 것을 의미한다. 개념으로서의 민주적 해법은 자본주의와 국민 국가를 사회 문제와 관련된 해법이 아닌, 끊임없이 증가하는 문제의 근원으로 간주한다. 민주적 해법 모델이 연방 또는 연합체 형태로 변형된 단일 국민 국가라고 여겨서는 안 된다. 국민 국가의 연방 또는 연합체는 *민주적 해법*이 아니라, 여러 형태의 국가에 의존하면서도 문제를 더욱 악화시키는 해법

2014년 3월 21일, 터키 디야르바키르. 뉴로즈 축제 기간에 걸린 현수막이다. 현재 감옥에 있는 외잘란의 모습과 투옥 전의 외잘란의 모습을 같이 담았다. 문구로 '협상이냐 전쟁이냐YA MÜZAKERE YA SAVAŞ'가 터키어로 적혀 있다.

이다. 아마도 자본주의 체제의 사고방식 내에서 엄격하게 중앙 집권된 국민 국가를 연방이나 연합체 형태로 변화시키는 것이 문제를 개량하고 부분적인 해법을 제시할 수는 있다. 하지만 그것이 포괄적인 해법으로 이어지지는 않을 것이다. 연방과 연합체 형태는 국민 국가 세력과 민주적 해법을 위한 세력 사이에서 가능한 해결책으로서 제시될 것이다. 그러나 근본 해법을 기대하는 것은 결국 자기기만으로 이어질 뿐이다. 사실 우리는 민족해방 국가 또는 현실 사회주의 국가라고 불리는 국가들이 그저 좌파의 가면을 쓴 국민 국가임을 알고 있다.

민주적 해법이 국민 국가로부터 완전히 독립적이지 않다는 점에 주목해봐야 한다. 민주주의와 국민 국가는 두 당사자로서 같은 정치적 지붕 아래에서 역할을 할 수 있다. 민주적 헌법이 그 둘 각자의 영역을 결정할 수 있다. 국민 국가의 긍정적인 변화는 민주화와 민주적 자치 거버넌스의 발전 및 모든 사회 분야에서의 민주적 민족, 지방 민주주의, 민주적 문화의 건설과 밀접하게 연관되어 있다.

쿠르디스탄 민주 사회 연합, 즉 KCK는 민족 문제에 대한 해법에서 급진적인 변형으로 평가되어야 한다. 쿠르드 문제의 민족 자결권에 대한 비국가적 차원의 민주적 해석을 제시하기 때문이다. KCK는 쿠르드 문제에 대한 민주적 해법의 구체적인 표현으로 전통 접근법과는 다르다. 이 해법은 국가로부터 어떤 몫을 가져가는 것으로 간주되지 않으며, 쿠르드 자치라는 관점에서조차 국가를 추구하지 않는다. 또한 연방 또는 연합체를 목표로 하지 않을 뿐 아니라 해법으로 보지도 않는다. 이 해법이 국가에게 요구하는 주된 내용은 쿠르드의 자치권을 인정하고 쿠르드 민족이 민주적 민족이 되는 과정에 놓인 장애물을 제거하라는 것이다. 민주적 해법은 정부나 국가에 의해 개발될 수 없다. 사회 세력들만이 그 해법의 개발에 전적으로 책임을 진다. 사회 세력들은 민주적 헌법을 통해 정부나 국가와의 타협을 모색한다. 민주적인 사회 세력과 국가 또는 정부 세력 간의 거버넌스 공유는 헌법을 통해 결정된다.

본질적으로 민주적 해법은 민주적 민족이 되어가는 국가이며 민주적 민족의 실체로서 스스로를 건설하는 사회의 국가다. 그것은 국가를 통해 민족이 되는 것도 아니고 민족이 되는 것을 멈추는 것도 아니다. 그것은 민주적 민족으로 스스로를 건설하기 위해 사회의 권리를 이용하는 능력이다. 이 단계에서 민족에 대한 새로운 정의가 창조되어야 한다. 첫째, 민족이라는 용어는 하나의 정의를 가지고 있지 않다는 점에 주목할 필요가 있다. 나는 위에서 이를 다루었다. 다른 한편으로 민주적 민족은 자유로운 개인과 공동체의 자유 의지에 의해 형성된 공동 사회다. 민주적 민족의 통합 요소는 그 민족에 속하기로 결정한 인민과 집단의 자유 의지다. 국가를 공통의 언어, 문화, 시장 또는 역사에 묶어 이해하는 것은 국민 국가를 서술할 때며, 이것이 일반화돼서는 안 된다. 즉 그것만이 국가에 대한 유일한 이해인 것처럼 축소돼서는 안 되는 것이다. 현실 사회주의에 의해서도 인정된 민족에 대한 이러한 이해는 민주적 민족과는 반대된다. 민족에 대한 이러한 정의는 소비에트 러시아를 위해 스탈린이 개발한 것[3]으로, 소련 해체

3 외잘란은 구금된 이후 새롭게 자신의 사상을 다듬어서 쓰고 있지만, 마르크스-레닌주의로부터 운동을 시작한 외잘란이 과거에 학습했던 스탈린 등을 거론하는 것은 자연스러운 것이라고 생각된다. 이 부분을 이해하려면 스탈린의 민족주의 이론과 소련 붕괴 시 중앙아시아 지역 국가들이 소련으로부터 분리 독립했던 상황을 훑어볼 필요가 있다. 스탈린은 『마르크스주의와 민족 문제』란 글에서 이 정의로서 러시아 혁명 이전 유대인 분파주의자들을 비판했다. 지금 이스라엘 국어인 히브리어는 이스라엘이 만들어지고 나서 만든 인공어로 팔레스타인을 점령해서 이스라엘을 만들기 전에는 존재하지 않았다. 구약의 언어인 히브리어는 고대의 문어文語일 뿐이었고 현대의 히브리어가 아니다. 유대인은 지역마다 음식, 의복 문화가 다 달랐다. 지금 이스라엘에서도 유대인들은 다양

의 주된 이유 중 하나다. 자본주의 근대성에 의해 절대화된, 민족에 대한 이러한 정의가 포기되지 않는다면 모든 민족 문제에 대한 해법은 계속 난국에 부딪힐 것이다. 지난 삼 세기 동안 민족 문제가 지속됐다는 사실은 이 부적절하고 절대적인 정의와 밀접하게 관련되어 있다.

한 종족과 인종으로 구성되어 있다. 당시 러시아에서 유대인들은 통일된 언어가 없어 서로 간에 소통되지 않았고, 한 지역에 모여 살지도 않았다. 각 지역에 흩어져 상업이나 서비스 산업에 주로 종사하면서 소수로 살고 있었는데도 유대의 민족문화 인정과 자치권을 요구하면서 러시아 운동에서 통일된 노선을 부정했다. 이에 스탈린은 민족은 언어, 문화, 지역으로 묶이는데 유대인은 그렇지 않아서 유대인의 자치권 주장은 받아들일 수 없고 중앙아시아의 민족들은 언어, 문화가 일치하고 같은 지역에 모여 살기에 민족 자결권에 따른 자치권은 가지고 있다고 반박했다. 이 글은 레닌으로부터 격찬을 받았고 소련 연방 내 중앙아시아 지역에서는 자치 공화국들이 세워졌던 근거가 됐다. 소련 붕괴 이후에 중앙아시아 지역의 이 자치 공화국들은 별도의 독립국들이 됐다.

한국어 번역본은 이오씨프 쓰딸린 지음, 신재길 옮김, 「마르크스주의와 민족 문제」, 『정세와 노동』 2017년 02월호 제130호, 2017년 03월호 제131호, 2017년 04월호 제132호를 참고하기 바란다. 3번에 걸쳐 번역됐다.

러시아 혁명 이후의 스탈린의 민족 문제에 대한 글은 이오씨프 쓰딸린 지음, 신재길 옮김, 「10월 혁명과 민족 문제」, 『정세와 노동』(2017년 04월호 제132호)을 참고하기 바란다.

유대인과 이스라엘 국민 국가 관련해서 참고할 책은 슐로모 산드 지음, 알 이따르 옮김, 『유대인, 불쾌한 진실』(훗, 2017)이 있다.

민주적 민족 모델

국민 국가 모델은 억압과 착취의 함정이며 이들의 네트워크일 뿐이다. 민주적 민족 개념은 그러한 정의를 뒤집는다. 엄격한 정치적 경계와 단일 언어, 단일 문화, 단일 종교 및 단일한 역사 해석에 묶여 있지 않은 민주적 민족의 정의는 다양성을 보여주며, 연대 속에 함께 존재하는 자유롭고 평등한 시민과 공동체들을 의미한다. 민주적 민족은 권력과 국가에 의존하는 것, 정치화를 민족이 되는 필요조건 없이도 인민이 스스로 민족이 될 수 있게 해준다. 민주적 민족은 국가가 되거나 권력을 획득하려 하지 않고 정치화를 이루려 하지 않는다면, 민족이 자율적 제도들과 함께 경제, 법, 자기방어, 사회, 외교 및 문화 안에서 창조될 수 있을 것이며 그 결과 민주적 민족으로 발전할 수 있다는 것을 증명하고자 한다.

민주적 사회는 이러한 민족 모델을 통해서만 실현될 수 있다. 국민 국가 사회는 본질상 민주주의를 받아들이지 않는다. 국민 국가는 보편적인 현실도 지역의 현실도 대표하지 않으며, 오히려 보편성과 지역성을 부정한다. 획일화된 사회의 시민 자질은 인간의 죽음을 대변한다. 반면에 민주적 민족은 보편성과 지역성의 재구성을 가능하게 하며, 사회 현실이 저절로 드러나게 한다. 민족에 대한 다른 모든 정의는 이 2가지 주요 모델 사이에 놓여 있다.

민족 건설 모델nation-building model에 대한 정의는 광범위하지만 그 모두를 포괄하는 정의도 가능하다. 민족 건설 모델은 사고방식, 의식 및 신념과 관련된 민족 정의다. 이 경우 민족은 공통의 사고방식을 공유하는 사람들로 구성된 공동체가 된다. 이러한 국가의 정의에서 언어, 종교, 문화, 시장, 역사 및 정치적 국경은 결정적 역할이 아닌 물질적 틀의 역할을 한다. 근본적으로 특정한 사고방식을 바탕으로 민족을 정의하는 것은 그에 역동적인 성격을 부여한다. 국민 국가의 민족주의가 공통된 사고방식에 그 이정표를 두고 있다면, 민주적 민족에서는 자유와 연대의 의식에 중점을 두고 있다. 그러나 사고방식을 통해서만 국가를 정의하는 것은 불완전할 것이다. 몸 없이는 사고방식이 존재할 수 없듯이, 민족도 몸 없이는 기능할 수 없다. 민족주의적 사고방식을 지닌 민족들의 몸은 국가 제도다. 그렇기 때문에 그러한 민족들을 국민 국가라고 부르는 것이다. 법적이고 경제적인 기관들이 다른 기관들보다 우월해지면 이러한 민족들은 법률적 또는 시장 민족들로 분류해 차별화할 수 있다.

자유와 연대에 토대를 둔 사고방식을 가진 민족들은 민주적 자치의 사례를 제시한다. 본질적으로 민주적 자치는, 자신의 의지를 바탕에 두고 비슷한 사고방식을 공유하는 공동체 및 개인의 자기-거버넌스를 의미한다. 이것은 또한 민주적인 거버넌스나 민주적 권위라고도 부를 수 있다. 이것은 보편성에 열려 있는 정의다. 민주적 민족 모형은 '문화 민족'의 개념에서 출발할 수도 있지만, 그러한 민족 개념에서 착취와 억압을 억제하고 배제하는 민족 모델이 민주적 민족 모형이다. 민주적 민족은 자유와 평등에 가장 가까운 민족이다. 그리고 이 정의에 따르면, 이것은 자유와 평등을 위해 노력하는 공동체를 위한 민족이 무엇인지를 가장 이상적으로 이해한 것이다.

자본주의 근대성과 그로부터 고무된 사회학은 그것이 가진 구조와 이념적 헤게모니를 이유로 민주적 민족의 개념을 다루지 않았다. 민주적 민족은 공통된 사고방식과 문화에 만족하지 않고, 민주적인 자치 제도의 모든 구성원을 통합하고 운영하는 민족이다. 이것이 결정적 특성이다. 거버넌스의 민주적 자치 방식은 민주적 민족이 되는 가장 중요한 조건이다. 이 점에서 그것은 국민국가의 대안이다. 국가 거버넌스에 반대하는 민주적 거버넌스는

2015년 3월 21일, 터키 디야르바키르. 수백만의 쿠르드인들이 축제에 나와 압둘라 외잘란의 사진과 지지 정당의 깃발을 흔들고 있다.

자유와 평등을 위한 중요한 기회다. 자유주의 사회학은 민족을 이미 확립된 국가 또는 국가 수립을 목표로 하는 운동과 동일시한다. 현실 사회주의조차도 그러한 야망을 가졌다는 사실은 자유주의 이데올로기의 힘이 얼마나 강한지를 보여준다.

공통의 고국과 시장은 일반적으로 민족 사회들의 선결 조건으로 제시된다. 하지만 이것들은 물적 구성 요소로, 민족의 결정적 특성으로 간주될 수 없다. 민주적 민족은 고국과 시장에 대해 다르게 해석한다. 민주적 민족은 고국을 중요시하는데 그것이 민족의 사고방식과 문화에 있어서 대단히 중요하기 때문이다. 고국을 염두에 두지 않는 사고방식과 문화는 상상할 수 없다. 그러나 자본주의 근대성이 나라-고국의 개념을 사회 개념보다 우위에 두고 물신 숭배하는 것의 이유가 이윤 추구임을 잊지 말아야 한다. 고국을 과장하지 않는 것도 중요하다. '모든 것은 나라를 위해서'라는 식의 말은 민족에 대한 파시즘적 이해에서 나온 것이다. 모든 것을 자유로운 사회와 민주적 민족에게 바치는 것이 더 의미 있는 일이지만, 이 역시도 물신 숭배가 되어서는 안 된다. 정말로 중요한 것은 삶을 가치 있게 만드는 것이다. 고국은 이상적인 것이 아니라 단순히 개인과 민족의 삶을 위한 도구일 뿐이다. 국가의 민족이 균일화된 사회를 추구하는 반면, 민주적 민족은 주로 다양한 집단들로 구성되며 그 다양성을 가치 있는 것으로 본다. 생명 그 자체는 다양성을 통해서만 가능하다. 국민 국가는 국민이 획일화될 것을 강제한다. 이러한 점에서도 국민 국가는 삶에 반하는 것이다. 국민 국가의 궁극적 목표는 로봇 인간을 만드는 것이다. 이렇게 본다면 국민 국가는 사실상 무가치한 쪽을 향해가고 있다. 민주적 민족의 국민 또는 구성원은 서로 다르며, 이 다름은 그것이 구현하는 다양한 공동체로 인한 것이다. 부족적 실체들은 민주적 민족의 힘의 원천이다.

언어는 민족을 창조하는 데 문화만큼이나 중요하지만 전제 조건은 아니다. 서로 다른 언어들이 동일한 민족에의 소속감에 장애가 되지는 않는 것이다. 모든 민족이 국가를 가질 필요가 없듯이 모든 국가가 단일 언어 또는 방언을 가질 필요도 없다. 민족 언어가 필요할지라도 불가결의 조건은 아니다. 다양한 언어와 방언을 민주적 민족을 위한 풍요로움의 원천으로 볼 수도 있다. 그러나 국민 국가는 단일 언어의 엄격한 적용에 토대를 두고 있다. 그것은 다언어주의, 특히 공식적인 다국어 지원을 실시할 기회를 쉽게 주지 않는다. 이러한 면에서 국민 국가는 지배적인 민족이 되는 특권으로부터 이익을 취하려 한다.

민주적 민족이 발전할 수 없고 국민 국가주의가 문제를 해결할 수 없을 때는 법적 민족law nation에 대해 논의하며 타협할 수 있을 것이다. '헌정 시민권'이 의미하는 것은 실제로 법적 민족에 기반을 둔 해법이다. 헌법에 보장된 법적 시민권은 인종, 종족 및 민족체를 차별하지 않는다. 이 특성이 권리를 부여하지도 않는다. 이런 의미에서 '법적 민족'은 발전하고 있는 범주다. 특히 유럽 국가들은 민족체 민족nationality nation에서 법적 민족으로 이행하고 있다. 민주적 민족에서는 자율적인 거버넌스가 근본이 되며, 법적 민족에서는 권리가 근본이 된다. 반면에 국민 국가에서 결정적인 것은 바로 권력을 지배하는 것이다. 가장 위험한 민족 유형은 '군대 국가'의 사고방식과 그것의 제도화이다. 비록 그것이 강력한 민족을 표방하는 것처럼 보일지라도, 본질적으로는 가장 살기 어려운 민족으로 항상 의무를 부과당하고 파시즘으로 이끌린다. 경제적 민족은 국민 국가와 매우 유사한 범주다. 이 민족의 유형은 미국, 일본 및 심지어 독일같이 경제가 주도적 역할을 하는 국가에서 볼 수 있으며, 과거 유럽에서는 더 흔했다. 한편 사회주의적 민족socialist nation이 시도됐지만 성공적이었다고는 말할 수 없으며, 부분적으로 우리는 이 같은 유형을 쿠바에서 목격하고 있다. 그러나 이 민족의 사례는 국민 국가의 현실 사회주의 형태이기도 하다. 즉 주로 사적 자본주의를 가지고 있는 국민 국가 자리에 주로 국가 자본주의를 포함하는 국민 국가 형태가 있는 것뿐이다.

민주적 민족은 국가적 민족 되기라는 질병에 가장 덜 노출되어 있는 민족 모델이다. 민주적 민족에서는 정부를 신성화하지 않는다. 거버넌스는 일상생활에 봉사하는 단순한 현상이다. 요구 사항이 충족되면 누구나 공무원이 될 수 있고 운영할 수 있다. 지도력은 가치 있는 것이지만 신성한 것으로 간주되지 않는다. 민족 정체성에 대한 이해는 열려 있으며 신자나 종교의 구성원이 되는 것처럼 고정되어 있지 않다. 어떤 민족에 속한다는 것이 특권도 결함도 되지 않는다는 말이다. 또한 누구라도 하나 이상의 민족에 속할 수 있다. 더 정확하게 말하면, 서로 얽혀 있고 다른 민족체들을 경험할 수 있다. 법적 민족과 민주적 민족은 서로 간에 합의를 보면 무난하게 공존할 수 있다. 고국, 국기 및 언어는 모두 귀중하지만 신성하지는 않다. 대결이 아닌 친선과 공유를 통해 공통의 고국과 언어와 깃발의 혼합을 경험하는 것이 가능할 뿐 아니라 역사적인 사회생활에 있어서 필수적이다. 이러한 모든 특성을 갖추고 있는 민주적 민족은 자본주의 근대의 맹렬한 전쟁 기구인 국민 국가주의에 대한 강건한 대안으로서 역사 안에서 다시 한 번 그 자리를 차지하고 있다.

민주적 민족 모델은 건설적인 해법 모델로서 국민 국가주의에 의해 뿔뿔이 흩어진 사회적 관계를 다시 민주화시킨다. 즉, 서로 다른 정체성들을 관용적이고 평화롭고 화해하게 만드는 것이다. 국민 국가가 민주적 민족으로 진화하면 엄청난 이득을 얻을 수 있다. 민주적 민족 모델은 돌봄의 사회의식을 통해 폭력으로 가득 찬 사회적 인식을 개선하고 그것들을 인도적으로 만든다(여기서 인도적이란 '지적이고, 민감하고, 공감하는 인간'의 형용사형이다). 사회적 반감을 완전히 제거하지 못할 수도 있지만, 착취의 폭력을 최소화할 수 있고 더 평등하고 자유로운 사회의 가능성을 실현하는 데 도움이 된다. 민주적 민족 모델은 내적인 평화와 관용을 키울 뿐 아니라 다른 민족들에 대한 억압적이고 착취적인 접근을 넘어서서 공동의 이익을 사명의 실현을 위한 시너지로 변화시킨다. 일단 국내 및 국제기관이 민주적 민족의 근본적인 사고방식과 기관에 따라 재건되면, 이 새로운 근대성, 즉 민주적 근대성이 이론적으로뿐 아니라 그것의 구현에서도 르네상스의 속성을 가진다는 것을 알게 될 것이다. 자본주의 근대성에 대한 대안은 민주적 민족을 그 핵심으로 하는 민주적 근대성과 민주적 민족이 안팎에서 엮어가는 경제적이고 생태학적이며 평화로운 사회다.

민족이 된
쿠르드

쿠르드가 민족이 되는 과정은 2가지 근본 개념의 맥락에서 생각할 수 있다.

첫째는 정신적인 것으로 다시 말해 쿠르드적인 사고방식의 차원이다. 쿠르드는 자신의 언어, 문화, 역사, 경제 및 인구 성장을 게을리하지 않을 것이다. 그러나 동시에 쿠르드는 이러한 기본 영역과 관련해 의식의 상태를 공동의 연대감에 결합할 것이다. 따라서 우리는 그런 사고방식을 공유하는 사람들의 존재라는 차원에 대해 이야기하고 있는 것이다. 이 차원의 주요 특징은 인민들이 다양성에 기반한 이상적이고 자유롭고 평등한 세계의 사고방식을 공유한다는 것이다. 우리는 이 세계를 공동체적 세계, 즉 자유로운 개인들의 유토피아라고 부를 수 있다. 중요한 것은 공공 영역 또는 사회의 도덕적 정치적 삶 안에서의 차이점을 거부하지 않는 자유와 평등의 사고방식을 *지속적으로* 유지하는 것이다.

정신적 차원은 민족이 되고자 하는 개인과 공동체의 연대뿐 아니라 사고와 상상의 세계 역시도 관여되어 있기 때문에, 제한적으로 재배치해야 한다. 따라서 이를 위해 과학, (종교를 포함한) 철학 및 예술에서의 교육을 발전시키고 이러한 목적으로 학교를 여는 것이 가장 중요한 실천 단계다. 민족 되기와 관련한 지적이고 정서적 교육이 이들 학교의 과업이 될 것이다. 역사적·사회적 실체만큼이나 우리의 현재 시대와 관련된 사회 문화를 이해하는 것, 그리고 공통된 생각과 감정 안에서 진실되고 선량하고 아름다운 면들을 공유하는 것이 중요하다. 간단히 말해서, KCK의 주요 지적 과제는 쿠르드를 그 존재와 관련해 공유되는 사상과 감정 안에 들어 있는 *진실되고 선량하고 아름다운* 세계 속에서 하나의 민족으로 그려내는 것이다. 즉 KCK의 과업은 과학적·철학적·예술적 혁명을 통해 쿠르드 인민을 민족이 되게 격려하고, 그러한 민족이 되기 위한 (지적이고 정서적인) 근본 조건을 만들어내고, 쿠르드 현실의 과학적·철학적(이념적)·예술적 진실을 자유롭게 공유하는 것이다. 이를 실현하는 방법은 좋은 것을 공유하고, 잘 살아내면서 스스로 생각하고 스스로 교육하는 것을 통해서다. 주권 국가들이 지적인 차원에서 요구하는 것은 주로 표현과 사고의 자유를 온전히 고수하는 것이다. 국민 국가들이 쿠르드와 공통의 기준하에 공존하고자 한다면, 쿠르드 인민이 그들만의 지적이고 정서적 세계를 창조하고 자신들의 차이점을 토대로 민족적 사회로 나아가려는 욕구를 존중해야 한다. 이를 위해 필요한 표현과 사고의 자유는 헌법에서 보장되어야 한다.

두 번째 차원은 정신세계에 따른 사회적 존재의 재조직이다. 공통으로 공유되는 민족의 지적 세계에 맞춰 어떻게 사회가 재구성되어야 하는가? 민주적 자치는 이 물리적 존재를 재구성하는 데 핵심이 된다. 민주적 자치는 광의와 협의 모두에서 정의하는 것이 가능하다. 가장 넓은 의미에서 민주적 자치는 민주적 민족의 표현이다. 민주적 민족은 넓은 범위에 걸쳐서 나눠진 차원들을 가지고 있다. 즉 문화적·경제적·사회적·법적·외교적 차원과 기타 차원에서 정의될 수 있다. 좁은 의미에서 민주적 자치는 정치적 차원을 대표한다. 즉 민주적 권위 또는 민주적 거버넌스를 의미하는 것이다. 민주적 자치의 차원에서 민주적 민족이 되는 것은 주권 국가와의 관계의 측면에서 훨씬 더 문제적이다. 주권 국가들은 일반적으로 민주적 자치를 거부한다. 그렇게 해야만 하는 경우가 아니라면 그들은 민주적 자치를 하나의 권리로 인정하려고 하지 않는다. 쿠르드와 관련해서는 민주적 자치를 받아들이는 문제가 주권 국가들과의 화해를 이룰 수 있는지가 핵심이다. 민주적 자치는 지배적인 종족을 가진 국민 국가라는 공통의 정치적 지붕 아래에서 살기 위한 최소한의 요구다. 그에 못 미치는 해법은 결국 갈등을

2017년 9월 25일. 이라크 아르빌. 쿠르드 독립 국민 투표일에 쿠르드 어린이들이 군복을 입고 있다. 이라크 쿠르드 자치구에서 쿠르드인들에게 쿠르드 독립을 물은 결과는 당연하게도 92%의 찬성표가 나왔다. 그러나 이라크 중앙 정부는 이를 인정하지 않았다.

심화시키고 상황을 악화시킬 것이다. 그런 것들은 사실 해법이 아니다. 특히 최근에 터키 공화국에서 자유주의적 '개인 및 문화적 권리' 프로젝트를 시행하려는 노력이 시행돼왔다. 이 프로젝트는 본래 영국 자본주의가 영국의 노동 계급과 식민지를 지배하기 위해 개발한 것으로, 터키에서는 정의개발당Adalet ve Kalkınma Partisi(the Justice and Development Party)를 통해 받아들여졌다. 이는 중동 문화에서 상당히 이질적인 것으로 갈등만을 확대시킬 것이다. 민주적 자치는 국민 국가를 위한 가장 적합한 해법이다. 이에 미치지 못하는 해법들은 그저 갈등과 전쟁에 기름만 더 붓고 말 것이다.

민주적 자치 해법과
그 구현

민주적 자치 해법은 2가지 방식으로 구현될 수 있다.

첫째는 국민 국가들과 타협을 찾는 데 바탕을 둔다. 이는 민주적 헌법의 해법에서 구체적으로 표현된다. 이 해법은 인민과 문화의 역사-사회적 유산을 존중하며, 이러한 유산들을 표현하고 조직화할 자유를 폐기할 수 없으며 이를 근본적인 헌정상의 권리로 간주한다. 민주적 자치는 이러한 권리들의 근본 원칙이다. 이 조정의 최우선 조건은, 주권 국가는 모든 부정 및 전멸 정책을 포기하고 피억압 민족은 자신들의 국민 국가를 만들겠다는 생각을 포기한다는 것이다. 이런 점에서 양 민족이 국가주의적 성향을 포기하지 않는다면 민주적 자치 프로젝트는 구현되기 어렵다. EU 국가들은 국민 국가를 300년 넘게 겪고 나서야 민주적 자치를 국

2017년 9월 23일, 이라크 아르빌. 이라크의 쿠르드 독립 국민 투표 준비.

민 국가가 가지고 있는 지역 문제, 민족 문제, 소수자 관련 문제를 해결하는 최선의 해법으로 받아들였다.

쿠르드 문제에 대한 해법 또한 분리주의와 폭력에 의존하지 않고 민주적 자치를 받아들이는 것이 의미 있고 일관된 길이다. 이와 다른 모든 길은 문제를 해결하는 데 지연될 수 있고 따라서 난국을 심화시키거나 폭력적인 갈등과 분열을 야기할 수 있다. 민족 문제의 역사는 그러한 예들로 산재해 있다. 60년간 민족 갈등의 원산지인 EU 국가들이 상대적 평화와 부, 번영을 성취한 것은 그들이 민주적 자치를 수용하고 지역, 국가 및 소수자 문제에 대해 유연하고 창조적인 해법을 찾을 수 있었기에 가능했다. 터키 공화국은 그와 정반대의 경우를 보여준다. 터키는 쿠르드라는 존재를 부인하고 전멸시키는 것으로 터키의 국민 국가주의를 완결하고자 했지만 끊임없는 위기와 정기적인 군사 쿠데타 및 글라디오 작전[4]과 함께 진행된 특수 전시 체제로 인해 터키 스스로를 붕괴 직전까지 몰아넣었다. 터키 국민 국가가 이러한 정책들을 포기하고 (터키와 투르크멘을 포함한) 모든 문화의 민주적 자치, 특히 쿠르드 문화체의 민주적 자치를 수용할 때만 터키는 정상적이며 합법적이며 세속적이고 민주적인 공화국으로서 지속적인 평화와 번영을 이룩할 수 있을 것이다.

민주적 자치 해법의 두 번째 경로는 국민 국가와 타협을 찾는

---

4 코드명이 '칼'이라는 의미의 글라디오GLADIO는 CIACentral Intelligence Agency와 영국 정보기관 MI6Military Intelligence 6, NATONorth Atlantic Treaty Organization가 협력해서 운영하던 비밀 군대였다. 2차 세계대전이 끝나고 CIA와 펜타곤에 의해 만들어진 각 국가의 글라디오는 긴밀한 네트워크를 형성하고 정치에 깊숙이 개입했으며 우익 단체 결성을 돕고 지원했다. 좌익 단체들을 공격, 학살하고 불법 체포 고문을 행하는 테러를 했다. 좌익 단체를 가장한 테러를 통해서 좌익을 고립시키는 수법도 빈번했다. NATO는 반나치 정책을 표명했지만 이 비밀 군대는 과거의 파시스트들로 모집했다. 서유럽 모든 국가에는 글라디오가 있었다. 특히 이탈리아어로 글라디오 작전을 뜻하는 'Operazione Gladio'는 냉전 기간 중 이탈리아에서 있던 은밀한 NATO의 배후 작전의 작전명이다. 터키는 여기에 참가한 최초의 국가들 중 하나다.

글라디오 작전operation GLADIO을 통해 2차 세계대전에서 가장 많은 사상자인 2500만의 사상자, 즉 당시 식민지 조선의 인구수와 비슷한 사상자를 내면서 나치를 물리친 국가라는 소련에 대한 긍정적인 이미지는 대중 매체와 학계에서 사라졌다. 소련은 철의 장막 뒤의 전체주의 국가라는 이미지가 굳어졌으며, 좌익이 되면 사회에서 영원히 배제된다는 생각이 유럽에서도 대중화됐다. 1990년 브뤼셀에서 NATO 관련 비밀회의를 한 기록이 공식적으로 남아 있는데 이후의 활동은 잘 알려져 있지 않다. 소련 붕괴 직전 터키는 소련과 국경을 맞닿은 국가였다. 소련 붕괴 직후 소련으로부터 독립한 중앙아시아 국가들이 당시에는 소련에 속해 있었기 때문이다. 이 때문에 지정학상 터키는 서유럽 전체의 반공의 보루였고 글라디오 작전에서 중요한 국가였다. 유럽 모든 나라의 글라디오 활동을 추적한 Ganser Daniele(2004), NATO's Secret Armies-Operation Gladio and Terrorism in Western Europe, Routledge 연구가 뒤늦게라도 나오면서 글라디오에 대해 어느 정도의 윤곽이 드러났다.

데 의존하지 않는 것으로 독립적인 자체 프로젝트를 구현하는 것이다. 넓은 의미에서 이 경로는 민주적 자치의 구현을 통해 민주적 민족이 되고자 하는 쿠르드 인민의 권리를 인정한다. 이 경우 민주적 민족이 되겠다는 쿠르드의 일방적인 실행을 받아들일 수 없는 주변 주권 국가들과의 갈등이 격화될 것은 말할 필요도 없다. 이렇게 되면 쿠르드는 자신의 존재를 보호하고 자유롭게 살기 위해서 국민 국가들(이란, 시리아, 터키)의 개별적 또는 공동 공격에 대처해야 하며, 이를 위해 전적인 동원 및 전쟁 상황을 채택하는 것 외에 다른 선택의 여지가 없다. 그리고 전쟁 중에 협상에 도달하거나 독립을 달성할 때까지 자신들의 열망을 발전시키고 실현하기 위해 스스로 노력할 것이다. 쿠르드는 모든 차원에서 민주적 민족이 되는 것을 포기하지 않을 것이다.

KCK와 민주적 민족이 되기까지의
차원들

민족의 일반 정의에 비추면 KCK는 국가 민족주의적 접근법을 거부하고 민주적 민족 모델을 그 바탕으로 한다. 그리고 민주적 자치를 통해 민족 사회로의 변형을 이루고자 하는 쿠르드 인민의 권리를 인정한다.

사회들, 특히 우리 시대의 민주적 민족들을 살아 있는 유기체에 비유한다면, 이는 살아 있는 유기체의 통합적인 전체처럼 모든 부분과 차원이 서로 연결되어 있고 공존한다고 말할 수 있다. 그러므로 모든 차원이 각자의 고유한 권리 내에서 논의되면서도 항상 전체의 일부로 간주되어야 한다.

자유로운 개인
─시민과 민주적 공동체의 삶

　민주적 민족의 개인-시민은 자유로운 만큼 공동체적이어야 한다. 자본주의하의 개인주의에서 소위 자유롭다는 개인은 사회와 상충되도록 선동되어 본질적으로 비참한 노예 생활을 하고 있다. 자유주의 이데올로기는 개인이 외관상으로는 무한한 자유를 소유하고 있는 것처럼 이미지를 형성해낸다. 그러나 현실적으로 임금 노동에 의해 노예가 된 개인은 가장 발전된 노예 형태를 보일 뿐이다. 이 유형의 개인은 국민 국가주의의 끊임없는 교육과 국민 국가 속에서의 삶을 통해 양산된다. 그 개인의 인생이 돈의 주권에 묶여 있기 때문에 임금 체제란 사실 개의 가죽끈과 같다. 그래서 개인을 원하는 대로 조작할 수 있도록 보장하는 역할을 한다. 그러한 개인에게는 다른 생존 수단이 없다. 그들이 탈출을 시도

한다면, 즉 그들이 실업을 선택한다면 사실상 사형 선고다. 더욱이 자본주의의 개인주의는 사회를 부정하는 것에 토대를 두고 형성됐다. 개인은 역사적인 사회의 문화와 전통을 거부해야만 자신이 실현될 수 있다고 생각한다. 이것은 자유주의 이념이 만들어낸 왜곡된 사실 중 가장 큰 것이다. 그 주요 구호가 바로 '사회는 없다. 개인이 있다'[5]다.

이와 반대로 민주적 민족의 개인은 작은 공동체들의 보다 더 기능적인 삶의 형태로 그 개인의 자유를 사회 공동체성 안에서 본다. 자유롭고 민주적인 코뮌이나 공동체는 민주적 민족의 개인들을 형성시키는 중심 학교다. 코뮌이나 공동체의 생활이 없으면, 개인은 완전히 실현될 수 없다. 코뮌은 다양하며 사회생활의 모든 영역에서 유효하다. 그 다양성에 따라서 개인은 하나 이상의 코뮌 또는 공동체 안에 존재할 수 있다. 중요한 것은 개인이 자신의 재능, 노동 및 다양성을 가지고 공동체 사회에서 살아가는 방법을 아는 것이다. 개인은 자신이 속한 공동체 또는 사회 단위에 대한

---

5 신자유주의의 대모 마가렛 대처Margaret Hilda Thatcher가 1987년 영국에서 《Women's Own》과 가진 인터뷰를 축약한 문장이다. 원래 내용은 다음과 같다.
"그들은 그들의 문제를 사회에 던져버린다. 당신도 알다시피 사회와 같은 것은 없다. 오직 개별적인 남자들과 여자들이 있고 가족들이 있다There's no such thing as society. There are individual men and women and there are families. 그리고 어떤 정부도 인민을 제외하고는 아무 것도 할 수 없다. 인민은 자신을 우선 돌보아야 한다. 우리의 의무는 우리 자신을 돌보는 것이고 그 이후에 우리 이웃도 돌보는 것이다."

책임을 자신의 주된 도덕적 원칙으로 삼는다. 도덕성은 공동체와 공동생활에 대한 존경과 헌신을 의미한다. 그 대답으로 코뮌 또는 공동체는 개인을 보호하고 개인의 삶을 향상시킨다. 결국, 인간 사회 설립의 이면에 놓인 근본 원리는 도덕적 책임이다. 코뮌 또는 공동체의 민주적 성격은 집단적 자유를 실현하는 것으로, 이를 정치적 코뮌 또는 공동체라고 한다. 그러므로 민주적이지 않은 코뮌 또는 공동체는 정치적일 수 없고, 정치적이지 않은 코뮌 또는 공동체는 자유로울 수 없다. 코뮌의 정치적·민주적 성격과 코뮌이 가지는 자유 사이에는 밀접한 상관관계가 있는 것이다.

그 개인이 국민 국가라는 동일한 정치적 지붕 아래에서 살면 민주적 민족의 개인-시민의 정의는 약간 넓어진다. 이 경우 '헌정 시민권'의 틀 내에서 그 개인은 민주적 시민인 만큼 국민 국가의 개인-시민이기도 하다. 여기에서의 요점은 민주적 민족의 지위에 대한 인정이다. 민주적 자치는 국가 헌법에서 법적 지위를 가지고 있음이 인정된다. 민주적 민족의 위상은 2가지다. 첫째, 민주적 자치의 지위, 법률 그리고 헌법을 나타낸다. 둘째, 자율은 국가 헌법 지위의 하위 조항으로 통합된다.

KCK의 최우선 순위는 자유로운 개인-시민과 KCK의 공동체 통합에 토대를 둔 민주적 민족의 독립적 건설이다. 하지만 KCK가 자국의 민주적 헌법 내에서 민주적 자치의 지위를 인정하는 주권 국가들과 합의에 도달해 이를 실현하는 것도 가능하다.

KCK는 자유로운 개인-시민과 공동체의 삶과 이 삶이 법적·헌정적 지위에 의해 구속되는 범위 모두를 인정한다.

자본주의의 개인주의는 국민 국가라는 신에게 바치는 절대적 노역을 요구하는 반면, 민주적 민족의 시민권은 진정한 의미에서 자유로운 개인의 발전을 육성한다. 쿠르드의 민주적 민족 시민권은 KCK 지위 아래에서 실현될 수 있다. 따라서 KCK의 일원이 되는 자격을 민주적 민족 시민권이라고 정의하는 것이 더욱 적절할 것이다. 이것은 쿠르드 인민이 자신들의 민주적 민족의 시민이 되기 위해서 폐기할 수 없는 권리이자 의무이다. 자신의 민족에서 시민이 될 수 없다는 것은 절대적 소외이며 옹호될 수 없는 일이다.

정치적 삶과
민주적 자치

　도덕적·정치적 사회를 기반으로 하여 사회적 본성의 존재론과 발전을 연구하는 사회 과학 학파를 '민주적 문명 체제 학파'라고 정의할 수 있다. 도덕적·정치적 사회를 우리의 근본 단위로 결정하는 것도 중요한데 이것이 역사성 및 통합성의 차원을 구성하기 때문이다. 도덕적이고 정치적인 사회는 사회의 가장 역사적이고 전체론적인 내러티브다. 도덕성과 정치는 역사 그 자체로 간주될 수 있다. 도덕적·정치적 차원을 갖춘 사회는 그 존재와 발전에서 조화를 이룬 사회다. 사회는 착취, 계급, 도시, 권력, 국가 및 국가 없이 존재할 수 있지만 도덕과 정치가 없는 사회는 생각할 수 없다.

　도덕적·정치적 사회는 민주 사회다. 민주주의는 개방적이고 자유로운 사회, 즉 도덕적·정치적 사회의 존재에 토대를 두어야만 의미를 가질 수 있다. 개인과 집단이 주체가 되는 민주 사회는 도덕적·정치적 사회를 가장 효과적으로 개발하는 거버넌스 형태에 해당한다. 보다 정확하게 말하자면 정치적 사회의 기능이 바로 우리가 이미 민주주의라고 부르는 것이다. 정치와 민주주의는 진정한 의미에서 동일한 개념이다. 정치가 스스로 드러내는 장을 자유라고 한다면 민주주의는 그 장 안에서 일어나는 정치의 방식이다. 자유, 정치 및 민주주의의 삼중주는 도덕적 기반 없이는 있을 수 없다. 또한 도덕을 자유, 정치 및 민주주의의 제도화된 형태 또는 전통 형태라고도 정의할 수 있을 것이다.

도덕적·정치적 사회는 모든 형태의 자본, 소유권 및 권력의 공식 표현인 국가와 변증법적 모순 관계에 있다. 국가는 끊임없이 도덕을 법으로, 정치를 관료 행정으로 대체하려고 하기 때문이다. 이 역사적 모순의 양극단에 공식적인 국가 문명과 비공식적인 민주주의 문명이 공존한다. 2가지의 분리된 유형론이 등장하는 것이다. 모순들은 심화되어 전쟁으로 이어질 수 있고, 화해해 평화로 이어질 수도 있다.

국민 국가의 문제적 본질로 인해, 오늘날 정치 사회들과 그 통치 세력들은 개혁이나 혁명을 통해 민주적 국가가 되어가고 있다. 자본주의가 부상하던 시기에는 국민 국가가 지배적인 경향을 띠었지만, 지금처럼 자본주의가 몰락하는 상황에서 지배적인 경향

2017년 9월 23일, 이라크 아르빌. 광장에서 이라크 쿠르드 지역 독립 투표를 홍보물로 알리고 있다.

은 민주적 민족이 되는 쪽으로 진화하는 것이다. 여기에서는 정치적인 힘을 국가 권력과 동일시하지 않는 것이 중요하다. 정치는 권력 및 그 제도화된 형태인 국가와 동일시되어서는 안 된다. 정치의 본질은 자유다. 정치화된 사회와 민족들은 자유로워지는 사회와 민족이다.

정치는 해방하면서 또한 규제하기도 한다. 정치는 독특한 규제의 힘으로, 일종의 예술이다. 정치는 국가와 통치자의 억압적인 규제와는 반대다. 즉 사회나 민족 안에서 정치가 강할수록 국가와 지배력은 약화된다. 반대의 경우도 마찬가지다. 사회나 민족 안에서 국가 또는 지배력이 강할수록 그 사회에서의 정치, 즉 자유는 약해진다.

국가 및 지배력을 획득한 사회나 민족은 비록 민주주의적 특징이 있더라도 자유롭게 되지 않으며, 뿐만 아니라 과거에 가지고 있었던 모든 형태의 자유를 잃어버리는 지경에 직면한다. 그때문에 사회에서 국가와 권력을 제거할수록 더 자유롭게 될 수 있는 것이다. 또한 사회와 민족을 해방시키기 위해 필요한 근본조건은 사회와 민족이 영속적인 정치적 지위를 유지하는 것이다.

민주적 문명 체제는 본질적으로 사회적 본성의 도덕적·정치적 통일체로서, 공식 문명의 역사의 또 다른 면으로서 항상 존재하고 유지돼왔음을 알 수 있다. 공식적 세계 체계에 의한 억압과 착취에도 불구하고 사회의 다른 면, 즉 민주적 문명 체제는 제거될 수 없었다. 어떻게 하더라도 그것을 파괴하는 것은 불가능하다. 자본주의가 비자본주의 사회 없이는 존재할 수 없는 것처럼, 공식적인 세계 체제로서의 문명은 민주적 문명 체제 없이는 존재할 수 없다. 더 구체적으로는 독점을 가진 문명은 독점이 없는 문명 없이는 존재할 수 없다. 그 반대는 적용되지 않는다. 즉 도덕적·정치적 사회의 역사적 흐름인 민주적 문명은 공식 문명이 없어도 매우 편안하게 존재할 수 있고 방해물로부터 더 자유로울 수 있다. 나는 민주주의 문명을 도덕적 규율과 정치 조직의 총체이면서 동시에 사고 체계이자 사고의 축적이라고 정의한다.

우리는 KCK의 민주적 민족 건설의 정치적 차원을 민주적 자치라고 개념화했다. 자기 거버넌스가 없다면 민주적 민족은 생각할 수 없다. 일반적으로 모든 형태의 민족이, 그중에서도 특히 민주적 민족은 자신의 자기 거버넌스를 갖춘 사회적 실체다. 자기 거버넌스를 박탈당한 사회는 더는 민족이 아닌 것이다. 쿠르드는 민족이 되는 것만 가로막혔던 것이 아니라 사회로서 존재하는 것도 멈췄던 것이다. PKK의 지침과 KCK의 정책들은 그러한 상태를 유발한 과정을 중지시키고 정치적 사회가 아닌 민주적 민족이 되는 과정을 시작했다. 현재의 단계에서 쿠르드는 상당히 정치적일 뿐 아니라 그러한 정치적 현실을 민주적 민족으로 변화시키는 사회다.

KCK는 민주적 민족 건설의 핵심 역할을 하며 민주적 자치와 동등한 것으로 해석될 수 있다. KCK가 민주적 정치를 위한 기관으로서의 역할을 완수하는 것은 민주적 민족을 만드는 데 없어서는 안 될 필수 요소다. 그것을 국민 국가와 혼동하는 것은 고의적인 왜곡이다. 원칙적으로 KCK는 해법을 찾기 위한 도구로 국민 국가주의 채택을 중지했다. 민주적 민족은 국민 국가주의의 첫 단계도 마지막 단계도 아니다. 민주적 민족과 국민 국가는 질적으로 서로 다른 권위 개념이다. 민주적 민족이 조직 구조와 관련해 국민 국가의 제도화를 연상케 하는 특징을 포함할 수도 있지만, 그 둘은 본질적으로 다르다. KCK의 의사 결정 기구인 콘그라겔KONGRA-GEL(쿠르디스탄의 인민 대회The People's Congress of Kurdistan는 2003년 결성됐고 KCK의 입법 기구다)은 인민 의회People's Assembly를 의미한다. 이 기구의 중요성은 사람들이 스스로 결정을 내리는 데서 비롯된다. 인민 의회는 민주적 조직이다. 이 조직은 상류 계급이나 부르주아지가 통치하는 민족이 되는 것에 대한 대안이다. 콘그라겔은 대중적인 계급과 지식인 계층이 통치하는 민족이 되는 것을 의미한다. 본질적으로 부르주아 의회 제도와는 다르다. KCK 집행평의회Executive Council는 응축되고 중앙 집중화된 일일 관리 피라미드를 보여준다. 집행평의회는 인민들 사이에 흩어져 있는 작업 단위 간의 조정을 보장한다. 즉 민주적 민족 되기에 관련된 일상적인 조직 운영 작업을 유지하면서 동시에 조정하는 역할을 한다. KCK의 평의회Council는 국가의 정부 기관과 혼동되어서는 안 된다. 이 평의회는 민주 시민 사회의 연합 체제에 더 가깝다. 인민에 의한 선거를 기반으로 하는 KCK의 총의장제도General Presidential Institution는 대의제의 가장 보편적인 형태로 최고 기관에 해당한다. 이 기관은 모든 KCK 단위와 기본 정책 적용 간의 호환성을 감독하고 감사한다.

새로운 조건이 형성되는 단계에서는 국민 국가의 제도 및 군대와 KCK의 기관 및 군대 사이에 상당한 경쟁과 논쟁, 갈등이 있을 것이다. 도시와 농촌에서는 서로 다른 권위들과 거버넌스가 있을 것이다.

사회적 삶

민주적 민족이 되는 과정에서는 사회적 삶에 중요한 변화가 일어난다. 자본주의 근대성 속에 있던 전통적 삶은 커다란 변화를 겪는다.

근대 생활의 지배적인 양식은 가장 오래된 노예인 여성을 둘러싼 완전한 덫으로 변모했다. 자본주의에서 여성들은 '상품의 여왕'이 됐다. 그 여성들은 '가정주부'라고 불리는 무급 노동자일 뿐 아니라 집 밖에서는 가장 낮은 임금 소득자이자 임금을 낮추기 위한 주요 도구가 된다.

여성은 유연한 고용을 가능하게 하는 가장 중요한 구성 요소다. 여성은 자본주의 체제가 요구하는 새로운 세대를 생산하는 산업 인큐베이터다. 여성은 광고업계의 주요 도구다. 여성의 노역은 성차별을 영속시킨다. 전 세계에서 가족 안의 작은 황제까지, 여성은 모든 지배적 남성들을 위한 무한한 쾌락과 권력의 도구다. 여성은 권력을 가진 적이 없는 사람들의 힘을 낳는 대상이다. 역사상 어느 시점에서도 자본주의적 근대성의 시기만큼 여성이 착취를 당한 적은 없었다. 아동 및 남성 노예제 등 다른 모든 노예제도는 여성 노예제의 발자취를 따라서 발전했다. 이 때문에 자본주의가 부여한 사회생활에서 지배자들을 제외한 모든 사람이 노예화됐을 뿐 아니라 소아 취급을 받는 것이다. 여성을 중심으로 형성되며 사회의 가장 오래된 제도인 가족은 다시 여성을 중심으로 붕괴되고 있다. 가족을 붕괴시키는 것은 자본주의의 축적 방식이다. 이 방식은 사회를 소비할 때만 유형화될 수 있으며, 그에 따라 사회의 근본 세포인 가족을 파괴하는 만큼 사회가 소비되고 원자화되는 결과를 낳으리라는 추측이 가능하다.

의학 분야가 아무리 발전해도 사회 내에서 질병이 급속히 확산되는 것을 막을 수는 없다. 민족주의, 종교주의, 권력주의 및 성차별주의는 자본주의의 인지적·정서적 DNA로서 개별적으로나 제도적으로 항상 질병을 일으킨다. 생득적生得的인 질환의 증가는 정신적이고 심리적인 질병의 지표로 자본주의가 사회에 미치는 파괴적 영향이 낳은 피할 수 없는 결과다.

현대 사회생활에서 반反사회적인 개인이 나타나는 것은 교육 체제의 책임이다. 자유주의적 개인주의의 삶과 국민 국가의 시민으로서의 삶은 둘 다 자본주의의 요구에 따라 기획되고 구현된다. 이를 위해 교육 부문이라고 불리는 거대한 산업이 형성됐다. 이 부문에서는 개인이 하루 24시간 내내 정신적으로나 영적으로 폭격당하며, 반사회적 존재로 변모하게 된다. 개인은 도덕적·정치적 인간이 되는 것을 금지당하며, 소비를 강요당하고 돈을 쫓는 성차별주의자, 배외주의자, 아첨꾼으로 변한다. 사회적 본성은 이렇게 파괴된다. 교육은 사회의 건강한 기능을 향상시키는 것이 아니라 파괴하는 데 사용된다.

민주적 민족은 사회로 남는 것에 대해 무엇보다 단호하다. 민주적 민족은 자본주의 근대성에 반대해 '사회가 아니면 아무것도 없다'는 구호로 맞서면서, 근대성의 숫돌 안에서 해체된 사회일지라도 역사적-사회적 현실로서의 그 명맥이 유지되어야 한다고 주장한다.

민주적 민족이 교육을 이해하는 방식은 사회성과 자유로운 개인-시민을 목표로 하기 때문에, 사회와 함께 가는 개인의 발전과 개인과 함께 가는 사회의 발전이라는 변증법이 재확립된다. 또한 학문의 역할이 사회화되고 해방되며 평등화되어야 한다고 재차 단언한다. 민주적 민족은 그 존재를 진정으로 인식한 사회의 민족의식이다.

자유로운
파트너의 삶

우리는 모든 생명체에 영양 섭취, 자기 보호, 보전이라는 3가지 주요 기능이 있음을 알고 있다. 이 기본 기능이 인간 안에서 새로운 차원을 획득한다.

일단 살아야 한다는 욕망의 의식을 가지게 되면, 생식을 통해서만은 인생의 의미를 파악할 수 없다는 것을 알게 될 것이다. 재생산은 삶을 의미 있는 것으로 만들지도 않을 뿐더러, 의식이라는 새로 등장한 힘을 왜곡하고 약화시킬 수도 있다. 자신의 자아를 인식한다는 것은 분명 우주에서 일어나는 놀라운 일이다. 인간에게 신성을 표하는 것은 헛된 것이 아니었던 것이다. 의식을 가진 인간의 혈통을 계속 유지하는 것은 다른 생명체를 해침으로써 균형을 깰 뿐 아니라 인간의 의식이 가진 힘을 위험에 빠지

2010년 3월 20일, 터키 반. 군복을 입은 쿠르드 여성들이 뉴로즈 축제를 즐기고 있다.

게 한다. 요컨대 혈통 유지가 의식적인 인간의 주된 문제가 되어 서는 안 된다. 우리가 아는 한 우주가 가장 높은 수준의 힘을 얻게 됐다면, 즉 처음으로 인간 안에서 스스로 알게 됐다면 그것만 으로도 충분히 흥분할 만한 일인 것이다. 어쩌면 우주를 이해하는 것이 진정한 삶의 의미일 수도 있다. 그리고 우주를 알게 된다는 것은 삶-죽음의 주기가 초월됐음을 의미할 것이다. 인류에게 이보다 더 큰 흥분과 기쁨의 원천은 없을 것이다.

PKK가 수행한 혁명적인 인민 전쟁의 결과 중 가장 중요한 것이 남성 배외주의와 관련되어 있다. 사회의 해방과 자유가 여성의 해방과 자유만큼이나 여성 현상의 분석을 통해서만 가능하다는 것을 알게 된 것이다. 그러나 이미 지적했듯이 쿠르드 남성은 자신이 가진 명예라는 것을 여성에 대한 절대적 주권 획득으로 잘못 규정하고 있다. 이 지독한 모순은 해결되어야만 한다.

민주적인 민족을 건설하는 과정에서 우리는 지금까지 명예라는 이름으로 행해왔던 것과 정반대되는 것들을 해야 할 것이다. 내가 말하고자 하는 것은 변화된 쿠르드 남자 의식이며, 부분적으로는 나 자신에 관한 것이다. 이는 다음과 같이 이뤄져야 한다. 우리는 여성과 관련된 어떠한 소유권 개념도 포기해야 한다. 여성은 자신에게만 속해야 한다[6]. 여성은 그 자신에게 소유자가 없다

---

6 '자신에게만 속해야 한다xwebûn'. 딜라르 디릭Dilar Dirik에 따르면 쿠르드어로 '스스로가 되어라 be oneself'란 의미다. 외잘란은 이 단어를 사용해 자신의 존재와 의미를 깨닫는 자만이 살아가고 스

는 것을 알아야 하며, 여성에 대한 유일한 소유자는 그 자신이다. 맹목적인 사랑을 포함해, 우리는 어떠한 종속적 감정도 여성과 결부시켜서는 안 된다. 마찬가지로 여성 역시도 의존적이 되거나 소유되는 것을 그만두어야 한다. 이것이 혁명적이고 전투적인 인간의 첫 조건이다. 이 경험을 성공적으로 겪어낸 사람들이 인간성에서 자유를 실현한 사람들이고, 그 자신의 해방된 인간성을 가지고 새로운 사회와 민주적 민족을 건설하는 사람들이다.

여성 해방은 민주적 민족이 되는 과정에서 매우 중요하다. 여성의 해방은 곧 사회의 해방이다. 또한 자유롭게 된 사회가 곧 민주적 민족이다. 나는 남성의 역할을 전복시킨다는 것이 갖는 혁명적인 의미에 대해 말했다. 이는 남성이 자신의 혈통을 유지하는 수단으로 여성에게 접근하거나 여성을 지배하는 대신에 자기 스스로의 힘을 통해 민주적 민족이 되는 과정을 유지해야 함을 의미한다. 남성은 이에 필요한 이념적이고 조직적인 힘을 형성하고, 그 자신이 가진 정치적 권위의 주권을 증명해야 한다. 따라서 남성은 이념적이고 정치적으로 스스로를 만들어내야 한다. 즉 육체적인 재생산보다는 영적이고 지적인 강화를 확실히 해야 한다. 자본주의적 근대성은 사랑의 부정에 토대를 둔 체제다. 사회의 부

스로와 공동체를 방어할 권리를 갖는다고 주장한다.
Dilar Dirik, Kurdish Women's Radical Self-Defense: Armed and Political. 7 July 2015. http://www.telesurtv.net/english/opinion/Kurdish-Womens-Radical-Self-Defense-Armed-and-Political-20150707-0002.html

정, 통제 불가능한 개인주의, 만연한 성차별, 돈의 신성화, 신을 대체한 국민 국가, 여성의 무급 노동자 및 저임금 노동자화 또한 사랑의 물질적 기초에 대한 부정을 의미한다.

여성의 본성은 명확하게 이해되어야 한다. 여성의 생물학적 매력만을 찾아서 여성의 성에 접근하고 이를 기반으로 여성과 관련을 맺는 것은 처음부터 사랑을 상실한 것과 같다. 우리가 다른 종의 생물학적 교미를 사랑이라고 부르지 않는 것처럼, 인간 사이에 일어나는 생물학적 기반의 성행위를 사랑이라 불러서는 안 된다. 이것은 생명체의 정상적인 번식 활동이라고 부를 수 있다. 이 활동을 수행하려고 인간이 될 필요는 없다. 진정한 사랑을 원하는 사람들은 이 동물-인간 유형의 재생산을 포기해야 한다. 여성을 성적 매력의 대상으로만 보는 것을 초월하는 만큼 여성을 귀중한 친구이자 동지로 볼 수 있게 된다. 가장 어려운 관계가 여성과의 성차별을 초월한 우정 및 동지애다. 파트너로서의 여성과 삶을 자유롭게 공유하는 경우라 할지라도, 사회와 민주 민족 건설은 그 토대를 형성해야 한다. 우리는 전통 경계를 넘어서야 하며 근대성에서 그러하듯이 여성을 배우자, 어머니, 자매 또는 연인의 역할로만 보는 것을 극복해야 한다. 무엇보다 먼저 공통의 이해와 사회 건설에 토대를 둔 강력한 인간관계를 닦아야 한다. 어떤 남성이 강한 이념적·사회적 바탕을 가진 여성과 관계를 맺고자 한다면, 그 남성은 선택과 구애를 그 여성에게 맡겨야 한다. 여성이 가진 자유와 자유롭게 선택할 수 있는 능력, 자신의 힘으로 이동할 수 있는 정도가 발전할수록 여성과 함께하는 삶이 더욱 의미 있고 아름다워진다.

우리는 진(jin, 여성)과 지얀(jiyan, 삶)이 여성이자 삶이 되기를 멈추는 상황은 사회의 붕괴와 분열을 말하는 것이라고 지속적으로 강조한다. 이 현실을 이해하고 그에 따라 행동하지 않으면 우리가 혁명, 혁명 정당, 선도 세력 및 무장 세력이라고 부르는 구성 요소가 그 역할을 수행할 수 없다. 스스로 교착 상태에 처해 있는 사람들이 다른 사람들의 교착 상태를 해결해주고 자유롭게 만들 수는 없는 것이다. 이 점에서 PKK와 PKK가 수행한 혁명적인 인민 전쟁이 내린 가장 중요한 결과는 여성 현상의 분석을 통한 여성 해방과 자유만이 사회의 해방과 자유를 가져올 수 있다는 사실이다.

경제적 자치

자본주의 근대성은 최대 이윤 실현을 목표로 경제에 대한 지배력을 확립하고자 하며, 이를 위한 도구가 국민 국가다. 이 도구가 없으면 이윤과 자본 축적의 극대화는 일어날 수 없다. 문명의 역사에서 일정한 합법성을 유지하는 한에서, 국민 국가는 최고 수준의 경제 약탈을 용인한다. 국민 국가가 이익 및 자본 축적의 극대화와 맺고 있는 관계를 분석하지 않는다면 국민 국가는 제대로 규정될 수 없다. 이를 폭정과 권력의 체제로만 정의할 수는 없다. 국가 권력이 국민 국가로서 조직될 때만 자본주의 근대성이 가능하며 특히 자본주의가 경제에서 행하는 최대 이윤과 자본 축적이 실현될 수 있다. 이것은 국민 국가가 사회의 경제적 생활을 통제함으로써 국가가 과거보다 더 많은 잉여 가치를 점유할 수 있

2014년 8월 4일, 터키 샨리우르파. 터키와 시리아 국경 사이에 있는 코바니에서 온 쿠르드 난민들.

게 됐다는 것을 의미한다. 경제적 갈취를 정당화하기 위해, 국민 국가는 민족주의와 애국심의 유약을 덧바르고 교육을 통해 신성 화되면서 사회에 완전히 침투한다. 법률·정치·경제·외교 분야에 서 발전된 개념과 이론과 제도는 모두 이와 동일한 목적을 가지 고 합법성을 추구한다. 또한 최대 이윤의 획득과 더불어 무자비 한 공포가 끊임없이 강화된다. 이는 한편으로는 사회를 최저 임 금을 받는 노동으로 몰아넣고 다른 한편으로는 대다수의 사람들을 실업자 부대로 만들어버린다. 저임금 노예제와 엄청난 실업자 부대는 최대 이윤, 국가, 산업주의를 극대화해가는 방향에서 나오는 당연한 결과다.

자본주의 근대성의 이 3가지 기본 요소들은 사회가 경제적 삶에 대한 통제와 선택의 자유를 잃고, 대다수의 사람들이 실업자 부대가 되어 사회가 임금 노예제로 몰리고, 여성이 무급 또는 저임금 노예로 몰릴 때만 실현된다. 일반적으로 자본주의 사회 과학, 그리고 특히 자본주의의 정치경제학은 이러한 사실을 은폐하고 왜곡하기 위해 혼합된 신화다. 그것들을 결코 믿어서는 안 되며 이 신화들이 강요하는 것이 무엇인지 알아야 한다.

쿠르드 사회는 자본주의 근대성의 결과로 만들어진 사회며, 스스로 일어서기를 두려워해왔다. 이는 정복, 점령, 침략, 약탈, 식민주의, 동화를 통해 겪어온 문화적 대량 학살의 결과였다. 스스로의 경제에 대한 통제력을 상실한 사회고 외세와 앞잡이들로 이루어진 삼각三脚 근대 괴물이 완전하게 통제해왔던 사회인 것이다. 먹고 살기 위해서만 움직인다는 사실은 이 사회가 집단 학살의 의지에 얽매여 있는 사회임을 보여준다. 경제의 창조자인 여성들은 실직 상태에 빠졌고 여성의 노동은 가장 가치 없는 것으로 간주된다. 이 사회는 사람들이 가족을 부양하기 위한 일을 찾아 전 세계에 흩어져 있는 사회다. 이 사회 안에서는 사람들이 한 조각의 고기나 한 뙈기의 땅을 얻기 위해 서로를 죽인다. 분명히 그러한 사회는 더는 사회가 되기를 멈춘 채 부서지고 해체된 사회다.

경제적 점령은 모든 점령 중에서 가장 위험하다. 이는 사회를 타락시키고 파괴하는 가장 야만적인 방법이다. 쿠르드 사회는 터키라는 국민 국가의 억압과 폭압보다는 경제적 도구와 경제적 영역을 통제할 수 없게 되자 얼이 다 빠져나갔다. 사회가 한 번 생산 수단과 그 시장에 대한 통제를 잃어버리면 자유를 유지할 수 없다. 쿠르드는 생산 수단과 생산 관계에 대한 통제력을 사실상 잃어버린데다가 생산, 소비 및 상업에 대한 통제권도 상실했다. 더 정확히 말하자면, 쿠르드 사람들은 자신의 정체성을 포기하고 터키라는 주권 국가에 붙었을 때만 자신의 자산을 이용하고 상업과 산업 활동에 참여할 수 있었던 것이다. 경제적 억류는 정체성을 부정당하고 자유를 잃게 만드는 효과적인 도구였다. 강과 석유 매장지에 설립된 일방향적 경향의 기업은 고대의 문화적 건축물뿐 아니라 많은 비옥한 토지를 파괴했다. 정치적이고 문화적인 식민지화 이후에 경제 식민지주의가 발생하고 강화된 것은 관에 마지막 못을 박는 것과 같았다. 최후에는 '사회가 되기를 멈추거나 죽거나 둘 중에서 선택하라!'는 것까지 이르렀다.

민주적 민족의 경제 체제는 이러한 야만적인 관행을 멈추게 할 뿐 아니라 자체 경제에 대한 통제권을 다시 설정하는 사회에 기반한다. 경제적 자치는 국민 국가와 민주적 민족이 도달할 수 있는 최소한의 타협점이다. 그에 못 미치는 타협은 반드시 복종과 전멸을 불러올 것이다. 경제적 자치가 독립을 향해 나아가는 것은 또 다른 국민 국가를 설립하는 것으로, 이는 궁극적으로 자본주의 근대성에 항복하는 것과 같다. 반면 경제적 자치를 포기하는 것은 기존의 지배적인 국민 국가에 항복하는 것을 의미한다. 경제적 자치의 본질은 사적 자본주의에도, 국가 자본주의에도 있지 않다. 그것은 민주주의가 경제에 반영되는 형태인 생태 산업과 공동체 경제를 지향한다. 산업, 개발, 기술, 사업 및 소유권은 생태적이고 민주적인 사회가 된다는 원칙에서 벗어나지 않는다. 경제적 자치 안에서는 생태적·민주적 사회를 부정하는 산업이나 기술, 개발, 소유권 혹은 농촌-도시 정착촌이 설 자리가 없다. 경제는 이윤과 자본 축적이 실현되는 영역이 되어서는 안 된다.

경제적 자치는 이윤과 자본 축적이 최소화되는 모델이다. 이 모델은 시장이나 무역, 제품 다양성, 경쟁, 생산성 등은 거부하지 않지만 이윤과 자본 축적이 우위를 차지하는 것은 거부한다. 금융 및 금융 시스템은 경제 생산성 및 기능성에 도움이 되는 경우에만 유효하다. 돈으로 돈을 버는 것은 가장 쉬운 형태의 착취로 간주되어 경제적 자치에서는 설 자리를 잃게 된다. 민주적 민족의 경제적 자치는 일을 고역이 아닌 해방 행위로 간주한다. 노동을 고역으로 보는 것은 노동의 결과로부터 소외된 것이다. 노동 결과가 자신의 정체성과 개인의 자유에 도움이 되면 상황이 더 나아진다. 이것은 집단화를 향해가는 현실 사회주의의 노력과 동일하지 않다. 코뮌에서는 고역이나 해방의 기능이 없는 일이나 노동은 존재하지 않는다.

쿠르디스탄강에 건설된 댐[7]은 역사에 남을 대량 학살과 생태 재앙을 초래했다. 생태학과 비옥한 토지 또는 역사를 무시하는 댐은 허용되어서는 안 되며, 이미 만들어진 것들도 노후화됐을 때 새로 지어서는 안 된다. 가능하다면 기존의 댐들이 노후화되기 전에 조기 제거하는 것도 고려할 수 있다. 사회와 삶의 가장 큰 적인 삼림 벌채와 침범에 대한 반대는 총동원의 정신과 유사하다. 즉 토지를 보호하고 숲을 재건하는 것이 가장 가치 있는 노동 형태라고 단언한다.

민주적 민족의 중추인 KCK는 경제적 자치와 공동체 경제를 사회의 자기방어에 필수적이라고 본다. 자기방어 없이는 사회가 스스로를 지탱할 수 없듯이 사회의 자양과 생존은 토양 보전과 숲 재건, 생태와 공동체에 의존하는 경제적 자치가 있을 때만 가능하다.

경제적 자치도 법적 근거를 필요로 한다. 주권 국가의 법이 가진 획일성과 중앙집권주의는 통일이라는 구실하에 경제적 창의

---

7 1990년대 후반부터 시작된 터키의 동부 댐 공사는 쿠르드가 사는 지역들을 수몰시키고 있다. 터키가 계획하고 있는 거대한 댐들이 세워지면 디야르바크르, 하산케이프 같은 쿠르드족 중심지도 수몰될 것이지만 아니를 비롯한 옛 아르메니아 왕조들의 수도 등도 수몰될 것이고 많은 문화재들도 사라질 것이다. 주로 아나톨리아 동남부를 종횡하면서 해자가 만들어진다. 이는 쿠르드 자치 운동의 기반이 되는 농업적 기반을 파괴하기 위한 것으로 쿠르드 게릴라를 막기 위한 것과 궤를 같이 한다는 분석도 있다.

2017년 1월 28일, 프랑스 마르세유. PKK 깃발을 내세우고 있는 쿠르드 시위대.

력, 환경 및 경쟁을 방해한다. 법을 이렇듯 경제 식민지주의에 기반해보는 대신에, 자율적으로 기능하지만 국가 경제와의 조화를 고려하는 지역 경제가 절실히 필요하다. 지역 시장의 역동성은 허용하지만 국가 시장을 부정하지 않는 경제법이 필수적이다. 단일의 중앙 법 체제는 보수주의를 뒷받침하는 가장 중요한 요소로서, 완전히 정치적일 뿐 경제적으로는 타당하지 않다.

법 구조

민주적 법은 다양성에 기초한 법이다. 더 중요한 것은 법적 규제에 대한 언급이 거의 없는, 단순한 구조라는 것이다. 역사를 통틀어봤을 때 주권 국가는 도덕적·정치적 사회를 제거하기 위해 법적 규제를 최대한 발전시킨 국가 형태다. 과거의 사회들은 주로 도덕적·정치적 규제를 통해 문제를 해결하려고 시도했다. 반면 자본주의 근대성은 자신의 정당성의 기반을 법에서 찾고자 했다. 자본주의 근대성은 사회에 과도하게 개입하고 사회를 착취한 결과, 정의를 공식화한 법이라고 불리는 복잡한 도구에 의존하게 됐다.

법은 대개 개인과 사회의 권리와 의무를 규정하는 법제로 구성된다고 여겨진다. 그러나 오히려 법은 자본주의에 의해 야기된 불의를 정당화하기 위해서 쓰이는 과도한 규제를 통하는 통치 기술

일 뿐이다. 도덕적·정치적 규칙들이 아닌 법을 통한 지배는 자본주의 근대성이 가진 특징이다. 부르주아지는 도덕과 정치를 거부하면서 법의 도구에 의지하며, 이는 부르주아지에게 막대한 권력을 부여한다. 부르주아지의 손에서 법은 강력한 무기가 된다. 부르주아지는 법을 통해 과거의 도덕적·정치적 질서와 노동자들에 반해 스스로를 보호한다. 국민 국가의 권력은 대체로 일방적인 규제를 시행하는 법 체제의 힘에서 비롯된 것이다. 그런 점에서 법이란 국민 국가-신 종교의 시편詩編에 해당한다. 국민 국가는 이 시편을 통해 사회를 지배하기 원한다.

이런 이유로 민주적 민족은 법, 특히 헌법에 민감한 것이다. 민주적 민족은 법에 기반한 민족이 아니라 도덕적이며 정치적인 민족이다. 민주적 민족이 공통의 정치적 지붕 아래서 국민 국가와 합의를 통해 공존해야 하는 경우라면 법의 필요성이 제기된다. 이 경우에는 국가법과 지방 정부의 법률 간 구별이 중요해진다. 일방적으로 중앙 집중화된 관료주의적 이익에 기반한 국민 국가법이 지속적으로 지방적·문화적 민주 집단의 저항에 직면할 때면, 지방 정부의 법률을 받아들여야만 한다.

쿠르디스탄과 쿠르드의 존재가 부정됐기 때문에 쿠르드에게는 특화된 법이 없다. 오스만 시대에 쿠르드는 성문법 및 전통법을 모두 가지고 있었다. 1925년[8] 이후 쿠르드의 정체성은 존재하지 않는 것으로 간주되어 음모와 쿠데타, 동화를 통해 역사에서 사라져야 했다. PKK의 저항이 쿠르드의 존재를 재확립했지만, 이는 아직까지 법적 정의를 보장하지 못하고 있다. KCK는 국민 국가들이 쿠르드를 합법적으로 인정하도록 설득하기 위해 노력할 것이지만, 이것이 불가능해지면 자체 법 체제를 일방적으로 개발할 것이다. 그러나 KCK는 다른 국가들의 헌법 범위 안에 자리잡는 것을 우선시할 것이며, 그 안에서 민주적 자치의 지위를 얻고자 노력할 것이다. 이것이 쿠르드 문제에 대한 평화롭고 민주적인 해법인, 민주적 자치의 지위에 토대를 둔 민족 민주 헌법적인 화해national democratic constitution compromise가 의미하는 것이다. 이에 따라 화해에 근거해, 민주적 자치의 지위를 가진 바람직하며 민주적인 헌법이라는 해법을 우선순위에 둘 것이다. 하지만 이것이 성공하지 못한다면, KCK는 두 번째 우선순위에 따라 일방적인 민주적 자치 체제로의 전환을 감행할 것이다. 쿠르디스탄에서 민주적 자치 거버넌스는 법을 통한 거버넌스를 가진 국민 국가와는 다르다. 그것은 지방 및 지역 차원에서 이뤄지는 민주적 근대성의 거버넌스다.

---

8 1924년에 칼리프제를 폐지하고 터키 공화국의 기본 정신인 세속주의를 법으로 제정했다. 1925년은 터키에서 본격적인 근대화가 시작된 해다. 복장 개혁을 시행해 여성들의 복장을 서구화시키고 금지됐던 여성의 교육권을 보장해 남녀 평등 교육을 시행했으며, 이슬람력을 폐지해 유럽식 그레고리력으로 대체했다.

문화

국가는 수천 년간 지속된 가부장제 문화에 의존하고 있다. 국가 제도는 남성의 발명품으로, 이 제도하에서 생산은 강탈 및 약탈의 목적을 가진 전쟁의 형태를 띤다. 생산에 바탕을 둔 여성의 사회적 유효성 대신 전쟁과 전리품을 기반으로 한 남성의 사회적 유효성으로의 이행이 일어났다. 여성의 노예화와 전사 사회 문화 사이에는 밀접한 상관관계가 있다. 전쟁은 생산하지 않는다. 빼앗고 강탈한다. 폭력은 어떠한 특정한 상황, 즉 자유의 길을 닦고 점령이나 침략, 식민지주의에 저항하는 것과 같은 상황에서는 사회 발전에 결정적 역할을 했지만 대개는 파괴적이고 부정적이다. 사회 내의 폭력이 내면화된 문화 또한 전쟁으로 인해 촉진됐다. 국가 간의 전쟁에 쓰이는 검과 가족 내 남성이 휘두르는 손은 모두

2016년 11월 12일, 이탈리아 밀란. 쿠르드 활동가들이 압둘라 외잘란의 사진을 들고 시위를 하고 있다.

지배의 전형이다.

이뿐 아니라 자본주의 근대성은 민족 문화라는 미명하에 지배적인 종족이나 종교 공동체의 문화적 규범을 공식화함으로써 그 외의 다른 모든 문화 실체들과의 전쟁을 선포한다. 수천 년간 모습을 지켜온 종교들, 종족들, 인민들, 민족들, 언어들, 문화들이 '민족 통합을 해친다'는 주장에 따라서 무력이나 물질적 장려를 통해 파괴돼갔다. 역사상 다른 어느 시기에도 이렇게 많은 인민과 민족뿐 아니라 그 많은 언어, 종교, 종파, 종족 부족 및 아시레트(aşiret, 터키어로 부족 공동체의 연방)가 이러한 정책들의 희생물이 된 적은 없었다. 더 정확하게 말하자면 이는 대량 학살이다. 물리적인 대량 학살은 비물질적 대량 학살과 비교했을 때 실제로는 대양 속의 한 방울에 불과하다. 수천 년간 존재해온 공동체와 함께 한 문화적·언어적 가치는 '민족적 통합'을 창출하겠다는 소위 성스러운 행위로 인해 희생된다.

문화적 차원 역시 민족 형성에서 중요하다. 좁은 의미에서 문화는 사회의 전통 사고방식과 정서적인 현실을 나타낸다. 다시 말해서 좁은 의미로 봤을 때는 종교와 철학, 신화, 과학 및 다양한 예술 형식이 한 사회의 문화를 구성한다. 어느 정도는 사회의 사고방식과 정신 상태를 나타내기도 한다. 국민 국가 또는 국가로 구성된 민족들에게서 문화의 세계는 크게 왜곡되고 죽어 나갔다. 이는 국가가 최대 이윤과 자본 축적의 통치를 정당화할 수 있는 유일한 방법이기 때문이다. 근대성과 국민 국가는 자신의 이익에 따라 일단 문화와 역사를 재구성하지 않고는 다음 단계로 발전할 수 없다. 그 결과 근대성과 국민 국가가 만든 현실은 역사와 문화의 현실과 아무런 관련도 갖지 못하게 된다. 진실의 관점에서 의미가 다른 것이다.

자본주의 근대성에서의 문화의 역할은 매우 중요하다. 문화는 모든 사회 영역의 총체적인 정신으로, 처음에는 (경제적·정치적 헤게모니를 수용하기 위해) 강제로 동화되며 그 이후에는 산업이 되어 (민족, 인민, 국민 국가, 시민 사회, 기업 등) 모든 사회에 광범위하게 집중적으로 전파된다. 문화의 산업화는 두 번째로 효과적인 노예화의 수단이다. 문화는 좁은 의미에서 사회의 사고 방식을 나타내며 생각, 취향 및 도덕은 문화의 3가지 근본 쟁점이다. 정치적·경제적 권력이 문화적 요소를 포위하고 매수하는 데는 수세기가 걸렸다. 그들은 문화 요소를 전유하는 것이 문명 역사 전반에 걸친 자신들의 정당성을 갖추는 데 필수라고 여겼다. 경제 권력과 지배 권력은 신속하게 이를 인지하고 예방 조치를 취했다. 지배자에 의한 문화의 동화는 위계가 시작되는 초기로 거슬러 올라간다. 그것은 지배를 위한 필수 도구로, 문화적 헤게모니가 없다면 경제적 독점자들과 권력 독점자들은 지배를 유지할 수 없다. 자본주의의 제국 단계는 선진국의 문화 산업이 있어야만 가능하다. 이러한 이유로 문화적 헤게모니에 맞서 싸우는 데는 지속적인 노력을 해야 한다.

이와 대조적으로 민주적 사회의 근대성, 도덕적이고 정치적인 사회의 근대성의 현대적 형태는 진정으로 가장 넓은 의미에서 차이를 수용하는 사회라고 할 수 있다. 민주적 사회 내의 모든 사회집단은 획일화된 문화와 시민 자질에 국한되지 않고서 자신의 문화와 정체성을 형성하는 차이점들을 토대로 공존할 수 있다. 공동체는 정치적 입장 또는 정체성에 관계없이 이러한 차이에서 자신의 잠재력을 밝힐 수 있으며 그것을 적극적인 삶으로 변화시킬 수 있다. 어떠한 공동체도 균일화될 염려는 없다. 획일성은 기형, 빈곤, 지루함으로 간주된다. 반면 다양성은 풍부함, 아름다움 및 관용을 제공한다. 이 조건에서는 자유와 평등이 번성한다. 다양성 위에 놓인 평등과 자유만이 가치가 있는 것이다. 사실 국민 국가를 통해 얻어진 자유와 평등은 전 세계적으로 입증된 바대로 그저 독점자들을 위한 것에 불과하다. 권력 및 자본 독점자들은 결코 진정한 자유 또는 평등을 허용하지 않는다. 자유와 평등은 오직 민주적 사회의 민주적 정치를 통해서만 획득될 수 있는 것으로, 자기방어로 보호된다.

민주적 민족의 범위 내에서 다양한 종족 문화를 모으는 것이 가능한 만큼, 민주적 민족 내 종교 문화를 해법에서 고려하는 것도 중요하다. 즉 종교 문화의 민주적인 내용물을 자유롭고 평등하며 민주적인 요소로 활용하는 여지를 남겨두는 것이다. 민주

2016년 6월 23일, 이탈리아 밀란. 외잘란 석방을 요구하는 셔츠를 입고 나온 시위자.

적 근대성에 의해 개발된, 모든 반체제 운동과 화해하거나 결연하는 접근법 또한 민주적 내용물을 가진 종교적 문화로 발전되어야 한다. 이것은 매우 중요한 다른 과업의 범주에 들어간다. 민주적 민족은 역사와 문화의 진정한 의미를 복원함으로써 스스로 구성하고자 한다. 그리고 그 과정에서, 역사와 문화는 민주적 민족의 형성 안에서 재탄생하게 된다.

쿠르드 문제에 대한 민주적 민족 해법은 최우선적으로 쿠르드 역사와 문화에 대한 올바른 정의와 관련이 있다. 역사와 문화에 대한 올바른 정의가 이뤄진다면 쿠르드의 사회적 존재 또한 인정하게 될 것이다. 터키 공화국 역사 안에서 쿠르드에 대한 부인과 절멸 정책은 쿠르드의 역사를 부인하고 문화유산을 절멸시키는 데서 시작됐다. 처음에 비물질 문화를 제거한 후 물질문화를 제거하는 것이다. 그러므로 PKK가 자각을 가지고 역사와 문화에 대한 건설을 시작했던 것은 옳은 선택이었다. PKK는 세계의 다른 인민들의 역사와 문화를 비교함으로써 쿠르드 역사와 문화를 설명하고 「쿠르디스탄 혁명의 길Path of Kurdistan Revolution」[9]이라는 선

---

9 Abdullah Öcalan(Apo) ([1978] 1993), Kürdistan Devriminin Yolu (Manifesto), Köln: Weşanên Serxwebûn; 압둘라 외잘란이 아포란 익명으로 편집한 serxwebûn(쿠르드어로 자유, 독립의 의미)의 첫 발행물인 『쿠르디스탄 혁명의 길(선언)The Path of Kurdistan Revolution (Manifesto)』은 정당 강령이다. 이 강령에서 정당을 쿠르디스탄의 노동자와 농민의 혁명적 마르크스-레닌주의 규정했다. 이 강령에서 쿠르드의 역사적 배경을 설명하고 쿠르디스탄은 내부 식민지로 규정했다. 이 강령을 포함함 일련의 정치 저작물들이 '아포의 추종자들apocus'을 저자로 해 나오면서 압둘라 외잘란은 아포 동지로 불리게 됐다.

언문에서 이를 선포하려는 시도를 했다. 그리고 이를 통해 쿠르드의 역사와 문화의 재활성화에 혁명적 르네상스의 역할을 할 수 있었다.

쿠르드의 민주적 민족의 건설은 민족주의와 국가주의의 민족 건설 과정과는 질적으로 다르다. 그것은 주권 국가 민족주의나 쿠르드 민족주의자 및 국가주의자 접근과도 다르다. 쿠르드가 내세운 민주적 민족은 노동자와 인민의 역사와 문화에 기초한 민족의 대안적인 구조이다.

쿠르드의 민주적 민족은 KCK에 의해 구조적인 질적 수준을 점차적으로 획득하게 될 것이며, 중동 인민들의 모델이 될 민족 건설의 새로운 관례를 제시할 것이다. 쿠르드의 민주적 민족은 민주적 민족의식에 대한 개방적인 이해를 바탕으로 하며, 보다 광범위한 민주적인 전국적 노조와 다른 인민들과의 동맹에 열려 있다. 그것은 서구 근대성의 대리인으로서의 역할을 넘어서지 못하는 국민 국가의 문화적, 역사적 부정에 대항하는 것이며, 이를 바탕으로 혁명적이고 민주적인 민족 르네상스를 통해 새로운 시대, 민주주의 근대성의 시대를 열 것이다.

자기방어 체제

모든 생물 종에게는 고유한 방어 체제가 있다. 무방비한 종은 하나도 없다. 사실상 우주의 각 요소나 입자가 자신의 존재를 보호하기 위해 드러내 보이는 저항을 자기방어라고 해석할 수 있다.

동일한 체제가 인간 종과 그 사회에서도 유효하다. 인간의 방어는 생물학적인 만큼 사회적이다. 생물학적 방어는 모든 생명체의 방어 본능에 의해 수행된다. 그러나 사회적 방어에서는 공동체의 모든 개인이 집단적으로 스스로를 방어한다. 또한 공동체의 수와 조직 형태는 방어 수단에 따라 끊임없이 변화한다. 방어는 사회의 필수 기능으로, 그것 없이는 삶을 유지할 수 없다.

살아 있는 유기체의 자기방어 체제로부터 도출할 수 있는 또 다른 중요한 결론은, 이 방어는 그들의 존재를 보호하기 위한 것

2013년 4월 25일, 이라크 깐딜 산악 지대에 있는 PKK 무장 병력.

에 국한된다는 것이다. 다른 생명체들은 자신의 종이나 다른 종에 대한 지배력과 식민지 체제를 구축하지 않는다. 지배와 착취 체제는 인간 종에 의해 처음 개발됐다. 착취의 가능성을 가져온 인간 종의 정신 발달, 그리고 그와 관련된 잉여 생산물의 달성이 여기에서 중요한 역할을 한다. 이러한 상황은 인간이 자신의 존재를 보호하는 것뿐 아니라 노동 가치를 방어하는 것, 즉 사회적 전쟁을 낳게 된다.

민주 사회의 관점에서 보면, 다음의 것이 강조되어야 한다. 우리가 군사적 입장 또는 무장 조직이 아닌 자기방어에 관해 이야기할 때 이것이 의미하는 바는, 모든 영역에서 자신을 보호하기 위한 사회적 조직에 대한 것으로 이 조직들을 기반으로 사회가 투쟁을 한다는 사실이다. 이는 사회에 쏟아지는 국가주의 체제의 공격에 맞서고 사회를 보호하려면 모든 다양한 형태의 군사 조직이 사회를 방어하기 위한 수단으로 필요할 수도 있다. 이것은 합법적인 방어로 간주될 수 있다. 그러나 이 방식으로 사회와 사회의 재조직을 보호하기 위해 조직된 이런 유의 군사 조직을 단순한 군사 조직으로만 평가해서는 안 된다. 사회에 봉사하는 군대, 즉 근본적인 자위대의 기능은 민주적 사회의 투쟁을 가속화하고 보호하기 위한 촉매 역할을 하는 것이다. 이 기능에서 벗어나는 군대 세력은 헤게모니의 도구인 공격 세력으로 변모될 뿐이다.

자기방어는 무장 조직으로만 규정되지 않는다. 필요하다면 힘의 사용을 거부하지 않지만 자기방어를 무장 조직으로만 봐서는 안 된다. 그것은 모든 영역에서, 그리고 고유의 정체성, 삶과 관련해 사회가 조직화하는 것을 말한다. 그러므로 이 목표를 달성하기 위한 결정은 사회의 의지를 반영하며 사회의 요청에 따라 실행된다. 전에는 인민과 나라에 속해 있었으나 이후 식민지 세력에 의해 찬탈당한 가치는, 자기방어 행위 속에서 회복되어 다시 사회적 가치로 돌아간다. 사회가 자치를 할 수 있으려면, 그 사회는 자신의 가치관을 보호하고 찬탈 당한 권리를 되찾을 수 있는 지위를 획득해야 한다. 이것이 민주적 민족을 창조하는 길이다.

사회의 가장 억압받고 억눌린 부문인 여성을 위한 자기방어 체제 또한 중요하다. 가부장적 제도하에서 여성은 모든 권리를 빼앗겼다. 여성들은 자기방어 체제를 형성함으로써 이러한 격하, 희롱, 강간 및 도살 정책을 피해갈 수 있다. 그래서 여성들이 자신들의 역사를 배우고 자신의 조직과 제도를 만들 필요가 있는 것이고. 그리고 모든 삶의 영역에서 스스로를 위한 공간을 확보하고, 필요하다면 그들 자신의 군사력을 창출해야 한다.

민주적 민족 건설을 위한 KCK 프로그램 내에서 중요하고 불가피한 화제는 자기방어를 영속적이고 체계적인 체제에 결합시키는 방법이다. 유일하게 무장한 독점자인 국민 국가는 기회만 있다면 부정, 절멸 및 동화에 관한 새로운 정책을 가차 없이 시행할 것이다. 이러한 정책들이 KCK에 의한 영속적인 자기방어 체제의 창안을 강요했다. 국민 국가와의 공존을 위한 최소한의 요구는 쿠르드의 정체성과 존재가 헌법에 보장되는 것이다. 헌법 보장만으로는 충분하지 않다. 이 보장에 대한 구체적인 근거를 모색할 때는 법에 의해 규정된 지위를 바탕에 두어야 한다. 쿠르드 사회는 외부 위협에 대한 공동의 국가 방어 외에도 자체적인 보안에 대한 요구 사항을 충족시켜야 한다. 사회는 필요한 만큼의 내부 안보만을 보장할 수 있기 때문이다. 따라서 관련된 국민 국가들(터키, 이란, 이라크, 시리아의 중앙 집권 국가들)은 자체 안보 정책에서 중요한 개혁을 이행해야 한다.

관련 국가들과 타협이 이뤄질 수 없다면, KCK는 새로운 요구에 따라 자위대의 양적·질적 위상을 조직하도록 노력해야 한다. 그리고 이 새로운 요구는 모든 차원에서 민주적 민족의 일방적인 건설을 보장할 것을 기반으로 한다.

외교

국민 국가의 행위 중 가장 발달된 것이 국민 국가들 간의 외교다. 외교는 국민 국가들 간에 일어나는 전쟁 전 활동을 말한다. 심지어 국민 국가의 역사 속에서 외교란 전쟁을 준비하는 단계로 정의될 수도 있을 것이다. 역사를 통틀어, 서로 다른 유형의 공동체 단위들 사이에는 항상 이웃 관계를 표현하는 일정한 의식이 있었다. 이것들은 가치 있는 것으로 간주된다. 국민 국가들이 이 관계를 제도화한 이유는 자본주의 근대성의 이윤 경향과 관련해 볼 수 있다. 평화의 시기에 그 관계가 더 수익성이 있다면 전쟁은 필요하지 않다. 외교는 수익성 높은 관계를 성취하기 위한 역할을 한다. 최대 이윤 획득의 가능성이 전쟁과 관련된다면 외교력은 수익성 높은 전쟁을 피할 수 없을 것이고 따라서 외교의 필요성을 종식시킨다. 이제 외교는 역사 내내 존재했던 의미 있는 사회 간 관계와 모든 연결점을 잃은 채 그저 이윤 논리로 축소됐다. 국민 국가들 간의 수익을 위한 전쟁 게임에 쓰이는 조작 도구로 격하된 것이다.

민주적 민족의 외교는 먼저 다양한 방식으로 분열되고 분리된 쿠르드인들 사이에 공통의 플랫폼을 창출해야 한다. 다른 모든 외교 활동, 특히 각 조직이 자체적으로 그리고 자신의 이익에 따라 발전시키고자 하는 외교 활동은 이익보다 해를 입히고 분열과 분쟁을 일으키고 쿠르드를 더욱 분리되게 만들었다. 쿠르드 외교의 최우선 과제는 민주적 민족 회의Democratic National Congress의 설립이다. 이라크-쿠르드 연방 국가에 의존하는 외교는 중요하긴 하지만 모든 쿠르드의 요구를 충족시키지는 못한다. 이 국가는 그러한 요구를 충족시킬 능력도 없고 그렇게 할 수 있는 조건도 갖추지 못했다. 모든 쿠르드의 필요를 충족시키는 외교는 오직 민주적 민족 회의를 통해서만 발전될 수 있다. 그러므로 최우선 의 과업은 민주적 민족 회의를 구성하고 그것이 영속적, 일반적, 통합적인 민족 민주주의 조직임을 선언하는 것이다. 당분간은 민주적 민족을 건설하는 KCK와 이라크 국민 국가 구조 내의 쿠르드 자치 정부Kurdistan Regional Government 간에 이념적으로나 정치적으로 관계와 모순이 계속될 것이 분명하다. 이 점에서 민주적 민족 회의는 해법 중심의 상부 조직이 될 수 있을 것이다.

외교는 사회들 간의 창조적인 교류일 뿐 아니라 평화와 연대를 위한 도구이기도 하며, 본질적으로 문제들에 관한 해법을 다룬다. 민주적 민족의 외교는 전쟁이 아닌 평화와 유익한 관계를 맺기 위한 도구다. 이러한 외교는 현명한 사람들이 역할을 맡는 임무, 그리고 높은 윤리적·정치적 가치를 지닌 임무를 의미한다. 특히 이웃 인민들 및 관련 공동체들 사이에서 양자 간 유익한 과정과 친선 관계를 개발하고 유지하는 데 중요한 역할을 한다. 그것은 공통의 사회성들이 가진 건설적인 힘이며 더 높은 차원에서 일어나는 사회들 간의 종합이다. 국민 국가의 외교로 인해 분쟁과 혼란을 겪어온 중동 인민과 민족들에게, 민주적 민족의 외교는 민주적 근대성의 맥락에 따라 지속적인 역할을 담당하며 해법을 제시할 수 있다. 유엔의 대안으로써 민주적 민족의 전 지구적 연합에 해당하는 것이 세계 민주적 민족 연합체World Confederation of Democratic Nations다. 각 대륙이나 거대 문화권은 자체적인 민주적 민족 연합체Confederations of Democratic Nations를 꾸릴 수 있다.

민주적 민족 해법
찾기

쿠르디스탄에서의 민주적 민족 건설은 쿠르드의 존재와 자유로운 삶에 대한 새로운 역사적·사회적 표현으로, 이를 위해서는 이론과 실천의 모든 영역에서 집중과 변형이 필요하다. 그것은 진정한 사랑의 수준에서 헌신을 필요로 하는 진리를 의미한다. 이 항해에는 거짓된 사랑이 있을 여지가 없으며 헌신하지 않는 여행자가 설 자리도 없다. 이 항해에서 민주적 민족의 건설이 언제 완료될 것인지를 묻는 질문은 불필요하다. 이것은 결코 끝나지 않을 건설, 즉 계속되는 과정이기 때문이다. 민주적 민족의 건설은 매 순간마다 자신을 재창조할 수 있는 자유가 있다. 사회적인 측면에서 볼 때 이보다 더 야심 찬 유토피아나 현실은 없다. 쿠르드는 자신들이 처한 역사적·사회적 현실에 대한 대답으로써 민주적 민족 건설을 향해 적극적으로 돌아섰다. 사실 쿠르드는 결코 믿은 적이 없었던 국민 국가라는 신을 버렸고, 이로 인해 잃은 것은 전혀 없다. 이제 쿠르드에게, 그들을 절멸의 위기로 내모는 무거운 부담이 사라졌다. 대신에 그들은 민주적 민족이 될 수 있는 기회를 얻었다.

개인으로서 그리고 사회로서 쿠르드는 그들의 역사를 거쳐 간 진리와 저항의 모든 표현을 종합해, 민주적 민족 건설을 잉태하고 내면화하며 구현해야 한다. 이러한 종합에는 가장 오래된 여신에 대한 믿음과 조로아스터와 이슬람이 포함된다. 현대의 사회학뿐 아니라 과거의 모든 신화적·종교적·철학적 가르침들이 전수하고자 했던 진리, 모든 저항 전쟁과 반란이 개별적으로 그리고 집단적으로 외쳤던 진리는 민주적 민족 건설의 몸과 마음에서 나타난다. 민주적 민족의 실재와 그것의 표현인 진리가 바로 내 출발점이다. 거의 모든 순간에 나 자신을 재창조하려고 노력하며 현재에 도달했고 이 길의 출발점이 바로 진리인 것이다. 이런 식으로 나는 자유롭게 내 자신을 사회화했고, 이것을 (쿠르드의 맥락에서) 민주적 민족으로 구체화했으며, 이를 민주적 근대성이라는 이름으로 모든 인류와 중동의 억압받는 인민 및 개인들에게 제시했다.

자유주의가 특유의 이념적이고 물질적인 헤게모니 아래에서 이러한 민주주의의 긍정적인 경향을 퇴보시키고 해체시키는 것은 역사상 늘 있어왔던 일이며, 따라서 이를 막기 위해서 주의를 기울일 필요가 있다는 것은 명백하다. 가장 전략적인 과업은 역사적 사회의 흐름을 새로운 이념적·정치적 구조 안에 통일하는 것이다. 이 과정은 모든 체제 반대자뿐 아니라 모든 도시와 지방 및 지역의 정치 체제와 함께 이뤄져야 한다. 이런 점에서, 받아들여져야 하는 포괄적인 이론 작업과 함께 조직화와 행동을 위한 강령과 구조를 개발해야 한다. 19세기 중반에 국민 국가들에 의해 사라져버린 연합체 구조의 운명을 피하기 위한 조건, 민주적 연합체주의의 승리를 성취하기 위한 조건들이 21세기에 무르익었다. 근대성의 금융 시대에 오직 위기관리를 통해서만 부지되고 있는 이 깊고 오래된 위기에서 민주적 근대성을 구하기 위해서는 재건이라는 지적·도덕적·정치적 의무를 성공적으로 수행하는 능력이 무엇보다 중요하다.

2009년 3월 21일, 터키 이스탄불. 사람들이 뉴로즈 축제를 즐기고 있다.

결론

　새로운 정당들이 자유와 평등의 편에서 일관성을 유지하고자 한다면, 그들은 국가를 중심에 두지 않는 정치와 사회 형태를 발전시켜야 한다. 국가의 대안은 민주주의다. 민주주의 외에, 국가에 대항하고자 했던 모든 시도가 아무것도 얻지 못하고 좌절당했다. 통념과 달리 민주주의는 자본주의 국가의 한 형태가 아니다. 덧붙이면 민주주의만이 국가를 제한하고 국가를 법의 테두리 안에 유지할 수 있다. 국가를 전복했다고 해서 국가 문화를 극복했음을 의미하는 것은 아니다. 새로운 것은 언제나 진공을 채우면서 창조될 수 있다. 오직 민주주의만이 국가와 같은 영역을 공유한다. 즉 민주주의는 국가를 제한함으로써 사회가 가진 자유의 영역을 넓혀준다. 따라서 책정된 가치의 수를 줄임으로써 평등에

334

보다 더 가까이 접근할 수 있는 것이다.

　그러므로 우리는 민주주의를 비국가 사회의 자기-거버넌스라고 정의할 수 있다. 민주주의는 국가가 아닌 거버넌스다. 즉 국가 없이 스스로 통치하는 공동체들의 권력인 것이다. 통념과 달리 인류 사회는 처음 형성된 이후로 국가보다는 민주주의를 더 많이 경험했다. 아마도 일반적인 나라나 민족의 경우에 민주주의는 강렬하게 느껴지지 않았을 것이다. 그러나 사회의 존재가 출현한 것은 공동체적이고 민주적이다. 공동체성이 없거나 민주적인 반영이 부재한 채로 사회가 국가에 의해서만 통치되는 것은 불가능하다. 국가는 공동체성 및 민주주의를 희생한 대가로 성장할 때만 통치할 수 있다. 국가가 세워지고 번성하는 근거가 되는 것이 바로 공존의 필요에 의한 공동체성과 민주적 입장이다. 이 둘 사이에는 변증법적 관계가 있다. 따라서 사회와 문명이 만날 때면 주된 모순은 국가와 민주주의 사이에서 일어난다. 한쪽이 적을 때에는 다른 한쪽이 많다. 완전한 민주주의는 무국가다. 완전한 국가 주권은 민주주의의 부정이다. 국가는 국가에 의해서만 전복될 수 있다. 민주주의는 국가를 전복시키지 않으며, 현실 사회주의가 그랬던 것처럼 새로운 국가를 만드는 길을 닦을 수 있을 뿐이다. 민주주의의 근본 기능은 이러한 방식으로 분명해진다. 민주주의는 국가를 제한하고 축소하고 국가가 가진 낙지 같은 촉수와 사회에 대해 휘두르는 권력을 자름으로써만 자유와 평등의 기회를

2016년 7월 23일, 이탈리아 밀란. 쿠르드 활동가들이 외잘란 석방 구호가 적힌 사진을 들고 시위 중이다.

증가시킬 수 있다. 이 과정의 끝으로 가면서 아마도 국가는 불필요해지고, 그 형태가 흐지부지해질 것이다. 우리가 여기서 이끌어내는 결론은, 국가와 민주주의가 하나가 다른 하나를 전복하는 관계에 있는 것이 아니라 초월하는 관계라는 것이다.

이 짧은 분석을 통해 내가 보여주려는 것은, 처음부터 PKK의 세계관이 국가 지향의 당이라는 근본 실수를 포함하고 있었다는 점이다. 국가 형성 여부와는 상관없이 이 정당들은 국가 형성을 통해서는 민주주의와 자유, 평등이라는 목표를 달성할 수 없다. 국가 형성이라는 길을 이탈하지 않고서는 자유지상주의적이며 평등주의적인 새로운 당이 될 수 없다. 간단히 말해 민주적이고 사회주의적인 당이 되는 길은 국가 지향적인 이론, 강령, 전략 및 전술로부터 빠져나올 때 명확하게 다시 열리는 것이다. 비국가 지향의 민주적 사회주의 이론과 강령, 전략 및 전술이 필요하다. 이러한 맥락에서 자기비판이 발전된다면 의미 있을 것이다. 그렇지 않으면 기존의 방법이 새로운 것의 외양 아래 그대로 유지된다. 현실 사회주의의 국가, 사회민주주의와 민족해방정당들은 이러한 현실을 증명하기에 충분하다.

문명 세력과 민주 세력이 역사 전반에 걸쳐 여러 번 그랬던 것처럼, 자본주의 근대성 세력과 민주적 근대성 세력은 서로의 존재와 정체성을 받아들일 수 있다. 또한 민주적 자치의 거버넌스를 인정함으로써 평화롭게 공존할 수 있다. 국민 국가의 국경 안

곾에서 이러한 범위와 조건 아래에서라면 민주적 연합 정치 구성체는 국민 국가와 평화롭게 공존할 수 있다.

나는 자본주의 근대성은 자본주의, 산업주의 및 국민 국가주의를 토대로 살아남지만 민주적 근대성은 민주적 공동체성, 생태적 산업 및 민주적 민족을 통해서만 존재할 수 있다는 명제를 풀고 포괄적으로 분석하고자 했다. 나는 민주적 공동체성을 동질적 사회의 평등주의가 아니라 여성 공동체에서 남성 공동체까지, 스포츠와 예술에서 산업까지, 지식인에서 양치기까지, 부족에서 기업까지, 가족에서 민족까지, 마을에서 도시까지, 지역적 차원에서 보편적 차원까지, 씨족에서 일종의 세계 사회에 이르는 모든 크기, 모든 유형의 공동체라고 정의했다. 나는 생태 산업 사회, 농촌의 농업 사회 및 도시의 산업 사회가 서로를 양육하고 생태계와 엄격하게 조화를 이루는 사회가 생태 산업 공동체라고 정의했다. 다른 한편 민주적 민족의 정의를 내렸다. 민주적 민족이란 민주적 자치 정치 구성체와 그 주된 정치 형태인 민주적 연합체를 통해서 형성된, 종족성에서 종교, 도시에서 지방, 지역 그리고 민족 공동체에 이르는 모든 문화적 실체들을 포괄하는 새로운 유형의 민족이다. 더 정확하게 말하면 민주적 민족은 국민 국가라는 괴물에 대항해 다중 정치적 구성체와 다중 정체성을 가진 민족으로 다문화적이다.

2개의 갈등하는 양극이라는 면에서 5000년간의 문명 역사를 분석하려고 노력한 결과, 우리는 이 2개의 극이 당분간은 계속 공존할 것임을 알고 있다. 가까운 장래에 한 극이 다른 한 극을 박멸할 것으로 보이지는 않는다. 더욱이 변증법적으로도 현실적이지 않다. 이 점에서 현실 사회주의가 조급하게 굴면서 문명과 근대성을 먼저 분석하지 않은 채로 자체적인 체제를 구현하려 했던 시도는 그 체제의 붕괴를 가져왔다. 중요한 것은 모든 이론 및 실천 작업에서 이 양극성을 고려하고 일상생활 안에서, 또 새로운 건설적인 작업을 통해 민주적 문명과 근대성을 지속적으로 개발하는 것이다. 혁명적인 방법과 진화적인 방법의 양자를 통해 체제를 개발해 나갈수록 우리는 더욱더 긍정적으로 *시간과 공간*의 문제를 해결하고 영구적인 해법을 만들 수 있다. 체제로서의 민주적 근대성과 그 기본 요소들은 진정한 평화에 아주 적합하다. 가장 작은 민족적 공동체에서 세계 민족까지, 민주적 민족은 다양한 해법을 창출할 수 있는 명확한 능력을 갖추고 있으며 매우 귀중한 평화의 선택지를 제시한다.

중요한 것은 공동체적이고 민주적인 정체성을 제도화하는 것인데, 이는 현대 과학과 기술 자원과 함께 역사적으로 인민들이 지녔던 기본 입장이기도 하다. 더 민주적이고, 더 자유롭고, 더 생태적인 사회 구조를 갖기 위해서는 새로운 사회 과학 구조가 필요하다. 또한 민주화의 가장 포괄적이고 영속적인 요소가 여성의 자유라는 사실을 잊어서는 안 된다. 사회적 성 평등이 달성되지 않고서는 자유 또는 평등에 대한 요구는 의미 있지 않고, 실현될 수도 없다.

　요즘에는 빵이나 공기, 물과 마찬가지로 민주주의가 필요하지만 중동의 인민들만큼 민주주의가 더 절실한 곳은 없다. 역사 속에서 많은 것이 시도됐지만 단지 민주주의만이 유일한 선택지다. 민주주의만이 인민들에게 행복을 가져다줄 수 있다. 쿠르드는 이 인민들의 최전방에 서 있다. 중동의 민주주의 문명을 일으키기 위해서 필요한 전략적 요소들에는 특정한 지리적·역사적 시간 및 사회적 특성이 있고, 쿠르드가 이 요소들을 성공적으로 동원할 수 있다면 쿠르드는 이웃과 인류에게 가장 큰 선을 이루게 될 것이다. 우리가 수행한 것은 이 고귀하고 흥미진진한 작업의 초안이다.

터키의 민주화와
쿠르드 문제 해법을 위한 로드맵

Abdullah Öcalan The Road Map
to Democratization of Turkey
and Solution to the Kurdish Question

인터내셔널 이니셔티브
'압둘라 외잘란 석방-쿠르드스탄의 평화' 첫 서명자들

메리어드 매과이어Mairead Corrigan-Maguire(노벨 평화상 수상, 아일랜드), 다리오 포Dario Fo(노벨 문학상 수상, 이탈리아), 아돌포 뻬레스 에스끼벨Adolfo Perez Esquivel(노벨 평화상 수상, 아르헨티나), 호세 마로스 오르타Jose Ramos-Horta(노벨 평화상 수상, 동티모르), 주제 사라마구Jose Saramago(노벨 평화상 수상, 포르투갈), 다니엘 미테랑Danielle Mitterrand(프랑스자유재단Foundation France Liberte, 프랑스), 램지 클라크Ramsey Clark(전 법무장관, 미국), 우리 아브네리Uri Avnery(구쉬 샬롬Gush Shalom, 이스라엘), 노암 촘스키Noam Chomsky(언어학자·정치평론가, MIT, 미국), 알랭 리피에츠Alain Lipietz(유럽의회 의원, 프랑스), 페드로 마르셋 깜포스Pedro Marset Campos(유럽의회 의원, 스페인), 에릭 에이브베리 경Lord Eric Avebury(영국 상원의원, 영국), 해리 코헨Harry Cohen(노동당 국회의원, 영국), 시녹 다피스Cynog Dafis(웨일스 민족당Plaid Cymru Wales 국회의원, 영국), 레이몬드 힐톤 경Lord Raymond Hylton(영국 상원의원, 영국), 존 니콜라스 리 경Lord John Nicholas Rea(영국 상원의원, 영국), 왈리드 줌브라트Walid Jumblatt(진보사회주의자당Progessive Socialist Party 지도자, 레바논), 루디 비스Rudi Vis(노동당 국회의원, 영국), 폴 플린Paul Flynn(노동당 국회의원, 영국), 메어리드 킨Mairead Keane(신 페인Sinn Fein, 북아일랜드), 도메니코 갈로Domenico Gallo(전 상원의원, 이탈리아), 리비오 페피노Livio Pepino(사법민주Magistratura Democratica, 이탈리아), 싸비에르 아르잘루스Xabier Arzalluz(민족주의당PNV 대표, 스페인), 토니 밴Tony Benn(노동당 국회의원, 영국), 알랭 칼레스Alain Calles(인종 차별 반대와 민족 간 우애를 위한 운동MRAP 대표, 프랑스), 쟈나 난니니Gianna Nannini(싱어 송 라이터, 이탈리아), 제랄딘 채플린Geraldine Chaplin(여배우, 스페인), 데이비드 맥도왈David MacDowall(작가, 영국), 디트리히 키트너Dietrich Kittner(카바레 예술가, 독일), 앨리스 워커Alice Walker(작가, 미국), 프랑카 라메Franca Rame(작가·여배우, 이탈리아), 크리스 쿠체라Chris Kutschera(작가, 프랑스), 교수 장 지글러 박사Prof. Dr. Jean Ziegler(국회의원·정치평론가, 스위스), 교수 안젤라 데이비스 박사Prof. Dr. Angela Davis(캘리포니아대학, 산타크루즈, 미국), 교수 노만 패흐 박사Prof. Dr. Norman Paech(국제법, 독일), 교수 베르너 루프 박사Prof. Dr. Werner Ruf(국제법, 독일), 교수 게르하르트 스터비 박사Prof. Dr. Gerhard Stuby(국제법, 독일)

이 글에 대해

여러분 앞에 놓인 이 글은 특별한 것이다.

이 '로드맵'은 유럽에서 가장 중요한 기관들 중 하나인 유럽인권재판소에 보내는 것으로 압둘라 외잘란이 심리 중인 소송에 제출한 답변서의 일부다. 터키 당국은 2009년 이를 불법적으로 압수해 18개월간 유럽인권재판소에 전달하지 않았다. 재판소는 터키 당국이 이 문서를 쥐고 있을 권한이 없을 뿐 아니라 읽어서도 안 된다고 재차 주장했고, 그제야 이 글은 재판소로 넘겨졌다.

그러나 터키 당국은 분명히 이 문서를 읽었다. 터키는 외잘란의 제안을 세밀히 검토한 후에 압둘라 외잘란과의 고위급 대화를 시작하기로 결정했다. 이 회담은 2010년 10월에 터키 정부의 인가를 받았다. 이 '로드맵'으로 인해 대화가 시작됐다고 해도 과

언이 아닌 것이다.

그러므로 이 문서는 터키가 가진 근본 문제들인 민주주의의 결핍과 쿠르드 사안에 대해 평화적이고 민주적인 해법을 찾기 위한 투쟁의 핵심 문서다. '로드맵'은 포괄적인 방식으로 이 문제들을 모두 다룬다. 우리는 이 분쟁과 난제의 해법을 바라보는 쿠르드의 시각이 무엇인지 잘 알고자 '로드맵'이 제시한 분석과 제안들의 핵심 요소를 요약했다.

우리는 이 문서의 발간이 진행 중인 과정들을 보다 잘 이해하는 데 기여할 것으로 확신한다. 우리는 이 로드맵을 기초로, 터키의 민주화와 쿠르드 문제의 해법이 될 협상 과정이 진행되기를 희망한다.

인터내셔널 이니시어티브 '압둘라 외잘란 석방 – 쿠르디스탄의 평화'

International Initiative "Freedom for Abdullah Ocalan – Peace in Kurdistan"

2011년 4월

서론

이 분석은 터키에서 민주화에 대한 토론이 격해지던 시기, 내가 맡고 있었던 책무 때문에 이뤄졌다. 격한 토론의 한가운데 놓여 있는 쿠르드 문제의 해법에서, 2009년은 가장 중요한 해가 됐다. 터키 대통령 압둘라 귈Abdullah Gül[1]은 "해결될 것이다. 다른 길은 없으니까"라고 말함으로써 그 중요성을 강조했다. 더 나아가서 이 발표는, 국가 안보를 다루는 주요 기관들이 문제의 해결과 나에 대한 공공의 평가 및 항소와 관련해 보여왔던 설명 방식 때문에 더욱 중요성을 얻게 됐다.

---

1 압둘라 귈Abdullah Gül은 터키의 11대 대통령으로 정의개발당 소속이며 2007년부터 2014년 레제프 타이이프 에르도안Recep Tayyip Erdogan 대통령 이전까지 터키 대통령을 지냈다. 확고한 세속주의자인 아흐메트 네제데트 세제르Ahmet Necdet Sezer 대통령 임기가 끝나고 압둘라 귈이 대통령이 되면서 터키에서의 이슬람의 영향력이 증대됐다.

게다가 1990년대 초반 대통령이었던 투르구트 외잘(Turgut Özal, 재임 기간 1989~1993)과 1997년 당시 총리인 네지메틴 에르바칸[2]의 서면 및 구두 요청이 있었고, 같은 시기에 군민관계부Army Social Relations Department에서 보낸 짤막한 보고서가 나왔다. 1999년 내가 체포되고 열흘간의 심문을 받던 동안, 그리고 그 후에 몇몇 정부들과의 토론도 열렸다. 이뿐 아니라 나는 역량을 갖춘 다양한 나라들에게 서신을 보냈으며 터키 공화국 또한 태도를 좀 더 분명히 하는 경향이 있었다. 이 모든 것이 이 같은 발표에 영향을 끼친 요소들이었다.

---

2 네지메틴 에르바칸Necmettin Erbakan은 터키의 첫 이슬람주의자 총리로 복지당Refah Partisi 소속이며 1996년부터 1997년까지 총리를 지냈다. 1995년 복지당은 선거에서 1당이 되어 연립 정권을 구성했으나 1997년 군부의 압력으로 총리에서 물러났다. 1997년 터키 군부는 국가안전보장회의 석상에서 종교적 반동 세력에게 경고를 했고, 같은 해 헌법재판소에 복지당의 비합법화를 요구하는 소송이 최고검찰청으로부터 제출됐다. 에르바칸은 총리에서 물러났고, 1997년 복지당 정권은 붕괴됐다

개념적 이론적 틀과
그 원칙들

개념적 틀

얼마 전까지도 터키에서는 해결해야 할 몇몇 난제에 대해서 규정하는 것을 금지했고, 그래서 문제들은 개념적인 수준에서조차 교착 상태에 빠지곤 했다. 여러 좌파 문헌들의 개념들과 함께 '쿠르드'로 존재한다는 개념 등이 이전에는 금지되어 있었다. 지금도 여전히 '쿠르디스탄'이라는 개념에는 두려움이 있으며 공식 석상에서 이 말을 사용하는 것을 꺼려한다. 나는 쿠르디스탄이라는 개념이 거쳐온 과학적 발전에 대해서는 말하지 않을 것이다. 그 대신 쿠르디스탄은 현지 인민들의 속성에 의해서 비롯된 것으로, 이 단어가 셀주크Seljuk[3]와 오스만Osman[4]의 행정부에 의해서 '쿠르드의 땅'을 의미하는 것으로 사용됐다는 것을 보여주는 많

은 증거가 있다고 말하는 것으로도 충분할 것이다. 무스타파 케
말Mustafa Kemal Ataturk은 공화국을 설립할 시에 스스로도 '쿠르디
스탄의 대리인', '쿠르디스탄 의회', '쿠르디스탄 지방'이라는 용어
를 자주 사용했었다. 부정과 동화 정책이 시행되던 기간 동안 쿠
르드와 쿠르디스탄 같은 개념을 금지했다고 해서 그 유효성을 지
울 수는 없을 것이다. 그러나 이 쟁점을 해결하는 과정에서 쿠르
드와 쿠르디스탄이란 단어를 금지당하는 것은 우리를 처음부터
막다른 골목에 이르게 하는 것이다. 이 밖의 어떠한 표현도 관계
당국에 의해 거부될 수 있다.

명백하게 규정해야 하는 개념들이 있으며 그중 가장 중요한 것
이 바로 민주화다. 민주화는 터키에서 가장 왜곡된 개념이다. 이
분석에서 내가 사용하는 민주화의 의미는 계급에 기반을 둔 것
이 아니며 모든 사회적 맥락을 끌어안는다. 여기에는 어떠한 계급
이나 계층의 흔적도 없다. 민주화는 다수 집단이나 소수 집단 모
두를 포함한다. 그리고 어떤 언어나 종교, 종족성, 민족체든 국가
에 맞서는 모든 사회 부문의 개별적 권리들과 함께 집회와 표현
의 자유에 대한 보장을 부르는 말이다. 민주주의 안에서 국가를
중지시키거나 국가 내에서 민주주의를 중지시키는 것은 옳지 않

---

3 11세기에서 14세기까지 존속한 제국으로 현재의 터키, 이란, 아제르바이잔, 투르크메니스탄 등
의 중앙아시아 지역을 지배했으며 터키사에서는 투르크의 시조로 간주한다.
4 1299년 건국되어 1922년까지 존속한 이슬람 왕조로 터키는 이 왕조를 자신들의 전통성의 뿌리
로 주장한다.

2013년 1월 16일, 터키 이스탄불 아타튀르크 공항. 파리에서 PKK 활동가인 사키네 잔시즈 등 쿠르드 동료 여성 활동가들이 살해당한 것에 대해 쿠르드인들이 항의하고 있다.

다. 이 양자에게는 각기 다른 역할과 기능이 있다. 민주화에서 가장 중요한 쟁점 중 하나는 국가와 민주주의가 서로 균형을 맞추는 능력이다.

다른 두 항목인 '공화국'과 '국민 국가' 역시 우리가 해법을 향해가는 데 중요하며 명확히 정의될 필요가 있다. 모든 공화국이 국민 국가는 아니다. 그 예가 로마 공화국이다. 공화국의 개념은 민주주의와 관련된 것으로, 과두제적 독점체에 매여 있지 않고도 공화국의 구성원을 포함하는 사회 부문들에 의해 대의제의 행정이 이루어지는 것을 의미한다. 반면에 국민 국가는 민족과 국가 사이에서 끌어낸 유추에 기반을 두는데 파시스트 이탈리아, 나치 독일과 일본이 이를 가장 분명하게 보여준다. 국민 국가는 각자의 권리와 자유를 갖춘 다양한 이해 집단들이 민족 안에 존재한다는 것을 인정하지 않는다. 국민 국가는 국가와 민족 안에 다양하고 모순되는 이해를 가진 집단들을 허용하지 않는다. 즉, 국민 국가는 본질적으로 독재인 것이다. 형식적 민주주의의 외형들은 이러한 속성을 바꾸지 못한다. 그러므로 우리가 터키에서 해법을 모색하는 데 공화국과 국민 국가의 개념을 정확하게 규정하고 이해하는 것이 아주 중요하다. 예를 들어 쿠르드 문제는 공화국 내에서는 해결할 수 있지만, 공화국을 부정하는 것과 마찬가지인 국민 국가 내에서는 해결될 수가 없다.

'공통의 고국'이나 '민족' 같은 개념을 명료하게 하는 것 또한 매우 중요하다. 서로 다른 문화 출신의 인민들이 동일한 지리적 지역을 공통의 고국으로 받아들일 수도 있으며 이는 역사 속에서 자주 볼 수 있다. 예를 들어 현재 터키와 쿠르디스탄이라고 부르는 지역은 아나톨리아와 메소포타미아로 불리던 곳으로 투르크인, 쿠르드인, 아르메니아인, 아시리아인, 아랍인, 유대인, 기독교인, 그리스인, 그리고 코카서스 기원을 가진 많은 인민에게 공통의 고국이다. 이를 터키와 쿠르드만의 땅이라고 하는 것은 공정하지도 않고 현실적이지도 않다. 터키 공화국의 국경이 이 지역을 둘러싸고 있다는 이유만으로 이 지역이 투르크 종족에게 단독으로 속할 수는 없다.

유사한 규정이 '공통의 민족'이라는 개념에도 적용될 수 있다. 민족은 각각의 개별적인 시민들로 구성되지 않는다. 그보다 중요한 것은, 민족은 시민들이 속해 있는 인민들의 합으로 간주되거나 민족들의 민족nation of nations으로서 이해되어야 한다는 것이다. '공통의 고국'이라는 개념이 합의된다면, 같은 국가의 국경 안에서 사는 모든 민족들과 인민들로 구성된 공통의 민족이 있고 이 개념에 포함되는 모든 이들은 그 국가의 민족the nation of that state이 되는 것이다. 터키 공화국 및 터키 대국민회의Grand National Assembly of Turkey를 말하듯이 우리가 터키 안에 살고 있는 이들을 터키 민족the Nation of Turkey이라고 부르는 것은, 더 분석적인 개념이 될 것이며 보다 더 많이 민주화에 기여할 것이다.[5]

'정체성'이라는 개념을 명확히 하는 것이 해법에 도움이 될 것이다. 정체성은 종교적·민족적·문화적 혹은 젠더 관련 속성에 관해 공동체에 대해 갖는 소속감을 말한다. 그러나 여기에서 중요한 쟁점은 정체성에 대한 우리의 접근이 개방적이고 유연한지 아니면 엄격하고 고정된 것인지에 있다. 개방되고 유연한 정체성은

---

5 터키의 초대 대통령 케말 아타튀르크가 주도한 터키의 단원제 의회로 1923년 첫 회의를 열었다. 이 회의에서 케말 아타튀르크가 대통령으로 선출됐으며 터키 공화국이라는 국호가 결정됐다. 이때는 터키 국민 국가의 터키 민족주의가 심하지 않아서 쿠르드인은 쿠르드라는 정체성을 가지고 정치에 참여할 수 있었다. 먼 과거만의 일도 아니다. 현재 인도 국민 국가의 지배 이념은 수십 개의 일정한 지역 내에 다른 언어를 가진 민족들이 살고 거기에서 생겨나는 갈등을 '하나의 인도 민족'이라는 '상상의 공동체'로 묶고 있다.

민주적 해법에 막대한 기여를 하지만, 엄격하고 고정된 정체성은 해법을 보다 어렵게 만든다. 정체성의 이종 교배는 번영의 표지로 볼 수 있다. 정체성들이 합성되는 것과 하나의 정체성이 또 다른 정체성 속에서 분해되는 것 사이의 접근법이 얼마나 서로 다른지, 그리고 서로 어떻게 충돌하는지를 이해하는 것이 중요하다.

개념적 문제들과 관련해 가장 중요한 측면은 개념을 물신 숭배하지 않으며, 주어진 어떠한 사회적 현상도 협소한 개념이 가진 과장된 배외주의적 가치의 형태로 제시하지 않는 것이다. 예를 들어 민족, 국가, 종교, 언어처럼 변화하는 추상적 범주들을 근본적인 교조적 가치들로 고집하는 것은 민주적 해법의 정신과 맞지 않는다.

이론적 틀

민주화와 관련된 이론적 틀에 대해 명확하게 하는 것 역시 해법에 기여할 것이다. 가장 근본 쟁점은 국민 국가 이론과 민주적 민족 이론 간의 차이를 명확하게 구별하는 것이다. 국민 국가는 하나의 언어와 하나의 종족으로 된 시민들의 단일성에 기반을 둔다. 또한 그 시민을 동일한 공식적 신념을 가지고 동일한 관습을 행하는 사람들로 제한한다. 그 신념이란 애국심이 아닌 배외주의적 민족주의와 광신이다. 국민 국가는 사회적 차이를 인정하지 않는다. 국민 국가가 기반하고 있는 각각의 집단들은 서로 동일한 것으로 간주된다. 명백하게 이는 파시스트 이념에 따른 민족 이론에 해당하는 것이다. 하지만 민주적 민족 이론은 상당히 다르다. 민주적 민족은 국가를 다언어, 다종교, 다종족, 다문화이며 서로 다른 이해를 가진 집단들과 개인들로 구성되어 있는 것으로 본다. 민주적 민족은 국민과 집단의 동일함에 기반을 두지 않는다. 즉 '국가는 곧 민족'이란 개념을 받아들이지 않는다. 민주적 민족은 국가와 민족, 양자는 서로 다른 형태라는 입장을 고수한다. 국가와 민주주의는 정교화될 필요가 있는 서로 다른 2개의 영역들이다. 중요한 것은 이 양자의 영역은 서로의 정당성을 인정하는 동등성 안에 존재하는 별개의 실체라는 사실이다. 이것이 헌법에서 가장 근본 조항이 되어야 한다. 민주적 민족 이론은 집단과 종교적 공동체 그리고 시민 사회를 시민만큼 중요한 것으로 여기며 이들의 존재를 제도적으로 보장한다. 추상적 시민 개념은 자유주의의 허언에 불과하다. 시민은 어떤 집단이나 공동체 혹은 시민 사회에 소속됨으로써만 구체적인 의미를 가질 수 있다.

다른 중요한 이론적 문제는 헌법과 관련된다. 헌법 이론의 기초가 되는 '국가냐 개인이냐'라는 질문은 많은 논쟁이 된 쟁점이다. 국가를 규제하는 명령들의 합의로서의 헌법 이론과 국가의 이익을 위해 개인의 권리와 자유를 규제하는 헌법 이론에는 커다란 차이가 있다. 집단의 권리와 자유도 마찬가지다. 그러므로 민주화 이론은 국가에 앞서 개인과 집단이 가진 권리 및 자유에 대한 보호를 보장해주는 헌법 이론을 근거로 해야 한다. 가장 조직화된 권력인 국가는 보호를 필요로 하지 않는다, 그 존재가 이미 그러한 보호의 표현이다. 그러므로 가장 기본 규율까지 국가의 운용을 구속하는 것은 민주적 헌법의 이론과 상충되지 않는다.

사회 쟁점들에 대한 국가주의적 해법과 민주적 해법 사이의 구분 역시 철저하게 이해되어야 하는 중요한 차이점이다. 국가주의 이론은 모든 것에 국가적 성격을 부여하는 것을 모든 사회적 쟁점의 해법으로 간주한다. 예를 들어 형이상학적 철학과 믿음에 관련된 종교조차도 국가의 자산으로 바꾸어 해법 대신에 문제를 만들어낸다. 많은 경제적·사회적·문화적·민족적인 문제들은 국가의 자산으로 여겨지거나, 국가에 의해 통제되면 해결되는 것으로 간주된다. 명백하게 이 이론은 문제를 해결하지 못하며 오히려 배가시키고 악화시킨다.

국가주의 이론의 또 다른 결함은 그 문제에 의해 영향을 받는 세력들 또한 국가주의를 향해 몰아간다는 사실이다. 그렇게 해서 그들 역시도 유일한 해법으로써 자신들만의 국민 국가를 떠올리게 될 위험이 있다. 이것은 국가만이 국가에 맞설 수 있다는 사고방식으로 귀결된다. 민주적 이론은 이에 대해 더 우월한 분석을 제시한다. 민주적 이론에서는 기존 국가의 경계로부터 독립을 하거나 그에 대항한 또 다른 국민 국가를 건국하는 것이 필요하거나 필수적이라고 여기지 않는 것이다. 민주적 이론의 큰 장점은

2014년 8월 20일. 터키 수르트. 코바니에서 온 난민들이 난민 캠프에 수용되어 있다.

유연한 해법의 제시인데, 이 해법은 국가가 아니며 국가가 되는 것을 목표로 하지도 않지만 국가를 거부하거나 부정하지 않는다.

보다 근본적인 이론적 문제는 개인과 집단의 권리에 대한 것이다. 이에 관한 상당한 고찰이 있지만 이것은 자유주의적 개인주의에 의해 왜곡된 쟁점이다. 사회 과학에 대한 최소한의 이해만 있어도, 우리는 개인적인 것이 사회적이며 사회적인 것이 개인적이라는 것과 사회와 개인은 그 자체 내에 상대방을 품고 있음을 알 수 있다.

민주화 쟁점에 대한 해법의 이론적 체계를 개발해가면서 우리는 가장 중요한 문제 중 하나가 유럽, 특히 프랑스에 기반을 둔 실증주의적 사회과학주의로부터 나타났다는 사실을 알아야만 한다. 프랑스는 현재 제5공화국이지만 여전히 세속주의, 시민 자질, 종교 공동체에 관련된 문제에 시달리고 있다.[6] 프랑스는 영국 제국에 대항해서뿐 아니라 유럽과 전 세계 안에서도 헤게모니를 잃

6 2차 세계대전 종전으로 들어선 프랑스 4공화국은 알제리 전쟁(1954~1962)과 1차 인도차이나 전쟁(1946~1954)을 치르면서 식민지 유지를 원하는 절대 다수의 프랑스인들에게는 프랑스의 '똘레랑스tolerance'가 국내 백인들 내수용이고 '후진국'에 프랑스를 선전하는 담론일 뿐이고 식민지와 '이방인'들과는 거의 관계없음을 보여주었다. 또 중화인민공화국을 승인하지 않았고 대만으로 도망간 장제스蔣介石의 중화민국과 관계를 유지했고 베트남을 지지하는 친서방 외교 정책을 펼쳤다. 제5공화국은 1958년 알제리의 식민지 민족해방 전쟁이 프랑스에 준 타격이 원인이었다. 극우들과 식민주의자들은 위기를 막기 위해서 샤를 드골Charles De Gaulle을 대통령으로 지지해서 제5공화국을 시작했으나, 드골조차도 알제리 독립을 1962년 승인할 수밖에 없었다. 프랑스는 1997년 사회당이 집권해서야 37년 만에 알제리와 '전쟁'이 있었음을 겨우 인정했다. 프랑스는 2012년 1월 23일 터키를 비판하면서 '아르메니아인 대학살 부인 금지법'을 의회에서 통과시켰다. 이것은 옳은 일이지만 식민지에서 수차례 수십만을 무자비하게 집단 학살했던 프랑스의 과거에 대해서는 언급하지 않는 프랑스의 그간의 입장을 보면 위선적이다.

였다. 실증주의적 사회과학주의는 이 모든 현상을 야기한 결정
적 요소다. 터키 공화국과 이전의 탄지마트(Tanzimat, 오스만 제국
의 개혁 시기, 1838~1876) 및 메쉐루티예트(the Meşrutiyet, 오스만 제
국의 입헌 시기, 1876~1878, 1908~1922)는 프랑스의 3공화국[7]에 기반
을 두었다. 거기에 더해서 터키 공화국은 당시의 근대성 이념이던
프랑스의 실증주의를 수용했다. 그러므로 이것의 역할과 그 결과
를 검토하고 설명하는 것이 아주 중요하다. 솔직히 말해서 지난
90년간 터키 공화국이 자체적으로 민주화되지 않았다고 할때, 그
것에 대해 프랑스 실증주의의 이론적이고 공화주의적인 실천들
이 미친 실질적인 영향을 밝히지 않는다면 성공적인 해법을 개발
할 가능성은 흐릿해지며 기존의 문제 또한 계속될 것이다. 나는
프랑스 실증주의와 그 공화주의적 실천의 영향에 대해서 전적으
로 거부하고자 하는 것이 아니다. 그러나 우리가 이런 부정적인
영향을 극복하고 1950년대 이후 도래한 과학 혁명과 민주주의 이
론에서의 발전이라는 혜택을 누릴 수 없다면, 위대한 민주화와

---

7 프랑스 제3공화국은 프로이센-프랑스 전쟁(1870) 패배 이후 티에르Louis Adolphe Thiers를 초대
대통령으로 하여 평화 협정을 맺을 임시 정부를 구성하기 위해 1871년 2월 선거를 치렀다. 선출된
의원의 3분의 2 이상이 지역 명사와 구 귀족 가문 출신이었고 이들은 투표를 통해 정부를 급진적
인 파리에서 전통적인 왕실의 고향인 베르사유로 옮기기로 했다. 이에 반대해 파리가 자치적 코뮌
임을 선언하자 잔혹하게 파리 코뮌을 진압해 내각제를 기초로 하는 체제의 기초를 잡을 수 있었다.
이 과정이 가장 잘 나와 있는 고전은 칼 마르크스의 『프랑스 내전』이다. 프랑스 제3공화국은 1940
년 제2차 세계대전 때 독일군에게 점령당하고 해방될 때까지 유지됐다. 제3공화국은 프로이센-프
랑스 전쟁 패배 이후 강화된 민족주의를 내세우면서 이전 정복했던 알제리와 베트남을 기반으로
해 아프리카와 인도차이나에 거대한 식민지를 건설한 후 식민지 인민의 피로써 프랑스의 번영을
누렸고 현재까지 프랑스의 부는 제3공화국에서 직접 이어진 것이다.

사상의 자유를 접할 기회는 오지 않을 것이다.

이론과 실천에서 프랑스의 영향력은 여전히 중요하고 그에 대한 분석을 요구한다. 최근 유럽 중심의 사회 과학들은 전반적으로 비판을 받고 있다. 중동과 관련된 오리엔탈리즘orientalism의 가면 또한 점점 벗겨지고 있다. 요약하자면 다음과 같다. 우리는 중동이 가진 1만 5000년간의 명백히 앞선 문화적 가치와 5000년간 중심 문명들이 가졌던 지배적인 문화적 가치를 전적으로 무시해서는 안 된다. 또한 그 문화적 가치들 안에 있는 해법의 기회들 역시 무시해서는 안 된다. 우리가 가진 근본적인 사회 문제를 5000년의 문화를 통해 해결하거나 이해할 수 있다고 생각하지 않는다. 이 문화는 통속적인 물질주의이자 실증주의적이며, 이의 대부분이 중동 문화에서 온 것임은 말할 필요 없다. 이 문화에 토대를 둔 해법은 보다 합리적이지 않은 구조로 이끌 수도 있다. 그럼에도 유럽 중심의 이념적 헤게모니에서 떨어져 나와 엄청난 양의 인간적 가치를 되살리는 것, 현재 중동과 극동 전통들에서 드러나는 사회적 문제들에 대한 해결법을 다시 안건으로 올리는 것은 바람직하다.

이론적 맥락에서 고려해야 하는 추가적인 쟁점은 '역사성'과 '현재' 사이의 관계다. 실증주의의 영향을 받은 객관적인 교조주의는 주로 역사와 현재 사이의 의미에 관해 영향력을 발휘한다. 이는 현재를 엄중하고 결정적인 역사의 양적 축적으로 간주하거나,

역사를 시간을 되돌아 거슬러 올라가는 현재의 양적 축적이라고 여긴다. 진실로 이러한 관점에서는 역사와 현재 사이에 차이가 없다. 즉 역사가 거부되고 있는 것이다. '지금이 곧 역사다'라는 주장은 오류와 실수가 끔찍하게 얽어진 망과 같다. 이뿐 아니라 현재의 실증주의적 구조는 진실에 대한 90% 정도의 부정을 기반으로 세워졌다. 역사에 대한 그 영향은 엄청난 부정 혹은 그 반대급부인 엄청난 과장이라는 결과를 낳게 한다.

철저한 연구를 통해서 어떻게 역사가 현재를 규정짓는지를 규명하는 것이 보다 적절하다. 어떤 사회 문제도 그것이 가진 역사적 연관성을 부정하거나 왜곡한 채로는 제대로 다뤄지거나 해결될 수 없다. 우리는 역사를 반영하지 않는 현재에 대해서는 말할 수 없다.

이론적 틀에 기여한 마지막 요소는 종교나 도덕 지향적인 사고와 실천에서 찾아야만 한다. 민주화의 조건을 정치적 이론의 틀 안에서만 취하는 것은 정당하지도 않을뿐더러 사람이 가지고 있는 도덕심과도 호응하지 않는다. 사회는 정치적 실체만이 아니라 도덕적이고 종교적인 실체이기도 하다. 몇 천 년간 종교와 도덕은 해당 사회가 가지고 있는 문제들에 초점을 두면서 그 해법을 개발해온 제도였기 때문이다.

원칙의 틀

원칙들에 대한 틀은 이론적 틀을 토대로 해서 개발되어야 한다. 민주적 해법의 개발은 그저 국부적이거나 최근의 정치적 상황에 부합되는 것 이상이어야만 한다. 영속적인 해법이 되려면 구조적인 성격을 가져야만 한다. 문제들에 대한 해결은 체제의 복원 혹은 재건에 기여해야 하며, 그러한 경우에 단지 그 시기만을 모면하는 것이 되어서는 안 된다. 국가가 기능을 하고 사회적 안정이 지속되려면 그러한 해법이 필요하다. 민주주의는 국가와 사회의 체제이므로 민주화의 단계들은 역시 체계적으로 구성되어야 한다. 나는 내가 지금 작성하고자 하는 원칙들, 앞으로 더 확장될 수 있는 이 원칙들이 민주적 체제를 성취하는 데 영속적인 틀을 설립하기 위한 최소의 기본 조건들을 보장하리라 믿는다.

1. 민주적 민족 원칙: 이 원칙은 어떠한 단일 언어, 단일 종족, 단일 계급이나 단일 정부에 토대를 두지 않는 민주적 사회의 민족 형태를 의미한다. 민주적 민족은 복수의 언어, 복수의 종족이며 계급적 차별이나 국가의 특권에 대해서는 여지를 두지 않는다. 민주적 민족은 자유와 평등한 개인들을 토대로 한다. 이러한 민주적인 민족은 민주적인 시민, 공동체들로 구성되며 열린 문화적 정체성을 가진 유연한 민족 패러다임 위에서 건설된다.

2. **공통의(민주적인) 고국 원칙:** 이 원칙은 자유롭고 평등하게 공유되며, 어떠한 개인이나 공동체도 다른 공동체나 개인에 의해서 배외되지 않는 고국들의 합을 의미한다.

3. **민주 공화국 원칙:** 이 원칙은 민주적 사회와 개인이 가진, 국가에 대한 접근성을 의미한다. 국가 조직과 개인의 민주적 조직은 2개의 서로 다른 현상으로 서로의 정당성을 존중하는 것을 바탕으로 한다.

4. **민주 헌법 원칙:** 이 원칙은 사회적 합의를 통해 구성된 헌법으로, 국민 국가에 대항해 민주적 시민과 공동체를 보호하고자 하는 것에 기반한다.

5. **개인과 집단 권리의 불가분성 원칙:** 개인의 권리와 집단의 권리는 동일한 사회에서 서로 다른 측면이다. 이것은 사회가 개인들로 구성됐지만 개인들의 합과는 여전히 다르다는 것과 같다. 이는 동전에는 한 면만 있을 수 없다는 것과 흡사하다. 그러므로 개인의 권리나 집단의 권리 어느 한쪽만 가진 사회나 개인은 있을 수 없다.

6. **이념적 독립과 자유 원칙:** 자본주의 근대성이 가지고 있는 실증주의 이념의 헤게모니와 개인주의로 재구축된 그 자유주의적 노예제를 극복하지 않는다면 민주적 민족 해법은 달성될 수 없다. 사회적 본성에 대한 자각이 민주적 민족 해법을 위한 의식적 조건이다.

2013년 6월 6일, 이라크 깐딜. PKK 병사들이 빵을 만들고 있다.

7. 역사성과 현재 원칙: 사회적 현실들은 역사적 현실들이다. 과거에 경험한 현실은 거의 바뀌지 않은 채로 현재, 그리고 최근의 발전들 내에서 계속 존재한다. 역사와 현재의 관계가 바르게 규정되지 않으면, 역사성을 벗어버린 자본주의 근대성의 개인주의와 동질의 즉각적이고 임시변통적인 사회의 사고방식은 극복될 수 없다. 역사와 현재에 대한 정확한 이해는 민주적 민족 해법의 필수 조건이다.

8. 도덕과 양심 원칙: 어떠한 사회적 문제에 대해 건전한 해법을 제시하려면 도덕과 양심에 호소할 필요가 있다. 오직 권력과 법에만 의지하는 근대성의 해법들은 결과를 낼 수 없고 문제를 억누르거나 왜곡할 뿐이다. 도덕과 양심에 토대를 둔 공감은 민주적 민족 해법 안에서 필수적이다.

9. 민주주의의 자기방어 원칙: 자기방어를 하지 않은 생물은 없다. 민주적 사회들은 자연에서 가장 앞선 존재로, 자기방어 없이 그 존재를 실현하거나 유지할 수 없다. 민주적 민족 해법에서 자기방어 원칙은 충족되어야 할 필요조건이다.

해법을 위한 행동 계획

사회적 문제들에 대해 제안된 어떤 해법 모델들이 그에 상응하는 실천적 가치를 가지고 있지 않다면 이는 그저 브레인스토밍에 그칠 것이다. 또한 명백히 실천적 단계들은 사고와 관련된 것으로, 구현되고 있는 사고라고 할 수 있다. 그러나 성공적인 분석에 대한 응답은 실천을 통해서만 주어질 수 있다.

내 스스로 말할 수 있는 것은 내가 쿠르드 문제의 해법에서 비록 미흡하나마 일방적인 행동들보다 중요한, 실천적인 단계들을 발견했다는 것이다. 나는 의미 있는 대화에는 항상 우선순위가 주어져야 한다고 믿는다. 그러나 또한 대화라는 명분을 내세운 자기기만은 재앙을 가져온다는 것도 알고 있다. 누구도 단체의 협상력을 과소평가해서는 안 된다. 가장 작은 협상의 기반이 가장 선두적이고 성공적인 물리적 행동보다 훨씬 더 소중하다.

PKK가 등장한 1970년대에는 쿠르드에게 아주 엄격한 부정 정책이 시행되고 있었다. 이 정책에 대해 반대한다는 말만 해도 아주 가혹한 처벌이 따랐다. 그런 시기조차도 좌익 집단들과 함께 민주적 해법을 연합하는 것이 우선순위로 여겨졌다. 내가 1975년에 ADYÖD(Ankara Democratic Association of Advanced Education, 앙카라 선진교육민주협회) 의장으로 선출된 이유가 그것이었다. 그러나 그 일이 잘되지 않자 PKK를 출범시키는 데 모든 집중을 할 수밖에 없었다. 1984년 8월 15일의 발의에 착수하게 된 것은 쿠르드에 대한 부정과 절멸 정책에 대항하는 유일한 대안이었던 것이다. 내가 계획했던 바는 아니었지만 최선을 다하는 데 주저하지 않았다.

1990년대 초에 당시 대통령이던 투르구트 외잘이 제안한 대화가 좀 더 진전됐더라면 쿠르드 문제는 오늘날과 완전히 다른 단계에 있었을 것이다. 터키 국가는 자신의 대통령에게 대화와 협상에 참가할 기회를 주지 않았다. 기존의 부정과 절멸 정책이 완전하게 운영되고 있었다. 우리는 공화국의 역사에서 가장 어두운 시기를 지나고 있었다. 1997년과 1998년에 정치적·군사적 전선에서 있었던 대화 시도 역시 똑같은 운명을 겪었다. 터키의 국내외적인 방해물, 요약하면 모든 정치적·군사적 조직에 영향력을 끼치고 있던 글라디오 작전으로 인해 대화와 협상의 아주 간단한 시도조차 불가능했다. 임랄리 조사 과정을 대화와 협상의 근거로 삼고자 하는 내 모든 노력에도 누군가가 이를 계속 망쳤다. 내 모든 제안에 대한 대답은 돌아오지 않았다. 그들은 PKK의 운동을 완전히 제거하려는 계획을 세운 게 분명했다. 협상과 대화를 자신들의 종말이라고 여기는 조직들이 있었다. 그 조직들은 점점 더 강해져서 국가 안의 국가가 됐다. 그 조직들은 권력욕이라는 전염병을 가진 모든 부문 중에서도 가장 위험하고 잔혹했다. 내 모든 경고에도 수천 명이 죽고 헤아릴 수 없는 손실이 발생했다. 1990년대 이후, 개인적으로 나는 전쟁을 억제하는 것을 택했다. 하지만 이것이 어떤 성과도 얻지 못하자, '존재를 지키고 자유를 얻기' 위해서는 쿠르드와 쿠르디스탄의 원치 않는, 그러나 전면적인 저항이 불가피하다는 내용의 마지막 경고를 보내야 했다. 나는 대화와 협상이 가능한 근거에 대해 말하고 있는 것이다. 이러한 방향의 발전이 불가능한 것이 아니기 때문이다.

당사자들에게 전쟁에 대한 계획이 없다고 말하려는 게 아니다. 행동 계획들은 강력히 주장되고 전력을 다해온 영역이다. 내가 직접 경험한 바에 따라서 그러한 작업의 존재에 대해 상당히 잘 알고 있다. 일방적인 행동 계획은 열정적으로 시행되지만, 어려운 것은 당사자들을 한데 묶어주는 행동 계획을 개발하는 것이다. 상호적인 공감대 없이 이 계획들은 진전될 수 없다. 나는 일방적으로 개발되어 최근에 구현되고 있는 행동 계획에 대해서, 그리고 당사자들을 협상으로 이끄는 것이 가능한 행동 계획에 대해서 내 시각을 간단하게 보여줄 생각은 없다. 나는 나 자신을 그 계획의 실행에 있어서 책임을 맡고 있는 당사자의 일원으로 생각하지 않는다는 것을 말해야겠다. 이는 유죄 판결이라는 현재의 입장과 그로 인해 강요된 상황들로 인해 나는 당사자가 될 수 없기 때문이다. 여기에서 내가 제시하는 의견은 당사자들이 서로를 현실적으로 알게 하고 가능한 공동 행동 계획을 꾸리는 데 받아들일 수 있는 것과 그렇지 못한 것에 관해 정보를 주는 것을 목표로 한다.

1. 부정과 절멸이라는 기존 정책의 해법 계획: 비록 예전만큼은 아니지만 이 해법을 얻기 위한 계획들이 여전히 개발되고 구현되고 있다. 이들은 국가로부터 나오는 부에 의존하는 중간 계급 부르주아지 및 관료들이 된 집단들이다. 이들은 국내외적으로 폭로됐고 고립됐으나, 자신들이 주장하는 절멸 계획을

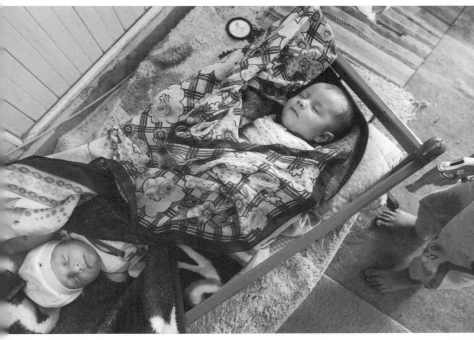

2014년 8월 23일, 터키 수르트. 코바니에서 온 쿠르드 가족의 아기들이 가스 난로 위에서 자고 있다. 아기들의 형은 플라스틱 권총을 가지고 놀고 있다 .

교활하고 잔혹한 방식으로 실행하는 것을 주저하지 않는다. 기존의 쿠르드 부역자 부문을 제외한 모든 쿠르드는 쿠르드 역사에서 가장 광범위한 저항을 행하는 것으로 이 계획에 응답했다. 저항의 지도적 위치에 있는 PKK는 자체적인 계획들을 광범위하게 구현할 능력과 힘을 갖추고 있다. PKK는 수동적 저항의 계획에서 능동적 방어 및 전면적인 저항 계획으로 이행하는 위치에 있다. 다가올 시기에는 전면적인 방어 계획으로 이행되리라 예상할 수 있다. 민주적 해법에 심각한 병목 현상이 있을 것이기 때문이다.

2. 연방주의와 국가주의 해법 계획: 이 계획들도 여러 영역과 측면에서 시행되고 있다. 이라크 쿠르드 연방정부[8]에 의해 구현되고 있는 이 계획들의 뒤에는 바로 전통적인 식민지 국민 국가들과 전 세계적인 패권 세력들이 있다. 그들은 각자 서로 다른 목표를 가지고 있지만 이들 사이에는 일반적인 합의가 있다. 그들이 이 계획을 지원하는 이유는 쿠르드가 가진 혁명적이고 민주적인 잠재력을 일그러뜨리고자 하기 때문이다. 미국은 공개적으로 이라크의 쿠르드 연방정부를 지원하는 패권적 권력이다. 이 연방정부는 이라크, 시리아, 이란, 터키를 통제하는 데 전략적 역할을 한다. 터키, 이란, 시리아 정부는 그들 국가 내 쿠르드 저항을 분쇄하고 그들 국가 내 쿠르디스탄을 없애기 위해서 2차 세계대전 이래 다양한 계획들을 통해 이라크 북부의 '작은 쿠르디스탄' 계획을 지원해왔다. 이렇게 기획된 역할에서 쿠르드가 벗어나려고 하면 이 세력들은 한꺼번에 반대의 목소리를 높인다. 분할 통치에 기반한 정책과 계획들이 '작은 쿠르디스탄'에 의해 대부분 실시되고 있다. 혁명가들, 급진적인 민주주의자들 및 사회주

---

8 이라크 쿠르드 연방정부Iraqi Kurdistan Federal Administration의 공식적으로 알려진 명칭은 쿠르드 자치 정부Kurdistan Regional Government이다.

의자들은 그 방식을 통해 약화된다. 이 계획의 근본 목표는 PKK의 고립이다. '작은 쿠르디스탄'에 대한 보답으로 PKK를 고립시키고 제거하려는 광범위한 글라디오 작전이 있는 것이다. 더 나아가 이 계획은 국제 외교 분야에서 광범위한 지지를 받고 있다. 미국, 터키, 이라크의 정부들은 이제 '작은 쿠르디스탄'의 쿠르드 연방정부를 자신의 무리에 포함시켰으며, 현재 이 계획에 발맞춰 PKK를 무장 투쟁으로부터 꾀어내려고 하고 있다. 그러나 이 계획은 당사자들 간의 서로 다른 이해들로 인해 제대로 시행되지 않고 있다. 이 계획은 쿠르드 사회로부터 광범위한 지지를 받지 못하며 협소한 엘리트 부문의 이해만을 대변하기 때문에 희망이 없다.[9] 그래서 매일같이 더욱 폭로되고 소외된다.

이 계획에 대한 PKK의 응답은 굴복이 아니라 지속적인 저

---

9 쿠르드 지방 정부는 사실상 바르자니Barzani 가문의 소유고, 바르자니 가문은 이 지역의 오래된 이슬람 부족장 집안으로 신정 정치, 부족 독재 정치를 펼쳐온 군벌이다. 이 가문은 1908년 오스만 제국에 대한 저항을 시작으로 오랫동안 쿠르드 독립을 위해 싸워온 가문으로 알려져 있지만 쿠르드의 독립을 위한 것이 아니라 자신들의 지역 내 독점적 이익을 위해서였다. 현재 이라크 내에 이 정도의 지위를 차지하게 된 것도 미군의 이라크 침략 시에 미군 편에 서서 앞잡이 노릇을 했기 때문이다. 이라크 붕괴와 다에쉬IS의 출현에는 이들의 책임도 있다. 이들은 쿠르드의 독립을 명분으로 걸고 있지만 자신들의 뒷배경인 세계의 패권 세력들의 요구가 있을 시에는 쿠르드에 대한 학살도 사주받아 해왔다. 이 지역 내 키르쿠크Kirkuk 유전의 석유를 터키를 통해서 팔기에 터키와도 긴밀하게 공조해 PKK를 공격했었다. 터키가 터키 내 쿠르드인들이 다에쉬를 막기 위해 시리아로 가겠다고 국경을 넘으면 총으로 사살하지만 이라크의 페쉬메르가에 참여하는 것은 허락하는 것도 이 맥락에서 보면 이해될 수 있다.

항이다. 한동안 결단적이지 않고 도덕적으로나 이념적으로 약한 많은 사람이 우리 대오에서 이탈해 이 계획의 지지자로 합류해갔다. 이 계획을 내세운 자들이 쿠르드 내에서 새롭게 부역자 운동을 만들어내려 했지만, 오래지 않아 정체가 드러나게 되었다. 쿠르드 민족주의는 전통적으로 상당히 약했기 때문에 안정된 국민 국가 계획은 개발되지 않는다. 즉 그들은 부패한 후에 소멸될 운명인 것이다. 그들은 PKK의 저항을 분쇄하는 데 희망을 걸어왔다. 터키 정부도 오랫동안 그 방식에 모든 것을 걸면서 '작은 쿠르디스탄'을 바탕으로 하는 쿠르드 민족주의로부터 도움을 얻고자 했다. 그들은 그 '작은 쿠르디스탄'을 기반으로 쿠르드에게 그리스와 아르메니아인에게 했던 것과 비슷한 계획을 시행하려고 했던 것이다. 하지만 PKK의 상황과 지위는 그리스나 아르메니아와 달랐고, 이로 인해 이 계획은 역효과를 낳게 됐다. 즉 PKK 전선의 반격은 점점 강해져가고 있다.

3. 민주적 해법 계획: 위의 두 계획들은 희망을 거의 주지 못했고 모든 전선에서 상당한 비용이 들어갔다. 이에 따라 터키 공화국은 민주화 프로젝트로 기울게 됐다. 실제로 현재 터키에서 일어나는 발전들 또한 이러한 방향으로 나아가는 것에 힘을 보태고 있다. (화합의 면에서) 미국과 EU가 밀어붙이

고 언론과 시민 사회, 모든 쿠르드인들만큼이나 터키의 일반 대중들이 그와 유사한 경향을 보임에 따라 처음으로 민주적 해법 계획의 실현 가능성이 커지게 됐다. 소수파가 돼버린 모든 민족주의-파시스트 전선의 반反저항에도 불구하고, 국가의 주요 기관들 또한 민주적 해법 프로젝트들에 반대하지 않고 있다. 오히려 이들은 민주적 해법을 위한 기반 작업을 준비하는 데 중요한 역할을 맡고 있다. 이 모든 것들로 인해 이 민주적 해법 계획들을 구현할 기회가 증대되고 있다. 이러한 새로운 역사적 상황을 맞이해 당사들 간의 실현 가능한 행동 계획이 몇 단계를 거쳐서 이뤄져야 한다. 만약 국가의 주요 기관들과 정부 사이에서 민주적 해법의 주요 특징들에 대한 합의가 도출되고 민주적 세력의 지원과 함께 쿠르드 측의 지지를 얻을 수 있게 된다면, 그때 할 수 있는 시행과 단계들은 다음과 같다.

a. 첫 번째 단계: PKK는 영속적인 비행동 기간을 선언할 것이다. 이 단계 동안 당사자들은 서로를 도발하지 않도록 주의하고 자신의 세력에 대해 면밀한 통제를 유지하면서 일반 대중들을 계속해서 준비시키도록 유의해야 한다.

b. 두 번째 단계: 정부의 발의에 의해 '진실화해위원회Truth and Reconciliation Commission'를 설립한 후 터키 대국민회의Grand

2005년 12월 6일, 이라크 키르쿠크. 역사적인 고성古城 앞에 이라크 쿠르드 깃발이 걸려 있다.

National Assembly of Turkey의 승인을 받아야 한다. 이 위원회는 법적 장애를 제거하는 데 도움이 될 제안들을 마련해야 한다. 위원회 구성은 당사들 간에 최대의 동의를 구해야 한다. 위원회에 제출된 자백과 변호에 관련해 위원회는 터키 대국 민회의에 사면 제도를 제안해야 한다. 이처럼 법적 장애가 제거되는 경우 PKK는 미국과 EU, UN, 이라크 쿠르드 연방 정부, 터키 공화국 당국으로 구성된 위원회의 감시 아래 법적 범위를 벗어나는 조직들을 터키 국경 밖으로 철수시킬 수 있게 될 것이다. 또한 제때에 여러 지역과 나라들에 그 세력을 주둔시킬 수 있어야 한다. 그러나 이 단계에서 결정적인 것은 PKK 활동으로 구금되고 형을 선고받은 이들을 석방하는 것과 PKK 무장 세력들이 국경 밖으로 철수하는 것을 공동으로 계획해야 한다는 점이다. 여기에는 '둘 중 하나가 없다면 둘 다 이행될 수 없다'는 원칙이 적용되어야 한다.

c. 세 번째 단계: 민주화를 향한 헌법과 법률적 단계들이 취해지면 다시 무력에 호소할 일은 없을 것이다. 오랜 세월 망명을 갔던 이들, 특히 PKK에서 직위를 맡았던 사람들과 국적을 잃은 사람들 및 난민으로서 떠돌던 사람들의 순차적인 귀향이 시작될 것이다. KCK의 활동이 합법성을 얻게 되면 PKK가 터키 국경 안에서 활동할 필요가 없게 된다. PKK는 합법적이고 민주적인 정치, 사회, 경제적 문화 활동의 모든 측면

에 그 기반을 둘 것이다.

이 세 단계의 계획을 구현할 때가 되면 내 위치는 전략적으로 중요해진다. 나, 외잘란이 없다면 이 계획을 구현하는 데 한계가 있다. 그러므로 내 상황과 관련해 이성적인 해법이 필요하다.

그러므로 터키의 일반 국민과 다수의 쿠르드인들이 내게 기대한 바에 따라서 민주적 해법과 그 계획에 대한 개략적인 생각과 제안의 초고를 제출할 수 있다. 명확한 것은, 당사자들이 만든 의견과 제안들을 토대로 내 생각과 제안들을 평가하고 수정하고 개선할 위치에 있어야 한다는 것이다.

이제 내가 이 초고, 즉 로드맵을 만들었기에 대부분의 책임은 명백하게 터키 대국민회의 당국자들과 국가의 주요 기관들, AKP 정부의 손에 놓이게 됐다. 일반 합의에 도달하면 그 즉시 첫 단계를 시작할 필요가 있다. 그렇지 않다면 위협하는 것은 아니지만, PKK와 KCK 모두 '쿠르드의 존재를 보호하고 자유롭게 하기 위한 전면 저항'이라는 단계로 이행할 수밖에 없을 것이다. 그러므로 이 경로로 가지 않도록 하기 위해서, 우리는 어떤 대가를 치르더라도 일상적인 정치적 이해와 욕망을 방지하고 우리가 제안한 민주적 개방과 쿠르드 문제 해법의 모델 및 그 계획을 시행해야 할 것이다.

터키의 역사적 현실과 현재의 조건들에 대한 응답이 될 수 있는 '민주적인 개방과 쿠르드 문제에 대한 해법 모델'이 시행된다면, 이는 터키의 독립적 발전에 머무르지 않고 중동 인민들이 민주적이고 평등하고 자유롭게 발전하는 길을 또한 의미하게 될 것이다. 자본주의 근대성의 요인들이 불러온 지역 문화의 점령과 식민주의에 대항하는 민주적 근대성의 요소들의 진전은 민주적 근대성이 자체의 역사성에 조응하는 체제로 이행될 기회와 힘을 줄 것이다. 아마도 역사는 처음으로 점령, 식민주의, 그리고 모든 종류의 침략의 역사로 쓰여지는 것에서 벗어나서 민주적이고 평등하고 자유로운 개인들의 삶으로 구성된 사회의 역사로서 쓰여지게 될 것이다.

압둘라 외잘란

2009년 8월 15일

로자바 사회 협약
The Social Contract

전문

우리 아프린, 자지라, 코바니, 쿠르드 연합체, 아랍, 아시리아, 칼데아, 아람, 아르메니아, 투르크멘, 체첸의 민주적 자치 지역의 인민은 민주적 자치 원칙에 따라 초안으로 쓰여진 이 헌장을 자유롭고 엄숙하게 선언하고 제정한다.

자유, 정의, 존엄성 및 민주주의를 추구하고 평등과 환경의 지속 가능성 원칙을 따르는 이 헌장은 사회의 모든 구성원들 간의 상호적이고 평화적인 공존과 이해에 토대를 둔 새로운 사회 계약을 선포한다. 이 헌장은 기본 인권과 자유를 보호하고 민족 자결권을 재확인한다.

이 헌장에 따라 우리 자치 지역의 인민은 화해, 다원주의, 민주적 참여의 정신으로 하나 되어 모든 인민이 공공의 삶에서 스스로를 자유롭게 표현할 수 있도록 한다. 권위주의, 군국주의, 중앙 집권 및 공사公事에 대한 종교 권력의 개입이 없는 사회를 건설함에 있어서 이 헌장은 시리아의 영토 보전territorial integrity[1]을 인정하고 국내 및 국제 평화 유지를 열망한다.

---

1 영토의 현상이 유지되고 있는 상태 또는 유지되어야 한다는 속성을 의미하며 정치적 독립과 함께 주장된다. UN에서 「국제연합헌장Charter of the United Nations」 제2조 제4항, 국제연합총회결의 중 1960년 식민지 국가·민족에 대한 독립 부여에 관한 선언, 1970년 우호 관계 원칙 선언이 있다. 시리아의 PYD(Democratic Union Party, 압둘라 외잘란의 정치적 기조를 따르는 시리아의 정치 조직)는 시리아의 쿠르드가 별도의 영토를 갖는 국민 국가 수립을 전략으로 추구하지 않기 때문에

이 헌장을 수립함에 있어서 우리는 독재, 내전 및 파괴로부터 시민 생활과 사회적 정의를 보전하는 새로운 민주주의로 이행하는 단계를 통해 시리아의 풍부한 모자이크와 조화를 이루는 사회 계약 위에 이 정치 체제와 행정부가 설립됨을 선언한다.

제1조 일반 원칙

제1항

아프린, 자지라 및 코바니의 자치 지역 헌장(이하 '헌장')은 자치 지역 인민들 간의 갱신된 사회적 계약이다. 전문은 헌장의 불가결한 부분이다.

제2항

(1) 권력은 자치 지역의 인민들에게 귀속되며 인민들로부터 나온다. 권력은 대중 투표로 선출된 운영 평의회 및 공적 제도들에 의해 행사된다.

(2) 인민은 모든 운영 평의회 및 공적 제도에 대한 합법성의 유일한 원천을 구성하며, 운영 평의회 및 공공 기관들은 자유로운 사회에 필수적인 민주주의 원칙에 기초한다.

제3항

(1) 시리아는 자유 국가, 주권 국가, 민주 국가이며 지방 분권과 다원주의 원칙에 입각한 의회제도에 의해 운영된다.

(2) 자치 지역은 아프린, 자지라, 코바니의 3개의 칸톤[2]으로 구성되며, 이들

「국제연합헌장」 제2조 제4항의 시리아의 영토 보전 권리를 주로 인정하고 있다.
2 칸톤canton은 스위스에서는 '주'를 의미하고 프랑스에서는 '면'을 의미한다. 코바니Kobani가 면적 7km²에 인구 4만의 도시인 것을 생각하면 면 정도로 볼 수도 있으나 이 사회 협약이 향후 만들어질 민주적 민족의 헌법에 준하는 것이기에 주의 의미도 담을 수 있다는 생각이 들어 칸톤을 그대로 쓴다.

은 시리아 영토로 통합된다. 각 칸톤의 행정 중심지는 다음과 같다.

아프린 칸톤의 행정 중심지: 아프린

자지라 칸톤의 행정 중심지: 카미실리

코바니 칸톤의 행정 중심지: 코바니

(3) 자지라 칸톤은 종족적, 종교적으로 다양하며 쿠르드, 아랍, 시리아, 체첸, 아르메니아, 무슬림, 기독교 및 야지디[3] 공동체가 형제애 안에서 평화롭게 공존하고 있다. 선출된 입법회의는 자치 지역의 세 칸톤을 대표한다.

자치 지역의 거버넌스 구조

제4항

1) 입법회의

2) 집행평의회

3) 고등선거위원회

4) 최고헌법재판소

5) 시/지방평의회

제5항

각 칸톤의 행정 중심지는 다음과 같다.

---

3 야지디Yazidi는 이슬람 내 소수 분파를 일컫는 용어이나 아브라함 직계 우화 중 사탄에 해당되는 천사들을 숭배하는 내용이 들어 있다는 비난을 받는데, 이슬람이나 기독교나 다 아브라함에서 나온 종교라는 것을 생각해보면 소수 분파이기 때문에 받는 비난일 것이다. 야지디가 인종적으로 쿠르드와 겹치기에 야지디는 자신을 쿠르드라고 한다. 그러나 쿠르드 다수의 신앙은 수니 이슬람이기에 이들은 쿠르드 내에서도 이들의 신앙을 이유로 차별을 받았다. 전 세계에 60만 정도의 신도가 있으며 이 중 40~50만이 이라크 내에 거주하고 있다. 터키어로는 Yezidiler라고 부르며 Yezidi로도 표기한다.

자지라 칸톤의 행정 중심지: 카미실리

아프린 칸톤의 행정 중심지: 아프린

코바니 칸톤의 행정 중심지: 코바니

제6항

모든 개인과 공동체는 법 앞에서 동등하며 권리와 책임에 있어서 평등하다.

제7항

이 헌장에 동의한 시리아의 모든 도시, 군 마을은 자치 지역 내에 위치하는 칸톤을 형성할 수 있다.

제8항

자치 지역의 모든 칸톤은 지방 자치 정부의 원칙 위에서 설립된다. 칸톤은 대표자와 대표체를 자유롭게 선출할 수 있으며, 헌장의 조항에 위배되지 않는 한에서 자체적인 권리를 추구할 수 있다.

제9항

자지라 칸톤의 공식 언어는 쿠르드어, 아랍어 및 시리아어다. 모든 공동체는 자체적인 모국어로 가르치고 배울 권리가 있다.

제10항

자치 지역은 타국의 국내 문제를 간섭하지 아니하고, 모든 갈등을 평화롭게 해결해 나가면서 주변국과의 관계를 보전한다.

제11항

자치 지역은 자체 깃발을 정할 권리가 있으며 상징과 찬가讚歌는 법에 의해 규정되어야 한다.

제12항

자치 지역은 시리아에 통합된 부분이다. 자치 지역은 시리아에서 연방 거버넌스라는 미래의 분권화 체제에 대한 모범이다.

제2조 기본 원칙

제13항

입법, 행정, 사법의 권리는 분리되어야 한다.

제14항

자치 지역은 이행기 기간 동안의 사법 방책의 틀을 실현할 것이다. 자치 지역 내에서 개인 및 공동체를 포함하는 모든 희생자에 대한 배상금 지급을 포함해, 배외주의적이고 차별적인 국가 정책의 유산을 시정하기 위한 조치를 취하는 단계를 밟을 것이다.

제15항

인민수비대People's Protection Units, YPG는 3개 칸톤이 가지는 유일한 군사력으로, 자치 지역과 그 인민의 안전을 지키고 방어하는 임무와 함께 내부 및 외부 위협에 대처한다. 인민수비대는 공인된 고유의 방위권에 따라 행동한다. 인민수비대의 명령권은 중앙의 명령을 통해 방위체에 귀속된다. 중앙 정부의 군대와의 관계는 입법회의에 의해 특별법으로 규정되어야 한다.

자치 지역에서 경찰력_{Asayish force}은 시민 방범 기능을 맡는다.

제16항
법원 또는 기타 공공 기관에 의해 어떤 조항이 근본적인 법 조항이나 다른 상위 법령과 상충한다고 판단되는 경우, 혹은 그 조항이 도입될 때 어떤 중요한 측면에서 규정된 절차가 무시된 경우에 그 조항은 무효화된다.

제17항
이 헌장은 청년들이 공적이고 정치적인 삶에 적극적으로 참여할 권리를 보장한다.

제18항
법에 어긋나는 조항 및 생략, 그리고 적절한 형벌은 형법 및 민법에 의해 규정된다.

제19항
과세 제도 및 기타 재정 규제는 법으로 규정된다.

제20항
헌장은 국제 인권 협약, 협정 및 선언에서 출발한 불가침한 기본 권리와 자유의 지위를 갖는다.

제3조 권리와 자유

제21항

이 헌장은 세계 인권 선언, 시민적 및 정치적 권리에 관한 국제 규약, 경제적 사회적 및 문화적 권리에 관한 국제 규약 및 국제적으로 인정된 다른 인권 협약들을 받아들인다.

제22항

시민, 정치, 문화, 사회 및 경제적인 권리에 관한 모든 국제적 권리와 책임이 보장된다.

제23항

(1) 모든 사람은 자신의 종족, 문화, 언어 및 성적 권리를 표현할 권리가 있다.

(2) 모든 사람은 생태계 균형을 기반으로 한 건강한 환경에서 살아갈 권리가 있다.

제24항

모든 사람은 의견과 표현의 자유를 누릴 권리가 있다. 여기에는 간섭 없이 의견을 가질 자유와 국경에 관계없이 모든 매체를 통해 정보와 생각을 찾고, 받고, 전달하는 자유를 포함한다.

표현의 자유와 정보의 자유는 자치 지역의 보안, 공공 안전 및 질서, 개인의 보전, 사생활의 신성함, 또는 범죄 예방 및 기소를 고려해 제한될 수 있다.

제25항

(1) 모든 사람은 자유롭고 안전할 권리가 있다.

(2) 인간으로서 타고난 존엄성을 보호받기 위해, 자유를 박탈당한 모든 사람은 인간애와 존중을 바탕으로 대우를 받아야 한다. 어느 누구도 고문을 받거나 잔혹하며 비인간적인 혹은 굴욕적인 대우 및 처벌을 당하지 않아야 한다.

(3) 죄수는 타고난 존엄성을 보호받기 위해 구금에 대한 인도적 조건을 가질 권리가 있다. 감옥은 수용자의 교정, 교육 및 사회 재활이라는 근본 목적을 수행한다.

제26항

모든 인간은 생명에 대해 타고난 권리가 있다. 자치 지역의 사법권 내에서는 누구에게도 사형이 집행되어서는 안 된다.

제27항

여성들에게는 정치적, 사회적, 경제적, 문화적 삶에 참여할 수 있는 불가침의 권리가 있다.

제28항

남성과 여성은 법 앞에서 동등하다. 헌장은 여성 평등의 실질적인 시행을 보장하고 공공 기관으로 하여금 성차별 철폐를 향해 나아가도록 한다.

제29항

헌장은 아동의 권리를 보장한다. 특히 아이들은 경제적 착취, 아동 노동, 고문 또는 잔혹한 비인간적 혹은 굴욕적인 대우나 처벌의 고통을 겪지 않아야 하며, 성년이 되기 전에는 결혼하지 않아야 한다.

제30항

모든 사람은 다음의 권리를 가진다.

1) 평화롭고 안정된 사회에서의 개인 안전에 대한 권리

2) 무료이자 의무인 초등 및 중등 교육에 대한 권리

3) 직장, 사회 보장, 건강, 적절한 주거에 대한 권리

4) 모성 보호와 산모 및 소아 치료에 대한 권리

5) 장애인, 노인 및 특별한 도움을 필요로 하는 이들을 위한 적절한 보건 및 사회 복지에 대한 권리

제31항

모든 사람에게는 예배의 자유, 즉 개인적으로 혹은 다른 사람들과 함께 자신의 종교를 실천할 권리가 있다. 어느 누구도 종교적 믿음을 근거로 박해받아서는 안 된다.

제32항

(1) 모든 사람은 결사의 자유를 누릴 권리를 가진다. 여기에는 정당, 협회, 노동조합 및 시민 집회를 자유롭게 결성하고 그에 가입하는 권리를 포함한다.

(2) 결사의 자유의 권리를 행사하는 데 모든 공동체의 정치적, 경제적 및 문화적 표현이 보호된다. 이것은 자치 지역 인민의 풍부하고 다양한 유산을 보호하는 데 기여한다.

(3) 야즈디 종교는 공인된 종교이며 야즈디 신자의 결사와 표현의 자유에 대한 권리는 분명하게 보호된다. 야즈디의 종교적, 사회적, 문화적 삶

은 입법회의에 의한 법 제정을 통해 보호받을 수 있다.

제33항

모든 사람은 정보를 얻고, 받고, 배포할 자유가 있으며 구두, 서면, 그림을 통한 재현이나 기타 방법을 통해 생각, 의견 및 감정을 교류할 권리가 있다.

제34항

모든 사람은 평화적인 집회의 권리를 가지며 이는 평화로운 방어, 시위, 파업의 권리를 포함한다.

제35항

모든 사람은 개인 또는 공동의 실천을 통해서 학술, 과학, 예술, 문화적 표현과 창작물에 접근하고 이를 누리며 보급하기 위해 그러한 표현과 창작을 자유롭게 경험하거나 이에 기여할 권리가 있다.

제36항

모든 사람은 법에 의해 규정된 바에 따라 투표를 하고 공직에 출마할 권리가 있다.

제37항

모든 사람은 정치 망명을 요청할 권리가 있다. 사람들은 자격 있고 공정하며 적절하게 구성된 사법 기관의 결정에 따라서만 추방될 수 있으며, 이 경우 모든 정당한 법적 절차가 제공된다.

제38항

모든 사람은 법 앞에 평등하며 공공 및 직업 생활에서 동등한 기회를 누릴 권리가 있다.

제39항

지상과 지하에 위치한 천연 자원은 사회의 공공재다. 이러한 자원과 관련된 추출 과정, 관리, 인가 및 기타 계약 협정은 법에 의해 규제되어야 한다.

제40항

이행기의 행정부가 소유하고 있는 자치 지역의 모든 건물과 땅은 공공의 재산이다. 이에 대한 사용 및 분배는 법에 의해 결정된다.

제41항

모든 사람에게는 사유 재산을 사용하고 향유할 권리가 있다. 공적인 사용이나 사회적 이해를 이유로 정당한 보상금을 지불하는 경우 및 소송과 법에 의한 형식에 따르는 경우를 제외하고는 누구도 타인의 재산을 박탈할 수 없다.

제42항

지방의 경제 체제는 일반적인 복지 제공, 특히 과학과 기술에 대한 기금 지원을 향해 있어야 한다. 이 경제 체제는 인민들의 일상적인 필요를 보장하고 위엄 있는 삶을 보증한다. 독점은 법으로 금지되며 노동권과 지속 가능한 개발이 보장된다.

제43항

모든 사람에게는 자치 지역 내에서 이동과 주거 선택의 자유에 대한 권리가 있다.

제44항

제3조에 명시된 권리와 자유의 열거는 더 있을 수 있다.

민주적 자치 행정 프로젝트
제4조 입법회의

제45항

자치 지역의 입법회의는 인민에 의해 직접 비밀 투표로 선출되며 임기는 4년이다.

제46항

입법회의의 첫 회의는 모든 자치 지역 내 선거의 최종 결과 발표가 난 후 16일을 넘기기 전에 개최되어야 한다. 선거 결과는 고등선거위원회에 의해 인증되고 발표될 것이다.

임시집행평의회Transitional Executive Council 의장은 입법회의의 첫 회의를 소집할 것이다. 설득력 있는 이유로 첫 회의가 열릴 수 없으면 임시집행평의회 의장은 15일 이내에 다른 개최 일을 지정한다.

정족수는 합계 50+1%의 참석자에 의해 채워진다. 입법회의의 최고 연장자인 구성원이 첫 회의를 진행하며 이 회의에서 공동 의장들과 집행평의회가 선출될 것이다.

입법회의는 비공개의 필요가 없는 한 공개된다. 입법회의가 비공개 회기로 이행될 때는 절차의 규율에 따라 운영된다.

제47항

자치 지역 내에 거주하고 있는 등록된 유권자 1만 5000명당 최고입법평의회의 구성원은 1인이 있어야 한다. 입법회의는 선거법에 따라 어느 성별이든 최소한 40% 이상으로 구성되어야 한다. 선거인 명부에 있는 청소년 대표와 마찬가지로 시리아 공동체의 대표도 선거법에 의해 운영된다.

제48항

1) 입법회의 구성원은 2번 이상 연속 출마할 수 없다.
2) 구성원의 4분의 1 또는 평의회 의장 사무국의 요청에 따라 입법회의 구성원 3분의 2의 동의를 얻는 예외적인 경우에 한해 입법회의의 기간을 연장할 수 있다. 연장 기간은 6개월을 넘지 않아야 한다.

제49항

18세가 된 모든 사람은 투표권이 있다. 입법회의의 입후보자는 22세 이상이어야 한다. 입후보 및 선거 조건은 선거법에 의해 규정된다.

제50항

입법회의의 구성원은 공무 수행에 따른 작위와 부작위에 대해 면책 특권을 누린다. 모든 기소는 입법회의의 승인을 요구한다. 단, 범죄자는 예외로 한다. 평의회 의장 사무국은 계류 중인 모든 기소에 관해 가능한 빨리 통보받아야 한다.

제51항

임기 중 어느 누구도 공공, 사적 또는 다른 직업이 허용되지 않는다. 일단 헌법 선서를 하면 그 고용은 일시 중지된다. 구성원 자격이 끝나면 직장으로 돌아가서 모든 권리와 수당을 누릴 권리가 있다.

제52항

자치 지역의 각 지방평의회는 직접 선거를 통해 구성된다.

제53항

입법회의의 기능은 다음과 같다.

· 입법회의의 업무를 운영하는 규칙과 절차의 수립
· 입법회의의 범위에 종속되는 영속 및 임시위원회를 포함해 지방평의
  회와 다른 기관들을 위한 법안 및 제안된 규제의 제정
· 검토 권한을 포함해 행정 및 집행 기관에 대한 통제권 행사
· 국제 협약 및 협약의 비준
· 집행평의회 또는 그 구성원에게 권한 위임 및 추후 그 권한 철회
· 전쟁과 평화의 상태 선포
· 최고헌법재판소 구성원의 임명 비준
· 일반 예산 채택
· 일반 정책 및 개발 계획 수립
· 사면 승인 및 시행
· 집행평의회가 공포 한 법령의 채택
· 자치 지역 내 지방평의회들의 공통 거버넌스에 관한 법률 채택

제5조 집행평의회

제54항

칸톤 지사_{知事}

(1) 칸톤의 지사는 자치 지역 집행평의회와 함께 본 헌장에 명시된 집행

권한을 보유한다.

(2) 칸톤 지사 후보자는

1) 35세 이상이어야 한다.

2) 시리아 국적자이며 해당 칸톤 거주자여야 한다.

3) 유죄 선고나 경고 기록이 없어야 한다.

(3) 칸톤 지사의 입후보와 선거를 운영하는 절차:

1) 입법회의의 첫 회기 후 30일 이내에 의장은 칸톤 지사 선출을 요구한다.

2) 칸톤 지사 후보자 지명 요청은 반드시 서면으로 대법원에 제출되어야 하며, 대법원은 이를 지명 마감 후 10일이 경과되기 전에 심사해 수락 또는 거절한다.

3) 입법회의는 단순 과반수로 칸톤 지사를 선출한다.

4) 만약 후보자가 필요한 과반수를 얻지 못하면 두 번째 선거가 시작되며 가장 높은 득표를 얻은 후보자가 선출된다.

5) 칸톤 지사의 임기는 취임 선서를 한 날부터 4년이다.

6) 칸톤 지사는 공식 직무를 시작하기 전에 입법회의 앞에서 취임 선서를 한다.

7) 칸톤 지사는 입법회의에게 승인을 받은 1명 이상의 부지사를 임명한다. 부지사는 칸톤 지사 앞에서 취임 선서를 한 후에 특정 역할을 위임받는다.

8) 칸톤 지사가 공식 기능을 수행할 수 없는 경우 부지사들 중 1명이 그 자리를 대신한다. 어떤 이유로 칸톤 지사 및 부지사가 의무를 이행할 수 없는 경우 칸톤 지사의 임무는 입법회의의 의장에 의해 수행된다.

9) 칸톤 지사는 사직서를 입법회의에 제출해야 한다.

(4) 칸톤 지사의 권한과 기능:

1) 칸톤 지사는 헌장에 대한 존중과 민족적 통일 및 주권의 보호를 보

장하며, 항상 최고의 능력과 양심에 따라 역할을 수행한다.

2) 칸톤 지사는 집행평의회의 의장을 임명한다.

3) 칸톤 지사는 입법회의에서 통과된 법률을 이행하며, 해당 법률에 따라 결정, 명령 및 법령을 발포할 수 있다.

4) 칸톤 지사는 선거 결과 공표로부터 15일 이내에 새로 선출된 입법회의를 소집해야 한다.

5) 칸톤 주지사는 메달을 수여할 수 있다.

6) 칸톤 지사는 집행평의회의 의장이 권고한 대로 사면할 수 있다.

(5) 칸톤 지사는 입법회의 내 대표들을 통해서 인민들을 책임진다. 입법회의는 반역 및 다른 형태의 선동을 이유로 최고헌법재판소에 칸톤 지사를 기소할 권리를 갖는다.

집행평의회

집행평의회Executive Council는 자치 지역 내 최고의 집행 및 행정 기관이다. 이 의회는 입법회의와 사법 기관들이 발포한 법률, 결의안, 법령 이행을 담당한다. 이 의회는 자치 지역 내 기관들을 조정한다.

제55항

집행평의회는 의장, 대표 및 위원회로 구성된다.

제56항

입법회의에서 다수를 차지한 당 또는 연합은 임무를 부여 받은 날로부터 1개월 이내에 입법회의 구성원의 단순 과반수(51%) 승인을 받아 집행평의회를 구성한다.

제57항

집행평의회 의장은 2번 이상 연속 임기를 맡을 수 없으며, 각 임기는 4년이다.

제58항

집행평의회 의장은 입법회의에서 새로 선출된 구성원들 가운데서 고문들을 선택할 수 있다.

제59항

각 고문은 집행평의회 내의 기관들 중 하나를 맡는다.

제60항

각 부처를 포함한 집행평의회의 업무 및 다른 기관/위원회와 관계는 법으로 규제된다.

제61항

구성 및 승인 이후 집행평의회는 정부를 위한 예비 프로그램을 발표해야 한다. 이 프로그램이 입법회의에서 가결된 이후 집행평의회는 회기 내에 해당 정부 프로그램을 시행해야 한다.

제62항

고위 공무원 및 부서 대표는 집행평의회가 지명하고 입법평의회의 승인을 받는다.

지방행정평의회 [시평의회] :

1) 자치 지역의 칸톤들은 지방행정평의회[시평의회]로 구성되며 칸톤의 기능과 규정을 개정할 권한을 보유한 해당 집행 협의회에 의해 관리된다.

2) 지방행정평의회[시평의회]의 권한 및 의무는 지방 분권화 정책을 준수하면서 설립됐다. 지방행정평의회[시평의회]에 대한 칸톤의 감사는 예산 및 재정, 공공 서비스 및 시장 선거를 포함하며 법으로 규제된다.

3) 지방행정평의회[시평의회]는 비밀 투표를 통해 대중에 의해 직접 선출된다.

제6조 사법평의회

제63항

사법 제도의 독립은 법치주의의 기본 원칙이다. 이는 자격을 갖춘 공평한 법정이 공정하고 효과적으로 사건을 처리할 수 있도록 보장한다.

제64항

형사 범죄로 기소된 모든 사람은 자격을 갖춘 공평한 법정에 의해 유죄로 입증되지 않는 한 무죄로 추정된다.

제65항

사법평의회의 모든 기관은 적어도 남녀 각 40% 이상으로 구성되어야 한다.

제66항

변호의 권리는 수사와 재판의 모든 단계에서 신성하고 불가침하다.

제67항

재판관을 해임하려면 사법평의회의 결정이 필요하다.

제68항

심판과 사법 결정은 인민을 대신해 발표된다.

제69항

사법 결정 및 명령을 이행하지 않는 것은 법 위반에 해당한다.

제70항

어떤 민간인도 군사 재판이나 특별 또는 임시 재판에 서서는 안 된다.

제71항

주택 및 기타 사유 재산에 대한 수색은 사법 기관이 발행하고 적절하게 집행된 영장에 따라 이뤄져야 한다.

제72항

모든 사람은 권리와 의무 및 형사 처벌의 결정에 있어서 독립적이며 공평한 재판소에 의한 공정하고 공적인 청문회를 받을 수 있는 완전한 평등권을 부여받는다.

제73항

어느 누구도 자의적으로 체포되거나 억류되지 않는다. 어느 누구도 법에 의해 설립된 절차에 따르는 경우를 제외하고 자유가 박탈되어서는 안 된다.

제74항

불법적인 체포 또는 구금의 피해자이거나 공공 당국의 작위 및 부작위로 인한 손해나 손상의 고통을 겪은 사람은 강제력이 있는 보상권을 갖는다.

제75항

사법평의회는 법에 의해 설립된다.

제7조 고등선거위원회

제76항

고등선거위원회는 선거 과정을 감독하고 운영하는 독립 기관이다. 이 위원회는 18명으로 구성되어 있으며 이들은 칸톤을 대표하고 입법회의에 의해 임명된다.

1) 위원회의 결정은 자격 있는 다수의 11표를 필요로 한다.

2) 고등선거관리위원회 위원은 입법회의에 출마할 수 없다.

3) 선거관리위원회는 선거가 실시되는 일자를 결정하고 결과를 발표하며 입법회의의 유자격 후보 지명을 받는다.

4) 제51항에 언급된 바와 같이, 고등선거위원회는 입법회의의 선거를 원하는 후보자의 자격을 검증한다. 선거위원회는 부정 선거, 유권자 협박 또는 선거 과정에 대한 불법적인 개입의 의혹에 대한 접수를 받을 자격을 갖춘 유일한 기관이다

5) 고등선거관리위원회는 대법원에 의해 감시되며, 유엔 및 시민 사회 단체의 감시자가 모니터링할 수 있다.

6) 고등선거관리위원회는 사법평의회와 함께 입법회의 선거를 모색하고 있는 모든 후보자들의 모임을 소집해 자격을 갖춘 후보자의 이름을 발표한다.

제8조 최고헌법재판소

제77항

(1) 최고헌법재판소는 7명의 위원으로 구성되며, 이들은 모두 입법회의
에 의해 지명된다. 구성원들은 재판관, 법률 전문가 및 변호사 출신으로
모두가 15년 이상 해당 직책의 경험이 있어야 한다.

(2) 최고헌법재판소의 구성원은 법에 의해 규정된 바에 따라 집행평의회
또는 입법평의회에서 일할 자격이 없으며 어떠한 보수를 받는 지위나
직위를 유지해서도 안 된다.

(3) 구성원의 임기는 4년이며 누구도 2번 이상 연임할 수 없다.

최고헌법재판소의 기능

제78항

1) 헌장의 조항과 기본 원칙을 해석한다.

2) 입법회의에 의해 제정된 법률과 집행평의회가 취한 결정의 합헌성을
결정한다.

3) 입법 조항 및 행정 결정이 헌장과 헌법의 문구 및 정신과 충돌할 때
해당 조항 및 결정을 사법적으로 검토한다.

4) 칸톤 지사와 입법회의 및 집행평의회 구성원은 헌장을 위반했다고
추정될 시 최고헌법재판소에 기소될 수 있다.

5) 그 결정은 단순 다수결 투표를 통해 이뤄진다.

제79항

최고헌법재판소의 구성원은 명시된 비행 또는 무능력의 경우를 제외하
고 해임되지 않는다. 최고헌법재판소를 운영하는 규정 및 절차는 특별
법으로 규정한다.

제80항

법률의 합헌성 결정 절차는 다음과 같다.

1) 어떤 법의 비합헌성에 대한 결정은 다음과 같다:

(1) 법률 제정에 앞서 입헌회의의 20% 이상이 그 합헌성에 대해 반대하는 경우, 최고헌법재판소는 그 사안에 대해 15일 이내에 결정을 내린다. 법이 긴급히 제정되어야 하는 경우, 결정은 7일 이내에 제출되어야 한다.

(2) 최고헌법재판소의 판결 이후 입법회의의 20% 이상이 여전히 그 합헌성에 반대하는 경우, 항소가 제기될 수 있다.

(3) 항소 시 최고헌법재판소가 위헌이라고 정하면 법은 무효로 간주된다.

2) 법률의 합헌성에 대해 법원에서 쟁점이 있는 경우는 다음과 같다.

(1) 사건의 당사자들이 법률 및 법정의 합헌성에 대해 이의를 제기하면 해당 사안은 최고헌법재판소에 회부되는 동안 보류된다.

(2) 최고헌법재판소는 30일 이내에 판결을 내려야 한다.

제9조 일반 규칙

제81항

이 헌장은 자치 지역 내에 적용된다. 헌장은 입법 의회 3분의 2에 의해서만 수정될 수 있다

제82항

헌장은 검토와 비준을 위해 이행기 입법회의에 제출되어야 한다.

제83항

이중 국적을 가진 시리아 시민들은 칸톤 지사, 지방협의회, 최고헌법재판소의 요직에서 배제된다.

제84항

헌장은 비상사태의 법률, 법령 및 규정이 형식적으로 채택되는 입법의 틀을 제시한다.

제85항

입법회의를 구성하는 선거는 이행기 입법회의가 헌장을 비준한 후 4개월 이내에 개최돼야 한다. 이행기 입법회의는 예외적 상황이 발생하는 경우 이 기간을 연장할 권리를 갖는다.

제86항 입법회의 구성원의 취임 선서

"나는 전능하신 하느님의 이름으로 여기 기술된 민주적 법의 원칙에 따라 헌장과 자치 지역의 법을 준수하고, 인민의 자유와 이해를 방어하고, 자치 지역의 안전을 보증하고, 정당한 자기 방어의 권리를 보호하고, 사회 정의를 위할 것을 엄숙하게 맹세한다."

제87항

모든 운영 기관들, 기구들, 위원회들 적어도 남녀 각 40% 이상으로 구성되어야 한다.

제88항

시리아 형법과 민법은 자치 지역에 적용될 수 있다. 이 헌장의 조항과 모순되는 경우는 예외로 한다.

제89항

입법회의에서 통과한 법안과 중앙 정부의 입법이 충돌하는 경우에는 최고헌법재판소가 자치 지역의 최선의 이익을 근거로 해 관련 법규에 따라 해결한다.

제90항

헌장은 환경 보호를 보장하고, 자연 생태계의 지속 가능한 발전을 도덕적이고 신성한 민족적 의무로 간주한다.

제91항

자치 지역의 교육 체제는 화해, 존엄성, 다원성의 가치에 토대를 둔다. 이전의 인종 차별적이고 배외주의적 원칙에 토대를 둔 교육 정책들과는 구분되는 출발이다.

자치 지역 내의 교육은 인종 차별주의와 배외주의 원칙에 토대를 둔 이전 교육 정책을 거부하며 화해, 존엄성, 다원주의의 가치 위에 설립한다.

⑴ 각 칸톤들의 새로운 교육 커리큘럼은 자치 지역 인민들의 풍부한 역사, 문화, 유산을 인정한다.

⑵ 교육 체계, 공공 서비스 창구 및 학술 제도들은 인권과 민주주의를 증진해야 한다.

제92항

⑴ 헌장은 종교와 국가의 분리 원칙을 지킨다.

⑵ 종교의 자유는 보호되어야 한다. 자치 지역 내 모든 종교와 신앙은 존중되어야 한다. 종교적 신념을 행사할 권리는 공공의 이익에 해로운 영향을 미치지 않는 한 보장되어야 한다.

제93항

(1) 행정 제도에 의한 문화적·사회적·경제적 발전의 증진은 자치 지역 내의 안정과 공공복지를 향상시킨다.

(2) 이 헌장에 위배되는 권위는 정당성을 갖지 못한다.

제94항

계엄령은 칸톤 지사가 의장을 맡은 특별회의에서 집행평의회의 3분의 2의 자격을 갖춘 다수에 의해 발동되고 해제될 수 있다. 결정 사항은 특별법에 규정된 조항에 따라 입법회의에 제출되어 만장일치로 채택되어야 한다.

집행평의회 기관들

제95항

1) 대외 관계 기관

2) 국방 기관

3) 내무 기관

4) 사법 기관

5) 칸톤 및 도시평의회 기관과 그와 관련된 계획과 조사위원회

6) 재정 기관 및 관련 기관

(1) 은행 규제에 관한 위원회

(2) 관세 및 소비세 위원회

7) 사회 업무 기관

8) 교육 기관

9) 농업 기관

10) 에너지 기관

11) 보건 기관

12) 상업 및 경제 협력 기관

13) 순교자들과 재향 군인 기관

14) 문화 기관

15) 수송 기관

16) 청소년 체육 기관

17) 환경, 관광 및 역사적 대상 기관

18) 종교 업무 기관

19) 가족과 남녀평등 기관

20) 인권 기관

21) 커뮤니케이션 기관

22) 식량 안전 기관

제96항

헌장은 매체 및 언론에 출판되어야 한다.

터키 시민인 외잘란의 정치 사상: 쿠르드의 독립이 아닌 민주적 연합체 추구

터키는 시리아 침략을 중단하고 터키 내 민주화를 이뤄야 한다. 이를 위해 국제 사회의 시민들은 다음과 같은 3가지를 알 필요가 있다.

1) 터키의 시리아 침략은 테러리스트 외잘란을 따르는 쿠르드로부터 터키를 수호한다는 명분으로 시작되었다. 그러나 실제로 이 침략은 터키 에르도안의 독재 정권 강화를 목적으로 한다.

2) 터키 시민인 외잘란은 테러리스트가 아니며 외잘란과 터키의 PKK쿠르드노동자당, 시리아의 PYD는 쿠르드 독립 국가를 원하지 않는다. 쿠르드가 터키에서 분리 독립한 자체적 국가를 만들 것이라는 통념은 에르도안 정권의 독재를 위해서 조작된 것으로, 터키가 가진 쿠르드에 대한 공포쿠르드쉬 포비아_{Kurdish phobia}를 반영한다.

3) 시리아 문제는 시리아 국민이 선출한 시리아의 합법적인 정권인 아사드 정권과 시리아 국민들이 결정해야 하며, 시리아 쿠르드인들은 시리아 국민으로서 시리아 내에서 쿠르드 자치 문제를 해결할 것이다.

I 터키의 시리아 아프린 침략은
시리아의 정규군과 시리아 민병대가 막을 것이다

2018년 1월 20일, 터키는 '올리브 가지'라 불리는 군사 작전에 돌입하여 북시리아의 아프린 지역에 대한 공격을 시작했다. 터키가 시리아를 침략하자 한 평화 운동가는 시리아 쿠르드 거주 지역인 로자바에 대한 지지를 호소하기 위해 CNN에 글을 적었다. 그러나 이 글은 시리아 쿠르드를 지지하는 평화 운동가조차도 서구의 헤게모니에서 자유롭지 못함을 드러내고 있으며, 그 결과 쿠르드에 대한 그들의 '오만과 편견'을 압축적으로 반영한다.

시리아 아사드 정권은 터키의 침략에 위협을 느낀다기보다 오히려 터키가 자신을 대신해 더러운 일을 처리해주기를 바라고 있는 것으로 보인다. 아사드 정권과 터키는 공통의 적인 쿠르드의 숨통을 죄기 위한 공격에 암묵적으로 협력하고 있는 것이다. 이는 아사드가 시리아 전역에서 반군을 대상으로 행한 전략으로, 한곳에 가두어둔 채 폭격을 퍼붓고 굶주리게 만듦으로써 복종을 얻어내는 방식이다.[1]

2018년 3월 현재 시리아 내전, 혹은 대리전이 발발한 지 8년이 되었다. 46만 5,000명의 시리아인들이 죽었고 1,200만 명의 사람들이 집을 잃었다.[2] 윗글은 시리아 내전, 혹은 대리전이 시작된 지 8년이 지난 2018년

---

1 2018. 2. 22 The world's most progressive democracy is being born, CNN. https://edition.cnn.com/2018/02/12/opinions/worlds-most-progressive-democracy-born-dont-let-turkey-strange-it-opinion-gupta/index.html

2 2018. 2. 28, Eastern Ghouta_What is happening and why. Al Jazeera. www.aljazeera.com/news/2018/02/eastern-ghouta-happening-180226110239822.html

현재, 이 평화 운동가조차도 시리아 내전이 시작된 명분, 바로 그 서구의 '오만과 편견'에서 자유롭지 못하다는 것을 보여준다. 이 평화 운동가는 2016년 로자바를 방문[3]한 이후 계속해서 로자바는 유토피아라고 격찬해왔다. 그러나 어떤 지역을 방문해서 감동을 받았더라도, 그 지역을 둘러싼 진실에 대해 모든 것을 알고 있으며, 따라서 규정할 수 있다고 섣불리 생각해서는 안 된다.

저 평화 운동가는 아사드 정권이 터키와 협력하여 시리아 쿠르드인들을 굶어 죽이려 한다고 생각하고 있다. 도대체 이런 생각은 어디에서 나온 것일까? 시리아 내전이 장기화될 조짐을 보인 것은 2011년 10월 시리아 반군인 FSA_{Free Syrian Army}가 터키 남부의 하타이주에 사령부를 꾸리면서부터였다.[4] 이는 터키 정부의 허용 아래 이뤄졌으며, 이 같은 FSA에 대한 터키의 노골적 지원도 시리아 내전이 이토록 오랫동안 지속되는 이유가 된다. 그런데 아사드 정권이 시리아 국토인 아프린을 침략한 터키와 협력할 것이라는 사고는 대체 어디에서 나온 것인가? 시리아 쿠르드 민병대는 터키의 침략에 대해 시리아 정부군과의 합동 방어에 들어가기로 했다. 이는 시리아 쿠르드 민병대가 누구를 신뢰하는지 여실히 드러낸다.[5] 터키 대변인은 시리아 군대와 시리아 민병대인 YPG가 터키의 침략을 공동으로 막기로 한 것에 대해 용납할 수 없다고 밝혔다. 에르도안은 시리아의 합법적인 정권을 가리켜, 쿠르드를 돕는 어떠한 행동도 테러리스

---

3 2016. 4. 4 A revolution for our times: Rojava, Northern Syria by RAHILA GUPTA. www.opendemocracy.net/5050/rahila-gupta/revolution-for-our-times-rojava-northern-syria

4 2011. 10. 27 In Slap at Syria, Turkey Shelters Anti-Assad Fighters, New York Times. www.nytimes.com/2011/10/28/world/europe/turkey-is-sheltering-antigovernment-syrian-militia.html

5 2018. 2. 21. Damascus' Entry Into Afrin Fight 'a Lesson to Kurds in Who They Can Count On'-Sputnik International. https://sputniknews.com/analysis/201802211061850526-damascus-afrin-lesson-kurds/

트라고 간주할 것이라고 말했다.[6] 침략하는 국가인 터키가 시리아의 군, 민 합동 방위를 테러라고 비난하고 있는 것을 우리가 인정해야 하는가? 터키의 시리아 침략을 직접적으로 겪고 있으며, 전 세계 평화 운동가들과 진보적 지식인들로부터 전 세계 어디에도 볼 수 없는 유토피아를 만들었다는 격찬을 받는 시리아 쿠르드인들은 저 미국 평화 운동가의 발언에 대해 어떻게 생각할까? 우리는 현재 시리아의 쿠르드 지역 자치의 주축인 시리아 쿠르드 정당인 PYD의 공동 대표였던 살리흐 무슬림으로부터 터키의 시리아 침략에 대한 해법을 직접 들어볼 필요가 있다.

살리흐 무슬림이야말로 시리아 쿠르드 자치 지역인 로자바 '유토피아'를 만든 주역 중 1명이다. 살리흐 무슬림은 2010년부터 로자바에 본부를 둔 PYD의 공동의장이었다. 로자바는 시리아 북쪽 지역에 위치해 있으며 시리아 내전에서 그들 스스로 자치 선언을 한 곳이다. 터키의 이스탄불 공대 화공과를 다녔던 그는 2012년부터 2015년까지 시리아 쿠르드와 터키의 중재자였고, 2015년 2월에 시리아 북부에 있던 오스만 제국의 건국을 건국한 오스만 1세의 조부인 술레이만 샤의 유물을 PYD의 민병대인 YPG를 통해 터키로 보내는 것을 감독하기도 했다. 그러나 터키는 2016년 11월 터키의 쿠르드 지역에서 30명이 죽고 81명이 다친 테러에 대한 책임을 물어 살리흐 무슬림에게 체포 영장을 발부했다.[7] 터키가 시리아의 아프린 지역을 침략한 직후였던 2018년 2월, 체코를 방문한 살리흐 무슬림은 터키의 인터폴 공습경보 요청에 의해서 체코 경

6 2018. 2. 22. Turkey's 'Legitimate Target' Over 400 Syrian Fighters Reportedly in Afrin-Sputnik International. sputniknews.com. https://sputniknews.com/middleeast/201802221061888260-turkey-syrian-fighters-afrin/

7 2016. 11. 22. Turkey issues arrest warrant for Syrian Kurdish leader over alleged role in Ankara bombing The Independent. www.independent.co.uk/news/world/middle-east/turkey-issues-arrest-warrant-for-syrian-kurdish-leader-a7431496.html

찰에 의해 체포되었다. 공습경보의 내용은 살리흐 무슬림이 2016년 3월 터키 앙카라에서 일어난 폭탄 테러와 관련되어 있다는 것이었다. 그러나 살리흐 무슬림은 2일 만에 바로 풀려났다. 체코 경찰이 살리흐 무슬림이 신병을 터키로 인도하기 위해서는 적절한 공습경보 기준이 필요했지만,[8] 터키가 이를 충족시키지 못했던 것이다. 우선 살리흐 무슬림은 시리아 시민으로서 터키 당국의 요청만으로는 그를 체포할 수 없다. 터키는 앙카라 테러에 대해서 살리흐 무슬림이 관여했다는 증거도 체코 경찰에게 제출하지 못했다. 유럽 어디에서도 터키는 살리흐 무슬림을 체포할 수 있는 명분이 없었다.[9] 체코에서 체포되기 2일 전, 살리흐 무슬림은《알 모니터》와 인터뷰를 하면서 터키의 시리아 침략에 대한 해법을 전했다.

알 모니터: 터키와 당신의 관계는 극적으로 변해왔다. 터키는 당신에 대한 체포 영장을 발부하면서 현상금 100만 달러를 걸었다. 또한 터키는 아프린에 대한 공격을 시작했다. 무엇 때문인가? 어떻게 이렇게 되었나?

---

8 www.interpol.int/INTERPOL-expertise/Notices/Red-Notices
이 기준에 따라 엄밀하게 말하면 체포된 것이 아니라 공습경보 발급에 따라 조사를 받기 위해 경찰서에 간 것이다.
9 PYD의 살리흐 무슬림조차 유럽 어느 나라에서도 경찰이 체포할 명분이 없는데, 터키에서의 PKK 저항으로 난민이 된 터키 쿠르드인들을 어쩌다가 만났다는 이유로 일반 시민이 쥐도 새도 모르게 잡혀가거나 쫓기게 될 일은 없다. 쿠르드 난민들을 일상에서 만나고 있는 그 나라 사람들도 쿠르드 난민을 만났다는 것만으로 경찰에 체포되지 않는다. PKK 저항으로 난민이 된 쿠르드인들은 '살인자 에르도안'이라는 대형 현수막을 들고 행진을 하고(p.122~123) 시위가 끝나면 다시 일상으로 돌아가 평화롭게 살고 있다. 유럽에서 쿠르드 난민들을 만나는 것이 위험한 일이라고 말하는 사람들이 있지만, 그것이 사실이라면 데이비드 그레이버David Rolfe Graeber, 데이비드 하비David Harvey, 이매뉴얼 월러스타인Immanuel Wallerstein 등 유명한 사회과학자들이 압둘라 외잘란의 사상을 2년마다 토론하는 국제 컨퍼런스에 와서 쿠르드 난민 출신 지식인들을 만났던 것을 어떻게 설명하겠는가.

무슬림: 나는 진짜로 이해할 수 없다. 터키 쿠르드 문제와 시리아 쿠르드 문제는 별개의 쟁점이고 분리되어서 해결되어야 한다. 시리아에서 우리 문제를 풀기 위해서 우리는(시리아 내에서 시리아 국민을 같이 이루고 있는) 우리의 동료인 시리아인들, 아랍인들, 투르크 등과 앉아서 이야기를 시작해야 하는 것이지 터키는 대화 상대가 아니다. 그러나 우리는 터키와의 관계를 끊으려고 한 적이 없으며, 당연히 우리는 터키로부터 영향을 받고 터키도 우리로부터 영향을 받는다. 하지만 우리가 맞대고 있는 국경이 같은 가족, 같은 부족이 구성원들을 분리시키고 있다. 이러한 상황의 가장 중요한 이유는 바로 터키의 쿠르드 공포증이다. 그들은 쿠르드가 터키만이 아니라 시리아, 이라크, 그 어느 곳에서도 권리를 갖는 것을 원하지 않는다. 이 모든 것을 돌이켜본 후 내가 내린 결론은, 터키는 쿠르드와의 평화를 진지하게 원한 적이 없다는 것이다. 터키가 쿠르드에 다가가서 쿠르드와 같이 일을 했었더라면 중동에서 터키는 가장 강력한 국가가 되었을 것이다. 그러나 그들은 아프린에서 코바니에서, 우리 쿠르드 인민들을 매일 공격하고 있다. 무고한 인민들이 죽어가고 있다.

알 모니터: 미국이 이 문제를 해결하기 위해 할 수 있는 것이 있을까?

무슬림: 미국은 어떠한 약속도 우리와 하지 않는다. 우리는 다에쉬IS와의 싸움에 함께하고 있다. 그들은 그들 몫을 하고 있고 우리는 우리 몫을 하고 있다. 그러나 미국은 우리와 다마스쿠스가 어떤 관계를 가질 것인가에 대해 결코 말하지 않는다. 우리에게는 우리가 선택한 것을 할 자유가 있다. 이는 모두가 알아야 한다. 만약 우리가 IS에 대항하여 미국과 협력한다면 이는 모두에게 이익이 된다. IS와의 전투는 끝나지 않았다.

알 모니터: 그러나 미국은 시리아에 남아 있을 것이라고 한다. 무엇

보다도 이란의 영향력에 대응하기 위해서라고 한다.

무슬림: 이란은 이 지역에서 영향력을 발휘할 수 없다. 이란뿐 아니라 헤즈볼라도 마찬가지다.

알 모니터: 시리아 정권과 합의에 도달하는 것이 가능할까?

무슬림: 그들이 사고방식을 바꾸지 않는다면 가능하지 않다. 그러나 그들이 민주적 변화를 향해나가기로 결정한다면 가능하다. 우리는 통일된 시리아를 유지한다는 전망을 버리지 않고 있다. 그러나 정권이 독재를 고집한다면 누구도 이를 받아들일 수 없다. 그런 시절은 지나갔다.

알 모니터: 시리아 정권이 이를 이해한다고 생각하는가?

무슬림: 아마도 그럴 것이다. 만약 터키와 이란이 우리들 문제에 끼어들지만 않는다면 나는 합의가 가능하다고 믿는다. 미국에 대해 다시 말하자면, 그들이 터키에게 우리에 대한 공격을 멈추라고 말할 수 있을 것이다. 우리(시리아) 국경 내에서 머물기를 원한다면 말이다. 국경을 다시 열고 무역을 재개하는 것은 잊자. 우리는 물론 그러기를 원했지만 현재로서 우리가 원하는 것은 터키가 우리를 평화롭게 두는 것이다.[10]

살리흐 무슬림의 주장의 요점은 시리아 문제는 같은 시리아들인 시리아 쿠르드인들과 아사드 정권이 해결할 테니 터키는 끼어들지 말라는 것이다. 시리아 쿠르드 유토피아를 찬양하는 저 평화 운동가처럼, 아사드 정권이 자신들을 굶어 죽이려 하고 있다며 아사드 정권을 비난하지 않는

---

10 20180226 Salih Muslim_Syria's Kurdish problems will be solved by Syrians, not Turkey. Al-monitor.com www.al-monitor.com/pulse/originals/2018/02/salih-muslim-syria-kurds-turkey-arrest.html

다. 그는 시리아 정부를 시리아 문제 해결의 파트너로 인식하고 있다. 이같은 사고는 터키의 아프린 침략에서 비롯된 것이 아니라 시리아 쿠르드가 오랫동안 유지해온 것이다.

터키가 시리아의 아프린 지역을 침략하기 2년 전에도 전 세계 대부분의 평화 운동가들은 시리아 정권에 대해 저주를 퍼붓고 있었다. 하지만 시리아 쿠르드가 아사드를 보는 입장은 전 세계 대부분의 평화 운동가들과 달랐다. 무슬림의 인터뷰보다 2년 전인 2016년 2월 시리아 민주 평의회의 공동의장인 아흐마드 터키의 시리아 쿠르드 지역 침략에 대한 인터뷰를 했다. 터키가 로자바에 대한 공격을 계속한다면 시리아 쿠르드는 어떻게 대응할 것인가에 대한 질문에 아흐마드는 단호하게 "언제든 자기가 원한다고 해서 이웃을 폭격할 수 없다는 것을 터키는 알아야 한다. 이곳은 다른 지역이고 다른 국경이고 다른 영토다. 터키는 국제법을 존중해야 한다. 유엔은 터키가 이러한 법을 지킬 것을 요청했다"고 답했다. 국제법에 따라서 터키는 시리아를 공격할 수 없다고 분명하게 밝힌 것이다. 이 인터뷰에서도 시리아 연방안에 관련해 아사드 정권과 협상하는 것을 어떻게 생각하는지에 대한 질문이 있었다.

쿠르디쉬 퀘스천: (당신들이 제안한) 시리아 연방안에 대해 아사드 정권과 반군 세력들의 태도는 어떠한가?
에흐메드: 반군과 비교하여 아사드 정권은 이 주제에 대해 보다 온건하다. 시리아 위기의 정치적 해법은 시리아 연방안을 통해 해결 가능할 것이다.
쿠르디쉬 퀘스천: 시리아 정권과 함께하게 될 것인가? 아사드와 같이 가는 것이 가능할까?
에흐메드: 3개의 연방 지역에서 선거가 열릴 수 있고, 인민이 자신들

이 원하는 이를 선택할 것이다.[11]

아사드 정권과 시리아 쿠르드의 대화를 통한 시리아 정국 안정 시나리오는 시리아 쿠르드만의 몽상이 아니다. 2017년 시리아 외무장관인 왈리드 알 모알림은 다에쉬[IS]를 격퇴하고 난 후 시리아 정권이 쿠르드와 함께 쿠르드 지역 자치에 대한 협상에 들어갈 것이라고 발표했다. 당시 이라크에서는 이라크 쿠르드 군벌인 바르자니가 권력에 대한 욕심으로 이라크 쿠르드 독립 국가 건설 찬반에 관한 쿠르드 국민 투표를 추진하겠다고 했지만[12] 시리아 쿠르드는 시리아로부터 독립을 하지 않겠다는 것을 다시 한 번 더 분명하게 했다. 시리아 쿠르드는 분권화된 시리아의 한 부분으로서 자치를 누리는 것을 원할 뿐이라고 했다. 이는 압둘라 외잘란이 터키의 쿠르드는 독립 국가를 건설하지 않겠다고 분명하게 선언한 것과 정확하게 일치하는 방향이다. 앞서 언급한 시리아의 외무장관은 이라크 쿠르드의 독립에 대한 찬반 투표를 분명하게 반대하며, 시리아 쿠르드는 "시리아 아랍 공화국의 국경 내에서의 자치를 원하는 것"을 알고 있다고 말했다.[13]

---

11 2016. 2. 22. Syrian Democratic Council Co-President Ehmed. Federal Syria Is The Solution' Interview With Syrian Democratic Council Co-President Ehmed. KurdishQuestion. tp:// kurdishquestion.com/oldarticle.php?aid=a-federal-syria-is-the-solution-interview-with-syrian-democratic-council-co-president-ehmed.
이 인터뷰를 보면 당시에도 시리아 쿠르드 자치 지역에서는 터키의 시리아 침략을 예상하고 있었다.
12 이 국민 투표를 감행하는 것에 이라크 쿠르드 정치 세력 전체가 찬성한 것은 아니다. 기존 이라크 쿠르드 두 군벌의 부패를 비판하며 2009년 탈리바니로부터 떨어져 나와 창당한 '고란 운동Gorran movement'은 2017년 국민 투표에 계속 반대했고 국민 투표 이후에는 바르자니의 사퇴를 주장했다.
2017. 10. 23. Iraqi Kurdish opposition party Gorran calls on Barzani to step down. Reuters. www. reuters.com/article/us-italy-election-open/italians-queue-to-vote-in-election-seen-ending-in-political-gridlock-idUSKCN1GG06O
13 2017. 9. 26 Damascus says Syrian Kurdish autonomy negotiable: report. Reuters.com. www.

이라크 쿠르드 군벌 바르자니의 무리한 독립 국가 찬반 투표 이후, 이라크 쿠르드는 그동안 성취해왔던 많은 것을 이라크 정부에게 빼앗겼고 미국과 주변국들은 이를 방관했다. 시리아 쿠르드는 그 모든 과정을 지켜보았다. 시리아 쿠르드는 바르자니의 어리석은 전철을 밟기보다는 외잘란이 제안했던 것처럼 쿠르디스탄 지역 내에서 자치를 확보하는 방향으로 계속 나아갈 것이다.

외잘란이 제시한 민주적 연합체는 기존의 국경에서 분리 독립되는 쿠르드 독립 국가를 원하지 않는다. 쿠르디스탄이 걸쳐져 있는 네 나라, 즉 시리아, 이라크, 이란, 터키 어느 곳에서도 쿠르드가 독립하기를 원하지 않는다. 그러나 터키 측의 선전에 따르면 외잘란은 쿠르드 독립 국가를 세우려는 테러리스트고, 다수의 평화 운동가들에게는 아사드 정권에 반대하여 아래로부터의 진정한 민주주의를 실현하는 유토피아를 세우려는 아나키스트로 알려져 있다. 이 양 극단의 시각은 터키 민주화에도 시리아 정국의 안정과 쿠르드 자치 문제 해결에도 모두 도움이 되지 않는다.

---

reuters.com/article/us-mideast-crisis-syria-kurds/damascus-says-syrian-kurdish-autonomy-negotiable-report-idUSKCN1C10TJ

Ⅱ 터키 시민인 외잘란과 쿠르드 독립 국가를 반대하는 민주적 연합체주의

현재 외잘란을 둘러싼 오해들 중 가장 먼저 풀어야 한 것은 '외잘란이 쿠르드 독립 국가를 원하는 테러리스트'라는 것이다. 현재 시리아를 침략하는 터키의 명분은 시리아 쿠르드가 분리주의자 외잘란을 따르는 PKK 테러리스트 조직과 연결되어 있으며, 그러한 시리아 쿠르드 테러리스트를 절멸시켜야 터키의 안보가 보장된다는 것이다. 그러면 우선 이 부분부터 명확하게 짚어보자.

쿠르드 문제를 해결하는 데 외잘란의 사상을 따르는지 아닌지의 여부는 사실상 부차적인 문제다. 그의 사상에 대한 찬반 여부와는 별개로, 그가 제시한 '터키의 민주화와 쿠르드 문제 해결을 위한 로드맵' 및 시리아에서 그의 민주적 연합체주의 사상이 반영된 「로자바 사회 협약」은 평화로 가는 합리적인 제안임을 판단할 수 있다. 외잘란이 제안한 이 사상들이 제대로 전달이 되어야 현재의 중동 정세에 대한 이해가 가능할 것이다.

옮긴이는 한국에서 외잘란이 어떻게 읽혔으면 좋겠다는 말은 하지 않겠다. 대신에 어떻게 읽히지 말았으면 좋겠다는 말을 하겠다. 외잘란 사상을 자신을 위해 '소비'하기보다는 중동 정세에 대한 이해를 위한 1차 자료로서 받아들였으면 한다.

비서구에서 나온 운동이나 사상이 한국에 소개될 때는 소개하는 이들의 입맛에 따라 혹은 유행에 따라서 '소비'되는 경우가 너무 많았다. (그 많던 사파티스타 찬양자들은 어디에 있는가?) 좀 더 구체적으로 말하자면, 압둘라 외잘란의 사상이 아나키즘이라거나 급진 페미니즘이라거나, 혹은 스탈린주의라거나 분리주의라거나 등의 규정 없이 그대로 읽히기를 바란다.

외잘란은 분리주의자가 아니다

외잘란은 자신이 구상한 민주적 연합체주의에서 쿠르드 독립 국가 건설을 명확하게 반대하고 있다.

> 별도의 쿠르드 국민 국가를 세우겠다는 요구는 지배 계급이나 부르주아지의 이익에서 나온 것으로 인민의 이해를 반영하지 않는다. 국가를 또 하나 세운다는 것은 오직 불의를 더 만들어내는 것으로 이는 자유에 대한 훨씬 더 많은 권리를 박탈하고 말 것이다.
> 그러므로 쿠르드 문제의 해결은 자본주의 근대성을 약화시키거나 이를 억제하는 데 있어야 한다. 쿠르드 정착지가 4개의 서로 다른 국가에 걸쳐 있다는 사실을 고려함과 더불어 역사적인 이유, 사회적 특수성, 그리고 실제적인 발전 과정을 살펴보면 민주적 해법이 불가피함을 알 수 있게 된다. 더 나아가 중대한 사실이 또 하나 있다. 중동 전체가 민주주의의 결핍으로 고통받고 있다는 것이다. 쿠르드 정착지의 지정학적 상황을 고려해볼 때, 쿠르드에서 민주적 프로젝트가 성공한다면 중동의 민주주의가 전반적으로 향상될 것이라고 확신한다. 이 민주적 프로젝트를 민주적 연합체주의라고 부르자.
> — 본문, pp. 117~118

쿠르드 정착지가 4개의 서로 다른 국가에 걸쳐 있는데 이 4개의 국가 어디에서도 쿠르드 독립 국가를 바라지 않고 있다. 시리아 쿠르드를 중심으로 시리아 쿠르드 지역의 인민들이 작성한 「로자바 사회 협약」에서 볼 수 있듯이 각 나라에서의 참여 민주주의를 구현하는 것을 목표로 하고 있다. 과거 외잘란이 분리주의자였던 시절은 있었다. PKK가 스스로를 마르크스 레닌주의 정당으로 규정하던 시절이었다. 그러나 PKK는

1995년 강령에서 분리 국가라는 목표를 지워버렸다. 외잘란은 현재 쿠르드는 분리를 요구하지 않는다고 분명하게 밝혔다.

말콤 엑스Malcolm X가 미국 내에서 흑인들의 분리 국가를 만들 것을 주장하던 시절이 있었다.[14] 현재 이 주장이 지금도 옳다고 여길 사람은 없다(암묵적으로 백인들이 흑인들을 차별하고 있다고 하지만 말이다). 제도적으로 소수 인종들의 법적인 권리가 보장되고 있고, 사회적으로도 흑인에 대한 인종 차별적 언행이 주류 사회에서 받아들여지지 않는 지금의 사회 분위기에서 말콤 엑스의 흑인 국가Black nation 건국 주장이 여전히 유효하다고 생각할 이는 없을 것이다. 그러나 말콤 엑스가 극단적으로 주장했던 흑인들의 분리 독립이 소수 인종 인권 신장에 직간접적인 영향을 준 것을 부인할 이도 마찬가지로 없을 것이다. 미국의 시민운동이 성장하고 제도적 결실을 맺음으로써 말콤 엑스가 한때 표방했던 흑인 국가 분리주의가 유효하지 않게 된 것은, 외잘란의 민주적 민족론이 제도화될 때 쿠르드 독립 국가 주장이 필요 없게 되는 것과 일치하는 맥락이 있다.

민주적 민족이 발전할 수 없고 국민 국가주의가 문제를 해결할 수

---

14 "신께서는 우리가 미국에서 이 사악한 백인종들부터 분리되기를 원하신다. 이유는 미국의 노예 가계는 신께서 절멸할 것들의 목록에 첫 번째에 있기 때문이다." Malcolm X(1971)-The End of White World Supremacy: Four Speeches By Malcolm X_Edited and with an Introduction by Imam Benjamin Karim, Acrade Publishing, New York p.105; 말콤이 분리주의를 주장한 다른 연설문들은 Malcolm X(1963), Racial Separation, On October 11, 1963, Malcolm X gave a speech at the University of California, Berkeley, www.blackpast.org/1963-malcolm-x-racial-separation; A DECLARATION OF INDEPENDENCE 18 March 12, 1964, New York City, THE BAllOT OR THE BULLET 23 April 3, 1964, Cleveland in Malcolm X(1965)-Malcolm X Speaks: Selected Speeches and Statements_edited with prefatory notes by George Breitman, Grover press. 미국 시민운동에서 검은 민족주의를 짚어보려면 Jill Karson(ed. 2005)-The Civil Rights Movement의 introduction에서 pp.19~20 참조. 말콤 엑스의 흑인 국가 건설 연설문들은 흑인과 백인이 같이 버스를 탈 수 없던 당시에는 분명하게 호소력이 있는 것이었다.

없을 때는 법적 민족law nation에 대해 논의하며 타협할 수 있을 것이다. '헌정 시민권'이 의미하는 것은 실제로 법적 민족에 기반을 둔 해법이다. 헌법에 보장된 법적 시민권은 인종, 종족 및 민족체를 차별하지 않는다. 이 특성이 권리를 부여하지도 않는다. 이런 의미에서 '법적 민족'은 발전하고 있는 범주다. 특히 유럽 국가들은 민족체 민족nationality nation에서 법적 민족으로 이행하고 있다. 민주적 민족에서는 자율적인 거버넌스가 근본이 되며, 법적 민족에서는 권리가 근본이 된다.

— 본문, pp. 268~269

외잘란은 '법적 민족', '헌정 시민권'이라는 '최소한의 제도'가 이미 있다는 것을 지적하면서 자신이 주장하는 민주적 민족론은 이 최소한의 제도를 지키는 것에서 시작된다고 주장한 것이다. 아주 단순하게 이야기해보자. EU에 가입하기 위해 터키에게 필요한 최소한의 민주주의 조건이 바로 '법적 민족'이다. 터키가 '법적 민족'이 요구하는 소수 민족의 언어 사용 보장, 동등한 국민으로서의 권리를 보장하면 터키는 EU에 가입할 수 있고 터키의 쿠르드 문제는 대부분 해소된다.

압둘라 외잘란의 민주적 연합체주의가 현실 정치에서 구현된 것이 「로자바 사회 협약」이다. 「로자바 사회 협약」 전문에는 "이 헌장은 시리아의 영토 보전territorial integrity을 인정하고 국내 및 국제 평화 유지를 열망한다."(본문, p. 379) 제1조 일반 원칙 3항 (2)에서는 "자치 지역은 아프린, 자지라, 코바니의 3개의 칸톤으로 구성되며, 이들은 시리아 영토로 통합된다"로 되어 있다. 제9조 일반 규칙 제83항은 "이중 국적을 가진 시리아 시민들은 칸톤 지사, 지방협의회, 최고헌법재판소의 요직에서 배제된다"로 되어 있다. 철저하게 시리아 연방 국가 내에서 시리아 국적을 가진 이들의 자치를 지향하고 있다.

PKK에게 가장 중요했던 문서는 1999년 5차 당 대회에서 채택된 당 강령이다. 그런데 이를 번역하지 않고 「로자바 사회 협약」을 번역한 것은 PKK 당 강령은 이제 현실적으로 중요하지 않은 역사적인 문서가 되었기 때문이다. 「로자바 사회 협약」은 시리아에 평화를 가져다줄 수 있는 시리아 연방이라는 청사진을 가장 뚜렷하게 보여준다. 직접 민주주의를 연구하는 연구자들에게 이 「로자바 사회 협약」은 좋은 자료가 될 것이다. 실제로 현재 로자바 지역이 이 사회 협약을 기반으로 운영되고 있기 때문이다.

이들은 외잘란의 민주적 연합체주의에 따라 시리아에서 분리 독립할 생각이 없으며 민주화된 시리아 연방에서 살아가기를 원하고 있다.[15] 압둘라 외잘란과 공명하는 시리아 민주평의회는 시리아라는 국민 국가 틀 안에서 시리아 헌법을 존중하고 진행하는 자치 정치의 첫발을 내딛는 것을 목표로 하고 있다.

외잘란은 분리주의가 아니고 외잘란의 사상을 받아들여서 「로자바 사회 협약」을 만든 시리아 쿠르드인들은 분리주의자가 아니다.

외잘란은 테러리스트가 아니다

1978년 PKK가 설립 강령인 『쿠르디스탄 혁명의 길 선언The Path of Kurdistan Revolution(Manifesto)』을 발표했을 때, 외잘란은 마르크스-레닌주의자였다. 압

---

15 시리아 민주평의회 공동의장인 아메드의 인터뷰를 보면 왜 외잘란의 사상을 받아들인 이들이 이라크 쿠르드의 군벌인 KRG와는 다르게 독립을 원하지 않고 시리아 연방제에서 자치를 원하는 가 알 수 있다.

2016. 02. 22. A Federal Syria Is The Solution' Interview With Syrian Democratic Council Co-President Ehmed-KurdishQuestion. http://kurdishquestion.com/oldarticle.php?aid=a-federal-syria-is-the-solution-interview-with-syrian-democratic-council-co-president-ehmed

둘라 외잘란이 아포라는 익명으로 편집한 잡지 《serxwebûn》(쿠르드어로 자유, 독립의 의미)의 첫 발행물인 『쿠르디스탄 혁명의 길 선언』은 정당 강령이다. 이 강령에서 정당을 쿠르디스탄의 노동자와 농민의 혁명적 마르크스-레닌주의 정당으로 규정했다. 위 강령은 다음같이 폭력을 선동했다.

혁명의 근원적인 힘은 노동자와 농민의 동맹에서 나온다. 프롤레타리아 계층은 이데올로기적, 정치적, 조직적인 지도력을 제공할 것이고 반면, 농민은 쿠르드 전사의 핵심 세력이 될 것이다. 승리는 광범위한 민중 세력을 동원하여 장기적으로 투쟁함으로써 쟁취될 것이다. 식민주의자에게 아주 강한 충격을 주기 위해서는 투쟁의 방법이 폭력에 주로 호소하는 것이 필요하다. 혁명은 많은 과업이 성공할 수 있도록 확실히 해야 한다.

(1) 대지주로부터 땅을 몰수하고 소작 빈농에게 나눠줘야 한다. 단, 애국자는 제외한다.

(2) 고리대금업자와 은행에 대한 빈농의 빚을 탕감시킨다.

(3) 경제는 중앙 정부의 경제 계획에 따르며, 국영화된 중공업의 발전에 우선순위를 부여한다.

(4) 쿠르드 방언 중에 하나를 쿠르드 모국어로 발전시킨다.

(5) 노동자 농민의 정부는 다른 어떤 나라에도 군사 기지나 특권을 제공하지 않는다.

(6) 쿠르드 통합을 위해서는 이란, 이라크 시리아 등 모든 지역의 혁명 세력과 연대해야 한다.

(7) 사회주의 국가와 우의를 돈독히 하고 민족해방운동과 연계해야 한다. 또한 세계 모든 지역에 있는 노동 운동 및 민주 운동 단체와 결속해야 한다. 아포쿠스는 폭력에 대해 다음같이 주장했다. "폭력

은 쿠르디스탄에서 새로운 사회로 갈 수 있는 산파의 역할을 할 뿐만 아니라 모든 것을 새롭게 만들 것이다. 이러한 혁명적 협력은 쿠르디스탄에서 중요한 역할을 담당함은 물론 혁명적인 복수에도 적합하다. 이러한 것에 반대하는 사람들에게는 단지 멸시와 경멸이 있을 뿐이다.[16]

1978년 PKK가 결성된 이래 2013년 휴전 때까지 지속되었던 PKK와 터키 정부 간의 무력 충돌로 인해 무려 4만 명의 사망자가 발생했다. 이와 같은 무력 충돌의 악몽 때문에 PKK가 폭력 충돌의 한 축이었다는 기억이 쉽게 지워지지 않는다. 압둘라 외잘란은 『쿠르디스탄의 전쟁과 평화: 쿠르드 문제의 정치적 해법을 위한 전망』에서 자신들의 변화를 알렸다.

중요한 사실은 우리가 민주적인 조건을 내걸고 있다는 것이며, 이와 긴밀하게 관련되어 있는 2가지 지점이 있다. 하나는 우리가 쿠르드 문제를 해결하기 위한 수단으로 폭력을 취하지 않는 것이며 또 하나는 쿠르드를 부정하는 억압적인 정책을 최대한 극복하고자 하는 것이다. 쿠르드 언어, 문화, 교육, 방송에 대한 금지는 그 자체가 테러 행위이며 실제적으로 대응 폭력을 부른다. 그럼에도 폭력은 양측에서 자기 방어의 정당화를 넘어서는 수준으로 사용됐다.

오늘날의 많은 운동이 보다 극단적인 방법들을 취하고 있다. 하지만 우리는 정전을 여러 번 선언했다. 우리는 터키 국경에서 많은 전사들을 철수시켰고, 테러리즘이라는 비난에 반박했다. 그렇지만 평

---

16 Michael M, Gunter(1990), *The Kurds in Turkey. A Political Dilemma*, Boulder, San Francisco, Oxford: Westview Press, p. 60; 장병옥(2005), 『쿠르드족 배반과 좌절의 역사 500년』, 한국외국어대학교출판부 지식출판권, 2005, p.333, pp.336~337에서 재인용.

화를 위한 우리의 노력은 수년간 묵살당했다. 우리는 의견을 냈지만 이에 대한 응답은 결코 돌아오지 않았다. 오히려 평화의 대사로 파견됐던 쿠르드 정치인 집단이 구속되고 장기간 감옥에 갇혔다.

— 본문, p.90

압둘라 외잘란은 이런 입장 변화만 밝힌 것이 아니라, 옥중에서 PKK가 산속에서 있었을 때 동지들 간에 내부 학살이 있었던 것까지도 고백했다.[17]

다른 누군가가 공개적으로 인정한 것은 지도자들은 보다 신중한 예우를 받으면서 죽임을 당했지만, 젊은 전사들은 산 속에서 즉결 처형을 당했다는 것이다.

우리가 언제가 이러한 사건들을 자세하게 적어야 한다면 일어났던 일들을 보다 현실적인 그림으로 형상화할 수 있을 것이다. 객관적 시각으로 보면 당 전체가 유죄다. 누구도 자신의 책임을 부정할 수 없다. 정직한 자기비판이 우리가 할 수 있는 최소한의 것이다.[18]

이런 자기비판 과정을 통해서 PKK는 폭력 혁명을 포기했다. 지금도 PKK가 테러리스트였다는 평가를 받는다는 점을 부각시켜서 PKK와의 접촉은 위험하다고 호들갑을 떨수록, 터키와 시리아의 쿠르드 문제 해결은 요원해진다. 터키의 에르도안 정권이 원하는 것은 '외잘란과 PKK는 테러리스트'라는 이미지가 어떤 식으로든지 확대 재생산되어 계속

---

17 일본 전공투에서 나왔던 표현에 따르면 대규모의 '우치게바'가 있었음을 자기 반성한 것이다.
18 Abdullah Ocalan(2011), *Prison Writings-The PKK and the Kurdish Question in the 21st Century*, Transmedia Publishing Ltd. p. 64.

퍼져나가는 것이기 때문이다.

외잘란은 마르크스-레닌주의자가 아니다

인터내셔널 이니시어티브는 2017년 압둘라 외잘란의 소책자 4개를 묶은 책을 펴내면서 서문에서 압둘라 외잘란과 PKK가 과거의 이념에서 벗어나는 과정을 아래같이 분명하게 설명했다.

> 1991년에 소비에트 블록은 붕괴했으며 똑같은 운명이 사회주의자를 자처하던 많은 운동을 기다리고 있었다. 바르 엘리아스에서의 그날 이후, PKK의 패러다임에는 많은 혁명적인 변화들이 있었다. 이 토론은 1993년부터 1998년 가을, 즉 압둘라 외잘란이 터키뿐 아니라 미국에 의해 시리아에서 나갈 것을 강요받던 그날까지, 외잘란과 많은 혁명가들, 평범한 인민들 사이에서 진행됐다.
>
> — 본문, pp. 11~12

외잘란 스스로 소책자 『민주적 민족』에서 자신의 사상은 마르크스-레닌주의적 교리와는 다르다고 아래와 같이 분명히 밝혔고, 현실 사회주의 국가들을 부정하기에까지 이른다.

> 내 변론의 핵심은 문명과 근대와 관련해 쿠르드의 현실과 쿠르드의 존재를 연구하는 것이다. 그 목표는 쿠르드 문제의 부상에 우선적으로 책임이 있는 것은 자본주의임을 설명하고, 처음으로 그 해법의 민주주의적 본질을 국민 국가주의와 분리시키는 것이다. 이 접근법이 PKK 내에서 일어난 변화의 본질이다. 이 변론은 PKK가 집단이었던 시기 이래로 명확히 밝혀지지 않은 국가주의적 해법들과 민주

적 해법들의 형태들 간의 차이를 설명한다. 그 점에서 이 접근법이 현실 사회주의나 그 이면에 있는 고전적인 마르크스-레닌주의적 교리와는 다른 것이다. … 사실 우리는 민족 해방 국가 또는 현실 사회주의 국가라고 불리는 국가들이 그저 좌파의 가면을 쓴 국민 국가임을 알고 있다.

— 본문, pp. 257~259

위와 같이 레닌주의는 거부하더라도, 외잘란이 여전히 마르크스주의자로 남아 있는 것은 아닐까 하는 기대를 가진 사람들도 있을 것이다. 그의 『삶을 해방시키기: 여성 혁명론』은 엥겔스의 『가족, 사유 재산, 국가의 기원』을 기반으로 하고 있다. 그 스스로도 "사적 유물론의 혁명/반혁명 구도라는 맥락 안에서, 나는 성들 간의 관계의 역사에서 주목할 만한 전환점을 성 결렬_Sexual Rupture_이라고 명명할 것을 제안한다"(본문, p. 170)로 시작하기 때문에 그런 기대를 할 수도 있다. 그러나 다음 같은 구절을 만나면 외잘란을 마르크스주의자라고 말하기가 곤란해진다.

자연적인 사회가 필연적으로 위계적으로 발전하고 그 후에는 국가주의 사회가 되어야 한다는 법칙은 없다. 이러한 발전에 대한 성향이 있을 수도 있지만, 이러한 성향이 전체 순서대로 실행되어야 하는 불가피하고 연속적인 과정과 동일하다고 생각하는 것은 억측이 될 것이다. 계급의 존재를 운명으로 보는 것은 그저 계급 신봉자들을 위한 도구에 지나지 않는다.

— 본문, p. 180

이 내용이 혼란스럽다면, 외잘란이 엥겔스의 『가족, 사유 재산, 가족의 기원』을 언급한 것을 보면 보다 명확해질 것이다.

엥겔스가 노년에 루이 모르간의 『고대 사회』(마르크스를 사로잡은 책)에 깊이 심취한 것은 마르크스주의 이론에 취약점이 있다는 깨달음의 결과에서 비롯된 것이다. 그들은 자본주의라는 맥락을 벗어나서는 주장을 할 줄 몰랐기 때문에 의도하지 않게 기존 체제의 극단적 좌익이 되어버렸다. 프랑스 혁명 시기에 만들어진 전통적 좌/우의 도식이 지속되었다. 마르크스와 엥겔스는 자본주의의 대안은 자본주의 비판을 배제하고서는 형성될 수 없다는 것을 깨닫지 못했다. 내 의견으로는 이것이 그들 이론의 큰 결점이다.[19]

소련이 붕괴된 이후에 모든 사회주의 조직이 심각한 이념적, 정치적 위기를 겪을 때 중동에서는 유일하게 쿠르드 민족 해방만이 유일하게 그 세력이 성장했었다.[20] 그러나 PKK의 『쿠르디스탄 혁명의 길』을 선전하던 시절의 마르크스-레닌주의자 외잘란은 이제 유일하게 현실 사회주의를 부정하고 계급의 존재를 운명으로 보는 자들을 경멸하는 자로 바뀌었다.

---

19 Abdullah Ocalan(2011), *Prison Writings-The PKK and the Kurdish Question in the 21st Century* (International Initiative Edition), Transmedia, p. 57.
20 이 말을 한 제밀 바익Cemil Bayik은 KCK의 공동의장이다. 제밀 바익은 외잘란의 책에서 서문을 대신해 쓴 글에서 PKK의 역사를 짧게 전달하고 PKK의 노선 변화인 평화로 가는 로드맵을 설명하고 있다.
Cemil Bayik, Military Commander of the PKK Instead of an Introduction Preliminary, p. vii in Abdullah Ocalan(2011, Prison Writings-The PKK and the Kurdish Question in the 21st Century(International Initiative Edition), Transmedia publishing Ltd.

외잘란은 아나키스트가 아니다

압둘라 외잘란과 PKK가 현재 '국가 없는 사회'를 추구하기 때문에 일부 아나키스트들은 외잘란에게 '아나키스트'라는 딱지를 붙이고 그를 자신들의 선전 이미지로 '소비'하고 있다. 외잘란은 스스로를 아나키스트라고 내세우지 않았다. 일부 아나키스트들이 압둘라 외잘란을 아나키스트라고 부르는 것은 아나키스트들과 선을 확실히 그었던 머레이 북친Murray Bookchin을 아나키스트라고 부르는 것과 흡사하다. 그들은 머레이 북친을 '소비'했듯이 외잘란도 '소비'하려는 것이다.

머레이 북친은 1995년에 자신은 아나키스트 운동에 속하지 않는다고 알렸고 스스로를 공동체주의자communalist로 규정했다. 그러나 아나키스트들은 2006년에 북친이 사망했을 때 아나키스트로 추모했고, 사후에도 계속 아나키스트로 분류하고 있다. 북친의 파트너였던 자넷 비엘Janet Biehl은 그의 생애를 짚어가면서 북친이 아나키스트가 아니라고 말하고 있다.[21] 데이비드 하비도 북친의 말 "아나키즘이 일으키는 문제는 그 출생부터 있던 것이다. 프루동Pierre Joseph Proudhon 같은 저술가들은 부상하고 있는 자본주의 사회 질서에 대한 새로운 대안으로 아나키즘을 선포했다. 현실에서는 아나키즘은 '개인적 자율'의 비역사적인 개념에 대한 헌신 이외에는 일관된 실체의 이론이 없다" 등등의 말을 직접 인용해가면서 머레이 북친과 아나키스트들을 구별하고 있다.[22] 사회 이론의 부재는 아나키스트들에게 부끄러운 것이 아니다. 1980년대 말부터 아나키즘을 한국 시민 사회 운동의 급진화를 위해 도입하고자 했던 김성국을 보더

---

21 Janet Biehl(2007), Bookchin Breaks with Anarchism http://theanarchistlibrary.org/library/janet-biehl-bookchin-breaks-with-anarchism.html
22 David Harvey(2015. 7. 19), "Listen, Anarchist!" http://davidharvey.org/2015/06/listen-anarchist-by-david-harvey

라도 아나키즘이 사회 이론이 없는 것은 오히려 정체성인 것이다. 미래 사회 재건설의 구체적 로드맵과 청사진이 없지 않는가라는 회의와 비판에 대해서 김성국은 근대적 합리주의의 자만심의 소산이라 질타했다. 그리고 미래의 아나키스트 사회는 민중 자신의 자발적 의지와 자유 연합을 통해 상황 조건에 따라 다양하게 만들어질 것이기에 필연적 법칙에 따라 미리 예언할 것이 아니라고 일침을 가했다.[23] 반면 외잘란은 로드맵을 제시하는 것을 근대적 합리주의의 자만심이라고 생각하지 않는다. 외잘란은『터키의 민주화와 쿠르드 문제 해법을 위한 로드맵』을 제시했다. 아나키스트로 분류되는 것을 거부했던 머레이 북친을 아나키스트로 분류하는 이유는 무엇일까? 머레이 북친이 아나키스트라고 자처하던 시절의 책들 중에는 읽을 가치가 있는 책들이 있고, 그 책들은 여전히 아나키즘 서적으로 분류해도 될 것이다. 그러나 머레이 북친의 책 중에 아나키즘 서적으로 분류할 책이 있는 것과 머레이 북친이 아나키스트인 것은 다른 이야기다. 과거에 외잘란이 마르크스-레닌주의 폭력 혁명 강령의 정당을 이끌었다고 해서 지금도 외잘란을 테러리스트라고 부를 수 없지 않는가. 머레이 북친에게 영향을 받았음을 인정하는 외잘란은 아나키즘과는 다음과 같이 단호하고 분명하게 선을 그었다.

모든 형태의 국가는 자유와 평등에 대한 부정으로 특징지어진다. 그 결과로 오늘날의 거버넌스의 대부분의 모델들은 여전히 불평등과 권력에 기대어 있다.

지금 나는 아나키스트라고 여겨질 수 있는 위험을 감수하고 이 발

---

23 김성국(2006),「동아시아의 근대와 탈근대적 대안: 동아시아 공동체론의 심화를 위하여」,《사회와 이론》9호, p.28.

언을 했다. 그럼에도 불구하고 내 생각에는 아나키즘은 자본주의적 경향capitalist tendendcy이다. 국가 그 자체를 부정하는 개인주의의 극단적인 형태extreme form of individualism which reject the state itself이다. 이러한 개인주의는 공동체주의의 자유와 평등communitarian freedom and equality과 아무런 공통점이 없다.[24]

'국가 없는 사회'를 목표로 하는 것이 아나키즘이라고 거칠게만 정의해버린다면, 신실한 신앙심을 가진 기독교인도 '국가 없는 사회'인 천년 왕국을 목표로 하기에 아나키스트로 분류될 수 있다. 투옥 전에도 압둘라 외잘란은 마르크스-레닌주의자로서 '국가 없는 사회'를 추구했다. 그런데 왜 그때는 아나키스트들은 그를 아나키스트로 생각하지 않았을까? 누군가가 '국가 없는 사회'를 목표로 하고 있다는 것만으로 그를 아나키스트라고 명명할 수는 없다. '국가 없는 사회'로 가는 로드맵을 어떻게 잡는가에 따라 민주적 연합체주의자가 되거나 마르크스주의자가 되거나 기독교인이 되는 것이다. 로드맵을 잡지 않는 것이 로드맵이라면? 그때는 바로 프루동, 김성국류의 아나키스트가 되는 것이다.

「로자바 사회 협약」을 보게 되면 로자바에서 압둘라 외잘란의 사상을 따르는 이들이 '국가 자체'를 부정하지 않고 있음을 알 수 있다. 단적으로 말해보자. 「로자바 사회 협약」에 의하면, 시리아의 영토 보전성을 인정하는 시리아 국민이 아니면 로자바에서 정치 참여는 불가능하다. 「로자바 사회 협약」을 보면 알 수 있듯이 현재 시리아 쿠르드 지역의 목표는 아나키스트 공동체 건설이 아니라 시리아 연방제로서 시리아 국민

---

24 Abdullah Ocalan(2011), *Prison Writings-The PKK and the Kurdish Question in the 21st Century* (International Initiative Edition), Transmedia, pp. 51~52.

국가를 안정시키는 것이다.

외잘란은 분명하게 자신들과 아나키스트와의 선을 그었다. 누구도 스스로를 아나키스트라고 자랑스러워하는 것만으로 비난받을 이유는 없다. 세상에는 스스로를 아나키스트라 주장하는 사람의 숫자만큼의 아나키즘이 존재할 수도 있는 것이다. 그러나 사실을 왜곡하는 사람이 아나키스트라고 주장한다면 그는 비판받아야 할 아나키스트가 된다. 아울러 자신이 속해 있다고 주장하는 아나키즘 전체를 욕되게 하는 것이다.

이런 점에서 데이비드 그레이버David Rolfe Graeber는 영민하게 행동하고 있다. 데이비드 그레이버는 외잘란을 아나키스트라고 주장했을 때 받을 비판을 피하면서도 아나키스트인 자신과 외잘란의 동질성을 주장한다. 데이비드 그레이버는 이렇게 말한다. "(아나키스트인) 나는 세부적인 면에서는 외잘란과 다르지만, 큰 뜻에서는 외잘란과 일치한다." 또한 로자바 지역을 방문한 후 "젊은이들이 열광적이다. 그들은 아나키스트는 아니지만 아나키스트 이념을 품고 있다. 또한 아나키즘 서적을 읽고 있다. 그들이 스스로를 뭐라고 부르더라도 그들은 반국가주의자"라고 주장한다.[25]

옮긴이는 데이비드 그레이버의 『우리만 모르는 민주주의』를 번역했지만 이 책 내용에 수긍하지 않는다. 월가 점거의 정신과 데이비드 그레이버의 아나키즘은 동일시될 수 없다. 이 책은 뉴욕 경찰이 공원 청소를 시작하자 그와 함께 월가 점거 운동도 무력하게 뉴욕의 쓰레기장으로 가버린 비극에 대해서 자칭 아나키스트인 데이비드 그레이버가 스스로 동문서답하는 방식으로 쓴 궁색한 변명이다. 데이비드 그레이버의 '가상의 세계, 믿으면 이뤄지는 세상'이라는 교리를 가진 예시적 정치학

---

25 David Graeber(2017. 7. 17), Syria, Anarchism and visiting Rojava. https://cooperativeeconomy. info/david-graeber-syria-anarchism-and-visiting-rojava/

prefigurative poltics을 내세우는 직접 행동 아나키스트direct-action anarchist에 대한 비판은 앤드류 클라이먼이 전구가 나가는 경우에 빗대어서 간결하고 정확하게 표현했다.

얼마나 많은 직접 행동 아나키스트들이 있어야 전구를 교체할 수 있는가? 대답은, 단 한 명도 필요 없다. 그들은 어둠 속에 앉아서 전구가 나가지 않은 것처럼 행동할 뿐이다.[26]

월가 점거 시기 공원에서 국가가 없다는 듯이 생각하고 행동하며 국가를 비워낸다hollow out고 주장하던 예시적 정치학은 그럴듯했다. 경찰이 공원을 지켜보기만 할 때는 그랬다. 그러나 경찰의 청소가 시작되자[27] 국가가 없다는 듯이 생각하는 직접 행동은 아무데도 쓸 데가 없었다. 예시적 정치학으로 직접 행동을 했겠지만 경찰의 청소는 비워지지 않았다. 예시적 정치학은 정신 승리의 비법이었을 뿐이다. 그렇기 때문에 데이비드 그레이버는 로자바에서 물을 만난 기분이 들었을 것이다. 시리아에서는 사람들이 직접 행동을 외치다가 경찰의 청소에 사라져버리는 것이 아니라 실제로 사람들이 피를 흘리며 다에쉬IS 및 터키와 싸우고 있기 때문이다.

인터넷에 수십 개의 쿠르드 관련 페이지들과 사이트들이 있다. 옮긴이가 훑어본 것들은 대부분 외잘란의 사상과 관련이 없는 것으로 보인다.

---

26 Andrew Kliman(2012. 5. 1), The make-believe world of David Graeber: reflections on the ideology underlying the failed occupation of Zuccotti Park. With sober sense. www.marxisthumanistinitiative.org/alternatives-to-capital/the-make-believe-world-of-david-graeber.html
27 데이비드 그레이버 지음, 정호영 옮김(2015), 『우리만 모르는 민주주의: 1%의 민주주의 vs 99%의 민주주의』, 이책, p. 277.

쿠르드인들이 직접 운영하고 있더라도 그렇다. 쿠르드 독립을 바라는 이라크 쿠르드 군벌들의 무장 세력인 페쉬메르가와 쿠르드 독립을 원하지 않는 시리아의 민병대 YPG의 사진을 동시에 올리는 페이스북들은 모든 쿠르드인이 쿠르드 독립을 원하고 있다는 혼동만을 안겨준다. 일군의 아나키스트들이 아나키스트 공동체를 건설하기 위해 같이 시리아 쿠르드 민병대에 참가하러 가자는 내용을 담은 페이스북 페이지들이나 웹사이트들도 있지만, 그러한 페이지들이 〈파워 오브 원〉(1992) 영화 같은 시나리오, 즉 고립된 백인 소년 피케이가 줄루족 주술사에게 용기를 배우고 흑인들의 구세주인 레인 케이커가 된다는 것과 같은 망상에서 나온 것이 아닌 것이기를 바란다.

〈파워 오브 원〉의 환상은 아주 오래된 것이다. 1968년 프랑스 학생 '폭동' 실패 이후 서구 지식인들의 좌절감은 프랑스 식민지 시절부터 시작된 베트남 전쟁까지도 '1968년 혁명'의 결과라고 주장하기에 이르렀다. 자기 나라를 벗어나면 외부에서 어딘가 건설되고 있는 유토피아가 있고 자신은 그곳에 가서 피케이가 될 수 있을 것이라는 환상들이 끊임없이 생산되고 있다. '노동 계급 없는 새로운 운동 사바티스타가 있다(토지 개혁이 안 된 곳에 대공업 노동자가 있을 리가 없는데도 불구하고)', '남미는 핑크 타이드Pink Tide가 진행 중이다(계속 진행되고 있는 남미 원주민들의 학살과 차별이 핑크 타이드와 무슨 관계가 있는가)' 등등. 서구에서 불던 이런 바람이 여기에서도 '이곳을 벗어나면 내가 싸워서 건설할 유토피아가 있을 것'이라는 환상으로 크고 작게 계속 생산되고 유포될 수도 있을 것이다. 네팔에서 마오이스트Maoist 운동이 진행되던 시점을 돌아보자. 네팔 마오이스트 공산당이 네팔 왕정을 붕괴시키기 전까지가 네팔 마오이스트들이 가장 아름답게 조명되었던 시기다. 네팔 왕정이 붕괴되고 나서 네팔 마오이스트들은 현실에서 진도가 거의 나가지 않는 토지 개혁을 위해 제국주의자들에 대한 투자 요청 협상 모드로 들어갔고[28] 그러자 모두들 네팔 마오이스트들을 잊어버렸다.

〈파워 오브 원〉을 꿈꾸는 개인에게 현실은 냉정하다. 절대 다수의 한국인은 분쟁 현장에 가면 〈파워 오브 원〉의 피케이가 아니라, 결국에는 대한민국 정부에 구원을 요청하며 국민 세금을 엄청나게 써버리고는 하나님께 감사하는 '아프가니스탄 피랍 사태'의 선교사들이 될 것이다. 현지에서 외국인은 '걸어 다니는 위험 요소'로서 외교 문제 발생의 가능성을 언제나 안고 있는 존재라는 사실을 잊어서는 안 된다.

외잘란은 자신의 사상을 '민주적 사회주의', '사회주의적 공동체주의'라고 부른다

압둘라 외잘란은 투옥된 이후 "새롭게 정렬한 PKK가 품은 철학적·정치적 그리고 가치와 관련된 접근법들은 '민주적 사회주의'라고 부르는 것이 적합하다는 것을 발견했다."(본문, p. 76) 그리고 중동에서 인민의 문제와 해법을 위해 가능한 방법들을 논하면서는 자신의 이론을 사회주의적 공동체주의으로 제시하고 있다.

> 사회주의적 공동체주의 이론은 자본주의의 대안이 될 것이다. 사회주의적 공동체주의는 피투성이 전쟁과 학살의 장이었던 이 지역에 평화를 가져다줄 것이며, 이는 권력 독점을 추구하지 않는 민주적 민족의 틀 안에서 진행되어야 한다.
> — 본문, p. 135

---

28 정호영(2011), 『인도는 울퉁불퉁하다』, 한스컨텐츠. 인도와 네팔의 마오이스트 공산당은 현재 진행 중이다(pp. 208~223).

압둘라 외잘란은 PKK의 사상을 '민주적 사회주의'라 부르는 것이 적합하다고 했고, 중동 인민의 문제와 해법을 위해 가능한 방법들을 논하면서 이의 대안으로 사회주의적 공동체주의 이론이라고 제시했다. 외잘란이 자신의 사상을 이렇게 부르고 있는 만큼 외잘란의 사상을 자신의 목적에 따라 소비하기 위해서 외잘란의 사상에 대해 다른 딱지를 붙여서는 안 될 것이다.

외잘란의 사회주의는 반자본주의가 아니라 민주주의다

압둘라 외잘란의 사회주의는 반자본주의가 아니다. '극단적 계급 분화를 고치기 위한' 민주주의다.

한국에서는 '사회주의=반자본주의=마르크스-레닌주의'라는 공식이 거의 모든 사람의 머릿속에 들어 있다. 버니 샌더스Bernie Sanders 는 민주당 대통령 경선 후보로 나서며 사회주의자라고 스스로를 규정했지만 반자본주의자로서 출마한 것이 아니다. 그의 사회주의라는 것은 미국이 한국의 의료 보험 제도 정도는 갖추어야 한다는 수준이지 생산 수단을 국유화하자는 것이 아니었다. 한국의 많은 자칭 좌파들이 사회주의자 버니 샌더슨을 찬양하면서 반자본주의 운동을 하자고 했던 것은 앞뒤가 맞지 않는 주장이었다. 그리스에 시리자라는 사회주의 정권이 들어선다고 호들갑을 떨었던 적도 있었으나 시리자 정권은 한국의 좌파들이 열광했던 기대에 부응해서 이룬 것이 아무것도 없었다. 영국 노동당의 새 당수인 제레미 코빈Jeremy Bernard Corbyn 의 사회주의도 반자본주의가 아니다.[29] 그

---

29 영국 노동당의 사회주의는 독일 사회민주당과 다르게 마르크스주의 경향이 거의 없고, 빅토리아 시대의 자유주의에 기반을 두고 있다. Richard Seymour(2016), *Corbyn: The Strange Rebirth of Radical Politics*, Verso, p. 43.
이보다 좀 더 후하게 영국 노동당을 왼쪽으로 보는 고세훈은 영국 노동당을 형성시킨 페이비안주의에 다음과 같이 평가했다. "페이비안주의는 종종 마르크스주의 사상의 영국식 변형으로 불리

들이 말한 사회주의는 한국인 대부분의 머리에 도식화된 '사회주의=반 자본주의=마르크스-레닌주의'와는 아무 상관이 없었기 때문이다. 이들 의 사회주의는 존 스튜어트 밀의 사회주의와 직접적으로 연결이 된다. 존 스튜어트 밀의 사회주의는 생산 수단의 공유화를 중심으로 두고 사 회를 재구성하는 것이 아니라 분배를 중심으로 사회의 붕괴를 막자는 것이다. "상류 계급 사람들로 하여금 가난한 사람들은 교육을 받았을 때보다도 교육을 받지 못한 경우에 더 무섭다는 것을 깨닫게 하기 위해 서" 존 스튜어트 밀은 사회주의를 해야 할 이유에 대해 다음과 같이 말 한다.

> 시험을 견뎌내지 못할 재산권 또는 재산 특권은 조만간 포기되어야 할 것이다. 그 최선의 형태의 제도에 끼어드는 모든 폐해와 불편을 솔직하게 인정해야 하고, 인간 지성이 고안할 수 있는 최선의 처방 또는 임시방편을 받아들여야 한다. 또한 불편함이 없는 재산 제도에 의해 목표로 삼는 이익을 성취할 목적으로 사회 개혁가들이 제안하 는 모든 계획을 어떤 이름이 붙은 것이건 간에 터무니없거나 비현실 적이라고 예단하지 말고 똑같이 허심탄회하게 검토해야 한다.[30]

존 스튜어트 밀의 사회주의론은 민주주의론이다. 외잘란이 주장하는 바 역시 존 스튜어트 밀과 그렇게 멀지 않다. 외잘란은 민주주의에 대해 서 다음과 같이 의견을 낸다.

기도 하지만 오히려 페이비안들은 벤담Jeremy Bentham과 밀J. S. Mill 등으로 이어진 영국 급진주의 전통과 실증주의적 사고를 마르크스식 정신에 접목시키려 했다고 보는 편이 옳다." 고세훈(1999), 『영국노동당사』, 나남, p. 58.
30 존 스튜어트 밀 지음, 정홍섭 옮김(2018), 『존 스튜어트 밀의 사회주의론』, 좁쌀한알, p. 20.

내 의견은 현대의 민주주의는 착취를 끝장내기 위해서 열려 있다. 민주주의는 극단적인 계급 분화를 교정하는 것으로 여겨져야 한다. 민주주의는 인민의 부와 잠재력을 개발하는 역할을 해야 하고 전통적인 평화와 형제애를 포함하는 통치 형태가 될 수 있다.[31]

외잘란이 서구에서 달성한 '법적 민족', '헌정 시민권'을 계속 거론하는 것도 외잘란의 사회주의론 자체가 존 스튜어트 밀의 사회주의/민주주의론과 직접적으로 연결이 되어 있기 때문이다.

쿠르드 여성 전사의 이미지를 소비하지 말라

쿠르드 인민들의 자치를 위한 투쟁을 '아름다운 쿠르드 여성 게릴라들'의 이미지로 포장해서 팔거나 소비하는 행위를 하지 말자. 이에 관련해서는 쿠르드 연구자인 딜라르 디릭이 2014년에 쓴 훌륭한 글이 도움이 될 것이다.

한 쿠르드족 여성이 혼자서 다에쉬ISIL 대원을 100명도 넘게 사살했다는 소식이 언론에 보도되면서, 레하나Rehana라는 이름의 이 젊은 여성은 전 세계적인 주목을 받게 되었습니다. 전투복을 입고 소총을 든 채 환하게 웃고 있는 레하나의 사진은 소셜 미디어상에서 널리 퍼지며 큰 인기를 끌었습니다. 가부장적 사회에서, 그것도 여성들을 강간하고, 노예로 사고판다는 집단에 맞서 싸우는 여성들이라니, 누구나 호들갑 떨기에 좋은 소재입니다. 패션 잡지들조차 '매력

31 Abdullah Ocalan(2007), *ison Writings: The Roots of Civilisation*, Transmedia publishing Ltd. p. 264.

적인' 쿠르드 여군을 골라 인터뷰하고, 이들에게 멋진 아마조네스의 이미지를 덧입히죠. … 이 여성들은 동양의 여성이 억압받는 희생자라는 선입견을 완전히 뒤집으면서 센세이션을 일으키고 있지만, 이는 또 다른 형태의 오리엔탈리즘적 판타지처럼 보입니다. 또한 이들의 투쟁에는 정치적, 이념적으로 복잡한 배경이 있고, 이들은 ISIL가 주목받기 전부터 수십 년간 싸워왔지만, 요즘 미디어에서 이들은 오로지 'ISIL의 적'으로 그려집니다. … 쿠르드족의 역사에는 여성 전사나 지도자의 사례가 여럿 있습니다. 19세기, 당시로써는 드물게 700명 규모의 대대에 43명의 여군이 있었다는 기록도 있고, 1970년대에는 이라크에서 쿠르드족 학생 운동에 참여했다가 22세의 나이로 사형당한 여성도 있었죠. 물론 그렇다고 해서 쿠르드족 사회를 양성평등의 사회로 보기는 어렵습니다. … 현재 시리아에서 싸우고 있는 쿠르드족 여군은 1만 5,000명가량이며, 이들은 쿠르드노동당 PKK과 긴밀하게 연계된 조직입니다. 현재 ISIL에 맞서 가장 강력한 대항 전선을 구축하고 있지만, 터키와의 관계가 좋지 않아 '테러리스트 조직'으로 분류되고 있죠. 잘 알려져 있지 않지만, PKK는 여성해방을 당의 공식 노선으로 채택하고 있는 조직입니다. 한 자리를 여성과 남성이 공동으로 채워야 한다는 쿼터제가 있어, 당 간부의 절반 가까이가 여성이죠. 덕분에 터키의 국회와 정부에 진출해 있는 여성의 다수가 쿠르드족입니다. … 쿠르드족의 저항의 역사를 이해하지 못하면서 이들을 ISIL의 저항군으로 추켜세우는 것은 이 여성들에게 전혀 도움이 되지 않습니다. 아무리 소셜 미디어상에서 미녀 군인의 사진이 인기를 끌어도, 이들이 터키, EU와 미국에 의해 테러 집단으로 낙인찍혀 있다는 사실은 함께 유통되지 않습니다. 진심으로 이들의 용맹함에 감동을 받았다면, 쿠르드족이 처해 있는 정치

적 상황을 이해하고 이들의 목소리에 귀를 기울여야 할 것입니다.[32]

쿠르드 여성 혁명은 급진적 남성 혐오와 관계없다

외잘란이 제안한 여성 혁명은 로자바의 여성 전사들만이 아니라 광범위한 정치 운동에 영향을 주었다. 이에 대해서 심층 취재를 한 언론인 나드제 알 알리Nadje Al-Ali는 다음과 같이 말했다.

> 우리와 대화를 나누었던 활동가들과 국회의원들은 광범위한 정치 운동 내에서 여성으로서의 경험을 분명하게 가지고 있었다. 그들 모두는 압둘라 외잘란이 감옥에서 쓴 글들을 언급하면서 그들의 정치적 이념과 투쟁을 형성하는 데 있어서 아주 영향이 컸고 변화를 일으키는 힘이 되었으며 유용했다고 말했다.
>
> — 나드제 알 알리[33]

압둘라 외잘란이 제시한 여성 혁명은 성 평등과 연결이 되겠지만 급진적인 남성 혐오와는 아무런 관계가 없다. 급진 남성 혐오주의자의 남성 혐오에 동반되는 폭력성은 쿠르드 여성 전사들이 다에쉬IS를 죽이는 것을 생각하면서 대리 만족을 할 것이다. 그리고 그렇게 자신들의 급진적인 남성 혐오에 쿠르드 여성 혁명을 끌어들여서 소비하고 싶을 것이다.

---

32 「'분란을 일으키는' 쿠르드 여성들에게 서구의 홀림Western fascination with 'badass' Kurdish women」이란 글은 국내에도 기사로 번역이 되었다.
2017. 10. 26., 「ISIL에 맞서 싸우는 용감한 쿠르드 여성에 대한 환상」, http://newspeppermint. com/2014/11/27/badass-kurdish-women-fighters 원문 www.aljazeera.com/indepth/opinion/2014/10/western-fascination-with-badas-2014102112410527736.html
33 Foreword by Nadje Al-Ali; Abdullah Öcalan(2017), The political thought of Adullah Öcalan, Pluto press, p. X.

그러나 인간 사회가 육식 동물인 남성과 초식 동물인 여성으로 구성되었다는 식의 비유로 구성된 급진적인 남성 혐오 프레임으로 세상을 보고, 남성성의 일그러진 반영으로서의 폭력성을 충만하게 가진 '여성들'이 쿠르드 여성 혁명을 자기들 정당성 확보를 위해 함부로 소비해서는 안 된다.

프랑스 파리에서 총에 맞아 순교한 여성인 사카네 잔시즈(본문, p. 126, p. 350)와 19년째 임랄리 감옥에서 홀로 감금되어 있는 남성인 외잘란은 동등한 동지로서 PKK를 공동으로 창당했고, 쿠르드 여성 혁명을 공동으로 이끌었다. 여성 전사들이 군사 훈련을 받고 있는 장면을 담은 다큐멘터리에 다음과 같은 대사가 나온다. 이를 통해 사키네가 여성 전사의 전설임을 알 수 있다.

사키네의 이야기가 시작된 후 40년이 지났다. 이 소녀들은 지금 그들의 이야기를 시작하고 있다.[34]

압둘라 외잘란은 사키네 잔시즈에 대해 이렇게 말했다.

나는 남자들의 봉건제로부터 여성들을 해방시키고 강한 유형의 여성을 창조하기 위해 여성 운동을 시작했다. 나는 사람들의 활발한 참여와 토론을 원했고 이에 관하여 사키네 잔시즈의 이름은 무엇보

---

34 밀레네 사우로이Mylene Sauloy 감독(2016), 〈Kurdistan Women At War', Arte tv time〉 다큐멘터리에서는 외잘란과 함께 쿠르드 여성 혁명을 만든 여성들의 역사가 나온다. 이 다큐멘터리에서는 사키네와 외잘란를 영상으로 볼 수 있으며, 여성 전사들이 남성 전사들을 교육하고, 남성 전사들이 스스로를 바꾸어가는 정치 학교도 나온다. 또 이 다큐멘터리에서는 '진jin, 지얀jiyan, 아자디azadi', 즉 '여성, 삶, 자유'라는, 외잘란이 제시한 구호를 계속 외치면서 여성들이 시위를 하는 것을 보고 나면 외잘란이 제시한 여성 혁명이 얼마나 삶 속에 들어와 있는가를 알게 된다.

다 기억에 남는다.[35]

외잘란이 제기한 여성 혁명은 남성 혐오를 그 존재 이유로 하는 급진 남성 혐오주의자들이 거론할 수 있는 것이 아니다.

세계 지식인들의 외잘란 사상의 연구 동향

외잘란은 터키에서는 테러리스트이지만 현재 세계 사상계에서 가장 주목받고 있는 인물이다. 20개 언어로 번역된 외잘란의 사상이 폭력 혁명을 선동하는 반체제 사상이 아니고 지극히 상식적인 민주주의 이론이라는 것을 널리 알리는 것은 쿠르드 문제를 해결하는 데 직접적인 도움이 된다.

전 세계 지식인들은 2년에 1번씩 모여 외잘란의 사상에 대한 국제 컨퍼런스를 계속 열고 있다. 이 국제 컨퍼런스는 터키의 민주화와 쿠르드의 민족 자결권 획득에 긍정적인 영향을 준다. 이 국제 컨퍼런스는 대안 탐색망Network for an Alternative Quest에서 진행하고 있으며 웹사이트에서 컨퍼런스 초청, 일정 공고, 지나간 컨퍼런스 자료들을 볼 수 있다. 또한 이들이 관리하고 있는 유튜브 채널에서는 지나간 컨퍼런스를 동영상으로 볼 수 있다. 2015년과 2017년 컨퍼런스는 책으로 나왔다.[36] 지금까지 이 컨퍼런스에 참여한 유명한 지식인들을 몇 명만 열거하면 안토니오 네그

---

35 2013. 1. 10 Sakine Cansiz: 'a legend among PKK members', The Guardian. www.theguardian.com/world/2013/jan/10/sakine-cansiz-pkk-kurdish-activist

36 Network for an Alternative Quest(ed. 2015), Challenging Capitalist Modernity Alternative Concepts and the Kurdish Quest(2012), Pahl-Rugenstein Verlag; Network for an Alternative Quest(ed. 2017), Challenging Capitalist Modernity Abdullah Öcalan(2015), Pahl-Rugenstein Verlag. 컨퍼런스 홈페이지 www.networkaq.net; 유튜브 www.youtube.com/channel/UCfvAXN4TnvlRl_dUQXiQJ3g

리Antonio Negri,이매뉴얼 월러스타인, 펠릭스 파델, 자넷 비엘, 데이비드 하비, 라다 디 수자, 데이비드 그레이버, 존 홀로웨이John Holloway 등이 있다. 230년의 징역형을 받은 터키 디야르바키르 시장 귈탄 키샤나크, 시리아 쿠르드 전사들의 모체인 PYD의 공동의장이던 살리흐 무슬림 등도 참가해서 자신들의 정치 활동에 대해서 보고하고 함께 토론했다.

세계 체제론의 주창자 이매뉴얼 월러스타인은 오잘란의 책인 『터키의 민주화와 쿠르드 문제 해법을 위한 로드맵』의 서문을 적으면서 그의 세계-체제론으로 외잘란의 사상을 분석했다.[37] 데이비드 그레이버는 『민주적 문명 선언 1권 문명』의 서문에서 외잘란을 그의 아나키즘으로 분석했고[38] 라다 디 수자는 『민주적 문명 선언 2권』의 서문에서 메소포타미아 문명과 쿠르드에 대한 외잘란의 논의와 인도의 전통 사상들을 엮어내는 시도를 했다.[39] 자넷 비엘은 머레이 북친이 외잘란에게 끼친 영향으로 인해 로자바 공동체가 만들어졌다는 글을 정열적으로 계속 쓰고 있다.[40] 오픈 마르크시즘의 존 홀로웨이는 압둘라 외잘란이 『자본론』

---

37 Abdullah Öcalan(2012), Prison Writings III: The Road Map to Negotiations with introduction by and Immanuel Wallerstein, International Initiative.

38 Abdullah Öcalan(2015), Manifesto for a Democratic Civilization, Volume 1: Civilization: The Age of Masked Gods and Disguised Kings with introduction by David Graeber Oct 1, 2015, New Compass Press.

39 Abdullah Öcalan(2017), Manifesto for a Democratic Civilization, Volume 2: Civilization: The Age of Unmasked Gods and Naked Kings with introduction by Radha D'Souza, October 17, 2017, New Compass Press.

40 TATORT Kurdistan; Janet Biehl(2013), *Democratic Autonomy in North Kurdistan: The Council Movement, Gender Liberation, and Ecology*, New Compass press.
머레이 북친의 사회생태주의에 외잘란이 영향을 받은 것은 외잘란이 직접 인정하는 부분이다. 그러나 머레이 북친의 사상에 의해 로자바 혁명이 진행되고 있다는 식으로 들리는 자넷 비엘의 주장은 과한 측면이 있다. 머레이 북친에게는 압둘라 외잘란 사상의 주요한 구성 요소가 되는 여성, 삶, 사회로 압축한 여성 혁명 이론과 메소포타미아 문명의 뿌리로 돌아가는 부분이 없다.

을 읽고 사상적 풍부함을 더 할 것을 요구했다.[41] 자율주의자 안토니오 네그리는 외잘란의 사상을 토론하는 컨퍼런스에 와서 커먼 웰스를 찾아가는 과정을 논했다.[42] 데이비드 하비는 『반란의 도시: 도시에 대한 권리에서 점령 운동까지』[43] 에서 도시 공간을 99%에게 돌려주려는 이론적 시도를 머레이 북친과 마르크스를 같이 읽어나가면서 발전시키려고 하고 있다. 데이비드 하비는 로자바가 이룩한 대안 체제를 전 세계가 지지해줄 것을 호소했다.[44] 그가 외잘란의 사상에 대해서 관심을 가지는 지점은 아마도 머레이 북친과 마르크스가 겹치는 지점이 있을 것이라고 생각하기 때문일 것이다. 지젝은 인터뷰 시에 외잘란의 사상을 논하면서 외잘란이 스스로를 터키 시민이라고 규정하고 있으며, 그는 테러리스트가 아니라는 발언을 함으로써 실제적으로 터키 쿠르드의 자치를 지원하는 발언을 제대로 하고 있다. 추상적인 이론적 문제보다 쿠르드에게 가장 급한 것이 실제로는 무엇인가 제대로 알고 있는 것이다.[45]

상식적으로 정리해보자. 세계적으로 유명한 지식인들이 공개된 공간에

41 John Holloway(2015), The Forth World war and How to win it. Speech delivered at the conference "Challenging Capitalist Modernity II: Dissecting Capitalist Modernity – Building Democratic Confederalism", 3–5 April 2015, Hamburg.

42 Antonio Negri In Search of the Commonwealth in Network for an Alternative Quest(ed. 2015), pp. 56~66.

43 데이비드 하비 지음, 한상연 옮김(2014), 『반란의 도시: 도시에 대한 권리에서 점령 운동까지』, 에이도스; David Harvey(2012), REBEL CITIES From the Right to the City to the Urban Revolution, Verso.

44 2015. 4. 12. Prof. Harvey: Rojava must be defended. https://anfenglish.com/news/prof-harvey-rojava-must-be-defended-10929

45 Slavoj Zizek(2015.10.22), Kurds Are The Most Progressive, Democratic Nation In The Middle East, KurdishQuestion.com. http://kurdishquestion.com/oldarticle.php?aid=slavoj-zizek-kurds-are-the-most-progressive-democratic-nation-in-the-middle-east; 지젝은 또 터키가 다에쉬IS를 지원하면서 IS에 대항하는 쿠르드를 잔혹하게 공격하는 것도 비판했다.
Slavoj Žižek(2015. 12. 9). We need to talk about Turkey.newstatesman. www.newstatesman.com/world/middleeast/2015/12/slavojzizekwhyweneedtalkaboutturkey

서 압둘라 외잘란을 읽고 공개적으로 활발하게 토론하고 있으며 유튜브에서 이 토론의 전체 진행 과정을 모두 볼 수 있다. 외잘란의 사상은 위험한 테러범의 사상이 아니고, 아나키스트들이 체제를 전복하기 위해서 몰래 숨어서 읽는 비전祕傳도 아니다. 외잘란의 책을 테러범이나 불온한 반체제 서적으로 취급하면 할수록 가장 기뻐할 사람은 터키의 에르도안이다.

분쟁 지역에 들어가서 외잘란의 사상을 비밀리에 전수받을 꿈을 꾼다면, 그 대신에 압둘라 외잘란 사상에 대해 토론하는 국제 컨퍼런스에 참가하라. 누구에게나 열려 있다. 시리아 쿠르드 지역을 이끄는 PYD의 살리흐 무슬림 같은 인물도 만날 수 있다. 분단국가에서 온 한국인인 당신이 4개의 나라에 흩어져 있는 쿠르디스탄 문제 해결을 위해 제시된 민주적 연합체주의와 한국의 연방제 등 그동안의 통일 방안들을 비교하는 글을 발표하기라도 하면, 컨퍼런스에 온 쿠르드들과 전 세계 지식인들로부터 열광적인 갈채를 받을 것이다.[46]

---

46 외잘란과 쿠르디스탄 관련된 자료 목록은 단행본을 중심으로 작성해서 훗북스 홈페이지의 칼럼란에 '압둘라 외잘란 관련 자료 목록(http://huudbooks.com/archives/964)'으로 공개된다. 외잘란과 쿠르디스탄에 대해 연구를 시작할 사람들은 참고하기를 바란다.

Ⅲ 터키 독재의 마법 주문 "외잘란과 PKK는 테러리스트다"

터키가 2018년 1월 20일 시리아 아프린을 침략하는 전쟁을 시작한 후한 달 동안 이 전쟁에 반대하는 메시지를 SNS에 올린 사람들 850명이 체포되었다.[47] 에르도안은 6살 된 소녀를 연단 위로 불러 올려서 순교의 중요성을 강조했다.[48] 6살 소녀에게 순교를 강요한 에드로안이 내세우는 이 전쟁의 명분은 PKK 테러리스트 소탕이다. 시리아 자유 반군 소속이었다가 터키의 시리아 침략 이후 터키 측으로 넘어가서 아프린 공격에 가담한 함지파Hamzi Division의 400명 친터키 쿠르드인들은 동족인 쿠르드 공격의 명분을 'PKK 테러리스트로부터 아프린 인구들을 풀어주기 위해서'라고 내세웠다.[49] 외잘란과 그를 따르는 테러리스트와 관련이 되는 이들은 체포되어 바로 종신형을 받아서 사회와 영원히 격리되어야 한다는 것이다.

터키인들 혹은 터키와 관련된 일을 하는 사람들에게
압둘라 외잘란에 대해 묻지 말라

터키인들 혹은 터키와 관련된 일을 하는 사람들에게 누군가가 외잘란에 대한 질문을 한다면, 그들은 '외잘란은 테러리스트고 PKK는 터키로부터 독립하기 위해서 무장 투쟁을 하고 있다'는 답변 외에는 들을 수

---

47 2018. 2. 26, Turkey Detains 850 Protesters At Rally Against Afrin Operation - Interior Min.-Sputnik International, sputniknews.com. https://sputniknews.com/middleeast/201802261061998256-turkey-protests-afrin/

48 2018. 2. 27, 「터키 군국주의 확산: 에르도안, 6세 소녀에 '순교하라'」, 《뉴스원》.

49 2018. 2. 26, Pro-Turkish Kurds to Join Military Operation in Syrian Afrin - Reports-Sputnik International https://sputniknews.com/middleeast/201802261061991270-turkey-syria-afrin-kurds/

없다. 그러니 이들에게 외잘란에 관해 묻지 마라. 그들은 당신이 외잘란에 대해 물어본 것만으로 정치적으로 아주 곤란한 상황에 처하게 된다. 터키에서는 PKK를 '테러리스트'라 부르지 않고 '게릴라'라는 가치 중립적 용어로 부른 것만으로도 10개월의 징역을 선고받는다. 외잘란과 PKK 관련된 발언을 한 이유로 면책 특권이 있는 국회의원이 140년을 구형받고, 직선으로 뽑힌 시장이 280년을 선고받은 바 있다.

터키에서는 외잘란에 대해 의문점을 가지고 알아보려고 하는 것 자체가 범죄다. 터키에서는 압둘라 외잘란에 관해 부정적인 발언을 하는 것 외에 모든 것이 금지되어 있다. '압둘라 외잘란의 글을 보니 무장 투쟁을 포기했다고 선언했다', 'PKK가 터키로부터의 분리 독립을 포기했다', '국제 뉴스를 보니 다에쉬IS를 물리칠 때 시리아의 PYD가 활약을 하지 않았나' 등등 외잘란과 관련되어 이런 말을 하는 사람은 외잘란과 PKK와 동조하는 테러리스트의 일원이 된다. 터키에서는 '외잘란은 테러리스트고 PKK는 터키로부터 독립하기 위해 무장 투쟁을 하고 있다' 외의 발언은 PKK 테러리스트와 관련되었다는 증거만이 될 뿐이다.

에르도안의 신오스만주의와 쿠르드 정책

2018년 2월 28일 노벨상 수상자 38인은 영국의 일간지 《가디언》에 에르도안에 보내는 공개서한을 적었다. 서한의 내용은 터키가 2017년 2월에 유럽인권위원회로부터 언론 자유에 대한 경고를 받은 것[50]을 상기시키면서 시작된다. 이들은 평생을 쿠데타와 군부에 반대해온 작가들인

---

50 Council of Europe commissioner for Human Rights(2017. 2. 15), Memorandum on the Freedom of Expression in Turkey. https://wcd.coe.int/com.instranet.InstraServlet?command=com.instranet.CmdBlobGet&InstranetImage=2961658&SecMode=1&DocId=2397056&Usage=2

메흐메트 알탄, 아흐메트 알탄 형제, 나즐르 을르자크 등을 2016년 쿠데타 이후에 체제 전복 혐의로 체포하고 여론 조작용 재판을 통해서 종신형을 내린 것에 대해 비판했다. 2009년 알탄 형제의 아버지인 터키의 대표 작가 첼틴 알탄의 추모식 때 에르도안이 "터키는 위대한 작가를 감옥에 보내는 일은 없을 것"이라고 선언했음에도 그의 아들들을 종신형에 처한 것을 근본적인 모순이라고 지적했다.[51] 아흐메트 알탄은 쿠데타 기도로 종신형을 받은 것 외에 터키군과 싸우려고 참호를 파는 쿠르드 아이들에 대한 글을 썼다는 이유로 징역 2년, 에르도안을 모독했다는 죄목으로 11개월을 더 선고 받았다.[52]

유럽인권위원회와 노벨상 수상자 38인은 에르도안을 독재자라고 비판하고 있지만 터키 국민들은 지지하고 있다. 터키의 시리아 침략조차 지지를 받고 있으며 이 전쟁을 지지하는 발언을 공개적으로 하지 않으면 매국노 취급을 받는 실정이다.

독재자인 에르도안이 지지를 받는 이유는 에르도안 측 주장을 먼저 열거한 후 비판적으로 제시하겠다. 에르도안 측 주장으로는 "역사가이자 언론인으로 활약했던 박은식과 신채호를 역할 모델로 삼는다. 뉴미디어에 동방 고전을 얹어 아시아 르네상스를 일으키는 'Digital-東學' 운동을 궁리"하고 있는 역사학자라고 소개되는 이병한의 글을 인용하겠다. 옮긴이가 접한 글 중에서는 이병한의 글이 에르도안의 대외 선전 이념

51 2018. 2. 28, An open letter to President Erdoğan from 38 Nobel laureates. The Guardian. www.theguardian.com/commentisfree/2018/feb/28/nobel-laureates-president-erdogan-turkey-free-writers

52 2018.2.28., Turkish court sentences jailed journalist Altan to 6 years for 'supporting' PKK and 'insulting' Erdoğan. Stockholm center for freedom. https://stockholmcf.org/turkish-govt-sentences-jailed-journalist-altan-for-6-years-in-jail-over-supporting-pkk-and-insulting-erdogan

을 가장 간결하게 전달하고 있다. 이병한은 몇 년째 아시아, 중동 국가를 방문하면서 인도 모디, 파키스탄의 부토 등 각 나라의 독재자들의 목소리를 완벽하게 대변하는 칼럼들을 쓰고 있는데 터키에서는 에르도안을 완벽하게 대변했다. 이병한이 각국 독재자들의 대변자 역할을 완벽하게 수행할 수 있는 것은 그가 기본적으로 개발 독재를 지지하는 사람이기 때문이다. 이병한이 케말 파샤ₘMustafa Kemal Ataturk의 근대화 과정을 이야기하면서 박정희의 자서전 『국가와 혁명과 나』를 언급하는 것은 우연이 아니다.[53] 이병한은 다음과 같이 박정희의 개발 독재를 지지한다.

나는 박정희의 功공이 7이고 過과는 3이라고 넉넉하게 봐주는 편이다. 5·16 군사 쿠데타를 통해서 그나마 나라의 꼴이 갖추어졌다고 여긴다. 유신 체제는 무리수였지만, 1970년대의 제3세계에서 유별난 것도 아니었다. 자본주의 세계 체제의 구조적 압력 아래서 초기 자본 축적을 위한 정치권력의 집중은 불가피한 면이 없지 않다.[54]

이병한은 파키스탄을 방문했을 때 부토에 대한 용비어천가를 선보인 바 있다. 부토의 글을 읽고 감동을 받아 무덤에 가서 오랫동안 부토의 공적에 대해 생각하면서 부토를 묵념했다.[55] 이는 어떤 외국인이 박정희의 『국가와 혁명과 나』를 읽고 박정희 무덤 앞에 가서 묵념하는 것보다 더 황당한 일일 것이다. 왜냐하면 박정희 때문에 죽은 사람보다는 부토로

53 이병한(2016.11.8), 「'유라시아 견문' 터키 행진곡: 100년의 고투」, 《프레시안》, www.pressian. com/news/article.html?no=143782
54 이병한(2015.11.17), 「'유라시아 견문' 大同: 거룩한 계보 역사학자」, 《프레시안》, www.pressian. com/news/article.html?no=131179
55 이병한(2016.8.29), 「'유라시아 견문' 신파키스탄: 이슬람 사회주의」, 《프레시안》www.pressian. com/m/m_article.html?no=139892

인해 죽은 사람이 더 많기 때문이다. 동파키스탄이었던 벵골인들이 파키스탄으로부터 독립해서 방글라데시를 만들려고 할 때 엄청난 피의 살육이 있었다. 방글라데시 독립의 가장 큰 원인은 모어인 벵골어를 못 쓰게 한 것이다. 인도로부터 독립을 할 때는 동벵골도 같은 종교인 이슬람이라는 이유로 파키스탄의 일부인 동파키스탄으로 독립을 했지만 모어를 못 쓰게 하는 것은 견딜 수가 없었다.[56] 이병한은 부토를 파키스탄 68혁명의 영웅으로 격찬을 했지만[57] 방글라데시 인민들 입장에서 이 칭송은 언제 들어도 치가 떨릴 일이다. 동파키스탄인들이 방글라데시로 독립하려 하자 부토는 동파키스탄인들을 돼지 새끼swine라고 불렀다.[58] 돼지를 가장 불결한 것으로 여기는 무슬림에게 최악의 저주를 퍼부은 것이다. 파키스탄 건국의 아버지인 지나는 파키스탄을 세속주의 국가로 출발시켰지만 부토는 이슬람을 독재 수단으로 사용하며 파키스탄을 종교 국가로 만들어나갔다.[59] 부토는 남아시아에서 탈레반의 아버지나 다름없다. 부토가 그토록 사람을 많이 학살했지만 이병한에게 부토는 개발 독재의 전형으로 찬양의 대상이다. 이병한이 부토를, 에르도안을 대변하는 글들을 읽으면 개발 독재의 정당성에 대한 주장들이 갖고 있는

---

56 조준호(2014), 「방글라데시의 NGO 중심 경제에서 기업 중심 경제로 변화와 시사점」, 《북벵골만 연구 정책보고서 2014》의 'II. NGO와 국가의 협력과 긴장 관계'에 역자가 이에 대해 썼다. 벵골어를 모어로 쓰려는 '언어 운동'으로 시작된 자치 운동이 '소련 탱크와 인도 군대와 방글라데시 빨치산의 투쟁' 끝에 독립을 하게 된 과정을 방글라데시인들이 쓴 자료를 위주로 썼다.

57 68 프랑스 학생 '폭동'의 실패 이후 낙담한 서구 지식인들이 세계를 정신 승리의 방법으로 68혁명으로 억지로 전부 다 재조명하는 고약한 습관들이 있지만 한국인마저 파키스탄에다가 68혁명을 가져다 붙이는 것은 이해할 수 없다.

58 Zulfikar Ali Bhutto Calling Bangladeshi People Pig at the time of Separation 1971. 당시 동영상을 보려면 www.dailymotion.com/video/x18p1m0

59 John L. Esposito, John O. Voll(1996), Islam and Democracy, Oxford. 이 책은 이란, 수단, 파키스탄, 말레이시아, 알제리, 이집트 등 6개국에서 이슬람이 어떻게 국가 이데올로기로 동원되었는가를 알려준다.

부토는 Zufikar Ali Bhutto: ISLAMIC SOCIALISM, pp.107~109 참조.

공통점이 무엇인지 생각해볼 수 있다.

개발 독재 측면에서 에르도안을 대변하는 이병한은 크게 3가지를 근거로 에르도안을 찬양하고 있다.

(1) 에르도안의 신오스만주의: 공정발전당은 이슬람적 가치를 공공정책으로 구현했다. 공공 버스를 도입하여 서민들의 교통난을 해소했다. 공공 주택을 보급하여 주거 생활의 안정화를 꾀했다. 교통과 주택이라는 일상생활의 핵심 문제부터 해결한 것이다. 부의 재분배 정책도 실시했다. 약자와 빈자를 먼저 보살피는 것이 이슬람주의 정당으로서 왕도를 실천하는 길이기 때문이다. 군사 독재 아래 비대하게 성장했던 대자본, 대도시 위주가 아니라 중소 자본, 지방 위주의 '균형 발전' 또한 이뤄갔다.

(2) 쿠르드 정책 변화: 터키어 외의 일체의 언어 사용을 금지했던 헌법도 개정했다. 쿠르드어도 교육 현장과 언론 매체에서 사용할 수 있게 되었다. 2008년 쿠르드어 방송국이 생겼고, 2012년부터는 쿠르드어가 초등학교의 선택 과목이 되었다. 그리하여 2014년 터키공화국 최초의 대통령 선거에서도 에르도안은 52%의 득표율로 당선될 수 있었던 것이다. 민주화 이후 터키 사회는 질적으로 좋아졌다.

(3) 쿠데타 이후의 터키: 그런데도 2016년 여름, 재차 군사 쿠데타가 시도되었다. 국민들이 직접 선출한 첫 대통령을 끌어내리려고 했다. 1960년, 1971년, 1980년, 1997년에는 성공했다. 재이슬람화의 물결을 군부가 앞장서서 저지할 수 있었다. 그러나 새천년, 더는 안 된다. 국민들이, 민중들이, 청년들이 거리로 쏟아져 나와 탱크의 진격을 저지시켰다.

100만 명이 운집하여 민주 공화국의 수호를 자축했다. 처음으로 민중이 군부를 이긴 것이다. 모름지기 주권자는 국민이다. 모든 권력은 국민으로부터 나온다. 에르도안은 재차 민심=천심을 받들어 천명을 수행하고 있다. 쿠데타 세력들은 물론이요, 그들의 비호 아래 대학과 언론에서 기생하던 어용학자(교조적 세속주의자, 자유주의 근본주의자)를 일망타진하고 있다.

근대화=세속화=서구화라는 얄팍한 도식 아래 80년간 지배 체제를 형성했던 군부의 총, 검찰의 칼, 대자본의 돈, 언론/대학의 펜을 허물어뜨리고 있다. 100년의 적폐를 일소하고 있는 것이다. 형식적 민주주의를 돌파한 대大민주의 구현이다. 소小민주에 안주하는 서방에서 전전긍긍 비방을 퍼붓는다. … 즉 우크라이나에서, 이집트에서 획책되었던 수구 반동파의 기획을 터키에서는 민중들이 막아낸 것이다. 풀뿌리가 '내부자들'과 '외부 세력'을 이겨낸 것이다. 터키의 민주주의는 한층 공고해졌다. 이슬람이라는 기층에 착근하여 피어난 주체적이고 토착적인 '민주'이기 때문이다.[60]

에르도안의 신오스만주

에르도안이 이슬람주의로 지지를 받는 측면을 부정할 수는 없다. 그러나 그가 이슬람주의에 따른 정치를 하겠다는 것은 그가 지지받는 것에서 부차적인 측면이다. 이병한도 에르도안 지지의 이유로 들고 있는 것은 에르도안 집권 이후의 터키의 경제 성장이다.

---

60 이병한(2016.11.15), 「'유라시아 견문' 신오스만주의: 잃어버린 시간을 찾아서」, 《프레시안》, www.pressian.com/news/article.html?no=144758 그리고 (1), (2), (3) 번호와 소제목은 인용자가 한 것이다.

공정발전당 집권 이래 터키의 국내 총생산GDP은 3배로 성장했다. 세계 15위의 경제 대국이 되었다. 집권 초기만 해도 EU 평균 수입의 20%에도 달하지 못했다. 15년 만에 70% 수준까지 육박했다. 2030년이면 유럽 국가들과 어깨를 나란히 할 것이라는 전망이다. 현재 인구 8,000만 명, 2040년이면 1억 명에 근접한다. 영국과 프랑스는 물론 독일보다 큰 나라가 된다. 더 이상 EU 가입에 안달하지 않게 되었다. '유럽의 병자' 취급을 받았던 20세기가 아니다. 항산은 항심을 낳는다. '신오스만주의'가 기지개를 켜고 있다.[61]

외국인 직접 투자가 1973~2002년 사이에(29년간) 150억 달러이던 것이 2003~2010년 사이에 940억 달러 수준으로 크게 증가했다. 2008년 경제 위기 이후인 2010년에도 8.9%를 기록했다. GDP 규모는 집권한 해인 2002년 2,310억 달러에서 2010년 7,360억 달러로 3배 이상 증가했다. 2016년 명목상 GDP 순위는 세계 18위다. 2006년 화폐 개혁의 성공도 컸다. 2001년 미 1달러는 터키 리라로 160만 리라였다. 터키는 인플레이션을 잡으면서 100만 리라를 1터키리라로 바꾸는 화폐 개혁을 성공했다.[62]

에르도안이 지지받은 이유는 이슬람주의 때문이 아니다. 신중산층이라고 불리는 새롭게 부를 얻게 된 계급이 에르도안에 대한 지지를 전국적으로 이끌어냈다. 터키 최초의 이슬람 정당은 1969년 창당된 민족질서당MNP이었으나 헌법재판소의 판결로 1971년 해체되고 1972년 민족

---

61 이병한(2016. 11. 23), 「유라시아 견문 신오스만주의: 잃어버린 시간을 찾아서」, 《프레시안》, www.pressian.com/news/article.html?no=144758
62 이희철(2012), 『문명의 교차로 터키의 오늘: 변경에서 중심으로, 터키의 국제 전략』, 문학과지성사, pp. 16~19.

구원당_{MSP}이 창당되었으나 이 역시 1980년 군사 혁명으로 폐쇄되었다. 1983년 에르바칸에 의해 이슬람계 정당인 복지당이 창당되었고 1995년에는 총 의석 550석 중 158석을 얻어 원내 1당이 되었으나 1998년 종교를 정치로 이용하지 않는다는 세속주의 원칙을 위배했다는 이유로 헌법재판소에 의해 폐쇄 판결을 받고 끝이 났다.[63] 많은 이슬람계 정당들이 폐쇄된 것을 세속주의 원칙 때문이라고 말할 수도 있을 것이다. 그러나 정의개발당 이전의 이슬람계 정당의 실패를 터키의 세속주의 원칙 때문이라고만 보지 말고, 경제 안정을 보장할 수 있는 모습을 이슬람계 정당들이 보여주지 못한 것도 실패 이유가 될 수 있을 것이다.

경제 문제를 해결한 것과 이슬람적 가치는 별개의 문제일 수 있다. 터키의 경제 성장이 정체되면 에르도안의 독재는 에르도안이 주장하는 이슬람적 가치에 의해서 보호받을 수 없다. 경제 위기가 오면 그 직전까지의 경제 성장에 따라 성장한 노동 계급과 신중산층을 중심으로 한 국민적 반발에 직면하게 될 것이다. 그리고 시간이 지나면 지날수록 일반 민주주의는 후퇴할 것이고 그에 따라 탄압은 더 극심해지며 저항은 매우 고통스러울 것이다. 어떤 사회에서도 가장 중요한 것은 종교가 아니라 '밥그릇'이다. 종교는 표면에 드러나는 것일 뿐이다. 터키에 경제 위기가 오면 이 독재는 끝이 날 것이다. 독재 정권은 나치처럼 경제 위기를 이용해 집권을 할 수 있지만, 어떠한 독재 정권도 영원히 경제 위기를 막을 수는 없다.

이병한이 '신오스만주의' 운운하는 것은 경제 성장을 빌미로 에르도안을 찬양하기 위해 쓰는 말이지, 오스만 제국의 전통과는 전혀 관계가 없다. 오스만 제국은 술탄의 다섯 손가락인 터키인, 아르메니아인, 아랍인,

---

63 이희철(2012), p. 27.

그리스인, 유대인을 자치 제도인 밀렛milet 제도로 묶었다. 오스만 제국의 전통 안에서는 자치를 하는 종교 공동체인 밀렛이 허용되었다. 이 밀렛은 비이슬람교 공동체였고, 밀렛을 대표해 제국에 대한 의무를 책임지는 그 공동체의 종교 지도자가 통치를 했다. 이 밀렛은 공동체의 협의체인 메즐리시밀리meclisimilli에 의해 운영되었는데 오스만 제국의 공식 종교인 이슬람의 법에 따를 필요가 없었다. 서구의 침략이 시작되면서 이 밀렛의 자치는 급속하게 붕괴되었다.[64] 19세기의 사회주의자들은 각기 다른 민족이 사회주의 국가를 이루고 연방을 구성하는 모델을 오스만 제국에서 찾았다. 오스만 제국의 밀렛 제도의 측면에서 보면 터키의 건국은 오스만 제국의 계승이 아니라 터키의 배외주의일 뿐이다. 에르도안 체제가 터키 건국 이후 가장 큰 경제 성장을 이루고 이슬람을 아무리 강조하더라도 쿠르드의 기본 인권을 인정하지 않는 한 이런 터키 배외주의가 오스만일 수는 없다.

쿠르드 정책 변화

에르도안의 쿠르드 정책은 철두철미하게 자신의 독재를 위한 실용적인 노선에 의해 결정된다. 터키에서 쿠르드어 사용을 어느 정도 허락하게 된 것은 외부적으로는 EU에 가입하기 위한 최소한의 조건을 갖추기 위해서이고 내부적으로는 인구의 20%를 차지하는 쿠르드를 정치에서 자기편으로 끌어들이기 위해서였다.

이병한은 터키어 외의 일체의 언어 사용을 금지했던 헌법을 개정했다고 주장하는데 모어 사용이라는 본질적인 문제는 피해갔기에 사실상 에르도안 체제 선전을 위한 거짓말을 한 셈이다. 쿠르드가 원하는 쿠르드어

---

64 『브리태니커사전』, millet-religious-group 항목.

사용은 쿠르드를 모어로 인정받는 것이지, 쿠르드어가 외국어로 초등학교 선택 과목이 되고, 쿠르드인은 전혀 방송 내용을 결정할 수 없이 제한된 시간만 쿠르드어 방송을 보내는 '쿠르드 방송'으로 이 문제가 해결되는 것이 아니다. 현재 터키 헌법의 관련 항목을 펼쳐보자.

터키어 외의 어떤 언어도 모어mother tongue로서 교육 제도 내에서 터키 시민들에게 가르칠 수는 없다. 교육 제도 내에서 가르치는 외국어는 법에 의해 정해진다.[65]

이 헌법 항목은 쿠르드어를 가르치는 수업을 할 수는 있어도, 쿠르드어로 초등 교육을 할 수 없다는 것이다. 이 헌법 항목은 「국제인권장전International Bill of Human Rights」과 어긋난다. 터키는 각종 국제 협약에 서명을 할 때 소수자의 권리와 교육에 관한 사항은 유보했다. 모어로 교육을 하는 것에 반대하는 이유를 에르도안은 다음과 같이 말한다.

나는 자신들의 모어로 교육을 하게 해달라고 요청하는 사람들에게 호소한다. 당신들은 당신들의 모어를 가르치기 원하는 곳에서 공개된 학교를 열 수 있다. 그러나 모어로 교육할 것을 요구하지 마라. 이유는 터키의 공식어는 터키어이기 때문이다. 이를 쟁점으로 만들려는 시도를 하지 마라. 이러한 움직임들은 나라를 분열시키는 목표로 나아간다는 것을 나는 강조한다.[66]

---

65 CONSTITUTION OF THE REPUBLIC OF TURKEY(2007), II. Right and duty of education ARTICLE 42.

66 (Today's Zaman 2011), Sevda Arslan(2015), Language Policy in Turkey and Its Effect on the Kurdish Language, p. 89 재인용.

한국의 경우 공식 언어official language와 모어가 하나로 일치해서 대부분의 한국인들이 공식 언어와 모어의 차이를 알기는 쉽지 않다. 공식 언어와 모어는 다르다. 여러 민족이 모여 하나의 국가를 이룰 때는 각 민족의 자결권을 인정하면 모어로 교육을 하는 것이 인정된다. 그러나 터키는 쿠르드 존재 자체를 부정한다. 몇몇 지방 정부에서는 쿠르드족이 민족을 상징하는 색깔로 사용하는 빨강·초록·노랑의 3가지 색깔이 신호등 색과 같다고 신호등 색을 바꿔버렸다. 쿠르드라는 단어는 산악 지역에 살아가는 비천한 신분의 터키족이 겨울에 눈을 밟던 '꾸드득' 하는 소리에 기원을 둔 것으로, 민족을 표현하는 단어가 아니라는 설이 인류학계의 공식 학설이었던 적도 있었다.[67]

최소한의 일반 민주주의를 지키려는 노력을 하는 국가에서 공식 언어와 모어는 공존한다. 대표 예로 인도를 들어보자. 인도 헌법에서 공식 언어는 힌디어 하나로 정했지만[68] 각 주와 각 공동체가 쓰는 수십 개의 모어에 대해서 다음과 같이 규정을 한다.

> 모든 주와 주 내의 지방 당국은 언어 소수 집단에 속해 있는 아이들에게 초등 교육 단계에 모어로 가르치기 적합한 시설을 제공해야 한다.[69]

인도에서 힌디를 공식어이자 모어로 주로 쓰는 북에서 내려가 인도 남북을 가르는 데칸고원을 넘어서면 인도 남쪽에서 힌디어는 모어로 쓰이

67 아쉬티(2011. 1. 26), 「쿠르드를 잃은 건 당신 잘못이 아니에요」, 《한겨레21》 846호.
68 The constitution of India(As on 9th November, 2015), PART XVII OFFICIAL LANGUAGE. CHAPTER I.LANGUAGE OF THE UNION. 343. Official language of the Union.
69 The constitution of India(As on 9th November, 2015), IV.—SPECIAL DIRECTIVES. 350A. Facilities for instruction in mother-tongue at primary stage.

지 않는다. 타밀나두로 오면 기차역에서조차 힌디어 표기가 없어진다. 그리고 대부분의 사람들은 힌디어를 모른다. 관공서를 가도 타밀어로 모든 업무를 본다. 여기에는 힌디어를 공식어이자 모어로 정하려고 했던 국민회의와 각 주의 갈등과 충돌의 역사가 있었다. 타밀에는 2000년을 넘게 내려온 고유 언어인 타밀어가 있는 데도 국민회의가 힌디어로 교육을 하려는 정책을 하려고 하자 타밀나두는 인도로부터 독립하려고 했다.[70] 인도 중앙 정부와의 타협을 거친 후 타밀나두는 독립 대신 자치권을 확보했고 타밀어는 타밀나두주 내에서 사실상 공식어의 위치를 차지하고 있다. 인도의 독립 이후 현대사는 이런 각 주의 자치권을 둘러싼 주 형성과 분리의 역사였다.[71] 힌두교와 이슬람 간의 종교 갈등도 있는데다가 몇 십 개의 모어를 공식 인정하고 있는 인도도 독립을 잘 유지하고 있는데, 모어 사용에서 쿠르드어 사용만 쟁점인 터키가 쿠르드어를 사용한다고 해서 분열이 된다는 것은 에르도안의 억지 주장일 뿐이다.

모어를 사용하지 못하게 하는 것은 인권 탄압이다. 모어를 잃고 다른 민족이 느끼는 분노는 일제에 의한 조선어 말살 정책으로 식민지 시기 조선인들이 느낀 분노와 뭐가 달랐을까? 이에 대해 에르도안이 가장 잘 알고 있다. 에르도안은 독일 거주 터키인들이 터키어로 교육받을 수 있는 것을 요구하고 있으며 그에 따른 공적 기금 조성을 하려고 노력한다. 이를 보면 에르도안 또한 모어로 교육을 받는 것이 가장 기본적인 인권이라는 것을 알고 있다.[72]

---

70 정호영(2012. 9. 29), 「분리주의 강한 인도 남부 타밀라두, 공산당도 집권 여당」, 《울산저널》, www.usjournal.kr/News/1772

71 정호영(2013. 8. 1), 「안드라 프라데시주에서 텔랑가나주의 분리로 본 인도의 주 분리」, Emerics, www.emerics.org/boardfile.do?action=download&brdno=110&brdctsno=120647&brdctsfileno=47114

72 Sevda Arslan(2015), Language Policy in Turkey and Its Effect on the Kurdish Language. PhD

에르도안에게 가증스러운 것은 또 있다. 에르도안은 쿠르드어 교육에는 단호하게 반대하고 있지만 선거 기간에는 열정적으로 쿠르드 지역에서 쿠르드어로 선거 활동을 한다.[73] 1980년 군사 혁명 이후 군사 정권은 1982년에 쿠르드어 사용을 법적으로 금지시켰다. 출판, 방송, 교육, 아이의 작명, 국회 연설이나 선거 활동 시 쿠르드어 사용이 금지되었다. 에르도안이 쿠르드어에 대한 유화 정책을 펼친 것은 EU 가입을 위해 쿠르드의 인권을 보장하는 척한 것도 있지만, 선거에서 쿠르드 표를 얻기 위한 것이 가장 컸다. 2013년 3월 외잘란은 무장 투쟁을 끝낼 것을 제안했다.[74] 2015년 5월 외잘란은 쿠르드 축제인 뉴로즈에서 쿠르드 인민들에게 "민주적 해법"을 요청하는 공개편지도 보냈다. "터키 공화국 안에서 자유롭고 평등한 법치 사회"를 건설하고 "자본주의 제국주의의 신자유주의 위기가 우리 지역을 파괴하고 있으면 무자비한 종족 충돌로 몰아가고 있음"을 알렸다.[75]

외잘란의 이 제안 이후 PKK는 터키 정부군과 휴전을 했다. PKK는 터키 내에서 충돌을 피하고자 이라크 북부 깐딜산으로 들어갔다. 2013년 9월 30일 에르도안은 쿠르드족 언어 사용에 대해 몇 가지 제한을 풀었다. 법정에서 피고의 모어 사용, 감옥에서 죄수들의 모어 사용, 공립이 아닌 사립 학교 일부 선택 과목에서 쿠르드어 교육이 가능하도록 했다. 또 쿠르드어에는 있으나 터키어에는 없는 알파벳 q, w, x가 공문서에 쓰이도록 허용했다. 쿠르드족들은 지금까지 이 같은 제한에 따라, 예컨대

---

thesis. Michigan University, p. 81.

73 Sevda Arslan(2015), p. 90.

74 2015. 3. 21, Kurd leader Ocalan calls for congress to end Turkey armed struggle, BBC, www.bbc.com/news/world-europe-31998336

75 2016. 8. 10, Where's Abdullah Öcalan?, The dawn, www.thedawn-news.org/2016/08/17/wheres-abdullah-ocalan/

전통 봄 축제인 "Newroz"를 "Nevroz"로 표기해왔다.[76]

선거 기간에 에르도안과 AKP는 지지 호소를 쿠르드어를 사용해 열정적으로 진행한다. 이 과정을 통해 군부-관료를 대변하는 CHP공화인민당와의 권력 싸움에서 쿠르드의 표를 얻는 것이 순조롭게 진행되는 것으로 보였다.

그러나 2012년 쿠르드를 기반으로 하는 창당된 HDP가 약진하자 에르도안의 태도는 돌변했다. HDP는 2014년 참가한 첫 선거에서 터키 남동부에서 DBP와 결합하여 총 6.2%의 표를 얻었으나 어느 지방 선거에서도 이기지 못했다.(쿠르드를 하나로 묶는 정당은 HDP인민민주당이고 BDP평화민주당는 쿠르디스탄 지역에서 활동하는 지역 정당으로 선거 시에는 이 둘이 연합한다.) 2014년 대통령 선거에서 HDP의 셀라하틴 데미타쉬Selahattin Demirtaş는 9.77%의 지지를 받았고 대부분 터키 남동부 지역에서 나온 표였다. 그러나 HDP를 단순하게 쿠르드 정당이라고 판단해서는 안 된다. 2015년 총선 당시 HDP에서 쿠르드가 후보로 가장 많이 나가기는 했지만 무슬림, 사회주의자, 알레비스, 아르메니아, 시리아 기독교, 집시, LGBT 활동가 등 다양한 후보들이 자기 목소리를 내기 위해 후보로 나왔다. 2015년 선거에서 바리쉐 술루는 터키에서는 최초로 스스로 게이임을 공개한 국회의원 후보다. 그는 보수적인 터키에서 1999년부터 LGBT 활동가로 살아온 사람이다.[77] HDP는 쿠르드의 이익만을 대변하는 정당이 아니라 소수자를 대변하는 정당이기도 한 것이다. 터키에는 득표율 10%를 넘지 못하면 의회 내에 진출하지 못한다는 봉쇄 조항이 있어서

---

76 2013. 9. 30, 「터키, 1,500만 쿠르드족에게 가해온 '알파벳' 제한 해제」, 《중앙일보》.

77 2015. 5. 25, First-ever openly gay parliamentary candidate stands for election in Turkey. The Independent. www.independent.co.uk/news/uk/first-ever-openly-gay-parliamentary-candidate-stands-for-election-in-turkey-10274746.html

소수자들은 정치를 아예 꿈도 꿀 수 없었는데 HDP가 소수자 정치의 길을 연 것이다.

2015년 6월 총선에서 HDP는 13% 득표를 했다. 그 결과 제1야당이 되었고 AKP는 HDP 때문에 의석 과반을 차지하지 못해서 정부 구성을 할 수 없었다.[78] 에르도안으로서는 이제 독자적인 정치 세력으로 성장한 쿠르드를 그대로 둘 수 없었다. 탄압의 명분은? 테러리스트인 외잘란과 관계한다는 것으로 충분했다. 2015년 2월 28일 외잘란이 평화를 호소했을 때 외잘란은 BDP에게 PKK를 대변하려 하지 말고 합법 영역에서 정당으로서의 일들을 하라고 충고했다. 이렇듯 쿠르드 기반의 합법 정당들은 PKK와 관계를 갖고 있지 않지만, 터키 중앙 정부는 야당 탄압의 명분을 PKK와의 연계에서 찾는다. 2011년 디야르바키르 시장인 네즈메트 아탈라이Nejmet Atalay는 PKK를 '테러리스트'라 하지 않고 '게릴라'라고 언급했다는 이유로 10개월의 징역을 선고받은 바 있지만 탄압이 지금처럼 가혹하지는 않았다. 그러나 이제는 본격적으로 전진할 때라고 에르도안은 판단했다.

2015년 7월 20일, 터키 수루치에서 다에쉬IS 소행으로 추정되는 테러로 좌파 청년 단체 회원 30여명이 숨지자,[79] 터키는 이를 2013년 외잘란이

---

78 에르도안의 지지도가 떨어진 또 다른 이유는 2014년 6월 마니사시 소마구의 302명의 광부가 희생된 탄광 폭발 사고에 대한 에르도안의 대응에도 있었다. 에르도안은 마니사 시청 기자 회견에서 "이런 사고는 흔히 일어나는 일"이라는 발언을 했고 이 발언을 들은 민심은 폭발했다. 시위가 진행되는 과정에서 에르도안의 보좌관은 시위자를 구타했고, 에르도안은 한 청년에게 "버릇없이 굴지 마라, 이미 벌어진 일이다. 이건 신의 섭리다. 네가 이 나라의 총리한테 야유하면 넌 맞는다"고 말했다.
2014. 7. 10, 「'터키판 세월호 참사', 끊이지 않는 정부 조작·은폐설」, 《프레시안》, www.pressian.com/news/article.html?no=118632
79 2015. 7.21, Suruç massacre; today we mourn, ROAR Magazine, https://roarmag.org/essays/suruc-isis-suicide-bomb-attack/2015. 7. 26. 「터키, IS 이어 쿠르드 공격… 꼬이고 꼬이는 전쟁」, 《경향신문》.

시작한 휴전을 끝내는 빌미로 삼았다. 2015년 7월 24일, 터키는 증거도 없이 이 테러가 PKK 소행이라고 주장하고, 터키로부터 빠져나간 PKK 들이 있는 이라크의 깐딜산을 새벽부터 폭격했다. 터키 정부와 PKK와 휴전 조약이 사실상 파기되었다. 터키는 시리아의 다에쉬IS의 거점도 폭격하면서 모든 테러 세력과 싸우겠다고 주장했다. 8월, HDP는 터키와 PKK 사이를 중재하려고 했으나 잘되지 않았다. 9월, 오히려 HDP 당사가 공격을 받았다. 10월 10일, 쿠르드족의 화해를 위한 평화 시위 중 앙카라에서 폭탄 테러가 일어났다. 102명이 사망하고 400명이 부상을 입었다.[80] 터키 정부는 PKK의 소행이라고 주장했으나 다에쉬IS의 소행이라는 증거가 계속 나왔다. 그러나 언론에서는 PKK의 소행이라고 보도된 것에 대한 정정 보도는 없었다. 2015년 11월, 조기 총선에서 에르도안과 정의개발당은 49.4%로 317석을 확보했다. 에르도안은 자살 폭탄 테러, 리라화 가치 하락 등으로 인한 국민의 선택이라고 말했다.

과거를 돌이켜보면, 바다을 기던 마가렛 대처의 지지율도 포클랜드 전쟁 이후 상승했고, 대처는 재집권에 성공했다. 터키의 시리아 아프린 침략도 에르도안의 장기 집권을 위한 이런 과정의 연장선상에 놓여 있다. 이 모든 것은 에르도안이 테러리스트가 조국 터키를 위협한다는 공포를 주는 데 이용되었다. 2016년 3월 KCK를 이끌고 있는 제밀 바익은 분리주의자는 자신들이 아닌 에르도안이라고 주장했다.[81] 터키 쿠르드는 쿠르드의 가장 큰 축제인 뉴로즈 때 터키 깃발과 PKK 깃발을 같이 걸고 축제를 즐긴다. (본문, p. 250)

---

80 한 달 뒤인 2015년 11월 131명이 숨진 파리 테러만 전 세계에 집중적으로 보도되고, 이 테러는 거의 보도되지 않았다. 터키가 왜 그토록 EU에 가입하고 싶어 했는가는 이런 데서 알 수 있다.
81 2016. 3. 25, "Erdogan Is The Separatist, Not The PKK" Says KCK's Cemil. KurdishQuestion. com. www.kurdishquestion.com/oldarticle.php?aid=erdogan-is-the-separatist-not-the-pkk-says-kck-s-cemil-bayik

터키 쿠르드는 터키 공화국 내에서 자신의 모어를 쓰면서 사는 터키 시민의 권리만을 요구할 뿐이지 분리 독립을 원하지 않는다. 터키의 쿠르드 아이들 절반이 쿠르드어를 할 줄 모른다. 쿠르드어를 할 줄 알아도 쓰기가 거의 되지 않는다. 20년 후에는 쿠르드를 못하는 비율이 80%가 될 것이다. 터키어로 쿠르드어 한 과목을 공부한다고 해결되는 문제가 아니다. 2013년 4월 조사에서 터키인의 67%는 PKK와의 평화적 해법을 지지했지만 쿠르드어를 모어로 인정하는 비율은 39%밖에 되지 않았다. 그동안 지속되어온 독재자들의 터키 민족주의에서 터키 국민들이 헤어나지 못하고 있다는 단적인 증거다. 쿠르드는 말한다. "언어 없이는 우리에게 미래가 없다. 그리고 과거도 없다." 터키의 1,500만 쿠르드 민족은 지금도 매일 조금씩 없어지고 있다.[82]

쿠데타 이후의 터키

조기 총선 승리만으로는 에르도안이 지금처럼 독재를 유지할 수 없었다. 2016년 7월, 쿠데타 실패가 에르도안에게는 천우의 기회가 되었다. 터키의 정치 지형이 에르도안에게 완전히 넘어간 것은 2016년 7월 군부의 터키 쿠데타 실패 이후였다.

이병한은 찬양한다. 쿠데타 실패 이후 에르도안이 "대학과 언론에서 기생하던 어용학자(교조적 세속주의자, 자유주의 근본주의자)를 일망타진" 하면서 "100년의 적폐"를 일소하고 "형식적 민주주의를 돌파한 대人민주의 구현"으로 "소人민주에 안주하는 서방에서 전전긍긍 비방을 퍼붓는" 것을 말이다. 이병한이 말한 "적폐 청산"의 규모를 보자. 청산 대상

82 2013. 5. 9, The Kurds' Last Battle in Turkey Teaching Kids Kurdish, The Atlantic. www. theatlantic.com/international/archive/2013/05/the-kurds-last-battle-in-turkey-teaching-kids-kurdish/275719/

은 쿠데타를 일으킨 군부, 정치적 라이벌이자 이슬람주의 운동을 하는 귈렌 세력, 테러리스트 PKK였다. 쿠데타 진압 직후 군인 2,700여 명이 쿠데타 연루 혐의로 군 지위를 박탈당했다. 귈렌 지지 세력으로 평가되는 전국의 총장, 학장 약 1,500명이 해임됐다. 아울러 각급 학교 교사 1만 5,200명과 내무부와 총리실, 종교청 등에 소속된 공무원들도 해임됐다.[83] 언론은 쿠데타 이전에 이미 정리된 상태였다. 쿠데타 실패 전부터 독재를 은폐하기 위해 언론인에게 국가 모독죄를 적용하여 언론을 탄압했다. 2015년 언론인 774명이 해고되었다. '국경 없는 기자회Medecins Sans Frontiers, RSF'가 2016년 4월 20일 '2016 세계 언론 자유 지수'를 발표했는데, 터키는 180개국 중 세계 언론 자유 지수 151위를 기록하며 최하위에 머물렀다.[84]

에르도안이 독재를 정당화하고 지지도를 높이기 위해 택한 전략은 터키 민족주의에 호소하는 것이다. 이를 위해 터키 민족의 적을 설정해야 했다. "외잘란과 PKK는 테러리스트 조직으로 터키로부터 독립을 하려고 한다. 조국 터키를 위해 순교할 준비가 되었는가"라는 내용의 미디어 공작이 끊임없이 반복되고 있다.

2016년 10월 디야르바키르 시장 귈탄 키샤나크가 구속되어 230년의 징역형을 받았다. 에르도안 정부는 선거 시기에도 PKK와 연계 혐의를 씌워서 HDP를 공격했고 2016년 11월 4일 공동 대표인 셀라하틴 데미타쉬를 체포하고 피겐 유섹다으를 가택 구금했다. 유섹다으가 터키 남부에서 다에쉬IS와 싸우는 쿠르드 민병대를 칭찬한 발언을 문제 삼았던 것인데 이는 국회의원 면책 특권을 완전히 무시한 것이다. 역시 면책 특

<hr/>

83 김대성(2016. 8. 5).
84 김대성(2016. 8. 5).

권을 가진 해당 당의 당수인 셀라하틴 데미타쉬도 같은 당의 다른 국회 의원들과 함께 테러리스트 PKK와 관계 있다는 혐의로 체포되어 142년을 구형받았다. 인권 변호사로도 활동했던 그는 압둘라 외잘란을 임랄리 감옥에서 공개적으로 만났을 뿐이고 당시 대화 내용은 모두 공개되었다. 그럼에도 검찰은 아무런 증거 없이 체포했으며 그가 풀려나려면 PKK와 관계가 없음을 스스로 증명해야 한다고 주장하고 있다. 이는 터키에 사는 어느 누구라도 뚜렷한 증거 없이 테러리스트라는 딱지를 붙인 채 구속될 수 있다는 것을 의미한다. 2018년 1월 터키 검찰은 국가안보를 위협했다는 혐의로 44명을 구속했는데 이 중 15명은 HDP 산하 연구소에서 2011년부터 2013년까지 강의한 것이 문제되었다.

에르도안은 개인적인 면만 보아도 지독히 부패한 정치인이기도 하다. 2016년 에르도안의 연봉은 무려 646억 원으로 알려졌는데 세계 정치인 가운데 1위다.[85] 2013년 12월에는 급기야 에르도안 총리가 아들에게 전화해서 삼촌들을 통해 빨리 돈을 옮기라는 전화 녹취록(총리: 돈을 다 숨겼니? 차남: 아직 3,000만 유로가 남았습니다)이 인터넷에 공개되기도 했다. 여러 곳에 분산되어 있는 수상한 돈의 총액이 무려 1조 600억 원을 넘는다는 이야기가 파다했다. 결국 이 사건 이후 에르도안은 유튜브, 트위터 등 인터넷을 규제하기 시작했다. 에르도안은 감청 파일의 공개에 최대 정적 굴렌과 사법부에 속한 그의 지지자들이 관여되어 있다고 보고 수천 명의 판사, 검사, 경찰관을 전보 조치했다[86]. 하지만 에르도안을 지지하는 이들에게 이러한 독재는 문제되지 않는다.

85 김대성(2016. 8. 5), 「쿠데타 이후 터키 정치 상황 전망」, 대외경제정책연구원KIEP, EMERicC 인터뷰.
86 Santacroce(2015. 10. 12), 「정치/경제 위기에 처한 터키」, 클리앙, www.clien.net/service/board/lecture/8250624

터키의 형제국 한국에서 외잘란을 이야기하는 것은 터키의 민주화를 바라는 모든 사람에게는 연대 활동이 된다

터키가 한국을 형제국으로 생각하게 된 것은 트루먼 선언과 터키의 한국전쟁 참가가 계기가 되었다.

미국의 트루먼 대통령은 1947년 3월 12일 미국 상하 양원 합동 회의에서 「트루먼 선언」, 즉 '트루먼 독트린'이라 불리게 된 역사적인 연설을 했다.[87] 그리스, 터키를 '붉은 통치', 즉 공산주의로부터 보호하기 위해 '긴급 지원 자금 승인이 필요하며 그리스, 터키가 공산주의 세력에 의해 국내외로부터 위협받을 경우 미국은 즉각 군사 원조를 제공하고 군사 고문단을 파견해야 한다'는 내용의 연설이었다. 트루먼 대통령은 연설에서 '무장한 소수 또는 외부로부터의 압력에 저항하고 있는 자유 국가 국민을 지원하는 것이 미국의 정책이 되어야 한다'는 점을 강조했다. 제2차 세계 대전 이후 냉전이 시작되었다. 영국은 남아시아, 동남아시아에 있는 자신들의 식민지로 가는 길목이기에 전통적으로 자기 영향권에 두었던 지중해 국가들인 터키, 그리스 등에게 원조할 여력이 없다고 발표했고,[88] 미국이 영국의 역할을 대신해 소련의 영향을 막기 위해 「트루먼 선언」을 발표했다. 「트루먼 선언」은 유럽 부흥 프로그램인 마셜 계획과 함께 동유럽 봉쇄 정책으로 발표된 것이다. 미국 의회는 트루먼 대통령

---

87 Harry S. Truman(1947. 3. 12), Aid to Greece and Turkey: The Truman Doctrine https://usa.usembassy.de/etexts/speeches/rhetoric/hstaid.htm
88 영국 노동당이 집권하기 전 보수당의 처칠은 1944년 그리스의 독립보다도 그리스가 적화되는 것을 막는 데 더 관심이 있었다. 2017. 5. How Churchill Broke the Greek Resistance. Jacobin Magazine. www.jacobinmag.com/2017/05/greece-world-war-two-winston-churchill-communism; 2014. 11. 30, 「처칠, 그리스에서 레지스탕스 손에 폭살될 뻔했다」, 《한겨레》, www.hani.co.kr/arti/international/europe/666757.html

의 요청을 받아 들여서 공산화의 위협이 있는 그리스와 터키를 지원하기 위해 4억 달러의 기금을 책정했다. 트루먼 대통령은 3년 뒤 한국에 6·25전쟁이 일어나자 의회의 자문도 구하지 않고 전쟁 개입을 선언했다. 「트루먼 선언」은 베트남 전쟁이 끝날 때까지 25년간 미국의 대외 정책 노선이 되었다. 한국전쟁 시 터키는 냉전의 한 축인 '서구의 일원'으로서 참가했기에 터키의 국가 정체성이 '서구'로부터도 확고하게 인정받고 있다는 느낌을 받았다. 1952년 터키는 NATO에 가입되었다. 터키 건국의 아버지인 아타튀르크의 꿈은 터키가 서구의 근대 국가가 되는 것이었다. 터키의 NATO 가입은 이 꿈이 이뤄진 것처럼 느끼게 했고, 그 계기가 한국전쟁이었다. 터키가 한국전쟁에 참전한 것은 터키와 같이 공산주의 세력과 국경을 맞대고 있어서 자유를 위협받던 '자유세계'의 '형제'인 한국이 위기에 처하자 형제인 '터키'가 구해주러 갔다는 의미도 있었다. 중앙아시아 국가들이 소련으로부터 독립하기 전에 터키는 소련과 국경을 맞대고 있었고, 공산화의 위협을 언제나 강조하던 터키 당국으로서는 터키가 자유세계의 형제를 구해주러 갔다는 것은 중요한 역사였다. 따라서 터키에서 한국을 형제국으로 보는 문화가 있는 것이다. 터키인들이 보기에는 민망스러운 일이지만, 한국이 터키가 한국전쟁 참전국 중 하나인 것도 모르고 별 관심도 두지 않는 것과 달리 터키인들이 한국을 애틋하게 바라보는 것에는 이와 같은 이유가 있는 것이다.

한국에서 외잘란을 읽는 것만으로도 터키에서 민주화를 바라는 모든 사람에게 연대가 될 것이다. 터키에서 민주화를 바라는 모든 사람에게 터키 배외주의자들에게 항의할 수 있는 명분을 하나 더 줄 수 있을 것이다. 터키에서 터키의 민주화를 바라는 모든 사람은 터키 배외주의자들에게 이렇게 말할 수 있을 것이다.

"한국에서 외잘란의 책이 한국어로 번역되었다. 외잘란은 PKK가 무장투쟁을 공식적으로 포기 할 것을 요구했고, 터키로부터 쿠르드는 분리 독립을 하지 않겠다고 한 것을 한국인들도 알고 있다. 터키에게는 형제의 나라인 한국에서도 외잘란에 대해서 자유롭게 이야기하는데 왜 터키에서는 외잘란에 관해서 말을 하면 테러리스트가 되어야 하는가."

외잘란의 저서는 20개 언어로 번역되었다. 세계적으로 유명한 학자들인 이매뉴얼 월러스타인, 데이비드 그레이버 등이 외잘란의 책에 서문을 달았고 데이비드 하비, 지젝 등이 외잘란을 연구할 것을 권하고 있다. 터키를 제외하고는 외잘란을 읽는 것만으로 구속되지 않는다. 터키를 제외하고는 모든 나라에서 외잘란의 책은 자유롭게 읽히고 있다.

사상의 자유가 없는 사회에서는, '민주주의'란 말을 아무리 많이 사용하더라도 이는 빈껍데기에 지나지 않는다. 민주주의는 말이 아니라 실제적 내용을 가져야 한다. 터키 국민은 쿠르드 문제에 대해서, 구체적으로 압둘라 외잘란과 PKK에 대해서 자유롭게 말할 수 있는 사상의 자유를 가져야 한다. 터키의 야당인 HDP 등에서 터키 쿠르드의 문제가 쿠르드만의 문제가 아니라 터키의 민주화 문제라고 주장하는 것과 궤를 같이한다. 외잘란과 PKK를 자유롭게 이야기할 수 있는 사상 자유 없이는 터키의 민주화와 관련된 다른 어떤 논의도 있을 수 없기 때문이다.

IV 시리아의 합법적인 정권인 아사드 정권을 인정하자

아사드 정권은 시리아 국민들이 뽑은 합법적인 정권이다

시리아 아사드 대통령은 합법적인 시리아 대통령이다. 2014년 대통령 선거는 '아랍의 봄'이 시작되던 시점에 요구받았던 '정당법'의 시행, 새로운 헌법 제정을 거친 정치 개혁 이후에 이뤄진 것이다. 내전 기간 중에 열린 2014년 선거에서 총 유권자 1,584만 명 중 1,163만 명이 참가하여 투표율이 73.42%에 이른 상황에서 3명의 후보 중 아사드가 88.7%의 압도적인 득표율로 당선되었다.[89] 미국, 캐나다, 브라질, 러시아, 이란, 베네수엘라, 볼리비아 등 32개국에서 온 참관단이 있는 가운데 진행된 선거로 선거 절차 자체의 합법성에는 문제가 없었다.[90] EU, 미국 등의 정치인들과 서구 언론은 수백만의 사람들이 선거에 참가하지 못했기에 의미 없는 선거라서 아사드 정권은 여전히 불법 정권이라고 주장했지만,[91] 선거를 할 수 없었던 난민들과 반군 지역의 주민들이 선거에 참가하여 아사드 외 다른 후보들을 모두 찍더라도 아사드가 당선될 수 있는 득표율이었다.

선거에 참여를 거부한 반군들은 "비非이슬람적인 알라위파가 장악하고 있는 정권을 타도하고, 수니파가 통치의 주역이 된다"고 주장하는 종파주의자들이다. 이들이 대통령 선거에서 후보를 내면 지지를 얻을 수 있

---

89 Syrian presidential election, 2014. Wikipedia(last edited on 13 February 2018, at 15:03) https://en.wikipedia.org/wiki/Syrian_presidential_election,_2014

90 2014. 7. 3. International Observers in Syria Elections. Global Research. www.globalresearch.ca/international-observers-in-syria-elections/5385231

91 2014. 6. 5. Syria election: Bashar al-Assad re-elected president in poll with 'no legitimacy'. ABC News. http://mobile.abc.net.au/news/2014-06-05/syrias-assad-re-elected-president-in-farce-election/5501422

겠는가? 내전 중에서 시리아 정부가 주도하고 있는 개혁은 오늘날의 아랍 세계에서 대단히 선진적인 것이다. 내전 기간 중에도 아사드 정권은 '아랍의 봄'이 요구하던 개혁을 계속 진행해왔으며, 이것이 이렇게 높은 지지율 상승으로 이어졌을 것이다.

시리아 아사드 대통령이 독재 정권이고 타도되어야 한다고 세계의 많은 평화 운동가들은 주장한다. 아사드 정권이 독재 정권이고 타도되어야 한다면 시리아 인민들이 아사드 정권을 타도해야 하는 것이지 다른 국가가 개입해서 반군을 보내고 폭격을 하면서 아사드 정권을 타도하겠다고 나서면 안 된다. 아사드 정권은 시리아의 합법적인 정권이다. 타국의 군대가 합법적인 정권이 있는 나라에 국경을 넘어 들어가는 것은 침략 전쟁일 뿐이다.

시리아 내전: '악의 독재 정권에 대한 정의로운 봉기'라는 허상'

시리아 내전을 아사드 독재 정권에 대한 시민의 봉기로 보는 한 시리아 문제는 영원히 해결되지 않을 것이다. 시리아 내전을 아사드 독재 정권에 대한 시민의 봉기로 보아서는 안 된다는 것이 아버지 하페즈 아사드 전 정권과 아들인 바샤르 알 아사드 정권에 대해 민주 정권이라고 주장하는 것은 아니다. 아사드 정권하에서 무카바라트Mukhabarat라고 불리는 치안 유지 조직, 첩보 기관, 비밀 경찰을 활용해 정권에 대한 반항에 공포를 느끼게 하는 통치가 이어졌다. 1982년에는 하마 사건이 있었다. 하페즈 아사드 정권하에서 시리아 무슬림 형제단이 무장 봉기를 했을 때 한 달 간 전투가 이어지다가 진압되었으며 희생자 수는 수천 명에서 3만 명에 이르렀다. 그러나 이 하마 사건은 장기간 이어지고 있는 시리아 내전, 혹은 대리전과는 성격이 완전히 다르다. 하마 사건은 순수한 '내전'이었지만 8년간 이어지고 있는 시리아 내전은 '내전'이 아니라 시리아에 대한 외세 침략이기 때문이다. 지금부터는 시리아 내전을 '악의 독재 정권에 대한 정의로운 봉기'라는 허상으로 보는 다카오카 유티카의 글을 거의 그대로 전달하는 방식으로 시리아 내전을 다시 보겠다.

2011년 3월 '아랍의 봄'이 시리아에 들어오자 미국, EU 국가들, 사우디아라비아, 카타르, 터키 등 그때까지 아사드 정권이 수행해왔던 역할을 통해 이익을 얻은 국가들은 '아랍의 봄'이라는 미명하에 지역 안보 유지 및 관리를 위한 대체 방안을 결여한 채 아사드 정권의 타도로 방향을 바꾸었다. 그 결과로 시리아의 '아랍의 봄'은 '21세기 최악의 인도주의적 위기'와 2014년 6월 이라크에서 다에쉬$_{IS}$로 상징되는 지역 질서의 붕괴를 초래했다.[92] '아랍의 봄'을 앞두고 아사드 정권의 붕괴는 시간문제로 보도되었지만 반체제 운동은 아사드 정권을 타도하지 못했다. 그 원인으로 SNS 등을 통한 봉기 및 선동이 해외에 거점을 둔 이들에 의해 이뤄진 것 등을 들 수 있다. 시작부터가 시리아 내부에서 시작된 것이 아니었다. 봉기 활동의 장기화와 아사드 정권에 의한 가혹한 탄압의 결과 반체제 운동의 주도자는 재외의 지식인과 활동가, 시리아군으로부터 이탈한 병사들로 구성된 무장 집단으로 변화했다. 아사드 정권에 대한 항의는 대중의 봉기에서 정치가들에 의한 정권 탈취 투쟁으로 변했다. 분쟁이 장기화·군사화되자 사우디아라비아와 카타르가 주도한 아랍연맹, 그 뒤를 이어 서구 국가들이 반체제파를 지원하고 러시아, 이란, 이라크, 레바논의 헤즈볼라가 아사드 정권을 지원하게 되면서 시리아의 분쟁은 국제 분쟁으로 변질되었다.[93]

---

92 다카오카 유티카, 제2장 시리아-'진짜 전쟁 상태'가 필요한 '독재 정권'. 아오야마 히로유키 엮음, 요코타 다카유키 외 지음, 이용빈 옮김(2016), 『'아랍의 심장'에서는 무슨 일이 벌어지고 있는가: 현대 중동 정치의 실상』, 한울아카데미, p. 76.
93 다카오카 유티카, p. 79.

'시리아 내전'은 '악의 독재 정권에 대한 정의로운 민중 봉기'라는 분쟁의 허상 속에서 진행되고 있는 시리아 지역 국제 분쟁이다. 시리아에서 내전이 종식되고 시리아 연방이 건설되려면 시리아의 아사드 정권을 합법 정권으로 인정해야 한다. 그렇게 되어야만 시리아에서 외세들이 빠져나 갈 명분이 만들어진다.

다카오카 유티카는 시리아의 반체제 무장 투쟁이 '악의 독재 정권에 대한 정의로운 봉기'라는 허상을 넘어서야 한다고 주장한다.

아사드 정권을 타도해야 한다는 입장을 취했던 국가들의 정부와 보도 기관, 일부 전문가는 아사드 정권을 공격하고 있는 한 그 주체의 출신과 사상 및 신조를 불문하고 그것들을 '정의로운 반체제 운동'이라고 긍정했다. 이러한 풍조의 최대 수혜자가 IS를 비롯한 이슬람 과격파였다. 국제적인 단속의 대상인 알카에다 계통의 무장 집단이라도 아사드 정권을 공격한다면 세계 각지를 무대로 거의 제약 없이 자원을 조달할 수 있게 되었다. 그 결과 이슬람 과격파 중에서도 특히 과격하며 편협한 사고 및 행동 양식을 특징으로 하는 IS가 일거에 세력을 확대했다.[94]

2011년 존망의 기로에 있던 다에쉬IS는 시리아 내전의 '악의 독재 정권에 대한 정의로운 봉기'라는 허상을 통해 전 세계에서 자금을 끌어모아 세력을 만회하고 성장할 수 있었다. 다카오카 유티카는 이 허상에 대한 대가를 시리아 인민들이 치르고 있다는 것을 보여주었다.

---

94 다카오카 유티카.

반체제 무장 집단의 실상과 '정의로운 봉기'라는 허상 간의 괴리는 심각하며, 아사드 정권과 반체제파, 혹은 반체제파끼리의 항쟁으로 시리아인의 생명과 재산의 안전은 전혀 고려되지 않는 양상이다. 2014년 8월 말 현재, 18만 명 이상의 사망자, 수백만 명의 피난민을 낸 '21세기 최악의 인도적 위기'로서의 시리아 분쟁은 아사드 정권에 의한 가혹한 탄압, 반체제 운동의 변질 이슬람 과격파의 부상 등이 상호 작용한 결과라고 할 수 있다. 시리아 분쟁의 악영향은 시리아 국내에 국한되는 것이 아니다. 인접한 레바논, 요르단, 터키, 이라크에는 이미 다수의 시리아 피난민이 체류하고 있다.[95]

아사드가 카다피, 후세인과 같은 길을 가야 하는가?

2014년 7월 16일, 아사드 대통령은 취임 식장에서 다음과 같이 연설했다.

당신들(시리아 국민)의 저항이 명예롭지 못한 위선인 '아랍의 봄'에 공식적으로 사망을 선언했으며, 나침반의 바늘을 원래대로 돌려놓았다. 만약 이 봄이라는 것이 진짜였다면 그것은 후진적인 아랍 국가들에서 시작되었을 것이다. 여러 인민의 혁명이 자유, 민주주의, 공정을 획득하기 위한 것이었다면, 혁명은 더 후진적, 억압적, 전제적專制的인 국가들에서 시작되었을 터이다. 이러한 후진적인 국가들 자체가 아랍 민족을 해친 모든 파국, 전쟁의 배후에 있으며, 사상과 종교의 퇴폐와 도덕적 타락의 배후에 있었다. … 무엇보다 이러한 국가들이 현재 이스라엘의 가자 지구 침략에 대해 취한 태도 자체가 증거다. 이러한 국가들이 시리아와 시리아 인민에 대한 보호라는 미명

---

95 다카오카 유티카, p. 94.

하에 보여준 태도는 어디에 있는 것인가? 왜 그들은 돈과 무기로 가자를 지원하지 않는 것인가? 지하드에 참여하고 있는 자는 어디에 있는 것인가? 왜 여러 국가는 팔레스타인 인민을 지키기 위해 그들을 파견하지 않는 것인가.[96]

시리아보다 더 후진적, 억압적, 전제적인 국가인 사우디아라비아는 21세기가 되어서야 여성들에게 시민권을 겨우 준 봉건 왕정이다. 왜 아사드 정권 타도를 주장하는 사람들은 이 사우디아라비아 타도는 주장하지 않는가? 시리아에서 아랍의 봄이 시작될 당시의 정치 개혁 요구를 수용하여 당선된 아사드 정권과 사우디아라비아 봉건 왕조 중 누가 더 독재 정권인가? 민중 봉기를 하라는 외국에서의 인권 운동가들의 메시지가 왜 사우디아라비아에는 들어가지 않는 것일까? 왜 가장 억압받는 이스라엘의 가자 지구에는 돈과 무기가 지원되지 않고 아사드 정권을 타도하기 위한 돈과 무기는 지금도 끊임없이 흘러 들어가고 있는가?

많은 사람이 독재 정권인 카다피Muammar Gaddafi와 후세인Saddam Hussein을 비판했다. 민주주의와 평화를 사랑한다는 전 세계의 많은 이들이 카다피와 후세인이 죽을 때 환호를 했다. 두 독재자의 죽음 이후 리비아와 이라크는 지옥으로 바뀌었고 리비아, 이라크의 인민들은 지옥을 겪어야 했다. 그리고 리비아와 이라크의 기본 사회 보장 체제는 완전히 붕괴되었고 노예 시장이 형성되었으며, 유럽으로 탈주를 하려던 난민들은 비참하게 죽어갔다. 카다피와 후세인 타도를 주장했던 사람들도 할 말이 있다. 우리는 독재 정권만 비판한 것이 아니라 강대국도 제국주의도 공정하게 다 비판했다고 할 것이다.

---

96 다카오카 유티카, p. 71 재인용.

시리아 내전에서도 인권 운동가들은 내전에 개입한 외세와 아사드 정권 모두를 공정하게 비판했다. 평화 운동가들의 공정성을 보여주는 비판에 외세는 아무런 타격을 받지 않았다. 그러나 시리아의 아사드 정권 타도 주장은 전 세계에서 다에쉬[IS]로 자금이 흘러 들어가서 분쟁의 판이 커지는 데 기여했다. 이는 물론 인권 운동가들만의 잘못은 아니다. '악의 독재 정권에 대한 정의로운 봉기'라는 허상을 만들어낸 미디어의 잘못이 더 크다.

'악의 독재 정권에 대한 정의로운 봉기'라는 허상을 만들어낸 미디어

'악의 독재 정권에 대한 정의로운 봉기'는 시리아에 개입한 외세들의 미디어가 주도하여 만들었다. 국내에 나온 자료 중에서는 시리아 일본 대사를 지냈던 구니에다 마사키가 쓴 『시리아: 아사드 정권의 40년사』 정도만 제대로 이에 대해 알려주고 있다. 시리아에서 아랍의 봄 시위가 시작된 직후 온갖 종류의 미디어에서 조작된 거짓 보도가 연달아 계속된 것이 이 책에 나온다.

시리아 국내의 모처에서 시위 행렬이 줄지어 천천히 행진하고 있는데 치안군이 개입하여 사상자가 났다는 뉴스를 방송했지만 그 시점에 해당 현장은 평온하고 그 어떤 시위도 없었다. … 2011년 9월, 갈기갈기 찢겨진 젊은 여성의 사체가 유족의 품으로 반환되는 사건이 발생했다. 이 영상이 유튜브에 오르게 되어 뉴스가 유포되자 외국 위성방송국은 아사드 정권의 잔혹 무도한 만행이라며, 이때를 놓칠세라 캠페인을 벌이고 선동했다. 자타가 공인하는 관계자 혹은 사정에 정통한 사람이라고 자칭하는 인물들의 다양한 발언이 이어졌다. 이에 대해 시리아 정부는 침묵을 지켰다. 그리고 3일 후, 살해된 사체의 신원이 자신이라며 한 여성이 당국에 신분을 밝혔다. 이 뉴스를 시리아 국영방송이 전하자, 외국 위성방송국 측에서는 정권 측이 가짜를 꾸며 내세운 것으로 의심된다고 지적했다. 그러나 모친이 그 여성이 자신의 딸이라는 것을 확인하자, 보도 관계자들은 갈기갈기 찢겨진 여성 사체의 신원을 해명하려는 기색도 없이, 사건은 일거에 그들의 관심 속에서 사라져버렸다. 알 자지라에서는 모친이 신분을 밝힌 여성을 자신의 딸이라고 확인한 사실을 뉴스의 말미에서 일부 간단하게 언급하고 끝을 냈다. 그때까지 방송에서 발생한 오보를 검증하는 일은 없었다. … 인터뷰 영상이 촬영되기 전에 기자가 아이들에게 대답하는 자세를 지도하고 있다. 실내의 모습은 광각 렌즈로 촬영되고 있는데, 한쪽 구석에 위치한 등유 난로에는 불이 붙어 있다. 그런데 일단 인터뷰가 시작되자 화면 속에서 어머니는 "정부군이 작전을 시작한 이래 등유는 물론 아무것도 없으며, 추워서 고생하고 있다"라고 호소했다. 아이들은 더듬거리며 "바샤르(대통령)에게 신의 철퇴가 내려지기를!"이라고 지껄이며 말했다. 카메라는 앵글을 맞추고 있기 때문에 앞선 장면에서 나타났던 난로는 화면에 나타나지 않았다.

이것은 알 자지라 사내로부터 누설된 영상들 가운데의 일부이다. 알 자지라 내에서는 현재의 편향된 시리아 보도 양태를 비판하는 목소리가 높으며 기자들이 연이어 사직하고 있다. 일찍이 2011년 4월 알 자지라 베이루트 지국장이 사직을 했는데 "알 자지라는 선동과 동원을 해야 하는 지휘소가 되었다"라고 비판했다. 이 기자는 시리아 정권에 대한 엄격한 보도로 1년 반 동안 시리아 입국이 거부된 전적이 있던 고집스러운 기자였다. 그 다음 지국장도 사임했는데 "현재 미디어는 자본의 하수인이 되고 있다"라고 비판했다. 베이루트 지국에서 3명이 추가로 사직했고 테헤란 지국에서도 지국장이 사임했으며, 후임 지국장도 사임했다. 동 인물은 알 자지라가 아랍 세계에서 과거 1년간 1,300만 명 이상의 시청자를 잃었다고 말했다. 또한, 같은 달에 모스크바 지국의 기자도, 까마귀를 백로라고 하는 것과 같은 알 자지라 방송국의 시리아 정세 보도 모습이 참을 수 없다며 사직해 버렸다. 이에 더하여 파리와 리야드Riyadh의 지국장들도 사표를 냈다.[97]

대부분의 인권 운동가들은 이런 거짓 보도에다가 감정까지 더 실어서 격양되게 재보도하면서 시리아 내전이 장기화되는데 기여했다. 우리는 미디어가 만들어 낸 '악의 독재 정권에 대한 정의로운 봉기'라는 시리아 내전의 허상에 속지 말고 제대로 그 본질을 들여다보아야 할 것이다. 그러기 위해서 필요한 것은 중동 정세를 보는 기존의 틀들을 버리는 것이다.

종교의 틀로만 중동 정세를 보는 것은 이제 그만하자

미국은 대통령이 취임할 때 특정 종교인 기독교의 경전에 손을 올리고 취임 선서를 한다. 미국에서 창조론을 믿는 이들은 78%다. 미국 국민 중 신이 단 한 번에 현재와 같은 인간을 창조했다고 믿는 국민이 46%, 인간은 수백만 년에 걸쳐 진화했으나 신이 이 과정에 관여했다고 믿는 이들은 32%, '인간은 수백만 년에 걸쳐 진화했으며 신은 관여하지 않았다'는 진화론을 믿는 사람은 15%다. 그러나 미국 사회 연구자는 "특히 공화당원, 저학력자, 독실한 신자 등은 여전히 다수가 창조론을 신봉하

———
97 구니에다 마사키(2012), pp. 150~153.

고 있는 것으로 나타나는"[98] 것에 근거하여 미국을 다수 기독교 커뮤니티가 주도하는 나라로 보고 있으며, 종교의 틀로 미국 현대사를 서술하는 방식의 책을 쓰지 않는다. 사회과학자의 저술로 인정받지 못하기 때문이다. 그러나 왜 서구를 제외한 지역들의 지역 전문가들이 그 지역의 지배 종교 위주로 해당 지역을 설명하면 그 분석이 맞는다고 고개를 계속 끄덕거리는가? 종교를 중심으로 한 국가의 국내 정세나 그 국가와 관련된 국제 정세를 분석하는 것은 사회과학이 될 수 없으며 그것은 그냥 주석도 없이 적어나가는 황색 저널리즘일 뿐이다.

아사드 가문의 종교인 알라위파를 시아파 이란과 연결하여 시리아와 그를 둘러싼 중동 정세를 설명하는 것은 황색 저널리즘이지 사회과학적 분석이 아니라는 의미다. 아사드 가문이 시아파 이란과 연결하여 시리아를 통치한다는 주장도 아사드 가문의 50년 통치를 뒷받침하지 못한다. 서구에서 중동 정세를 설명할 때, 시아파 이란 대 수니파 기타 이슬람 국가라는 프레임은 1979년 이란 이슬람 혁명 이전에는 전무했다는 것을 생각해보면 알 수 있다. 시리아의 종교 구성을 보면 2010년 현재 수니 이슬람 75%, 알라위 이슬람 10%, 드루즈 이슬람 3%, 기독교 10%다. 10%밖에 안 되는 알라위파가 종교적인 힘을 등에 업고 50년 넘게 시리아를 통치한다는 것은 터무니없는 주장이다.[99] 알라위파가 시아파의 한 갈래이기에 시아파인 이란과 연결된다는 것도 전 이슬람, 게다가 시아파조차 알라위파를 이슬람으로 생각하지 않는다는 것을 안다면 받아들일 수 없는 주장이다.

누사이르파라고도 불리는 알라위파의 윤회와 음주 등을 인정하는 주

98 2912. 6. 7. 갤럽 "미국 국민 2명당 1명 '창조론' 신봉", SBS 뉴스.
https://news.sbs.co.kr/news/endPage.do?news_id=N1001217701
99 http://gulf2000.columbia.edu/images/maps/Syria_Religion_Detailed_lg.png

요 교리 자체가 이슬람교인들에게 받아들여질 수 없다. 몇 가지 교리의 예를 김정위[100]의 글에서 발췌해보자. "누사이르파는 알리와 예수 사이의 유사성을 주장했다."(p. 253) "누사이르파는 인도 철학과 사상으로부터 윤회 사상을 전수받았다. 이들은 인간이 원래 별이었으나 실수로 땅에 떨어져 인간의 형상으로 변했다고 주장했다. 이들은 인간의 영혼이 육체에서 다른 육체로 7번 이동한다고 말하면서 … 만약 악한 경우에는 여자의 몸으로 들어가거나, 돼지나 원숭이 같은 더러운 동물로 체현되거나"(p. 255) 한다. "누사이르파는 술을 허용했고, 술의 신성함과 고귀함을 주장했다. 이들은 술을 빛으로 간주했다."(p. 58) 김정위가 이 책에서 알라위파를 시아파(제3장)에 넣지 않고 별도(제4장)로 이슬람 군소 종파에 넣은 것도 시아파와 너무 이질적인 교리 때문이라고 생각된다.

시리아의 아랍 민족주의

시리아 건국 이후 시리아 내전 직전까지 아사드 부자가 시리아를 통치한 것을 설명할 수 있는 것은 종교가 아니라 바트당의 아랍 민족주의 및 정치경제학적 분석이다. 우선 아사드 부자의 통치에 정당성을 부여해준 아랍 민족주의부터 살펴보자.

바트당은 1947년 다마스쿠스에서 기독교인 미첼 아플라크Michel Aflaq와 수니 무슬림 살라 알 딘 알 비타르Salah al-Din Bitar와 무신론자인 자키 알 아르수지Zaki al-Arsuzi에 의해 1947년 창립되었다. 창립자들의 출신 종교 공동체들이 이토록 다양한 것 자체가 바트당이 완전한 세속주의 정당으로 출발한 것을 바로 드러낸다. 이 창시자 3명은 각자의 종교 공동체는 달

---

100 김정위(2000), 「제4장 이슬람 군소 종파와 신학파의 형성과 소멸, 5. 누사이르파 또는 알라위파」, 『이슬람 사상의 형성과 발전』, 아카넷, pp. 248~262.

랐지만 아랍어를 쓰는 아랍인이라는 공통점이 있었다. 1963년 바트당의 하페즈 알 아사드Hafez al-Assad가 쿠데타를 일으키고 대통령이 되었는데 이후 시리아는 바트당만이 통치하는 유일 정당 체제를 유지해오고 있다. 아버지 하페즈 알 아사드에서 아들인 바샤르 알 아사드Bashar al-Assad가 대를 이어 시리아를 통치했던 이념적 도구는 종교가 아니라 아랍 민족주의다. 1947년 제정된 바트당의 규약 전언은 아래와 같다.

> 바트당의 규약은 당이 발행한 가장 중요한 문서다. 규약은 다양한 수준들의 지도력에서 당의 결정을 지시하고 바트당의 목적을 달성하는 체계를 통제한다. … 바트당의 규약은 명백하게 다음과 같은 용어를 정의한다. 아랍 민족, 아랍 고토, 아랍 시민, 아랍 영토에 대한 아랍 인민의 권위, 인민의 자유, 국적. 그리고 이에 덧붙여서 당의 인도주의적 시각과 문명 건설의 역할도 규정한다. 당의 규약은 또 당의 방법이 민족(범-아랍), 사회주의, 대중적, 혁명적임을 규정했다. 이 규약은 통일된 아랍 국가 내에서의 당의 내부, 외부, 경제, 사회, 문화, 교육 정책을 지시한다.[101]

---

101 Baath Arab Socialist Part's Constitution(1947). 이 규약은 19세기 말 알 아프가니가 이슬람권 근대화를 위해 시작한 범이슬람주의가 아랍 지역에서 어떻게 아랍 민족주의로 발전했는가 알 수 있는 이정표로, 시리아와 이라크의 건국 이념인 아랍 민족주의를 이해하려면 필수적으로 읽어야 한다. 아랍 민족주의에 대한 이해 없이는 시리아와 이라크의 역사를 이해하는 것은 불가능하다. 아랍 민족과 관련해서 옮긴이가 접한 책들 중에서는 Bassam Tibi (1997), Arab Nationalism: Between Islam and the Nation State, Palgrave Macmillan가 최고였다. 이 책을 보게 되면 걸프전 이전에 아랍권이라 불리는 국가들이 서구의 침략 이후 독자적으로 진행시켜온 근대 국가 형성의 노력들을 알게 된다. 걸프전이 아랍권을, 소련의 아프가니스탄 철수와 맞물린 미국 개입이 남아시아권을 '중세'보다 못한 야만의 시대로 돌리기 전에는, 즉 알 카에다와 탈레반이 등장하기 전에 히잡을 하지 않고 짧은 스커트를 입은 여성들이 TV에 나오던 '근대'를 이슬람권에서 어떻게 만들었는가를 알 수 있다. 바삼 티비의 1997년판은 번역되지 않았지만 구판은 바삼 티비 지음, 이근호 옮김(1991), 『아랍 민족주의와 제국주의』(인간과 자연)로 번역되었다. 이 책에도 시리아와 이라크의 아랍 민족주의에 관련된 장은 수록되어 있다. 바삼 티비가 이슬람주의 문제 극복에 대해 적은 책인

아랍어를 쓰는 아랍인이 인구의 절반을 넘는 시리아에서는 아랍 민족주의가 국가 통합에 가장 호소력이 있다. 이 바트당 규약의 전언에서 바로 이어지는 것이 규약의 근본 원칙이다. 첫 원칙은 아랍민족의 통일과 자유, 두 번째 원칙은 아랍민족의 특성, 세 번째 원칙은 아랍민족의 임무를 정의한다.

시리아의 바트당은 이렇게 '아랍 인민에 의한 아랍 인민을 위한 아랍 인민의 통치'를 내세운 아랍민족주의에 기반을 두었다. 아사드 정권의 정통성 주장은 이 아랍 민족주의를 기반으로 한다. 아사드 정권이 대통령과 주변 사람들, 정보기관에 의한 비민주적 정권이라고 하더라도 알라위파의 권익을 내세우지는 않았고 내각과 인민 회의를 통해 권력을 각종파별로 배분하는 형태를 취했다. 한때 탄압받던 쿠르드도 인민 의회 의원으로 직책을 배분받아 권력의 일부에 편입되었다. 쿠르드 인권 문제에 대해 개혁이 이뤄진 것은 2011년 4월 시리아 내 무국적자에게 무조건적으로 국적을 부여할 때 결정되었다.[102] 이는 직접적으로 1962년 국세 조사를 할 때 국적을 부정당했던 일부 쿠르드들을 위한 정책 결정이었다. 무상 의료와 교육을 받는 자격을 박탈당하고 부동산 소유의 권리도 없던 서러움을 일시에 해결해준 것이다.

향후 시리아 정국을 안정시키고 시리아 연방으로 나아가는 데 시리아

바삼 티비 지음, 유지훈 옮김(2013), 『이슬람주의와 이슬람교』(지와 사랑)도 국내에 번역되어 있다. 이 책에서 이해가 안 되던 부분들도 이근호가 옮긴 『아랍 민족주의와 제국주의』를 읽게 되면 아랍 민족주의의 붕괴와 이슬람주의의 대두가 연결되기 때문에 이해가 될 것이다. 그리고 두 책을 같이 보게 되면, 아랍 민족주의의 현실적인 붕괴와 그에 대한 피로감이 바삼 티비 같은 학자의 명석함을 어떻게 갉아먹었는가도 알 수 있을 것이다.

102 시리아에 관련된 보도나 보고는 거의 왜곡이라고 보면 되는데 UN조차도 예외가 아니다. UN 보고서에서는 "특히 쿠르드족 사람들은 2011년 3월까지 기본적인 시민으로서의 권리와 경제적 및 사회적 권리를 향유할 수 없었다"고 거짓말을 하고 있지만 국적이 없는 쿠르드는 15%뿐이었다. 구니에다 마사키 지음, 이용빈 옮김(2012), 『시리아: 아사드 정권의 40년사』, 한울, p. 33.

아랍인들의 아랍 민족주의가 어떻게 그 포용성을 가질 것인가가 큰 관건이 될 것이다.

쿠르드인들에 대한 시리아 아랍인들의 뿌리 깊은 거부감과 내전 시 상처받은 자존심

시리아에서 로자바의 자치를 오스만 제국부터 이어져오던 밀렛 전통의 부활로 볼 수도 있다. 그러나 이를 인정하는 것은 시리아 인구의 10%밖에 안 되는 쿠르드에게 시리아의 절반 가까운 지역의 자치를 허락한다는 것으로, 인구의 절반이 넘는 시리아 아랍인들로서 자존심이 완전히 뭉개지는 일이다. 시리아 쿠르드 자치 지역은 시리아 면적으로는 1/5이지만 실제 사람이 거주하는 지역으로 보면 시리아의 절반이다. 시리아 내륙은 사람이 살지 않는 사막이다. 현재 시리아 동남부는 아사드 정권이 서북부는 쿠르드 지역이 나누어 장악했다고 보는 이유는 여기에 있다.

사실 시리아 아랍인들은 쿠르드인들이 그동안 얼마나 소수 민족으로서 고통을 받았는가는 모르고 살았을 것이다. 시리아 인구의 절반이 넘는 아랍 시리아인들이 하페드 아사드가 1962년 시리아 쿠르드 12만 명의 국적을 말소 시킨 사건을 제대로 알고나 있을까? 시리아 아랍인을 위한 국가를 건국하겠다고 쿠데타로 시리아를 건국한 하페드 아사드가 시리아 쿠르드의 국적을 말소시킨 명분은 쿠르드는 시리아에 원래 살던 사람들이 아니고 터키로부터 불법으로 넘어왔기 때문에 추방해야 한다는 것이었다. 현재 미얀마가 아라칸(라카인)주에 원래부터 살고 있던 로힝야족을 추방하기 위해 내세우고 있는 명분과 동일했다. 현재의 로힝야 문제는 원래부터 그곳에 살고 있는 원주민들을 이방인으로 왜곡하고 주장해서 쫓아내고 있는 것인데[103] 시리아의 다수 민족인 아랍인들이 1962년 시리아의 소수 민족인 쿠르드에게 행한 폭력은 현재의 로힝야 문제 보다는 덜한 것이었지만 맥락에서는 유사한 것이었다. 그런데 시리아 내전이 터지자, 쿠르드가 자치 지역을 세운 것으로 인해 시리아 아랍인들의 자존심은 심하게 상처를 받았을 것이다. 다수의 아랍 시리아인들에게는 쿠르드 자치 지역을 보는 시각이, 내란이 나자 조용히 숨죽이고 있던 쿠르드인들이 갑자기 자치를 하겠다고 나서며 분란을 악화시키는 것으로 보일 수도 있다. 시리아 아랍인들은 유럽으로 탈주하기 위해 쿠르드 자치 지역을 통과해야 했고 시리아 쿠르드인들로부터 검문을 받아야 했다. 이때 시리아 아랍인들의 자존심은 뭉개졌을 것이다.

시리아 아랍인들의 상처받은 자존심 문제 때문이라도 시리아 쿠르디스탄 지역에서는 소수 민족인 시리아 아랍인들의 권리를 보장해주는 민주적 연합체주의가 중요하다. 시리아 내전에서 다에쉬IS와 싸운 시리아민주군SDF이 민주적 연합체주의를 그 이념으로 내세운 것은, SDF 자체가 쿠르드가 주축이기는 하지만 아랍인, 아시리아인, 아르메니아인, 시리아 투르크멘, 체르케스인, 체첸인으로 구성되었기 때문이다. 민주적 연합체주의는 이런 다민족군인 SDF의 군사 지휘 체계에도 적합하고, 전쟁 이후 아사드 정권과의 협의와 이후의 국민 투표를 거쳐 시리아 북부에서 자치를 정착시키는 과정에도 필요하다.

터키의 시리아 침략 전쟁은 끝이 날 것이고 시리아 북부에서는 자치가 공식적으로 시작될 것이다. 향후 시리아 연방이 건설되고 안정되려면 다수의 시리아 아랍인들과 소수 민족들이 같이 살 수 있는 제도적 틀을

---

103 로힝야 관련해서 옮긴이가 본 국내의 글 중에 미얀마Myanmar의 로힝야Rohingya 민족 문제에 대해 가장 압축적으로 가장 잘 보여주는 글은 다음과 같다. 「감옥 인권 운동」, 《해방세상》(2018년 1월 제18호)에 실린 한국에 온 방글라데시 난민 나즈물의 인터뷰http://cafe.daum.net/truesupportingworker/aoJJ/26다. 인터뷰를 요약하면 아카란은 동뱅골인 방글라데시와 붙어 있고 로힝야족들은 뱅골어를 쓰면서 그곳에서 살고 있었다. 그리고 1930년대 들어서면서 미얀마 군인들이 아카란이 미얀마 땅이라고 주장하기 시작했다는 것이다.

갖추어야 한다. 중요한 것은 시리아 아랍인들이 외잘란의 사상을 받아들이느냐 아니냐의 문제가 아니다. 쿠르드 등의 소수 민족들이 시리아 북부에서 독립 국가를 만들겠다는 분리주의를 거부하고 민주적인 연방 내에서 자치를 이루고 살겠다는 제안을 한 것을 협의하는 과정이 중요하다. 이 과정은 시리아의 아랍인들이 외잘란이 제기한 '민주적 연합체주의'를 이념으로 받아들이는 모양새가 아니라, EU의 '법적 민족'의 개념을 시리아 연방 건설에 적용해 가는 것으로 진행될 것이다.

시리아 내전 이전 아사드 정권은 중동 정세의 조정자로 인정받았다

시리아의 아사드 정권이 시리아 내전 이전에 '독재'를 지속할 수 있었던 것은 대내적으로는 아랍민족주의라는 명분이 있었고, 대외적으로는 '중동의 활단층' 역할을 잘 해왔기 때문이었다. 시리아는 다양한 분쟁의 발생, 격화, 진정화, 수습을 일정 범위 내에서 제어해 정세의 조정자 역할로 국제 세계에서 암묵적 지지를 받았기에 독재를 지속할 수 있었다.[104]

헤즈볼라Hezbollah는 결성된 이래 시리아의 지원을 받았고 '팍스 시리아'의 교두보였다. 길고 긴 레바논 내전(1975~1990) 이후 이전의 균형 상태로 돌아가지 못하고 있는 모든 레바논 정파들은 겉으로는 시리아를 원망하면서도 균형감을 주는 '팍스 시리아'에 안도했다.

시리아의 헤즈볼라 지원의 정당성은 아랍 민족주의에 있다. 헤즈볼라를 이란의 사주를 받는 이슬람 시아파 무장 조직으로 보는 것은 중동 정세를 무슨 종파 간 패싸움만으로 보는 종교 프레임에서만 가능한 분석이다. 이슬람이 절반뿐이고 종파 간 전쟁으로 끔찍한 내전을 거쳤던 국가

---

104 이 부분과 관련된 논의 중 옮긴이가 본 글 중에서 가장 뛰어난 책인 아오야마 히로유키가 엮은 『'아랍의 심장'에서는 무슨 일이 벌어지고 있는가』에서 시리아 관련 부분을 요약하는 식으로 적어나간다. 터키와 PKK 관련된 언급은 아오야마 히로유키의 것이 아니고 옮긴이가 정리한 것이다.

인 레바논에서는 2008년 내각의 만장일치로 헤즈볼라를 인정했다. 헤즈볼라가 레바논 정부의 불충분한 국방력을 보완하여 군사 부문이 유지되고 있기 때문이다. 2006년 이스라엘과 전면전 때 실제 전투를 한 것은 헤즈볼라였다. 시리아는 헤즈볼라를 지원하여 레바논에 영향력을 행사하고 레바논의 국내 정세를 안정시키는 한편 이스라엘이 세력 균형을 깨지 못하게 한다. 시리아는 이스라엘에 대해서도 중재를 한다. 국제적 비난을 받고 있는 헤즈볼라와 팔레스타인의 대 이스라엘 강경파를 비호하는 국가이면서도 강경파들에게 너무 많이 나가지 말 것을 중재했다. 시리아의 가장 큰 공적 중 하나는 1982년 이스라엘의 레바논 침공 이후에 보인 태도에서 찾을 수 있다. 당시 시리아는 정규군을 동원한 대결을 피하면서 전쟁도 아니고 평화도 아닌 절묘한 적대 관계를 지속하고 있었다. 단적으로 말하면 시리아는 한쪽에서는 이스라엘과 미국을, 다른 한쪽에서는 이란과 레바논을 사이에서 두고 절묘하게 중재를 해왔다.

터키에서 PKK와 정부군이 내전 상태로 들어갈 때도, PKK에게 시리아로 오는 탈주로를 열어주어 내전을 식히는 역할을 한 것도 시리아다. 시리아가 PKK를 지원한 이유는 터키 측과의 수자원 분쟁 때문이지만, 결과적으로 터키의 내전이 과열되는 양상을 진화했던 것이다. 시리아가 PKK를 지원하며 지속되었던 이 둘의 관계는 터키가 2만 명의 군대를 시리아 국경에 배치하면서 외잘란을 넘기라고 강요하며 끝이 났다.[105]

그러나 이런 중동의 심장부에서 시리아의 절묘한 중재자 역할은 아사드 정권이 국제적으로 타도돼야 될 독재 정권이라는 비난을 받기 시작하면

---

105 현재 시리아 쿠르드 지역의 쿠르드 민병대는 터키에서 넘어온 PKK가 아니라 시리아 현지에 살던 쿠르드인들로 시리아 시민권을 가지고 있는 이들이다.

서 끝이 났다. 시리아가 절묘한 중재자 역할을 하면서 자신들의 이익을 지켜주는 것보다도 시리아 아사드 정권을 몰아내고 시리아를 자신들이 직접 통제하는 것이 이익이 된다고 판단하는 국가들 때문이다.

시리아 내전은 가스 파이프라인 주도 문제로 일어난 국제 분쟁이다

중동을 비롯한 여타 국가의 정세를 볼 때 접하게 되는 '과도한 종교적 프레임과 아예 실종된 정치경제학적 분석'의 문제는 고질적이다. 정치경제학적 분석으로 중동 정세를 보는 연구는 거의 없는데 옮긴이는 다행히 국내에서 나온 뛰어난 연구 서적을 접할 수 있었다. 홍미정의 『21세기 중동 바로 읽기』다. 이 책의 1장 '21세기 재설정되는 국경'을 보면 시리아 내전은 아사드 독재 정권을 시리아 국민이 무너뜨리기 위해 일어난 것이 아니라 시리아를 통과할 가스 파이프의 주도권 문제로 일어난 것으로 경제적 측면의 국제 분쟁임을 알 수 있다. 홍미정은 시리아 내전의 원인에 대해서 다음과 같이 명쾌하게 설명한다.

시리아 위기를 설명하면서, 대부분의 세계 주류 미디어들은 전통적인 중동 분쟁 설명 방식인 종교 또는 종파, 인종 간의 분쟁 담론을 채용하거나 특히 이슬람극단주의자들의 활동을 강조한다. 그러나 미국과 미국의 걸프 동맹국들인 카타르와 사우디아라비아 등이 시리아 반정부군을 적극 후원하면서 내전에 개입하는 주요한 이유는 시리아 내부의 민주주의나 종교 혹은 종파 문제 등과는 관련이 없다. 종교 또는 종파, 인종 간의 분쟁이라는 널리 퍼진 진부한 전쟁담론은 이 전쟁이 시리아 영토 분할을 통하여 이익을 취하고자 하는 '외국 세력의 개입'에서 비롯된 것이라는 점과, 천연가스 파이프라인 건설을 통한 이란과 카타르 사이의 '가스 판매망 확보 투쟁'이라는 사실을 은폐하는 장치다.

2011년 이후 계속되는 시리아 위기의 중요한 원인 중 하나는 시리아 대통령 바샤르 아사드의 '4개 바다 전략'이 초래할 수 있는 세계적이고, 지역적인 차원의 정치, 경제적 헤게모니 변화와 관련된 것으로 보인다. 이 정책의 중심에는 시리아를 통과하는 역내 가스 파이프라인들에 대한 지배권이 있다.

2009년, 시리아 대통령 바샤르 아사드는 "석유 생산자로서의 시대는 1980년대에 이미 끝났고, 시리아의 미래는 파이프라인 교차로, 에너지 운송 허브 역할에 달려 있다"고 주장하면서 '4개의 바다 전략'을 선언했다. 이 '4개의 바다 전략'은 '페르시아 걸프, 흑해, 카스피해, 지중해' 사이에 위치한 시리아를 천연가스 운송의 역내 허브로 전환시키는 것이 목표였다. 그는 시리아를 석유와 가스 운송의 중심지로 만들려는 조치를 적극 취하기 시작했다.[106]

시리아는 1990년대부터 2000년대 초에 걸쳐 원유 생산과 수출이 경제의 큰 부분을 차지했다. 원유 생산은 1990년대 초의 1일 생산량 60만 배럴을 정점으로 하여 그 후 지속적으로 감소하고 고갈될 것이라는 예측이 있었다. 시리아의 인구 20%가 종사하는 농업은 기후에 의해 좌우되는데 2007년부터 2010년까지의 가뭄으로 심각한 피해를 입었다.[107] 당시 이러한 경제 침체 상황에서 아사드 대통령의 시리아의 미래 구상은 국민들로부터 전폭적인 지지를 받을 수 있는 정책이었다.

시리아의 지정학적 위치는 파이프라인 교차로, 에너지 운송 허브로 최

---

106 홍미정(2016), 『21세기 중동 바르게 읽기』, 서경문화사, pp. 36~37.
107 구니에다 마사키(2012), pp. 211~212.

이란-시리아 파이프라인 vs 터키-카타르 파이프라인[108]

적이다. 지도에서 보이는 2개의 파이프라인 건설안은 시리아 분쟁의 원인이 무엇인지 명쾌하게 제시한다. 아사드가 구상한 것은 '이란-시리아 파이프라인'이었고 이는 이란에서 출발하여 이라크를 통과한 후 시리아와 레바논을 거쳐 유럽으로 향한다. 해묵은 원한들이 경제 협력을 통해 해소될 수 있게끔 하는 것이 바로 이 파이프라인이다. 반면에 사우디아라비아와 카타르가 가설하기 원하는 파이프라인이 터키-카타르 파이프라인이다(알 자지라가 거짓 보도를 계속하고 있는 것도 이해가 될 것이다. 알 자지라는 카타르 방송국이다). 카타르, 사우디아라비아, 요르단, 시리아를 거쳐 터키로 간다. 시리아 내전은 아래 지도에 나온 이 2개의 파이프라인을 지지하는 두 축으로 나누어서 진행된 국제 분쟁이었다.

---

108 2010. 5. 10. The 'Pipelineistan' conspiracy: The war in Syria has never been about gas by Paul Cochrane, middleeasteye.net. www.middleeasteye.net/essays/pipelineistan-conspiracy-why-war-syria-was-never-about-gas-144022537

홍미정은 아사드의 이란-시리아 파이프라인과 시리아 내전에 대해 이렇게 분석한다.

> 시리아 내전이 격화되지 않았다면, 2015년 현재 유럽에 천연가스 공급을 목표로 한 이 파이프라인 건설 계획은 순조롭게 진행되었을 것이다. 그러나 시리아 내전으로 이 사업은 무산되었다.
> 계획된 '우정의 가스 파이프라인'은 2008년부터 이미 가동 중인 아리시-아쉬켈론(이집트-이스라엘) 가스 파이프라인, 2009년부터 가동 중인 '아랍 가스 파이프라인(이집트-요르단-시리아-레바논)'과 연결되면서, 시리아에게 부를 약속하는 석유가스 파이프라인의 교차로이자 중심지로 만들 것으로 예상되었다.
> 드디어 시리아가 '우정의 가스 파이프라인, 이집트-이스라엘, 아랍 가스 파이프라인'을 통합한 가스 파이프라인 망에서 사우디아라비아, 카타르, 터키를 소외시키고, 사우디아라비아의 역내 패권을 위협하는 막강한 정치 경제 행위자로 등장할 것 같았다. 이것이 사우디아라비아, 카타르, 터키가 시리아 반정부군을 후원하는 중요한 이유다.[109]

즉 시리아를 통과할 가스파이프의 건설 문제는 시리아 국민들과 시리아 국민들이 선출한 합법적 정권이 결정할 문제이지 외세가 결정할 문제가 아니다.

---

109 홍미정(2016), p. 17. 시리아 분쟁을 둘러싼 러시아, 터키, 사우디아라비아 등 각국의 이해관계를 파악하려면 홍미정의 책 자체를 정독하면 된다.

용어 설명
Term Description

거버넌스_{governance}

rule은 권력을 행사해서 통치한다는 의미고, dominate은 rule과 의미가 유사하나 '지배하다'라는 부정적 의미가 더 강하다. administer는 국무를 본다는 행정적인 의미다. 이와 유사한 govern은 '키를 잡다', '조종하다'란 의미의 그리스어 kubernáo에서 나온 말이다. 플라톤_{Platon}이 처음 사용했다고 하니 govern은 권력 형태와는 상관없이 잘 다스려진다는 의미로 보면 될 것이다. 민주주의_{democracy}가 기업관리주의_{corporatocracy}로 변질되고 있다는 비판이 나온 맥락에서 보면, governance를 '국가 경영'이니 '공공 경영'으로 번역하는 것은 통치를 기업 경영처럼 해야 된다는 사고에서 나온 것이고 '협치_{協治}'로 번역하는 것은 정부가 사적 소유의 기업, 즉 민간 기업과 협력해야 통치를 잘할 수 있다는 사고에서 나온 것이다. 이런 지배 헤게모니 경향에 나온 의미를 따르지 않고, 원래 govern의 의미에 따르면 governance의 번역어로는 '국가 운영'이 좋을 것 같다. 따라서 governance를 국가 운영으로 번역하고 국가 발생 이전 시기에 governance란 용어가 사용되면 '운영'으로 번역하는 것이 좋겠으나, 기존 번역들에 따른 다양한 혼란을 피하기 위해 '거버넌스'로 표기한다.

공동체주의communalism

communalism이란 용어를 공동체주의로 번역하는 이유는 기존 번역어들을 사용하기에 난감한 부분이 있기 때문이다. 코뮌주의란 번역어는 머레이 북친Murray Bookchin의 책 *Social ecology and communalism*을 『머레이 북친의 사회적 생태론과 코뮌주의』(메이데이, 2012)로 번역한 것에서 볼 수 있다. 우선 이 번역은 공산주의 communism을 코뮌주의라 번역하는 것과 용어상 혼동을 준다. 공산주의란 용어를 코뮌주의로 바꾸어 사용하는 것에는 2가지 목적이 있다. 첫째는 공산주의란 용어를 사용하는 현실 사회주의 국가에 대한 전면 부정을 하기 위해서이고, 두 번째는 한국의 국가보안법과는 절대 만나지 않으면서도 마르크스를 거론하기 위해서다. 공산주의란 용어 사용을 피하기 위해서 쓰는 코뮌주의를 communalism의 번역어로도 왜 사용했는지 이해가 안 된다. 굳이 논리를 만들자면 원시 시대부터의 community가 근대의 commune과 동의어가 될 수 있으니 채택 가능한 번역어라는 주장을 할 수도 있으나 community와 commune은 적용하는 시대가 분명하게 다르다. 이 이유가 아니라면 communalism을 코뮌주의라고 번역한 것은 community가 가진 긍정성을 높이 평가해 코뮌이라는 단어가 가지고 있는 긍정성과 연결한 것으로 볼 수 있을 것이다.

communalism의 다른 번역어로는 '종파주의'가 있는데 남아시아에서 힌두 공동체와 무슬림 공동체를 중심으로 종교 공동체 간의 충돌을 논하는 글들을 보면 communalism을 종파주의라고 번역한다. 종파주의란 번역어는 정치학에서 이미 부정적으로 쓰고 있는 Sectarianism의 번역어를 가져와 쓴 것이며 공동체의 부정성만을 강조하고 있다.

프리드리히 엥겔스는 『가족, 사유 재산, 국가의 기원』에서 원시 공동체의 긍정적인 측면과 부정적인 측면을 둘 다 지적했다.[1] 엥겔스는 미개 시대의 '공산주의적 세대와 씨족'의 협의를 통한 평등한 권력, 잉여를 나누던 긍정성도 높이 평가했지만 이 평등과 나눔과 교환의 신화는 해당 공동체를 벗어나면 '종족들 사이에 늘 전쟁이 일어났으며 인간 외의 동물계에서는 찾아볼 수 없는 잔인성'(『가족, 사유 재산, 국가의 기원』제3장 이로쿠오이 씨족)을 들었다. 루이스 헨리 모간Lewis Henry Morgan이 『고대 사회: 야만으로부터 미개를 통해 문명으로의 인간 진보의 과정』(1877)에서 원시 공동체들의 식인 풍속을 논한 것을 보아도 알 수 있듯이 원시 공동체의 시대에도 나눔과 교환이 있는 것이 아니라 공동체를 벗어나면 폭력성은 어디서나 작렬했다. 마르셀 모스Marcel Mauss가 『증여론Essai sur le don』(1925)에서 고대 로마, 힌두, 게르만법의 교환 체계를 추적하면서 고대의 증여를 유대를 위한 도덕적인 의무와 연결하고 있지만 그 도덕적 의무는 공동체를 벗어나면 존재하지 않았다. 엥겔스는 『가족, 사유 재산, 국가의 기원』에서 루이스 헨리 모간을 인용하면서 끝을 낸다.

문명의 개시 이래 지나간 시간이라는 것은 인류가 이미 살아온 시간의 보잘것없는 한 토막이며, 또 인류가 앞으로 살아가야 할 시간의 보잘것없는 한 토막에 불과하다. 재부를 둘도 없는 궁극적 목표로 삼는 그런 역사 과정의 결말로서 사회의 멸망이 우리 앞에 다가오고 있다. 왜냐하면 그런 역사 과정은 자멸할 요소들을 내포하고 있기 때문이다. 통치에서의 민주주의, 사회 내에서의 우애, 권리와 특권의 평등, 교육의 보편화 등은 경험, 이성 및 과학이 항상 지향하는

---

1 외잘란이 문명과 여성 해방 관련해 쓴 글들은 프리드리히 엥겔스를 단 한 번도 언급하지 않지만 그 글을 읽은 독자라면 외잘란이 엥겔스의 『가족, 사유재산, 국가의 기원』에서 직접적인 영향을 받았다는 사실을 바로 알 수 있을 것이다. 외잘란 또한 엥겔스를 직접 거론하지 않았지만 '사적 유물론의 혁명/반혁명 구도라는 맥락 안에서' 자신의 논의를 전개한다는 점을 분명하게 밝혔다.

더 높은 다음 단계의 사회를 창조할 것이다. 그것은 고대 씨족이 지닌 자유, 평등, 우애의 더 고양된 형태의 부활이 될 것이다.[2]

엥겔스에 따르면 '재부를 둘도 없는 궁극적 목표로 삼는 그런 역사 과정'은 '인류가 이미 살아온 시간의 보잘것없는 한 토막이며, 또 인류가 앞으로 살아가야 할 시간의 보잘것없는 한 토막에 불과하다.' 그러나 프리드리히 엥겔스는 재부를 목표로 하는 시기가 인류 역사 전체에서 짧았다고 해서 과거 공동체의 방법인 증여로 자본주의의 문제를 극복할 수 있다는 결론으로 비약하지 않았다.[3] 엥겔스는 공동체를 볼 때 긍정성만이 아니라 부정성도 같이 보았다. 각 시대의 역사적 발전 단계에 따라 공동체를 총체적으로 볼 것을 강조한 것이다.

정리하면 Communalism 번역에서 코뮌주의란 번역어는 공동체의 긍정성을 강조하는 맥락에서 사용했고 종파주의란 번역어는 공동체의 부정성을 강조하는 맥락에서 사용하고 있다. 그러나 외잘란에게 깊은 영향을 준 엥겔스의 글을 보면 공동체는 그 자체로는 긍정적이지도 부정적이지도 않다. Communalism의 번역어는 미개 시대의 씨족 문화의 신화적 측면을 높이 사서 공동체의 긍정성이 현대에도 가능하다는 것을 강조하기 위한 쓴 것으로 보이는 코뮌주의란 번역어나 공동체간의 집단 학살 등의 부정적인 측면을 강조한 종파주의란 번역어보다는 원어에 가깝게 공동체주의로 번역하는 것이 낫다고 생각된다.

---

2 루이스 H. 모건, 『고대 사회』런던.
프리드리히 엥겔스 지음, 김대웅 옮김(2012), 『가족, 사유 재산, 국가의 기원Der Ursprung der Familie, des Privateigenthums und des Staats』, 두레 p. 310에서 재인용.
3 공동체의 긍정적인 측면인 나눔과 교환의 시대의 신화만 이야기하고 같은 신화의 이면으로 부정적인 측면인 전쟁은 전혀 거론하지 않는 것이 요즘 학계의 유행이다.

국민 국가_{nation-state}

nation은 민족으로 번역했지만 nation-state는 국민 국가로 번역한다. nation-state 번역에서 사회 과학 서적에서나 일상에서나 국민 국가가 민족 국가보다 더 많이 사용되고 있기 때문이다.

nation-state는 자본주의가 성장하면서 등장한 근대 국가다. 조선이나 오스만 제국을 국민 국가라고 하지 않는 것은 국민이 없기 때문이다. nation-state는 정해진 국가의 경계 안에서 거주하며, 주권 재민이라는 전제하에서 인민들 간의 사회 계약으로서 제정된 헌법을 먼저 제정한 후 이를 따르기로 국민이 건설하는 국가다.

국민 의식_{nationhood}

nationhood는 '국민됨, 민족의식, 국민 의식' 등으로 번역이 된다. 그러나 엄밀하게는 nationhood는 nation이 된 상태로 국민 국가의 국민으로서 가지는 국가에 대한 귀속 의식을 뜻하기에 국민 의식이라고 번역해야 할 것이다. nationality는 nation이 되기 전을 의미하기에 nationhood와 다르지만 nationhood와 nationality를 동의어로 알고 있는 경우가 많으므로 유의해서 읽어야할 때가 있다.

민족_{nation}

nation은 민족, 국가, 국민으로 혼돈되어 번역되고 있다.[4] 이 혼돈의 이유를 밝히기 위해서는 서양에서 nation의 개념사를 추적하거나 한국에서의 nation에 대응하는 번역어에 대한 논쟁사를 정리하려는 노력들이 있었고 이는 필요한 작업들이었다.[5] 역자는 여기에서는 한국과 마찬가지

---

4 이 책에서는 state만 국가로 번역했다.

로 nation을 한자어인 민족民族, 국민國民 2가지 용어로 번역해온 중국, 일본, 한국의 논의의 시작을 짧게나마 추적해서 nation의 한국어 번역어에 대한 의견을 하나 더 보태고자 한다.

신해혁명의 지도자로 청조를 붕괴시키는 데 선두에 섰던 이가 쑨원孫文이다. 쑨원은 근대 중국의 건국이념으로 삼민주의 즉 민족주의, 민권주의, 민생주의를 제시했다. 쑨원에게 민족주의가 이 삼민주의의 출발점이었다. 쑨원은 중국이 반식민지 상태인 이유는 중국 인민들이 종족 수준에 머물러 있기 때문에 중국 인민들이 하나의 국가에 속해 있다는 의식, 즉 민족주의를 가져야 근대 국민 국가 건설이 가능하다고 생각했다. 이를 위해서 쑨원은 이념을 압축한 '삼민주의'의 첫 강의 날 민족주의nationalism를 강의한다. 여기에서 쑨원은 nation은 민족, 국가 2가지로 해석이 가능하다고 했다. 손문은 nation을 민족이라 번역했고 이는 중국에서는 국족國族이라고 했다.

---

5 이 중 역자가 보기에 주목해야 할 것은 nation을 국민으로 번역하자고 주장하고 있는 진태원의 작업들이었다. 진태원은 포스트 담론들이 민족이나 민족주의를 국민에게 노예적 삶을 강요하는 전체주의나 파시즘의 대명사로 낙인찍는 것과 포스트 담론이 그들이 비판하는 이들 못지않게 극단적인 이분법과 환원주의로 가득 차 있는 것에 대한 불편함과 곤혹스러움이 글을 쓴 계기라고 말하고 있다(진태원(2011), 「어떤 상상의 공동체? 민족, 국민 그리고 그 너머」, 『역사비평』, 역사비평사, 2011. 8., pp.171~172). 진태원은 nation 번역에서 민족을 할 것인가, 국민을 할 것인가에 대한 최근까지의 논쟁사를 정리하고, 우리말의 민족이 근대 국민 국가의 nation의 의미로 사용되기보다는 민족체nationality와 종족ethnie의 의미로 사용되고 있기에 nation 번역을 국민으로 하는 게 어떤지 조심스럽게 제안하고 있다. 진태원이 이 제안을 조심스럽게 하는 이유는 nation을 국민으로 번역한다고 해서 민족체나 종족의 의미를 부정하는 것으로 오해받지 않기를 원하기 때문일 것이다(진태원, pp. 194~197). 진태원이 "시민권이나 정치적 신조에 기반을 두는 시빅 내셔널리즘civic nationalism은 공통의 문화나 공통의 혈통에 기반을 두는 에스닉 내셔널리즘ethnic nationalism과 다른 식으로 개방적이고 배타적이라고 보는 것이 좀 더 타당하다"고 한 것은 외잘란이 '법적 민족'의 중요성을 강조하는 것과 같다(진태원, p. 182). 역자는 진태원(2011)에 대해서는 인민과 국민을 동일시한 것(p.170)에는 이견이 있으나 전반적인 논조에 대해서는 동의하며, 진태원의 이 글을 좀 더 많은 사람들이 읽었으면 한다.

중국인은 오직 종족_{宗族, clan}에만 있으며 아직 국족_{國族, nation} 범위로 확장되지 않았다.

나는 민족주의_{民族主義, principle of nationality}는 국족주의_{國族主義, the doctrine of the state}라 말했다. 중국에서는 적당하나 서구에서는 부적당하다. 외국인이 말하는 민족과 국가는 분별이 된다. 영어에서 민족에 해당되는 명사는 nation_{哪遜}이 있다. nation은 2가지 해석을 가지고 있는데 하나는 민족_{民族}이고 다른 하나는 국가_{國家}다. 이 말은 2가지 뜻이 있지만 해석은 매우 분명해 혼란을 일으키기 쉽지 않다. 중국어 중에는 하나의 말이 2가지 해석이 되는 것이 아주 많다. 사회라는 말도 2가지 용법이 있다. 하나는 일반인의 무리를 가리키고 다른 하나는 조직된 단체를 가리킨다.

본래 민족과 국가는 상호 관계가 많아서 분간하기가 쉽지 않다. 그러나 그 속에는 일정한 경계가 있다. 우리는 무엇이 국가이고 무엇이 민족인지 필수적으로 분간해야 한다. 내가 민족이라 말한 것은 국족_{國族}이다. 왜 중국에서는 적당한 것이나 외국에서는 부적당한 것일까? 이유는 중국은 진한 이후부터 모두 하나의 민족_{民族, race}이 하나의 국가_{國家, state}를 조성하기 때문이다. 외국은 하나의 민족_{民族, race}이 여러 국가_{幾個國家, many states}를 조성하기도 하고 하나의 국가_{國家, state} 내에 여러 민족_{幾個民族, many nationalities}이 있기도 한다.[6]

---

6 이해를 돕기 위해 쑨원의 중국어 원문을 직역으로 번역하고 영어 번역본의 관련 단어들을 그 안에 배열했다. 영어 번역본에는 nation의 2가지 의미를 논하는 단락인, 밑줄 친 부분은 번역되지 않았다.

孫中山(1924), 三民主義, 維基文庫, 自由的圖書館 https://zh.wikisource.org/wiki/三民主義/民族主義第一講, Sun Yat-sen - San Min Chu I : the three principles of the people With two supplement chapters by president Chang Kai-shek / Yat-Sen Sun ;translated by Frank W. Price, Taipei China Cultural Service, 연도 미상. LECTURE ONE Delivered on January 27, 1924.

쑨원의 판단으로는 근대 국가의 출발점은 인민들이 국가에 대한 소속 의식을 가지고 그 국가에 충이 문장에서 볼 수 있듯이 중국어인 *民族*은 nation, race, nationality 3가지로 번역됐다. 중국어를 영어로 번역하는 데 혼돈이 있는 것은 nation, race, nationality 각각의 경계가 그리 멀지 않음을 알 수 있는 증거이기도 하다. 시오카와 노부아키德川伸明는 각 단어들이 가지는 경계들을 그림으로 만들어 보여주었다(race를 가장 비슷한 의미인 ethnicity로 대체한 것으로 이해하면 된다).

네이션의 일본어 역어가 2종류 있다는 점을 이용해 네이션에 에스닉한 의미가 짙게 포함되어 있는 경우에는 '민족', 네이션이 에스니시티와 떨어져 파악되고 있는 경우에 '국민'이라고 한다. 단순히 도식화하면 아래 그림과 같다. 실제로는 다양한 측면이 혼합되어 있어서 충분히 납득되지 않는 일도 많지만, 이론적 준비로 일단 이렇게 정리해두는 편이 유용할 것이다.

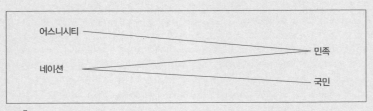

그림.7

─────────
성하는 것이었다. "중국 인민은 흩어진 낟알들 같다고 자주 이야기된다. … 국가에 대한 존중과 충성…이 이후야 시민으로 인식될 수 있을 것이다."
Son-Yat-Sen(1927), Memoirs of a Chinese revolutionary : a programme of national recontruction for China / by Sun-Yat-Sen, with a frontispiece portrait of the author. Hutchinson & co. Ltd. p.140

쑨원도 위의 그림처럼 네이션을 2가지로 해석한다. 중국은 하나의 민족이 하나의 국가를 이루어왔으니[8] 중국인에게는 nation은 민족도 되고 국가도 된다는 것이 쑨원의 주장이다. 쑨원의 이런 사고는 중국 내 다수 한족과 대다수의 한국인이 가지는 사고와 일치할 것이다. 반식민지였던 중국과 식민지였던 한국은 근대 국민 국가로서의 독립 국가를 세우기 위해서 단일한 민족이라는 의식으로 뭉치는 것이 중요했다.

일본이 동북아 삼국 중에서는 가장 먼저 nation의 번역어에 대한 고민을 했다. 메이지 시대에 일본 근대의 스승이라는 후쿠자와 유키치福澤諭吉는 서구 근대 국가를 따라잡기 위해서 nation을 국민으로 번역했다.[9]

---

7 시오카와 노부아키 지음, 송원석 옮김(2015), 『민족과 네이션』, 이담북스, p.27.

8 현재 한족중심주의로 억압받는 소수 민족들 문제가 있는 중국을 생각하면 위 인용문은 '한족중심주의'의 원초적인 사고라고 생각할 수 있다. 쑨원은 중국 산업 발전을 위한 10가지 목표를 세울 때 만주滿洲, 몽골蒙古, 신장新疆, 칭하이青海의 식민지화를 맨 마지막으로 들기도 했다.(Son-Yat-Sen(1927), p.181) 소수 민족들은 아마도 쑨원의 삼민주의에는 분통을 터뜨릴 것이다. 이와 관련되어 역자가 본 글들 중 가장 간결하게 핵심을 적절하게 짚은 글은 조경란(2016), 「21세기 쑨원과 삼민주의는 어떤 의미인가: '제국성'과 국민 국가의 이중성」, 성균차이나브리프 제4권 제2호. 중국 내 소수 민족의 입장을 고려해서 nation, nationality, ethnic group 등을 어떻게 정의할 것인가에 대한 논의는 김예경(2007), 「중국의 소수 민족少數民族 정의와 그 정치적 함의」, 『국제지역연구』 11(2), pp.91~114. 사회주의 연방 내의 자치 공화국을 이루기 전의 종족을 민족체라 부르고 이 민족체가 국민 국가와 자치 공화국을 이루면 민족이 되는 것이 동독이나 소련 쪽의 사회주의 민족 이론인데(A. 코징 지음, 김영수 옮김(1989), 「사적 유물론적 민족 이론」, 『민족, 그 역사와 현재』, 아침; Alfred Kosing, Nation in Geschichfe und Gegenwart, Berlin, Dietz Verlag 1976) 중국에서는 민족체 논쟁이 아니라 소수 민족 논쟁으로 사회주의 민족 이론이 발전했다. 저우언라이周恩來가 중국이 연방제를 하지 않은 것에 대해서 이유를 늘어놓았지만(关于我国民族政策的几个问超(一九五七年八月), 周恩来选集 下卷, 周恩来选集内容简介, 中共中央文献编辑委员会编辑, 人民出版社先后于 1980年 12月 和 1984年 11月 出版, pp. 247~271) 사실 논리가 약하다. 중국 혁명 운동이 전국으로 뻗어나갔기에 민족 분립을 필요로 하지 않았고 민족 분립을 하면 제국주의에 이용당한다는 주장은 소련이 혁명 직후 소련 전역에서 제국주의와 결탁한 각기 다른 민족체 지배 계급과의 내전을 거친 후, 2차 세계대전까지 치른 것을 생각하면 완전한 군소리였다. 소련은 러시아 민족이 절반뿐이어서 연방제로 가야 했지만 한족이 90%인 중국에서는 연방제를 굳이 하고 싶지 않았을 것이다(소련에서 러시아 민족 비율과 중국에서 한족 비율은 시오카와 노부아키(2015) p.161, p.170을 따랐다).

9 일본에서도 한국과 마찬가지로 nation이 민족, 국민이라 번역되지만, 국가와 관련된 논의나

따라서 일본은 태고로부터 지금까지 아직 나라를 이루지 못했다고 해도 과언이 아니다. 만일 당장에라도 일본이 국력을 다해 외국과 적대해야 할 사정이 생긴다면 어떻게 될 것인가? 일본의 전체 국민 중에서 비록 총을 들고 출전하지 않더라도 전쟁에 관심을 갖는 자까지 합쳐서 전사戰士라고 부르기로 하고 ,이들 전사와 구경꾼의 수효를 비교하면 어느 쪽이 많겠는가? 그 다과는 충분히 미리 알 수 있을 것이다. 내가 일찍이 일본에는 정부가 있을 뿐 국민nation은 없다[10]고 한 것도 이런 일을 두고 한 말이다.[11]

여기에는 인민이 국민이 되는 과정으로서의 근대 국가가 논해지고 있는 것이 아니라 국가를 지키기 위한 필요성에서 '국민을 모집'하고 있다. 패전 이전의 일본의 주권은 천황에게 있었다.[12] 일본은 2차 세계대전에 패전한 후 미 군정이 제정한 평화 헌법에서 비로소 주권이 국민에게 있음을 선언했다. 후쿠자와 유키치가 nation을 번역했다는 '국민'은 일본 역사에서 맥락을 따지면 천황을 지키기 위해 존재해야 하는 신민臣民, subject 이었다. 이는 프랑스 혁명 때 등장한, 왕이 아닌 인민이 주권을 가지는 근대 국가의 'nation'의 개념과는 완전히 다른 것이다.[13] 후쿠자와 유키

---

nationalism을 다루는 논의들을 보면 nation은 국민으로 번역하고 있다. 오사와 마사치 지음, 김동명 옮김(2010), 『내셔널리즘론의 명저 50』, 일조각.

10 1872년부터 1876까지 쓴 글을 모아놓은 『학문을 권함』(일송미디어, 2004) 제4편에 나오는 말이다.

11 후쿠자와 유키치 지음, 임종원 옮김(2012), 『문명론의 개략』, 제이앤씨. p. 231.

12 2차 세계대전 이후 이러한 신정일치를 노골적으로 표명한 헌법은 달라이 라마Dalai Lama가 주권을 가지고 있다고 시작하는 티베트 임시 정부의 헌법 정도일 뿐일 것이다.

13 "일본이 구상한 천황제 국가는 천황이 지배자인 동시에 통치자로서 강한 권위와 권력을 가진 절대자이며, 신하와 국민은 천황에 충성스러운 신민이 되는 것을 의미했다. 따라서 일본 국가는 근대적 제도를 기본 축으로 하면서도 이념과 운영은 전통 천황제에 기초하는 이중적인 성격을 띠었다." (구견서(2004), 『일본민족주의사』, 논형, p. 38)

치는 일본에 '국민'이 필요하다고 주장했지만 후쿠자와 유키치가 바란 것은 자본주의로 업그레이드된 천황제 국가의 '신민'이었다.[14] 신민을 국민이라고 우기려고 nation 개념을 가져온 것으로밖에 보이지 않는다. '후쿠자와 유키치'를 일본 근대의 아버지라는 신화를 만들어냈다는 평가를 받는 냉전 시대의 대표 일본 지식인인 마루야 마사오丸山眞男의 nation 번역도 보자. 마루야 마사오도 nation을 국민으로 번역했다.

> 무릇 국민 국가를 떠받쳐주고 있는 것은 바로 그런 의미에서의 국민 의식에 다름 아니다. 그리고 그런 국민 의식을 배경으로 해 성장하는 국민적 통일과 국가적 독립의 주장을 폭넓게 국민주의nationalism: the principle of nationality[15]라고 부른다면, 국민주의야말로 근대 국가가 근대 국가로서 존립해가기 위해서 없어서는 안 될 정신적인 추진력이다.

마루야마 마사오는 nationalism을 민족주의라 번역하지 않는 이유를 일본은 '식민지가 되어 있던 민족이 독립한다'는 상황이 없었기 때문이라

---

14 후쿠자와 유키치는 이에 대해 노골적으로 주장하지 않았다. 그러나 고야스 노부쿠니子安宣邦는 천황-신민 국가가 근대 국민 국가의 연속성을 가지고 있는 것으로 만들기 위해서 후쿠자와 유키치가 아슬아슬한 곡예를 한 것을 지적했다. "일본 국체 관념의 중심을 이루는 황통의 연속성 문제다. 후쿠자와 유키치는 이를 '혈통'론으로 전개한다. '혈통'과 '국체'가 대치되면서 국가의 연속성이란 무엇인가라는 가장 중요한 문제를 아슬아슬하게 논하고 있다. (고야스 노부쿠니 지음, 송석원 옮김 (2011), 『일본 내셔널리즘 해부』, 그린비, p. 80)

15 'nationalism'은 민족주의로 번역되기도 하는데, 민족주의라 하면 다른 한 국가의 영토에 소수 민족으로 존재하거나 식민지가 되어 있던 민족이 독립한다든가 몇 개의 국가로 나뉘어서 소속되어 있던 민족이 하나의 국가를 형성하는 경우에는 적당하지만, 일본처럼 옛날부터 민족적 순수성을 지녀와 이른바 민족 문제가 없는 국가는 과연 어떻게 보아야 할까. 일본에서 민족주의라고 하면 오로지 대외 문제처럼 들리지만 내셔널리즘은 뒤에서 분명해지는 것처럼 대외 문제임과 동시에 내부 문제인 것이다. 국가주의라는 용어는 종종 개인주의의 반대 개념으로 사용되고 있으므로 적당치 않다. 내셔널리즘은 일정 단계에서 그야말로 개인적 자주성의 주장과 불가분으로 결합되어 있기 때문이다. 결국 이런 다양한 뉘앙스를 포함하는 의미에서 국민주의라 한 것이다.

고 한다. 그러면 식민지였던 조선에서는 어떠했을까? 주권이 인민에게 있는 근대 국민 국가를 선언한 대한민국 임시 정부 건국 강령을 보자.

우리나라의 독립 선언은 우리 민족의 혁혁한 혁명을 일으킨 원인이며 신천지의 개벽이니 이른바 "우리 조국의 독립국임과 우리 민족의 자유민임을 선언하노라. 이로써 세계만방에 고해 인류 평등의 대의를 밝히며 이로써 자손만대에 경계해 민족자존의 정권을 영유케 하노라"했다. 이는 우리 민족이 3·1 혈전을 발동한 원기며 동년 4월 11일에 13도 대표로 조직된 임시의 정원은 대한민국을 세우고 임시 정부와 임시 헌장 10조를 만들어 반포했으니 이는 우리 민족의 힘으로써 이족 전제를 전복하고 5000년 군주 정치의 허울을 파괴하고 새로운 민주 제도를 건립해 사회의 계급을 없애는 제일보의 착수였다. 우리는 대중이 핏방울로 창조한 국가 형성의 초석인 대한민국을 절대로 옹호하며 확립함에 같이 싸울 것이다.[16]

일본이 천황이 주권을 가진 헌법을 고수하고 있을 때 대한민국 임시 정부는 분명하게 '5000년 군주 정치의 허울을 파괴하고 새로운 민주 제도를 건립해 사회의 계급을 없애는 제일보의 착수'를 독립으로 보았다. 이 임시 정부 강령에서의 '우리 민족'은 프랑스 혁명 시 등장한 nation의 의미와 같다. '5000년 군주 정치'라는 왕권을 부정하고 '새로운 민주 제도를 건립해 사회의 계급을 없애는 제일보의 착수', 즉 인민에 주권이 있음을 선언하고 있기 때문이다. 또 임시 정부 강령은 독립 선언을 잇고 있기에 마루야마 마사오가 '식민지가 되어 있던 민족이 독립한다'로 보면

---

16 대한민국 임시 정부 건국 강령. https://ko.wikisource.org/wiki/대한민국_임시정부_건국_강령

nationalism을 민족주의라 번역하는 것이 적당하다는 것과도 부합한다. 한국에서 민족주의 운동은 대한민국 임시 정부 강령의 정신에서 진행돼왔다.

마루야마 마사오는 '몇 개의 국가로 나뉘어서 소속되어 있던 민족이 하나의 국가를 형성'해야 하는 데도 민족주의란 용어가 적합하다고 했다. nationalism 번역에서 현재 한반도에서는 각기 다른 체제의 국가의 국민으로서 이남과 이북의 사람들이 살아가고 있다. 4개국에 흩어져 있는 쿠르드 인민들을 논할 때도 nationalism 번역은 민족주의란 용어를 쓰는 것이 적합하다고 생각할 수 있다.

살펴본 본 것처럼 nation은 한자 문자권에서 처음 번역될 때부터 정치적 판단에 의해서 번역이 시작됐다. 역자는 이와 관련되어 한국 현대사에서 민족해방, 민족주의라는 말들이 한국 현실에서 가지는 무게를 생각해 nation을 민족으로 번역했다. 그러나 역자가 nation을 민족으로 번역한다고 해서 nation을 국민으로 번역하자는 주장을 부정하는 것은 아니다. 민족이라는 개념이 nation이란 의미만이 아니라 종족ethnie이나 민족체nationality로도 사용되고 있는 현실적 문제로 민족주의가 낭만주의로 빠지기 쉬운 것은 사실이다. 또 그로 인해서 민족주의가 포스트 담론들에 의한 쓸데없는 공격을 받았기에 nation을 국민으로 번역해서 종족이나 민족체와 혼돈이 없도록 하는 게 어떤가 하는 생각들을 부정하는 것은 아니다. nation을 국민이 아닌 민족으로 선택해서 번역한 것에는 역자와 같은 정치적인 판단도 있을 수 있다고 솔직하게 밝히면서 nation을 민족으로 번역하자고 제안하는 것이다.

민족 자결권the right of people to self-determination

이 책에서 people은 인민으로 번역하지만 관행적으로 민족 자결권으로 번역되는 the right of people to self-determination은 이 책에서도 민족 자결권으로 번역했다. 문구대로 번역하면 '인민의 자기 결정권'이지만, 기존 번역어가 종족성에 따라서 특정한 이해관계를 공유하는 일군의 인민이 민족 국가, 즉 국민 국가nation-state를 만들겠다는 결정을 할 수 있는 권리를 뜻하기에 의미상 맞는 표현이기 때문이다. 그러나 근대 이전에도 존재했던 인민을 기계적으로 '민족'이라고 번역하면 전근대에도 '민족'이 존재했다는 오해를 주게 된다.(이에 대해서는 『어떤 민족주의를 상상하는가?(정호영, 2018)』에서 '에릭 홉스봄은 한국, 중국, 일본에는 근대 이전에 민족과 민족주의가 실재했다고 주장했다'는 부분을 참고하기 바란다.)

인민people, 시민citizen, 시민 자질citizenship

people은 인민으로 번역한다. people을 국민, 시민, 민중으로 번역하고 있으나 엄밀하게 따지면 국민, 시민, 인민, 민중의 그 의미는 각각 다르다. 국민, 시민, 민중을 영어로 옮기면, 국민은 문맥에 따라서 nation, citizen이 되고 시민은 citizen이 되는데, 민중은 딱히 번역할 수 있는 영어 단어가 없다.

국가의 구성원을 의미하는 국민, 헌법에 명시된 권리와 의무를 가지는 시민은 국가가 전제되어 있다. 반면에 인민은 국가 설립 여부나 국가의 성격과는 관계없이 이미 존재하는 자연인이다. 즉 인민은 국민과는 다르게 국가 설립 여부나 국가의 성격과는 관계없이 이미 존재한다.

이 책에 번역된 로자바Rojava 지역의 사실상의 헌법인 로자바 사회 협약 제1항에 '인민'이 등장한다.

우리 아프린, 자지리아, 코바니, 쿠르드 연합체, 아랍, 아시리아, 칼데아, 아람, 아르메니아, 투르크멘, 체첸의 민주적 자치 지역의 인민은 민주적 자치 원칙에 따라 초안으로 쓰여진 이 헌장을 자유롭고 엄숙하게 선언하고 제정한다.

자유, 정의, 존엄성 및 민주주의를 추구하고 평등과 환경 지속 가능성 원칙을 따르는 이 헌장은 사회의 모든 구성원 간의 상호적이고 평화적인 공존과 이해에 토대를 둔 새로운 사회 계약을 선포한다. 이 헌장은 기본 인권과 자유를 보호하고 민족 자결권을 재확인한다.

이 헌장에 따라 우리 자치 지역의 인민은 화해, 다원주의 및 민주적 참여의 정신으로 하나 되어 모든 인민이 공공의 삶에서 스스로를 자유롭게 표현할 수 있도록 한다. 권위주의, 군국주의, 중앙 집권 및 공사에 대한 종교 권력의 개입이 없는 사회를 건설함에 있어서 이 헌장은 시리아의 영토 보전territorial integrity을 인정하고 국내 및 국제 평화 유지를 열망한다.

이 헌장을 수립함에 있어서 우리는 독재, 내전 및 파괴로부터 시민 생활과 사회적 정의가 보전되는 새로운 민주주의로의 이행 단계를 통해 시리아의 풍부한 모자이크와 조화를 이루는 사회 계약 위에 이 정치 체제와 행정부가 설립됨을 선언한다.

미국 헌법의 전문도 인민이 미국 헌법을 제정한다는 선언이다.

우리 미국 인민We the People of the United States은 더욱 완벽한 연방을 형성하고, 정의를 확립하며, 국내 안녕을 보장하고, 공동 방위를 도모하며, 전 인민의 복리를 증진하고promote the general Welfare, 우리 현세대와 후손들에게 자유의 축복을 확보하기 위해 이 미합중국 헌법을 제정한다.[17]

미국 헌법을 보면 전문에서는 위처럼 미합중국 인민이 헌법을 제정한다는 선언이 있고, 본문에서는 자연인으로서의 인민이 사회 계약으로 정한 '헌법에 의한 거버넌스를 따르는 인민'인 시민의 권리와 의무를 서술했다. 이 때문에 링컨이 남북 전쟁 중에 한 게티즈버그 연설Gettysburg Address에서 나온 'government of the people, by the people, for the people'는 '국민에 의한, 국민을 위한, 국민의 정부'는 틀린 번역이고 '인민에 의한, 인민을 위한, 인민의 정부'로 번역되어야 한다.[18] 이 연설은 미국 인민이 앞으로 어떤 주체가 되어 어떤 국가를 만들고 어떻게 국가를 운영할 것인가에 대한 연설이었기 때문이다. 인민은 국민과는 다르게 국가 설립 여부나 국가의 성격과는 관계없이 이미 존재한다. 인민이 상호 간의 사회 계약에 의해 헌법을 제정해서 이를 따르겠다고 하면 시민이 되고, 이 헌법에 의해 운영되는 국가의 구성원이 되면 국민이 되는 것이다. 시민(국민)의 저항권도 인민이 국가를 만들었기에 미국 헌법 내에서 보장이 된다. 인민이 처음 국가를 만든 의도가 들어 있는 것이 바로 헌법이고, 이렇듯 인민들 간의 약속으로 만들어진 헌법을 국가가 위반해 인민을 억압하면 인민은 국가에 대해서 저항할 수 있는 권리가 있는 것이다.[19] 이

---

17 미국의 헌법(787)은 주한미국대사관 및 영사관 홈페이지를 참고하기 바란다. https://kr.usembassy.gov/ko/education-culture-ko/infopedia-usa-ko/living-documents-american-history-democracy-ko/constitution-united-states-1787-ko/

18 이런 식으로 옳게 번역한 책이 있다.(G. 사르토리 지음, 이행 옮김(1989), 『민주주의 이론의 재조명』 1권, 인간사랑, p. 65) 이 책의 2장인 '어의적 민주주의'는 인민의 의미를 파고드는 것이었기 때문에 정확하게 인민으로 번역할 수밖에 없었다. 사르토리Giovanni Sartori는 인민에 대해서 6개의 다른 해석을 할 수 있다고 본다. "1. 문자 그대로 '모든 사람'을 의미하는 인민, 2. 확정되지 않은 큰 부분, '많은 사람'을 의미하는 인민 3. '하층 계급'을 의미하는 인민 4. '유기체적 전체'로 분리될 수 없는 실체로서의 인민 5. '절대적 다수 원칙'에 따라서 표출되는 다수로서의 인민 6. '제한된 다수 원칙'에 의해 표현되는 다수로서의 인민"(『민주주의 이론의 재조명』 1권, p. 47) 이 해석들은 인민이 주권을 어떻게 가지게 됐고 운영해야 하는가에 대한 설명을 위한 전제로서 나온 것이다.

19 이 저항권은 거의 대부분의 헌법에서 보장하고 있다. 미국 헌법에서의 국민 무장 권한은 여기에 기인한다. 현대에도 미국에서는 개인-시민의 자유, 구체적으로 개인의 사유 재산을 침해하는 독재자나 독재 정권의 출현을 막기 위해서 이를 보장하고 있다. 이와 관련 있는 문서들은 미국 건국자들

와 관련해 로버트 무어Robert Moore가 '시민권'에 대해서 논한 것을 보는 것도 좋을 것이다.

> 권위주의적인 신우파 운동가들에게 시민권이라는 개념은 사람들로 하여금 부적절한 것을 원하게 만드는 자유주의적 망상이었다. 시민권은 피지배자들이 자신의 의무를 가지고 통제돼야 할 객체로 인식하지 않고 어떤 종류의 권리를 가진 주체로 인식하게 만들기 때문이다. 따라서 이들은 시민권의 개념을 널리 알린 미국의 독립 혁명이나 프랑스 대혁명을 부정적인 시각으로 바라본다.[20]

한국에서는 국가에 무조건 복종하는 것을 '애국'으로 믿게 한 후 이를 폭력적으로 강제하기 위해서 인민이란 단어의 사용을 금하게 했다. 헌법을 만드는 주체로서의 인민이 국가보다 먼저 있다는 사고를 아예 못하게 하기 위해서였다. 국가에 충성하기만 하는 국민만 존재해야 했기에, 인민이 국가보다 먼저 존재했고 그 인민들 간의 사회 계약을 통해서 국민 국가가 생겼다는 발상은 금지됐다. 이 때문에 국가와는 상관없이 이미 존재하고 있는 사람들이란 의미인 인민이란 단어의 사용을 금지했다. 반공이 국시이던 국가에서 '인민'을 사용하지 않게 하는 가장 좋은 명분은 '북에서 사용하는 단어이므로 사용해서는 안 된다'는 것이다. 인민은 북에서만 사용하는 단어가 아니라 분단 이전 대한제국의 문서에도, 식민지 조선 전역에서 사용하는 단어였으니 이는 터무니없는 주장

의 아카이브에 가면 볼 수 있으며 가장 대표적인 것은 '시민의 권리를 침해하면 봉기는 권리'라고 말한 토마스 제퍼슨Thomas Jefferson의 주장이 있다.
https://founders.archives.gov/documents/Adams/04-07-02-0181
20 로버트 무어, '서론', T. H. 마셜, T. 보토모어 지음, 조성은 옮김(2014), 『시민권』, 나눔의 집, p. 6.

이다. 해방 이후 좌우 대립이 극심해지던 시기에도 맥아더_{Douglas MacArthur} 사령부가 대한민국 단독 정부를 만들기 위해 낸 포고 1호가 「조선 인민에게 고함」인 것을 보아도 인민이라는 단어는 이념적 잣대로 판단할 단어가 아닌 것을 알 수 있다.

미국 헌법은 본문 1조부터 선거인에게 요구되는 자격으로서의 시민_{citizen}이란 개념이 등장한다. 미국 헌법에서 인민을 시민과 구별하는 이유는 국가라도 함부로 침범할 수 있는 주체로서 인민이 먼저 존재하고 이들이 사회 계약을 통해서 국가를 건설하고 법적 정당성에 의해서 운영하고 있기 때문이다.[21] citizen이 국민으로 번역될 때는 헌법에 의한 '거버넌스를 따르는 인민'의 의미가 있을 때다. citizenship이 국적의 의미로 쓰이는 이유는 사회 계약으로 제정한 헌법 위에 서 있는 국가에 속해 있는 개인만이 국적을 가질 수 있기 때문이다. 이와 관련되어서 citizenship이 시민 자질로 번역될 때는 헌법에서의 권리와 의무를 다할 수 있는 이들만이 시민으로의 자질을 갖추고 있다는 맥락에서다. citizenship이 시민 자질로 번역되는 맥락에서는 국민성_{national characters}과 어느 정도 의미가 겹치기도 한다.

시민은 개념상 엄격하게 따지면 국민 개념과는 차이가 있다. 미국 헌법에서의 '우리 미국 인민'과 한국 헌법의 제1조 제1항 '대한민국의 주권은 국민에게 있고, 모든 권력은 국민으로부터 나온다'의 인민과 국민은 집합적 주체다. 리차드 벨라미_{Richard Bellamy}에 따르면 인민이나 국민은 집단적 주체이고 법적인 시민은 개인으로서 법의 주체이자 자유, 자산과

---

21 로자바 사회 협약도 이러한 미국 헌법과 같은 구조로 되어 있다. 미국 헌법과의 차이가 있다면 시리아 내에서 로자바 지역의 자치를 위한 사회 협약이기에 시리아 국민으로서 시리아의 영토 보전을 따른다는 것을 강조하고 있다는 것이다. 이 때문에서 시리아 영토 내의 로자바 자치를 국가를 거부하는 아나키스트 공동체의 성과라고 바로 말하는 것은 곤란하다.

행복 추구에 대한 자연권의 소유자다.[22]

'민중'이란 말은 5·18 광주 민중 항쟁 이후부터 널리 사용하게 됐다. '국가에 대한 의무를 강요받는 국민'이 아닌 '국가에 저항하는 인민'이라는 개념으로 '민중'이 사용되기 시작됐다. 민중 운동 진영에서 민중이란 단어를 직접 사용하게 된 계기는 단재 신채호의 「조선혁명선언」(1923)을 재발견하면서부터였다. 신채호는 「조선혁명선언」에서 인민과 민중을 구분해 사용했다.

구시대의 혁명으로 말하면, 인민은 국가의 노예가 되고 그 위에 인민을 지배하는 상전 곧 특수 세력이 있어 그 소위 혁명이란 것은 특수 세력의 명칭을 변경함에 불과했다. … 다시 말하자면, 곧 '을'의 특수 세력으로 '갑'의 특수 세력을 변경하는 것에 불과했다. 그러므로 인민은 혁명에 대해서 다만 갑·을 두 세력, 즉 신·구 상전 중에서 누가 어진지, 포악한지, 선한지, 악한지를 보아 그 향배를 정할 뿐이요, 직접적인 관계가 없었다. 금일의 혁명으로 말하면 민중이 곧 민중 자기를 위해서 하는 혁명이기 때문에 '민중 혁명', '직접 혁명'이라고 칭하며…

—「조선혁명선언」 제4조[23]

---

22 Richard Bellamy(2008), Citizenship, A Very Short Introduction, Oxford. pp. 42~43. 이는 미국 헌법 자체가 영국 시민 철학 특히 로크John Locke의 사상에 기반을 두었기 때문이다. 다소 과장해서 말하자면, 영국이 유럽에서 조세 부담이 가장 낮은 것도 미국 헌법이 만들어진 것도 부르주아 개인의 재산 보호를 최우선으로 본 로크의 영향 때문이다. 타마이玉井茂는 "로크(독일에서는 크리스티안 토마지우스Christian Thomasius)는, 사회 계약은 권력을 제한하고 인민의 저항권을 지지하기 위한 것이기 때문에 자연히 정치적 자유주의를 발전시켰다. 사회 계약설은 주지하는 것처럼 각 개인의 인간 본성을 전제로 '주인 없는 인간'='개인'을 우선해, 사회관계를 개인의 목적이 아닌 수단으로 발견함으로써 시민 혁명 이론을 성장시킨 것"이라 했다.(타마이 시게 지음; 김승균, 김승국 옮김 (1986), 서양철학사, 일월서각. p.277) 타마이는 이 전제를 가지고 로크의 통치론과 미국 헌법과의 연관성을 추적할 수 있는 설명을 했다.(같은 책 pp.303-309)

신채호에 따르면 인민들이 스스로 떨쳐 일어나게 될 때 인민은 비로소 민중이 된다. 신채호에 따르면 민중은 인민을 대체할 수 있는 말이 아니다. 1920년대에는 민중은 신채호 류의 아나키스트들이 사용하는 불온한 말로 사용 금지됐고 인민은 너무나 자연스럽게 일상에서 쓰는 말이었다.[24] 인민은 '국가와 관계없이 이미 존재하고 있는 사람들'이라는 의미의 이념적인 색채가 전혀 없는 말이었지만 해방 이후 이북[25]에서 쓴다는 주장 하나로 대중들에게 거부감을 가진 낯선 단어가 됐다. 미국 공보성의 미국 헌법의 한국어 번역은 그 번역의 정확성을 위해서 '인민'이라는 단어를 사용하지만, 많은 이들이 글을 쓰거나 말을 할 때 한국의 인민들이 가지는 '인민'이라는 단어에 대한 거부감과 낯설음 때문에 '민중'이라는 대체어를 쓰고 있다.

종족ethnie, 민족체nationality

Ethnie는 민족, 종족으로 혼돈되어 사용되지만 이 책에서는 종족으로만 번역한다. 종족과 민족 관련 연구로는 가장 오랜 연구를 해온 앤서니 D. 스미스Anthony Smith의 민족과 종족 개념의 구별을 보자.

나는 민족의 개념을 '고토를 점유하고, 공통의 신화와 역사가 있으며, 공통의 공공 문화와 하나의 단일한 경제, 그 구성원 모두를 위한 공통의 권리와 의무를 가지는 고유한 이름의 인간 공동체'로 규정하

---

23 https://ko.wikisource.org/wiki/조선혁명선언
24 최정운(2013), 『한국인의 탄생-시대와 대결한 근대 한국인의 진화』, 미지북스, pp. 484~496.
25 리영희는 조선민주주의공화국을 북한이라고 부르지 않고 이북이라고만 불렀으며, 그 이유는 한국이 남조선이 아니라면 조선민주주의공화국도 북한이 아니기 때문이다. 이는 리영희가 말했던 "내가 종교처럼 숭앙하고 내 목숨을 걸어서라도 지키려고 하는 것은 국가가 아니야. 애국 이런 것이 아니야. 진실이야!"와 일치하는 것이다.

자고 제안한다. 대신 종족의 개념은 '고토와 연결되고, 조상에 대한 공통의 신화가 있고, 기억을 같이하며, 하나 또는 여러 문화적 요소들을 공유하고, 최소한 엘리트 사이에서라도 상당한 연대성이 있는 고유한 이름을 가진 인간 공동체'로 정의할 수 있을 것이다.

종족	민족
고유의 이름	고유의 이름
공통의 조상 신화	공통의 신화
기억의 공유	역사의 공유
문화적 차이들	공통의 공공문화
고토와의 연결	고토의 점령
엘리트들의 연대성	공통의 권리와 의무
	단일한 경제

종족과 민족의 속성[26]

위와 같이 일상에서 사용하는 것과 다르게 종족ethnie과 민족nation에 대한 학문적인 규정을 정확하게 지킨다면 사실 nation 번역에서 문제는 없다고 본다. 종족과 동의어로 쓰이는 민족 개념은 일상에서 사용하는 언어로 하고, nation의 번역어로서 '민족'을 쓰는 것을 위 표와 같이 정리하면 명쾌하다.[27] 엥겔스는 『자본론』 1권 '영어판 서문'에서 일상의 용어와 과학의 용어가 다름을 강조했다.

그것은 마르크스가 약간의 용어를 일상생활에서뿐 아니라 보통 정

---

26 앤서니 D. 스미스 지음, 강철구 옮김(2012), 『민족주의란 무엇인가』, 용의 숲 pp. 30~31.
27 ethnie를 '족류'로 번역하면 이런 혼돈이 없어질 것이라고 주장하는 분들이 있으나 단어만 하나 더 들어와 혼돈만 더할 뿐이라고 생각된다. 기존 용어를 정확하게 규정하는 것이 중요하지 새로운 용어를 들여와서 혼돈을 만들 필요는 없는 것 같다. (김인중 교수 인터뷰. 탈민족주의는 틀렸다. 앤서니 스미스 '족류:상징주의와 민족주의'에서 국가 민족주의 급조론 반박, 한국일보 2016. 01. 21)

치경제학에서 쓰는 것과도 다른 의미로 사용하고 있다는 점이다. 그러나 불가피했다. 과학의 모든 새로운 진보는 그 과학의 용어 혁명과 함께한다. … 정치경제학은 일반적으로 상공업계의 용어를 그대로 받아들여 사용하는 데 만족해왔는데, 정치경제학은 그렇게 함으로써 그 용어들이 표현하는 관념들의 좁은 범위 안에 자신을 묶고 있다는 것을 전혀 깨닫지 못했다.[28]

nation을 종족이라는 '좁은 범위' 안에 두고 있는 한 '과학의 새로운 진보'는 일어나지 않는다.

조선 시대 의병장을 가지고 nationalism를 논의했던 것 자체가 희극이었다. nation은 주권 재민을 기본으로 한다. 왕족의 무덤인 종묘만을 지키려는 의병장의 의식은 인민 주권에서 출발하는 nationalism이 될 수 없다. 민족주의를 부정하는 포스트 담론은 공격해야 할 대상이다. 작전권도 없는 한국 같은 나라에서 민족주의 운동은 결코 폄훼될 수 없으며 현재 진행형인 운동이어야 하기 때문이다. 그러나 포스트 담론을 거부하기 위해서 민족을 종족 개념으로 보게 되면, 인민 주권이 전제가 되는 nation은 사라져버리고 민족주의는 전설을 찾아 헤메는 낭만주의로 변하게 된다. 역자는 정치적으로는 포스트 담론보다는 강철구 교수 같은 민족주의자를 지지한다. 민족주의 운동이 한국에서 여전히 유효성을

---

28 칼 마르크스 지음, 김수행 옮김(2015), 『자본론』 1권, 비봉, p. 29. 엥겔스는 독일어 3판 서문에서는 이에 대한 예까지 들었다. "나는 독일 경제학자들이 흔히 쓰는 통용어들, 예컨대 현금을 주고 타인의 노동을 얻는 사람을 노동(또는 일) 공급자Arbeitergeber라고 부르며, 삯을 받고 자기 노동을 제공하는 사람을 노동(또는 일) 수취자Arbeitnehmer라고 부르는 이 잠꼬대 같은 말을 『자본론』에 도입할 생각은 조금도 없었다. 프랑스어에서도 일상생활에서 '일'이라는 의미로 '노동'이라는 말이 사용된다. 그러나 경제학자가 자본가를 노동 공급자, 노동자를 노동 수취자라고 부른다면, 프랑스 사람들도 응당 그 경제학자를 미친 사람이라고 생각할 것이다."(『자본론』 1권, p.24)

갖추고 있다는 생각하기 때문이다. 그러나 민족주의 운동이 낭만주의로 빠져 들어가서는 안 된다고 생각한다. 강철구 교수는 "이 시기의 왕들은 근대주의자들의 주장과 달리 봉건제도하에서도 신성한 권위를 가지고 민족의 구심점 역할을 했다"[29]면서 민족이 '반만년'의 역사를 지닌 것으로 강조한다. 강철구 교수가 말하는 민족은 nation일 수가 없다. 왕실 가문의 무덤인 종묘를 지키는 건 nation의 역사적 과업이 아니라 임금의 신민subject인 사대부의 봉건 체제 유지의 의무일 뿐이기 때문이다. 이는 앤소니 스미스가 종족의 특징으로 든 '어떤 엘리트들'인 왕족과 사대부의 '연대성'이지 인민의 '공통의 권리와 의무'가 아니다. nation을 이루는 인민과 왕족/사대부는 결코 같은 계급이 아니다. nation을 논할 때 강철구 교수처럼 계급을 같이 보는 관점을 잃어버리면 민족주의는 봉건적 낭만주의로 변질되어버린다. 앤소니 스미스Anthony D. Smith는 전근대 시기에 종족 공동체ethnic community가 있었고 지식인 엘리트 집단은 인지하고 있다가 18세기, 19세기에 자본주의, 정치의 중앙집권화, 문화적 조정 등을 거쳐서 공동 지역에서 '민족'이 형성됐다고 설명한다. 앤소니 스미스는 지식인 엘리트 집단이 종족 공동체를 인지하더라도 민족이 형성된 것으로 보지 않는다.[30] 앤소니 스미스 책을 번역한 강철구 교수의 앤소니 스미스 곡해는 지식인 엘리트 집단 즉 지배 계급이 자신의 영토, 세력권으로 종족 공동체를 인식하고 있다고 한 대목에 있다. 강철구 교수는 이를 민족의 형성으로 본다. 지배 계급이 종족 공동체를 인지하는 의

29 강철구(2016), 「민족주의의 근대주의적 해석 비판」, 『정세와 노동』, 2016년 9월, p. 99. 이 글은 강철구 교수의 조선 시대 의병장을 라쌀레Ferdinand Lassalle의 폰 지킹엔Franz von Sickingen 만들기 프로젝트다. 폰 지킹엔 논쟁은 라쌀레가 기사 계급에 속한 폰 지킹엔을 영웅시하는 희곡에 대해 마르크스와 엥겔스가 비판하면서 진행된 논쟁이다. 국내에는 조만영이 편역해서 출판했다.(마르크스, 엥겔스, 라쌀레 지음, 조만영 옮김(1989), 『마르크스주의 문학예술논쟁』, 돌베개)
30 Anthony D. Smith(1998, 1986), The Ethnic Origins of Nations, Blackwell Publishing.

식을 민족주의로 보면 신라, 고려, 조선 때 이미 민족이 형성된 것으로 보게 되고, 고조선의 지배 계급이 이런 의식이 있다면 고조선 때 이미 민족은 형성한 것이 된다. 강철구 교수 같은 한국 민족주의 진영의 일부는 반제국주의 노선을 위해 민족주의 이론에서 근대주의를 배척하는 것이 필요하다고 보고 민족과 민족체를 구별하는 것을 의식적으로 거부해 혼돈이 더해지고 있다. 우리는 강철구 교수가 다수의 근대주의자들이 민족주의의 중요성을 무시한 것에 반대하는 것과 반제국주의의 중요성을 강조하는 것에는 깊이 공감하고 있지만, 강철구 교수의 이론적인 혼돈이 실천에서 오류를 가져올 것을 우려한다. 자본주의 발전에 따라 주권 재민을 기본으로 하는 근대의 국민 국가가 성립되면서 민족이 형성된다고 보는 입장에서는 강철구 교수처럼 반제국주의 운동/반신자유주의 운동을 위해서 신분 사회의 민족체/종족을 민족으로 곡해하지는 않는다. 우리는 조선 시대 의병장의 민족주의로 세계화 시대의 신자유주의에 맞서는 것은 무리라고 생각한다.

민족체는 nationality의 번역어로 앤소니 스미스가 규정한 '종족'과 거의 같은 의미나, 구분을 하자면 종족이 민족을 이루려는 것을 민족체라고 한다.[31] 민족체는 마르크스와 엥겔스가 자본주의에 접어든 후 유럽 민족들의 발전과 민족 운동을 분석하면서 사용했던 개념이다. 마르크스가 규정하는 민족은 봉건 질서를 몰아내면서 나오는 것이다. 1648년 혁명과 1789년 혁명을 평가한 마르크스의 글을 읽어보자.

---

31 "에스니라는 단어는 영어에는 존재하지 않는 프랑스어 단어다. 영어에는 최근에 이르기까지 ethnicity나 ethnic 같은 단어들이나 ethnic이라는 형용사만 존재했을 뿐 단일한 명사가 존재하지 않았다. 이 때문에 앤서니 스미스는 ethnie라는 프랑스어를 수입하여 그것을 에스닉 공동체의 한 유형을 가리키는 명사로 자신의 저작에서 사용한 바 있다. 이러한 용법이 학계에서 큰 반향을 불러 일으킴에 따라 이 단어는 최근 서구학계에서 공용 학술어로 널리 사용되고 있다."(진태원(2011), p. 199.)

1648년 혁명과 1789년 혁명은 영국의 혁명도 프랑스의 혁명도 아니었다. 그것들은 유럽형 혁명들이었다. 그것들은 낡은 정치 질서에 대한 사회의 한 특정 계급의 승리를 대표하지 않았다. 그 혁명들은 새로운 유럽 사회의 정치 질서를 선언했던 것이다. 이 혁명들에서 부르주아지가 승리했지만, 그 당시에는 부르주아지의 승리는 곧 새로운 사회 질서의 승리, 즉 봉건적 소유권에 대한 부르주아적 소유권의 승리, 지방주의에 대한 민족체의 승리nationality over provincialism, 길드에 대한 경쟁의 승리, 장자 상속권에 대한 토지분배의 승리, 토지를 통한 지주의 지배에 대한 토지 소유자의 지배의 승리, 미신에 대한 계몽의 승리, 가문에 대한 가족의 승리, 영웅적 게으름에 대한 산업의 승리, 중세적 특권에 대한 부르주아지의 승리였던 것이다. 1648년 혁명은 16세기에 대한 17세기의 승리다. 1789년 혁명은 16세기에 대한 17세기의 승리다. 이 혁명들은 잉글랜드와 프랑스라는 그 혁명들이 일어난 세계의 일부의 필요보다는 당시의 세계의 필요를 반영한다.(MECW 8,161 「부르주아와 반혁명Bourgeoisie and Counter-Revolution 1849년」[32]

마르크스는 봉건적 질서에 대한 부르주아지의 승리인 예들을 위와 같이 열거했고 근대 국민 국가의 모습이다.[33] 근대적인 국민 국가가 들어서려면 '지방주의에 대한 민족체'의 승리가 필수다. 지방을 벗어나 국가를 이루겠다는 민족체로서의 의지가 있어야 민족 건설nation-building이 가능하다. 후쿠자와 유키치는 nationality를 국체로 번역하고 nationality의 중요성을 다음같이 강조했다.

---

32 정호영(2018), 「어떤 민족주의를 상상하는가」, http://huudbooks.com/archives/877에서 재인용
33 앤소니 스미스가 전 근대의 '종족'과 '근대 민족 정체성'의 역사적 연속성을 강조한 것은 마르크스주의 민족 이론이 '민족체'가 자본주의에서 '민족'으로 발전한다는 것과 관련이 있다.

첫째, 대체 국체란 무엇인가? 세간의 논의는 잠시 접어두고 우선 내가 아는 바를 설명해보려고 한다. 체體란 합체合體를 뜻하며, 또한 체재體裁를 뜻한다. 다시 말해서 여러 가지 것을 합쳐서 다른 것과 구별되게 하는 형체를 의미하는 것이다. 따라서 국체란, <u>한 종족의 인민이 서로 모여서 고락을 함께하고, 다른 나라의 사람들과 자타의 구별을 짓고, 자신들끼리 서로 대할 때는 타국민을 대할 때보다 더 돈독히 하고, 타국민을 위해서 보다 서로를 위해서 더욱 힘을 바치고, 한 정부하에서 자치를 해 다른 정부에 의한 지배를 싫어하고, 화복을 모두 스스로 걸머져서 독립하는 것을 말한다. 서양 말로 내셔널리티nationality라고 부르는 것이 바로 이것이다.</u>

세계 도처에서 한 나라를 세우는 경우에는 반드시 그 체가 있는 법이다. 중국에는 중국의 국체가 있고 인도에는 인도의 국체가 있다. 서양 제국도 모두 독자적인 국체를 갖추고 있어 스스로 이것을 지켜 나가지 않는 나라가 없다.

이 국체라는 의식이 생기는 까닭을 따져보면 인종이 같기 때문일 수도, 종교가 같기 때문일 수도 있다. 또 언어나 지리에서 비롯되는 수도 있다. 이렇듯 그 양상은 같은 것이 아니지만, 가장 유력한 원인이라고 할 만한 것은 한 종족의 인민이 역사를 함께 이어오고 전통을 함께 나누는 경우다. 하기야 이런 조건이 없더라도 국체를 보전하는 일이 없는 것은 아니다. 예를 들면 스위스의 국체는 단단하나 그 국내의 여러 지방은 각각 인종을 달리하고 언어를 달리하고 종교를 달리하고 있다. 그러나 인종과 언어와 종교가 동일하면 국적이 다른 사람들 사이에 그만큼 더 친화감이 생겨날 수 있다. 독일의 나라들(독일이 통일되기 전에 여러 제후諸侯에 의해서 독립적으로 다스려졌을 시대를 두고 하는 말)은 각각 독립의 체재를 갖추고 있으나 그 언어와 학문을 함께하고 전통도 함께해왔기 때문에 오늘날에도 독일인은 독일의 모든 지역의 국체를 보호하고 다른 나라와 구별을 짓고 있는 것이다. 국체는 한 나라에 있어 반드시 시종일관한 모습을 띠지 않고 심한 변화를 보인다. 합치기도 하고 갈라지기도 하며, 신장하기도 하고 수축하기도 하며, 또 절멸해 흔적이 없어지는 수도 있다. 한데 그 존속과 절멸은 반드시 언어나 종교 같은 것의 존망 여하를 표준으로 판단할 것은 아니다. 언어와 종교가 존속하더라도 그 인민이 정치의 대권을 빼앗겨 다른 국민의 지배를 받게 될 때는 그 국체가 단절되는 것이다. 예를 들어 영국과 스코틀랜드가 서로 합해 한 정부를 이루게 된 것은 국체의 통합이며 쌍방 간에 국체를 잃은 것이 아니다. 또 네덜란드와 벨기에가 갈라져서 두 정부를 이룬 것은 국체의 분할이긴 하지만 다른 국민에게 나라를 빼앗긴 것과는 다르다.[34]

후쿠자와 유키치가 강조하고 있는 민족을 건설하려는 민족체nationality는 나라를 잃어가기 직전의 조선에서도 중요한 문제였다. 사회 과학 용어인 민족체를 우리의 일상 용어에서 찾자면 '동포'가 가장 가깝다고 생각된다. 최정운의 연구에서 1908년 당시의 '동포'에 대한 설명을 보자.

'동포同胞', 즉 형제兄弟로서 한배에서 나온 무리라는 표현으로 수많은 사람을 하나로, 하나의 주체로 묶는 말이었다. 질문은 바로 이 주어를 설명할 '술어述語'를 묻는 말이었고 술어는 남들도 알아들을 수 있는 객관적 설명이어야 했다. 이전부터 우리는 '조선 사람', '조선인'이었지만 이는 동의어 반복에 불과했다. 객관적 설명이 되려면 보통 명

34 후쿠자와 유키치(2012), p. 41~42.

사여야 했다. '국민'이라는 말이 그동안 쓰여왔지만 우선은 국민은 일본인이 만든 말이었고 국가를 매개로 한 집단을 지칭했는데, 당시의 우리 국가인 대한제국은 국민에게는 혐오의 대상이었고 의미를 잃어가고 있었다. 국가를 매개로 하지 않고 사람들만을 지칭하는 말을 답으로 원했던 것 같다.[35]

대한제국은 조선 왕족이 조선의 봉건적 질서를 유지하기 위해 무늬만 바꾼 것이었다. 조선의 '동포'들은 이런 대한제국의 국민으로 소속감을 가지기를 거부하고 일제로부터 독립된 주권 재민의 국가를 꿈꾸었기에 당시 조선의 '동포'는 nationality의 의미가 있다. 그러나 동포는 사회 과학 용어로 사용되지 않고 있기에 지금부터 사용을 주장해 혼돈을 더할 필요는 없다고 보기에 nationality는 기존 사회 과학용어로 쓰이고 있는 민족체를 번역어로 사용한다.

패권hegemony

외잘란은 패권국hegemon이란 용어를 사용하면서 단순히 강대국이란 의미가 아니라 그람시Antonio Gramsci의 헤게모니hegemony와 연결해 사고하고 있다. 「삶을 해방시키기: 여성 혁명」을 보면 "국가 간 전쟁에서 휘두르는 전쟁의 칼과 가정 내에서 휘둘러지는 남자의 손은 모두 헤게모니의 상징"이란 구절이 나온다. 2년에 1번씩 외잘란의 사상에 대해서 열리는 국제 컨퍼런스가 있는데 2015년 논문 요청서를 보면 '문화적 헤게모니, 그람시와 75년의 그람시'라는 토픽이 있었던 것도 이 때문이다.[36] 그러나 그

---

35 최정운(2013), p. 156.
36 http://networkaq.net/2015/CallForPapers_EN.pdf

람시와의 연결성를 고려해서 헤게모니적 권력이라고 번역하면 생소하기에 hegemon이 들어가면 '강대'국 등의 단어가 아니라 일관되게 '패권적' 권력, '패권'국 등으로 번역했다.

압둘라 외잘란의 정치 사상
쿠르드의 여성 혁명과 민주적 연합체주의

1판 1쇄 인쇄 | 2018년 3월 24일
1판 1쇄 발행 | 2018년 3월 31일

지은이 압둘라 외잘란
옮긴이 정호영
펴낸이 서의윤

펴낸곳 훗
　주소 서울시 강남구 테헤란로2길 8, 4층
　출판신고번호 제2015-000019호 **신고일자** 2015년 1월 22일
　huudbooks@gmail.com / www.huudbooks.com

디자인 이규환
공급 한스컨텐츠(주)

ISBN 979-11-957367-9-9　03300

한국어판 ⓒ훗 2018, Printed in Korea

* 이 도서의 국립중앙도서관 출판예정도서목록(CIP)은 서지정보유통지원시스템 홈페이지(http://
　seoki.nl.go.kr)와 국가자료공동목록시스템(http://nl.go.kr/kolisnet)에서 이용하실 수 있습니다.
　(CIP제어번호: CIP2018003357)

책값은 뒤표지에 있습니다.
잘못 만들어진 책은 구입하신 서점에서 교환해드립니다.

판매·공급 한스컨텐츠(주)
전화 031-927-9279　**팩스** 02-2179-8103